"红色经典电影
与近现代中国"
十讲

李松林 李 楠 编著

九州出版社 JIUZHOUPRESS｜全国百佳图书出版单位

图书在版编目（CIP）数据

"红色经典电影与近现代中国"十讲 / 李松林，李楠编著. -- 北京：九州出版社，2022.5（2024.11重印）
ISBN 978-7-5225-0955-6

Ⅰ．①红… Ⅱ．①李… ②李… Ⅲ．①革命传统教育－教案(教育)－中国 Ⅳ．①D642

中国版本图书馆CIP数据核字(2022)第092320号

"红色经典电影与近现代中国"十讲

作　　者	李松林　李楠　编著
责任编辑	郝军启
出版发行	九州出版社
地　　址	北京市西城区阜外大街甲 35 号（100037）
发行电话	(010)68992190/3/5/6
网　　址	www.jiuzhoupress.com
印　　刷	鑫艺佳利（天津）印刷有限公司
开　　本	720 毫米×1020 毫米　16 开
印　　张	22
字　　数	398 千字
版　　次	2022 年 9 月第 1 版
印　　次	2024 年 11 月第 2 次印刷
书　　号	ISBN 978-7-5225-0955-6
定　　价	89.00 元

目　录

第一讲　导论

电影是历史的见证与时代的号角，红色经典电影又是整个中国电影事业的重要组成部分。研究中国共产党百年的红色经典电影，必须首先搞清楚红色经典电影的定位，并在此基础上，通过对近代中国和中国共产党百年红色经典电影发展历程与特点分析，深刻阐明百年来中国社会是怎样发生翻天覆地的历史性变化的？中国共产党又是怎样开辟伟大道路、创造伟大事业、取得伟大成就的？从而进一步说明中国共产党为什么能、马克思主义为什么行、中国特色社会主义为什么好。

一、关于红色经典电影的定位

1. 关于红色文化

"红色经典电影"属于红色文化。要深入、精准地把握"红色经典电影"，必须首先了解红色文化。《辞海》对"红色"的解释：象征吉庆、欢乐和吉祥之外，还具有：（1）共产主义的；（2）与中国共产党有关的；（3）革命的；（4）"左"的政治的；（5）强烈信仰的；（6）新民主主义时期的等等含义。从"红色"的概念界定看，其政治意涵是同国际共产主义运动和中国共产党领导的波澜壮阔的革命运动相关联的。所以，有研究者认为：马克思早年曾在被问及"最喜爱的颜色"时，他明确回答是"红色"。1864年，当世界上第一个国际公认的联合组织"第一国际"成立时，其标志的颜色就是红色。

视频：第一国际（1分钟）

巴黎公社的主要领导人之一欧仁·鲍狄埃，在他创作的《国际歌》中写道："快把那炉火烧得通红，趁热打铁才能成功！"歌词中的"炉火"不仅表明革命向往的颜色，而且深深表达了通过激情的革命，实现人类最崇高理想的强烈愿望。

中国共产党在领导中国人民进行革命战争的过程中，同国际共产主义的领导人理念一样，将红色贯穿于百年的光辉历程之中。1921 年中国共产党宣告成立时嘉兴南湖的革命航船，被誉为"红船"；八一南昌起义、湘赣边界秋收起义和广州起义所创建的人民军队叫工农红军；创建的革命根据地被称为红色根据地；创建的中华苏维埃共和国临时中央政府，所在地瑞金被称为红都；红军创办的报纸为《红星报》和《红色中华》。再有毛泽东率领工农革命军开创井冈山道路打出的第一面革命红旗；还有长征铁流与抗日烽火，都同红色紧密联结在一起。也正是基于此，新中国成立后，有研究者认为：中国共产党领导下的文艺工作者，总以写红、唱红、演红而感到无上的荣光，诸如小说《红旗谱》《红岩》《红日》，革命回忆录《红旗飘飘》，电影《红色娘子军》《红色的种子》《红霞》《红嫂》《红色背篓》《红色邮路》等，歌曲《红军想念毛泽东》《红星照我去战斗》《红梅赞》《太阳最红毛主席最亲》等，革命现代京剧《红灯记》等。在西方人眼中，红色就是中国的"国色"。中国人是有着强烈红色情结的民族。英国剑桥大学编写的《中华民国史》就认为："中共的文化"就是"从五四以来的中国共产党展现的文化形态"，外国人认同了中国主流媒体对红色文化的认知。

视频：2005 年 11 月 28 日，胡锦涛访问英国

从胡锦涛访问英国的纪录片中看到：英国女王伊丽莎白二世特意穿了一身红色衣服出来迎接，连她戴的帽子都是红色的。伊丽莎白二世的穿着，一方面是她的穿着习惯，最主要的则是表示她对中国国家元首和中国文化的敬意。正是基于此，习近平总书记在 2021 年 6 月 25 日主持十九届中央政治局第三十一次集体学习时的讲话中强调：红色是中国共产党、中华人民共和国最鲜亮的底色，在我国 960 多万平方公里的广袤大地上红色资源星罗棋布，在我们党团结带领中国人民进行百年奋斗的伟大历程中红色血脉代代相传。每一个历史事件、每一位革命英雄、每一种革命精神、每一件革命文物，都代表着我们党走过的光辉历程、取得的重大成就，展现了我们党的梦想和追求、情怀和担当、牺牲和奉献，汇聚成我们党的红色血脉。

对于红色文化定义的界定，仁者见仁，智者见智。魏本权在《从革命文化到红色文化：一项概念史的研究与分析》一文中认为："红色文化是马克思主义中国化中，中共在民族文化基础上创造的新文化，它区别于传统文化与近现代以来其他阶层与党派的文化创造，是物态文化、制度文化、行为文化、心态文化的统一体，是 20 世纪以来中华文化的主流。"傅小清、龚玉秀、张国芳在《试论红色文化的生成机制》一文中认为："红色文化是中共在新民主

主义革命时期，以马列主义的宇宙观和社会革命论为基础，根据中国革命实际，领导中国红军和中国人民创建的反帝、反封建的先进无产阶级政治文化。"罗春洪在《红色文化与党的政治文化生成》一文中指出："红色文化是中共在革命战争年代形成的革命文献、文物、文学作品和革命战争遗址、纪念地以及凝结在其中的革命精神、革命传统和红色风情以及在革命战争年代中体现中国共产党的政治、经济、文化形态的思想等。"汪勇在《红色文化与马克思主义中国化、时代化、大众化》一文中认为："红色文化是最具中国特色的民族文化、大众文化、革命文化和建设文化，与马克思主义中国化、大众化、时代化有极为密切的联系。"刘寿礼在《苏区"红色文化"对中华民族精神的丰富和发展研究》一文中认为："红色文化从很大范围来说就是指在第二次国内革命战争时期诞生于井冈山和以瑞金为核心的中央苏区'红土地'之上的人民大众反帝反封建的革命文化。"王以第在《"红色文化"的价值内涵》一文中认为："红色文化是新民主主义革命时期由中国共产党人、一切先进分子和人民群众共同创造的、具有中国特色的先进文化，是物质文化、制度文化和精神文化三者的有机统一体。"孙晓飞在《"红色文化"的当代社会价值及其实现》一文中认为："红色文化是广大人民群众在共产党的领导下，为实现中华民族解放与自由进程中和社会主义三大改造时期，整合、重组、吸收和优化中外先进文化基础上，以马列主义为指导生成的革命文化。"吴文清、周禹在《浅谈红色文化的产生及概念界定》一文中认为："红色文化的广义概念还是比较明确的，它主要指的是中国共产党在革命和斗争年代、建设和改革时期，以马列主义理论为指导，领导民众进行的一切社会行为，并在特殊时期形成了一种具有鲜明时代特征的文化现象或文化积淀，是对当代社会记忆和社会生活发生积极作用的一种文化现象。"

综上所述，对于红色文化概念的界定并没有统一的看法。笔者更倾向于从广义和狭义两个角度认识红色文化的内涵。从文化的边界范围来看，广义的红色文化是指世界社会主义和共产主义运动整个历史进程中形成发展的人类进步文明的总和。狭义的红色文化是指中国共产党领导人民进行的革命和建设进程中形成发展的，以社会主义和共产主义为指向的，把马克思列宁主义与中国实际相结合，兼收并蓄古今中外的优秀文化成果而形成的先进文化的总和。红色文化就是指五四运动以来，在中国共产党领导下，中国人民为实现民族独立与人民解放、国家富强与人民幸福的不懈奋斗中所形成发展起来的一种独特的文化意识形态，既体现了中国共产党人的初心和使命，又蕴含着丰富的革命精神和厚重的红色基因。探究红色文化的源流，既有马克思主义的理论根源，又有中华优秀文化的深厚积淀，是在中国共产党百年奋斗历程中从革命文化转化而来，是在改革开放新的历史条件下重新审视"革命"与"革命文化"的背景下形成的。中共十八大以来，习近平总书记在多种场合强调弘扬主旋律，传播正能量，讲好中国故事。要做到这一条，最有效的途径就是传承好红色基因，基于此，红色文化成为今天意识形态领域的关键用语。透视红色文化的特点，尽管学者看法存在差异，但绝大多数学者均认为：红色文化呈现出党性与革命性相统一、人民性与阶级性相统一、继承性与创新性相统一、科学性与时代性相统一、民族性与开放性相统一的特征。

2. 关于红色经典

习近平说：精品之所以"精"，就在于其思想精深、艺术精湛、制作精良。所谓经典，就是指古今中外，各个知识领域中那些典范性、权威性的著作。任何一种文化都有其经典。有研究者认为：经典的产生都要经过相当漫长的时间，通过历史的积淀与考验，大浪淘沙，千锤百炼，真金闪烁，终成正果，堂皇步入经典之殿堂，被后代景仰、供奉，反复诵咏，成为文化传统中的瑰宝和精华、文明的象征。譬如马克思、恩格斯、列宁、毛泽东的著作，统称为马克思主义的经典著作。

所谓红色经典：有学者认为是一个"后文革"词汇，却蕴涵着与现实相连的"文革"记忆。最初是20世纪80年代，被用来指称"文革"中出现的样板戏；后来在20世纪90年代以后，被怀旧情绪驱使着的人们，泛化推广到用它指称在毛泽东《在延安文艺座谈会上的讲话》精神指导下创作的反映中国共产党领导下的社会政治运动和普通工农兵生活的典范性作品。也有学者认为：就红色经典而言它具有时空上的超越性，因为它不可避免地或深或浅地打上了那个时代的烙痕；红色经典的作品在认识结构、知识水平、世界观、价值观等方面形成了一定的系统，并且普遍影响了一代又一代人；红色经典并没有随着时间的推移被人们所遗忘，也没有因思想原则、舆论的变迁而过时；"红色经典"以经典的方式触及、思考和表达了人类生存的基本问题，展示出鲜明的时代精神，同时又具有"超越而开放的人类文化品格"，渗透着人类、民族和个人生存与命运的深层关系，揭示了人类精神探索的伟大历程，是推动人类走向文明的有力力量。沈阳师范大学文学院的杨利景博士在《"红色经典"的时代密码》一文中，对"红色经典"的源流做了初步考察，认为：

对"红色经典"进行"经典化"建构的过程，其实是在商业和政治两种合力共同作用下完成的。20世纪90年代，一批被称为"红太阳"系列的革命歌曲以流行歌曲的形式被重新翻唱，大受欢迎。随后，一批创作于20世纪五六十年代的革命历史题材小说被重新出版，冠之以"红色经典系列"之名。至此，"红色经典"的称谓正式形成，并且迅速声名大振，遍及文学、影视、音乐、绘画、雕刻等各种文艺形式。由此可见，"红色经典"之为"经典"并非历史淘沙的结果，而是出自商业策划。从这个意义上讲，商业因素的介入，既是对"红色经典"的消费，也是对"红色经典"的发展。在这个"读图时代"，即便是充满商业气息的改编，也在客观上推动了"红色经典"在当下的普及和走俏。对"红色经典"进行建构的另一重要动力来自政治因素。"红色"代表着政治取向，"经典"意味着艺术品质（虽然这种艺术品质是否达到了"经典"的标准还有待商榷）。"红色经典"在诞生之初，既承担了建构文学的重任，也承担了建构历史的重任。时至今日，启蒙话语的有效性已大不如前，在这样的背景下，富有革命教育意义的"红色经典"作为一种资源就显得弥足珍贵。"红色经典"的再度流行，在很大程度上顺应了怀旧主义的时代思潮。"红色经典"的"另类"之处主要在于，它给予读者的，是另外一种形态的美，是一种有力量、有硬度、有血性的美。如果说以休闲和娱乐为主要动机的当代文化充斥了太多的"阴柔之美""婉约之气"，那么"红色经典"则以"阳刚之美""豪放之风"凸显了自己的特色。人们对"红色经典"的重新青睐，其实反映了人们对当下单一文化形态的厌倦，以及人们心灵深处的另外一种审美需求。

综上所述，多数学者认为：红色经典电影是在马克思主义中国化文艺思想指导之下，具有超越时空、反映时代脉搏、反映中国近现代民族民主革命和人民群众生产、生活，特别是彰显中国共产党领导的革命、建设和改革开放成就，经过历史检验和广大人民群众筛选，至今在价值取向、创作范式和美学理念上，仍为人民群众喜爱和社会认同的，堪称典范的文艺精品。

视频：《建党伟业》《建军大业》《红色娘子军》《洪湖赤卫队》《青春之歌》《铁道游击队》《平原游击队》《地道战》《地雷战》《狼牙山五壮士》《八女投江》《小兵张嘎》《鸡毛信》《董存瑞》《烈火中永生》《南征北战》《大决战（三部曲）》《大进军（三部曲）》《建国大业》《上甘岭》《英雄儿女》《老兵新传》《我们村里的年轻人》《李双双》《今天我休息》《焦裕禄》《铁人》《我和我的祖国》《长津湖》等的片头特写（4分钟）

概括红色经典影片的特征，多数学者认为：

第一，红色经典电影最大特色就是在中国化的马克思主义文艺思想指导下，反映中国近现代民族民主革命和人民群众生产、生活，特别是彰显中国共产党领导的革命、建设和改革开放成就的影片。这些作品中体现"红色"，是指贯穿于作品中的革命思想和不屈不挠的革命斗争精神。

第二，红色经典电影都是经过历史检验和广大人民群众筛选，至今在价值取向、创作范式和美学理念上，仍为人民群众喜爱和社会认同的，堪称典范的文艺精品。

第三，红色经典电影具有超越时空、反映时代脉搏的特点，它体现了先进、正确的思想倾向、生动丰富的生活内容、鲜活悠远的民族特点与古今中外种种艺术形式的完美统一。

第四，从人物形象塑造上来看，红色经典电影中人民群众成为刻画的主角，成为艺术家创作的主要形象。红色经典电影以严谨的现实主义创作方法、以生动丰富的情节创造了一个个有血有肉的、富有民族特色的典型人物形象，极大地丰富了世界艺术宝库的人物画廊。

总之，一部真正好的作品，应该是经得起人民评价、专家评价、市场检验的作品。习近平认为，好的作品"应该是把社会效益放在首位，同时也应该是社会效益和经济效益相统一的作品"。在发展社会主义市场经济的条件下，许多文化产品要通过市场实现价值，当然不能完全不考虑经济效益。然而，同社会效益相比，经济效益是第二位的，当两个效益、两种价值发生矛盾时，经济效益要服从社会效益，市场价值要服从社会价值。总之，"文艺不能当市场的奴隶，不要沾满了铜臭气"。优秀的文艺作品，最好是既能在思想上、艺术上取得成功，又能在市场上受到欢迎。要坚守文艺的审美理想、保持文艺的独立价值，合理设置反映市场接受程度的发行量、收视率、点击率、票房收入等量化指标，既不能忽视和否定这些指标，又不能把这些指标绝对化，被市场牵着鼻子走。

二、开设"红色经典电影与近现代中国"课程目的

有同学问：为什么要在高校大学生中间开设"红色经典电影与近现代中国"课程？把这门课程作为高校思想政治理论课的辅修课程，主要出于以下几点考量：

第一，基于贯彻习近平总书记关于传承红色基因育人思想的考量。习近平总书记高度重视高校思想政治工作，强调要教育引导学生正确认识世界和中国发展大势，从我们党探索中国特色社会主义历史发展和伟大实践中，认识和把握人类社会发展的历史必然性，认识和把握中国特色社会主义的历史必然性，不断树立为共产主义远大理想和中国特色社会主义共同理想而奋斗的信念和信心；正确认识中国特色和国际比较，全面客观认识当代中国、看待外部世界；正确认识时代责任和历史使命，用中国梦激扬青春梦，为学生点亮理想的灯、照亮前行的路，激励学生自觉把个人的理想追求融入国家和民族的事业中，勇做走在时代前列的奋进者、开拓者；正确认识远大抱负和脚踏实地，珍惜韶华，把远大抱负落实到实际行动中，让勤奋学习成为青春飞扬的动力，让增长本领成为青春搏击的能量。

怎样教育引导青年学生，习近平认为除了加强"思政课"课堂教学和大思政工作之外，特别强调用红色基因引导学生树立正确的世界观、人生观、价值观。

早在2005年2月，习近平率浙江省委理论学习中心组成员到南湖瞻仰红船，不久在《光明日报》上发表《弘扬"红船精神"　走在时代前列》一文，把"红船精神"高度凝练为"开天辟地、敢为人先的首创精神，坚定理想、百折不挠的奋斗精神，立党为公、忠诚为民的奉献精神"。探究"红船精神"，体现的是中国共产党创建时期的社会历史条件和早期共产党人的追求，以及他们改变近代中国社会命运的迫切愿望；体现的是中国共产党特有的政党品质，以及广大共产党人的理想追求；体现的是共产党人的社会理想、价值取向、根本宗旨和道德要求。"红船精神"同井冈山精神、长征精神、延安精神、西柏坡精神等一道，伴随中国革命的光辉历程，共同构成我们党在前进道路上战胜各种困难和风险、不断夺取新胜利的强大精神力量和精神族谱。

中共十八大以来，以习近平同志为核心的党中央高度重视运用红色文化教育青少年一代。如何运用红色文化教育青少年一代，习近平总书记强调：

其一，"要把红色资源利用好"。所谓红色资源是指在中国共产党领导下，在新民主主义革命时期、社会主义革命和建设时期、改革开放和社会主义现代化建设新时期、中国特色社会主义新时代所形成的具有重要历史价值、教育意义和纪念意义的物质资源和精神资源。它包括重要历史事件和活动的旧址、遗址或者场所，以及革命烈士纪念设施和其他纪念设施；重要历史事件和活动的档案资料；反映中国共产党和中国人民英勇奋斗历程、伟大革命精神、辉煌建设成就的实物；重要口述历史、回忆记录、手稿等。对于红色文化资源，习近平总书记强调"既要注重有形遗产的保护，又要注重无形遗产的传承"。在庆祝中国共产党成立100周年之际，中央政治局6月25日第三十一次集体学习时，习近平总书记强调：红色资源是我们党艰辛而辉煌奋斗历程的见证，是最宝贵的精神财富。2021年3月7日，习近平总书记在参加十三届全国人大四次会议青海代表团审议时的讲话中强调："在党史学习教育中，要充分运用红色资源，教育引导广大党员、干部坚定理想信念、筑牢初心使命，不断增强斗争精神、提高斗争本领，做到在复杂形势面前不迷航、在艰巨斗争面前不退缩。"

其二，赓续党的红色血脉。红色血脉是中国共产党政治本色的集中体现，是新时代中国共产党人的精神力量源泉。中共十九届六中全会通过的《中共中央关于党的百年奋斗重大成就和历史经验的决议》要求我们"赓续党的红色血脉，弘扬党的优良传统"。习近平总书记在多次讲话中都强调赓续党的红色血脉。他认为："回望过往历程，眺望前方征途，我们必须始终赓续红色血脉，用党的奋斗历程和伟大成就鼓舞斗志、指引方向，用党的光荣传统和优良作风坚定信念、凝聚力量，用党的历史经验和实践创造启迪智慧、砥砺品格，继往开来，开拓前进。"在中国共产党隆重庆祝建党百年、深入开展党史学习教育之际，就是要教育引导广大党员、干部赓续红色血脉，做到学史明理、学史增信、学史崇德、学史力行。2021年10月26日，习近平致信祝贺人民出版社成立100周年，强调"赓续红色血脉为推动社会主义文化繁荣发展，建设社会主义文化强国作出新的更大的贡献"。

其三，传承红色基因。红色基因是共产党人的精神密码，蕴涵着我们党的信仰、宗旨和追求。习近平总书记上任以来，多次讲话强调要把红色基因传承好。2016年4月24日至27日，习近平总书记在安徽调研时强调："革命传统教育要从娃娃抓起，既注重知识灌输，又加强情感培育，使红色基因渗进血液、浸入心扉，引导广大青少年树立正确的世界观、人生观、价值观。"2017年7月21日，习近平总书记在参观"铭记光辉历史，开创强军伟业——庆祝中国人民解放军建军90周年主题展览"时指出：我们要铭记光辉历史、传承红色基因，在新的起点上把革命先辈开创的伟大事业不断推向前进，鼓舞激励广大干部群众和全军广大指战员坚定中国特色社会主义道路自信、理论自信、制度自信、文化自信，努力为实现中华民族伟大复兴的中国梦、为把人民军队建设成为世界一流军队而不懈奋斗。"2020年11月12日，习近平在浦东开发开放 30 周年庆祝大会上的讲话时称：要传承红色基因、践行初心使命，不断提升党的建设质量和水平，确保改革开放正确方向。2021年 2 月 20 日，习近平在党史学习教育动员大会上的讲话中强调：要教育引导全党大力发扬红色传统、传承红色基因，赓续共产党人精神血脉，始终保持革命者的大无畏奋斗精神，鼓起迈进新征程、奋进新时代的精气神。为了更好地传承红色基因，2018 年 6 月，中央军委印发《传承红色基因实施纲要》，广东省委十二届四次全会也在同年提出：要实施红色基因传承工程，要让红色基因历久弥新、代代相续、永放光芒。2019 年中共中央、国务院印发了《新时代爱国主义教育实施纲要》，强调青年人"要继承革命传统，弘扬革命精神，传承红色基因"。

其四，讲好红色故事。红色故事蕴含着党的初心使命、彰显党的优良作风、展现党的奋斗精神。习近平总书记曾说："深刻道理要通过讲故事来打动人、说服人。"因此，他强调："要讲好党的故事、革命的故事、根据地的故事、英雄和烈士的故事，加强革命传统教育、爱国主义教育、青少年思想道德教育，把红色基因传承好，确保红色江山永不变色。"2016 年 1 月 5 日，习近平总书记在视察 13 集团军时讲："对军队来讲，坚定信仰信念最核心最紧要的就是铸牢军魂，毫不动摇坚持党对军队绝对领导。刚才，在参观军史馆时，我对长征途中红 31 军 93 师 274 团'半截皮带'的故事，感触很深。红军战士宁肯忍饥挨饿，也要将半截皮带留下来，带着它'去延安见毛主席'。这就是信仰的力量，就是'铁心跟党走'的生动写照。"2014 年 10 月 31 日，习近平总书记在全军政治工作会议上的讲话中指出：闽西这个地方为革命作出过突出贡献。长征出发时，红军中有两万多闽西儿女。担任中央红军总后卫的红 34 师，6000 多人主要是闽西子弟，湘江一战几乎全师牺牲。师长陈树湘不幸被俘，他撕开腹部伤口，绞断肠子，壮烈牺牲，实现了"为苏维埃流尽最后一滴血"的誓言。2014 年 7 月 7 日，习近平总书记在纪念全民族抗战爆发 77 周年仪式上的讲话中称：在这场救亡图存的伟大斗争中，中华儿女为中华民族独立和自由不惜抛头颅、洒热血，母亲送儿打日寇，妻子送郎上战场，男女老少齐动员。北京密云县（现密云区）一位名叫邓玉芬的母亲，把丈夫和 5 个孩子送上前线，他们全部战死沙场。华北平原上的一个庄户人家写下这样一副对联："万众一心保障国家独立，百折不挠争取民族解放"；横批是"抗战到底"。这是中华儿女同日本侵略者血战到底的怒吼，是中华民族抗战必胜的宣言。习近平总书记在学校思想政治理论课教师座谈会上强调：

"会讲故事、讲好故事十分重要，思政课就要讲好中华民族的故事、中国共产党的故事、中华人民共和国的故事、中国特色社会主义的故事、改革开放的故事，特别是要讲好新时代的故事。"

正是基于贯彻习近平总书记关于传承红色基因育人思想的考量，我们决定开设这门课程，其目的就是把红色资源利用好、把红色传统发扬好、把红色基因传承好。将红色经典电影引入高校思政课教学中，有助于大学生树立正确的世界观、人生观、价值观，真正做到"把理想信念的火种、红色传统的基因一代代传下去，让革命事业薪火相传、血脉永续"。

当然，大学时期开设的"中国近现代史纲要"和"毛泽东思想和中国特色社会主义理论体系概论"课程，与许多红色经典故事紧密相连。因此，这两门课的教师在教学中有意识地从历史和现实相结合的角度，让学生主体上自觉接受国家和民族的历史，在这个过程中，红色经典的实例对该学科的教学具有得天独厚的优势。例如讲授中国共产党的成立，通过播放《开天辟地》和《建党伟业》电影，不仅让广大学生深切感受到中国共产党创立之艰难，而且使大家深刻体验到中国共产党一成立，就以挽救民族危亡、救民众于水火为己任，明确宣布实现共产主义的伟大梦想。讲授土地改革的历史，就可以通过观看《暴风骤雨》，直观感受到太平天国的《天朝田亩制度》和孙中山的耕者有其田主张，都没有能够真正解决农民的土地问题，只有在中国共产党领导下才能解决土地问题。而正是中国共产党的土地主张，赢得了亿万农民对中国革命的支持，从而使中国革命取得了胜利。讲授农业合作化历史，通过观看电影《槐树庄》和《汾水长流》等电影，可以让同学直观感受到把几万万农民引上社会主义的康庄大道是多么伟大与艰难。

视频：《开天辟地》《建党伟业》《暴风骤雨》《槐树庄》《汾水长流》的片头与特写（1分钟）

将红色经典影片引入高校思政课教学当中，不仅使思政课内容更加生动活泼，而且将课程教学与人生理想教育有机地融合在一起，起到了红色资质育人的功能。

第二，基于清除文艺作品中存在的负面影响和践行社会主义核心价值观的考量。历史和现实都证明：中华民族有着强大的文化创造力。每到重大历史关头，文化都能感国运之变化、立时代之潮头、发时代之先声，为亿万人民、为伟大祖国鼓与呼。

视频：习近平在文艺工作座谈会上的讲话

习近平总书记指出：改革开放以来，我国文艺创作迎来了新的春天，产生了大量脍炙人口的优秀作品。同时，也不能否认，在文艺创作方面也存在着有数量缺质量、有"高原"缺"高峰"的现象，存在着抄袭模仿、千篇一律的问题，存在着机械化生产、快餐式消费的问题。在有些作品中，有的调侃崇高、扭曲经典、颠覆历史、丑化人民群众和英雄人物；有的是非不分、善恶不辨、以丑为美，过度渲染社会阴暗面；有的搜奇猎艳、一味媚俗、低级趣味，把作品当作追逐利益的"摇钱树"，当作感官刺激的"摇头丸"；有的胡编乱写、粗制滥造、牵强附会，制造了一些文化"垃圾"；有的追求奢华、过度包装、炫富摆阔，形式大于内容；还有的热衷于所谓"为艺术而艺术"，只写一己悲欢、杯水风波，脱离大众、脱离现实。

造成文化市场混乱的原因：一是文化领域受市场经济负面影响。十九届六中全会《决议》将这种负面影响概括为：拜金主义、享乐主义、极端个人主义和历史虚无主义等错误思潮不时出现，网络舆论乱象丛生，一些领导干部政治立场模糊、缺乏斗争精神，严重影响人们思想和社会舆论环境。二是作者的浮躁行为。习近平同几位艺术家交谈过，问当前文艺最突出的问题是什么，他们不约而同地说了两个字：浮躁。一些人觉得，为一部作品反复打磨，不能及时兑换成实用价值，或者说不能及时兑换成人民币，不值得，也不划算。这样的态度，不仅会误导创作，而且会使低俗作品大行其道，造成劣币驱逐良币现象。三是一些作者忘记了文艺为人民服务的思想。所以进入80年代之后特别是90年代，红色经典电影与主旋律电影占有率越来越低。

正是基于清除文艺作品中存在的负面影响和践行社会主义核心价值观的考量，习近平强调：凡此种种都警示我们，文艺不能在市场经济大潮中迷失方向，不能在为什么人的问题上发生偏差，否则文艺就没有生命力。习近平特别提出文艺不能当市场的奴隶，不要沾满了铜臭气。文艺要反映好人民心声，就要坚持为人民服务、为社会主义服务这个根本方向。这是党对文艺战线提出的一项基本要求，也是决定我国文艺事业前途命运的关键。我们要在全社会大力弘扬和践行社会主义核心价值观，使之像空气一样无处不在、无时不有，成为全体人民的共同价值追求，成为我们生而为中国人的独特精神支柱，成为百姓日用而不觉的行为准则。要号召全社会行动起来，通过教育引导、舆论宣传、文化熏陶、实践养成、制度保障等，使社会主义核心价值观内化为人们的精神追求、外化为人们的自觉行动。

第三，基于运用红色经典电影防止西方文化渗透的考量。美国政治学家亨廷顿认为："对一个传统社会的稳定来说，构成主要威胁的，并非来自外国军队的侵略，而是来自外国观念的侵入，印刷品比军队和坦克推进得更快、更深入。"冷战结束后，西方国家仍然秉持"冷战"思维，利用现代信息技术，通过文化、科技等软性力量来推行西方社会制度和价值观念，进行文化扩张与渗透。特别是近年来，伴随着经济全球化程度的日益加深和改革开放的扩大，中西方文化交流日益密切，这对于我们借鉴和吸取西方有益的东西是十分重要的。但也要看到，西方势力对中国的文化渗透也在广度和深度上不断扩展和延伸，呈现出新的特点：一是以美国为首的西方国家利用互联网及其他传媒和以新式的宗教渗透对中国进行文化渗透；二是通过资助、扶持中国的某些"西化精英"，实现"和平演变"的目的；三是不断制造"中国威胁论""中国崩溃论"和"中国责任论"，用以"唱衰"社会主义意识形态；四是利用话语霸权进行文化扩张与渗透；五是利用对外文化教育交流、援助项目等方式进行文化扩张与渗透；六是大规模输出精神文化产品，进行文化扩张与渗透；七是策动香港和台湾地区"学运"，企图冲击中国社会主流意识形态，祸水内引，千方百计遏制中国发展。典型的就是 2014 年 3 月的台湾"太阳花学运"和香港"占中"与"修例"风波。

怎样抵御西方的文化渗透？鲁迅先生说，要改造国人的精神世界，首推文艺。我以为在当今中国抵御西方的文化渗透最有效的方式，就是不断发掘和利用红色文化独特的价值功能，不仅有利于践行社会主义核心价值观，还对打造具有中国特色和世界影响的红色文化产业新品牌具有重要的促进作用。

第四，基于维护红色经典的完整性、严肃性和经典性的考量。一个众所周知的事实，自 20 世纪 90 年代以来，改编、翻拍"红色经典"成为影视剧艺术生产领域的一股潮流。这一现象的产生，很大程度上是转型时期中国多元话语意义相互影响的结果。也有人认为改编"红色经典"之所以成"风"，是因为改编者发现了"红色经典"原本被掩盖的商业价值。因为"红色经典"都弘扬集体英雄主义，且本身是排斥商业话语的，而改编者的辩证法却认为从集体英雄主义中，可以挖掘出个人英雄主义，从"高大全"式的人物中，可以挖掘英雄多重性格的一面；从不食人间烟火的英雄中，可以挖掘出七情六欲。所以改编"红色经典"有卖点，有市场。从根本上讲，改编"红色经典"更多的是利益考量。

正是基于此，一些观众认为，有的根据"红色经典"改编拍摄的电视剧存在着"误读原著、误会群众、误解市场"的问题。有的电视剧创作者在改编"红色经典"过程中，没有了解原著的核心精神，没有理解原著所表现的时代背景和社会本质，片面追求收视率和娱乐性，在主要人物身上编织过多情感纠葛，强化爱情戏；在人物造型上增加浪漫情调，在英雄人物身上挖掘多重性格，在反面人物的塑造上追求所谓的人性化和性格化，使电视剧与原著的核心精神和思想内涵相距甚远。同时，由于有的"红色经典"作品内容有限，电视剧创作者就人为地扩大作品容量，稀释作品内容，影响了作品的完整性、严肃性和经典性。"红色经典"作为革命现实主义的代表作，是以真实的历史为基础而创作的，是文艺作品中的瑰宝，影响和鼓舞了几代人。因此，国家广电总局于 2004 年 4 月 9 日向各省、自治区、直辖市广播电视局（厅）、中央电视台、中国教育电视台、解放军总政艺术局、中直有关单位发出《关于认真对待"红色经典"改编电视剧有关问题的通知》，《通知》指出，近期，一些电视剧制作单位将《林海雪原》《红色娘子军》《红岩》《小兵张嘎》《红日》《红旗谱》《烈火金刚》等"红色经典"改编为同名电视剧，有的电视剧播出后引起了许多观众的议论，甚至不满和批评。为此，各省级广播影视管理部门要加强对"红色经典"剧目的审查把关工作，要求有关影视制作单位在改编"红色经典"时，必须尊重原著的核心精神，尊重人民群众已经形成的认知定位和心理期待，绝不允许对"红色经典"进行低俗描写、杜撰亵渎，确保"红色经典"电视剧创作生产的健康发展。

正是基于以上四点考量，我们决定在高校青年学生中开设"红色经典电影与近现代中国"课程。

三、开设"红色经典电影与近现代中国" 课程应注意的几个问题

1. 课程定位

作为思想政治理论课选修课和"中国近现代史纲要""毛泽东思想和中国特色社会主义理论体系概论"课程的辅助类教学课程。

2. 指导思想

以马克思列宁主义、毛泽东思想和中国特色社会主义理论特别是以习近平新时代中国特色社会主义思想为指导思想，以近现代中国社会和中国共产

党百年历史发展为平台,以红色经典电影为主要内容,结合高校大学生思想实际,对高校大学生进行红色基因教育,进一步增强当代大学生的"四个选择""四个自信"和"四个意识"的自觉性,坚决做到"两个维护"。

3. 呈现方式

原则上按照历史顺序呈现。有些则按照类型介绍一组片子,做到电影视频与点评相结合;介绍影片时穿插人物特别是影星的介绍,点评要到位;介绍影片一定要把其放到当时的历史环境中,切记不要完全用今天的眼光评价历史人物与影片,一定要做到客观、公正,不能人云亦云。

4. 讲授依据

以毛泽东《在延安文艺座谈会上的讲话》和习近平《在文艺工作座谈会上讲话》为指针,以陈荒煤主编的《当代中国电影》、程季华主编的《中国电影发展史》、章柏青主编的《中国当代电影发展史》和中国电影资料馆、中国艺术研究院电影研究所编写的《中国艺术影片编目》为参考教材,结合文学艺术界、史学界的研究成果和近现代中国共产党百年历史事件与人物进行讲授。由于是课堂讲授,不可避免地大量引证网上一些研究成果,原则上我们就用了研究者认为的方式,在此特做说明,同时也表示深深的谢意。

5. 参考文献与著作

(1)毛泽东:《在延安文艺座谈会上的讲话》(1942年5月2日)。

(2)习近平:《在文艺工作座谈会上讲话》(2014年10月15日)。

(3)《习近平关于社会主义文化建设论述摘编》,中央文献出版社,2017年版。

(4)《中共中央关于深化文化体制改革、推动社会主义文化大发展大繁荣若干重大问题的决定》(2011年11月18日)。

(5)陈荒煤主编:《当代中国电影》,中国社会科学出版社,1999年版。

(6)程季华主编:《中国电影发展史》(上下卷),中国电影出版社,2017年版。

(7)章柏青主编:《中国当代电影发展史》,文化艺术出版社,2006年版。

(8)中国电影资料馆、中国艺术研究院电影研究所编:《中国艺术影片编目》(1949—1979)上下卷,文化艺术出版社,1981年版。

(9)孟犁野:《新中国电影艺术》(1949—1959),中国电影出版社,2002年版。

（10）翟建农:《红色往事（1966—1976年的中国电影）》,台海出版社,2001年版。

（11）陆绍阳:《中国当代电影史（1977年以来）》,北京大学出版社,2004年版

第二讲　新中国成立前中国共产党与电影事业

从 1921 年 7 月中国共产党成立到 1949 年 10 月中华人民共和国成立，是中国共产党领导中国人民为实现民族独立与人民解放的 28 年。尽管中国共产党还没有执政，但在艰苦卓绝的斗争中已经开始接触到电影事业，特别是随着挽救民族危亡与中国革命走向胜利，带有红色经典电影色彩的影片已经呈现出萌芽特征。

一、中国电影诞生与萌芽时期特点

1. 中国电影诞生

中国电影包括大陆电影、台湾电影和香港电影。中国最早在什么时候开始播放电影？其实，中国播放电影还是比较早的。据尹鸿等编写的《世界电影史话》记载：1895 年 12 月 28 日，巴黎一家咖啡馆地下室，法国人卢米艾兄弟第一次公开售票，用活动电影机放映了两部电影，标志了电影这一属于20 世纪的艺术和娱乐形式正式登上人类文化舞台。据程季华主编的《中国电影发展史》考证：1896 年 8 月 11 日，在上海徐园的"又一村"第一次放映了"西洋影戏"。众所周知，19 世纪末中国正处在西方列强瓜分中国的时期，也是清王朝统治分崩离析时期。旧中国的电影市场基本也上是由外国影片控制的，所以早期在中国放映的主要是法国影片，20 年代前后放映的主要是美国的好莱坞影片。

视频：美国故事片《一个国家的诞生》《党同伐异》《城市之光》《摩登时代》《淘金记》的片头和特写（2 分钟）

中国人什么时候开始自己拍电影？

中国电影诞生是在 1905 年，北京丰泰照相馆创办人任庆泰拍摄了由著名京剧演员谭鑫培主演的《定军山》片段，这是中国人自己摄制的第一部影片，标志着中国电影的诞生，也有舆论称任庆泰为"中国电影之父"。

视频：《定军山》特写。（30 秒）

《定军山》取材于古典文学名著《三国演义》的第 70 回和 71 回，讲的是三国时期蜀魏用兵的故事。该片由任庆泰执导，著名京剧老生表演艺术家谭鑫培主演，在镜头前谭老先生只是表演了自己最拿手的几个片段。影片于 1905 年 12 月 28 日在北京大前门的大观楼熙攘的人群中间放映，在当时真可谓万人空巷。《定军山》的放映，结束了中国没有国产电影的历史。电影刚诞生不久，就被介绍到中国来，最初只是被当作"新奇的玩意儿"。

依据中国电影历史发展的特点，程季华主编的《中国电影发展史》将 1949 年前的中国电影划分为三个阶段：1896 年至 1931 年是中国电影的萌芽和混乱发展时期；1931 年至 1937 年是中国共产党领导的电影文化运动与国民党文化"围剿"斗争时期；1937 至 1949 年为国统区电影与解放区电影交织发展阶段。

2. 中国电影萌芽时期的特点

从 1896 年至 1921 年中国共产党成立前，《中国电影发展史》把这一时期称之为萌芽阶段，萌芽阶段的特点：

第一，在播放国外电影的基础上，开始了摄制中国电影的尝试。例如谭鑫培主演的第一部电影《定军山》，此后又陆续拍摄了俞菊笙和朱文英合演的《青石山》一剧中的《对刀》一场；还有俞菊笙的《艳阳楼》片段和小麻姑表演的《纺棉花》片段。

第二，外国电影商人来华投资拍摄电影。根据《中国电影发展史》，最早来中国拍电影的是意大利侨民劳罗。1908 年他先后拍摄了《上海第一辆电车行驶》《西太后光绪帝大出丧》《强行剪辫》等短片。美国电影商人宾杰门·布拉斯基紧随其后来华，成立了亚细亚影戏公司，拍摄了短片《西太后》等。后来该公司转让他人，1913 年该公司委托郑正秋编写、拍摄了家庭短剧《难夫难妻》。

视频：《难夫难妻》片头特写（30 秒）

《难夫难妻》是由郑正秋编剧，张石川、郑正秋导演，丁楚鹤等主演，亚细亚影戏公司于 1913 年拍摄的电影。影片讲述了广东潮州地区两个家庭分别有一个儿子和一个女儿，双方父母都极力促成两家联姻，也不在乎双方子女的心愿，于是请媒人说合。经过媒人的撮合，两家决定择吉日完婚。经过一番热闹烦琐的旧式婚俗仪式后，这对从未见过面的新人拜了天地，被送进洞房,无奈之中成了夫妻。张丽纯在《"中国电影之父"郑正秋》一文中写道:"1913年的中国,辛亥革命已经结束,而提倡民主科学的五四运动还在酝酿当中。民主在当时还只是一句空话,老百姓并不知道自己应有的权益,妇女地位低下,买卖婚姻、包办婚姻等情况比比皆是。有感于此,郑正秋自编自导、同时配以潮州音乐的故事片《难夫难妻》(另名《洞房花烛》)终于诞生了。"

彭吉象主编的《中国经典电影作品赏析》认为,《难夫难妻》是郑正秋拍摄的第一部电影,也是我国第一部国产故事片。一开始,它就把批判的锋芒直指封建的婚姻制度,它不仅比胡适发表的独幕剧《终身大事》要早6年,而且内容更具深度。

同年,黎民伟与布拉斯基拍摄了香港的第一部电影《庄子试妻》。

视频:《庄子试妻》片头特写(30秒)

《庄子试妻》是由黎民伟根据粤剧《庄周蝴蝶梦》中"扇坟"一段改编、导演,黎北海、严珊珊主演,华美影片公司、亚细亚影戏公司于1913年拍摄的电影。影片讲述了庄子学道成仙后,在回家路上遇见一妇人,妇人在丈夫死去不久便准备改嫁他人。庄子假装死去,然后化身成一美男子结识妻子,夫骨未寒,庄子之妻便有了新情人。为了讨好新欢,她不惜扰及死去不久的丈夫的坟墓。而这个新欢实则是庄子扮的,他只是诈死来考验他的妻子对他是否忠贞。就在此时,庄子从棺木中跃出,将妻子痛骂一顿。

布拉斯基后来又把这部片子带到美国,因此它成为最早在国外放映的中国电影。由此可见,中国电影从诞生之初便是跨国资本的产物。1913年的《庄子试妻》在中国电影史上拥有两个非常重要的头衔:它是中国第一部运到海外放映的电影;电影中出现了中国第一个女性演员。

第三,出版社与电影活动相结合。第一次世界大战期间,西方列强忙于战争,无暇东顾,中国民族资本主义得到了初步发展。《中国电影发展史》介绍:1897年由夏粹芳、张元济在上海创办的商务印书馆,于1917年开始经营电影,依据"为通俗教育之助""表彰吾国文化"的制片方针,先后摄制了"风景"、"时事"、"教育"、"古剧"(戏曲片)、"新剧"(故事片)等电影。商务印书馆电影部拍摄影片的初衷,是"抵制外来有伤风化之品,冀为通俗教育之助"。可见,他们的电影活动与出版活动类似,皆有"扶助教育"、提升国民素养的良好愿望。因此,电影部拍了不少教育片,如介绍新兴教育事业及体育、军事教育的《盲童教育》《慈善教育》《女子体育观》《陆军训练》

等。拍摄了时事教育类的电影，如《欧战祝胜游行》《东方六大学运动会》《国民大会》等。更多的还是直接配合学校课堂教学和爱国教育的风景片，如《北京风景》《长江名胜》《浙江潮》等。这些影片的拍摄，创作态度严谨，同时又富有探索精神。而在故事片创作中，商务印书馆电影部涉足喜剧片、正剧片、武侠片、神话片等不同的电影类型模式。1920年摄制完成的新剧《车中盗》带来了巨大的成功，并且成为中国电影史上第一部类型片。1921年，商务印书馆电影部又拍摄了3卷新闻纪录片《第五届远东运动会》。这些影片具有开创性的意义。

　　第四，开始尝试拍摄长故事片。1920—1921年间，中国影戏研究社拍摄了长故事片《阎瑞生》，上海影戏公司拍摄了《海誓》，新亚影片公司拍摄了《红粉骷髅》。

　　视频：《阎瑞生》《海誓》《红粉骷髅》片头特写（1分半钟）

　　《阎瑞生》是由任彭年导演，陈寿芝、邵鹏、王彩云等主演，中国影戏研究社于1921年拍摄的电影。影片讲述了以吃喝嫖赌著称的大学生阎瑞生，因赌博失败绑架上海名妓王莲英的故事。作为中国第一部故事片，取材于1920年发生在上海滩的一桩真实命案。对于这部影片，《中国电影发展史》认为："《阎瑞生》是一部极端恶劣的影片。首先，从它的取材上，就可以看出这帮洋行买办的兴趣所在和他们的'生意眼'。他们把阎瑞生谋杀妓女这样一个无聊的社会丑闻，大肆渲染；甚至演员也找什么面貌'非常相似'和'从良的小姊妹'之类。影片绘声绘色地描写了阎瑞生的犯罪行为，宣传帝国主义在半殖民地中国所豢养的买办如何承袭了西方资产阶级的极端腐朽堕落的品质，渗透了帝国主义和买办资产阶级的意识。影片的艺术质量非常低下，演员表演尤为恶劣"；而影片之所以受欢迎是"由于它投合了一部分落后小市民的低级趣味，因而也骗得了不少的观众"，所以该片的拍摄被定位为一帮"洋场恶少""流氓""商人"的"投机赚钱"行为，说它"开了电影界投机的恶劣风气的先河"。许道明、沙似鹏主编的《中国电影简史》也认为：该片的摄制"没有正当的艺术目的，完全出于商业投机性质……刺激了电影商业倾向在日后不绝如缕地占着相当优势；更严重的是，它腐蚀了广大电影观众的审美趣味，推动了上海市民低级趣味在一个相当范围内的生成和滋长"。《中国电影发展史》的作者之一李少白和弘石写作《品位和价值：中国第一批长故事片创作概说》一文，认为影片虽是"一部较少艺术构思和生活提炼，为了追求轰动效应和投合观众好奇心理而拍摄的极力照搬生活原型的片子，显得粗糙和原始",但"在对电影艺术的真实性的追求上,它还是做出了中国短片时代所没有的创造。它的较大容量,情节的铺排,场面的处理,也都较过去有所提高和丰富。演员的表演,正因为缺乏文明戏表演的训练而又比较熟知剧情人物的生活,所以较之过去短片中的表演模式,也有所改造和提高","此外,不能认为,拍摄影片《阎瑞生》,完全是出于牟利目的。应当说,这群策划和创作影片的青年,主要还是基于对电影这门艺术的爱好。实现自己爱好的前提必需赚钱,这不是他们的过错,而是那个社会的悲哀"。张伟在《前尘影事——中国早期电影的另类扫描》一文中,从电影追逐社会热点和追求商业利润的角度出发,直言"中国影戏研究社诸人选择《阎瑞生》拍摄影片自然无可厚非"。张新英在《〈阎瑞生〉:从社会新闻到电影——中国第一部长故事片拍摄始末探究》一文中为李少白与张伟等人对影片《阎瑞生》重新评价是"公允"的,重新确立了其在中国电影史上的地位和价值。

《红粉骷髅》是由管海峰编导,沈凤英、柴少埔、陆曼殊主演,新亚影片公司于1922年拍摄的电影。影片讲述了由一批社会败类所组成的黑党(即保险党),专门利用女色去迷惑一些无知青年。保险党一面为这些被诱骗的青年保人身险,一面利用女色和麻醉药将青年迷死,然后骗取大批保险赔款。最后这个黑党被破获。

导演管海峰在1957年接受《中国电影》采访时回忆说:"在我正筹划拍摄长故事片的时候,适遇友人殷宪甫昆仲。双方交谈意见一致,殷氏昆仲也认为电影事业确有前途,并投资组织了新亚影片公司,要我负责积极筹划。决定以后,第一个问题就是拍什么片子。剧情的选择十分重要,因为,剧本的好坏直接关涉到投资和利润。根据上海人的心理口味,当时最受欢迎的,也就是剧院卖座最盛的,是一些武侠情节的戏剧。因此,我决定从这方面来选择剧情,但又要别致新奇。我从中外侦探小说中挑选出一部比较精彩的故事《保险党十姊妹》,就决定以此为蓝本,加以改写。我完成编剧后,考虑到编剧者的声望与拍成影片后的营业有关。因此,委请钱化佛先生转请当时著名文人袁寒云(袁世凯长子)出面,用他的名字。由殷宪甫昆仲致送他五百元。根据袁寒云的提议,把影片原来名字《十姊妹》改为《红粉骷髅》。"

1919年,在俄国十月革命影响下,中国政治舞台上爆发了震惊中外的五四运动,1921年中国共产党宣告成立,中国革命进入了新的历史时期。随着《阎瑞生》《海誓》《红色骷髅》3部长故事片的拍摄与放映,中国电影的萌芽时期宣告结束,开始了大规模制作影片时期。

3.混乱发展阶段电影特点

对于 1921 年至 1931 年中国电影发展,《中国电影发展史》将其称为"在混乱中发展"时期。由于这一时期中国仍然处在半殖民地半封建社会,电影业虽然在此时获得了极大的发展,但"绝大部分仍然只能是宣扬帝国主义文化和封建文化的东西;一部分资产阶级和小资产阶级的知识分子参加了电影事业和电影创作,但是由于他们没有接受共产主义文化思想的领导,以致他们的创作虽然有的也表现了一些反帝反封建的要求,但是大都渗透了在新民主主义革命时期说来已是落后的资产阶级文化思想"。也就是说,这 10 年中国电影离开了新民主主义革命这个波浪壮阔的主题,走上了历史的曲折道路。从这个意义上讲,将中国电影称之为"在混乱中发展"时期。这一时期中国电影发展特点是:

第一,电影被当作投机事业,大批电影公司纷纷建立。由于经济不振,投机家们将大量资本投入他们认为有利可图的电影事业。《孤儿救祖记》就是在这一环境下制作完成的。

视频:《孤儿救祖记》(30 秒)

《孤儿救祖记》是由郑正秋编剧,张石川导演,郑鹧鸪、周文珠、王汉伦主演,明星影片股份有限公司于 1923 年拍摄的电影。影片讲述了一个富翁杨寿昌在儿子死后,怀疑儿媳不贞,将其赶出家门。儿媳余蔚如忍辱负重,将儿子养大成人,送入杨寿昌所办的学校读书。一天,当年陷害儿媳的侄子密谋害死杨寿昌,夺其家产,被孙子余璞挺身相救,于是真相大白,一家人终于团聚。这部电影一经公映,即引起轰动。在长达半年的时间里,整个中国大小影院都在放映着这部电影。它不但打破了当时国外影片独占我国电影市场的局面,更掀起了国产电影创作的阵阵高潮。

对于这部影片,《中国电影发展史》认为:"就当时影片创作水平来说,《孤儿救祖记》在艺术处理上还是有它一定的成就的。"一方面它带有较多的民族生活气息;另一方面它在掌握电影艺术的形象真实性和情景生活化的特性方面,较之过去提高了一步;再一方面,它在结构方面,情节曲折,富有故事性,颇能引人入胜。郑正秋在《明星特刊》上撰写了《中国影戏的取材问题》和《我们所希望于观众者》,说明他对电影的主张:"戏剧之最高者,必须含有创造人生之能力,其次亦须含有改正社会之意义,其最小限度亦当含有批评社会之性质","戏剧必须有主义,无主义之戏剧,尚非目前艺术幼稚之中国所亟需要也"。他还说:"我们抱定一个分三步走的宗旨,第一步不妨迎合社会心理,第二步就是适应社会心理,第三步方才走到提高的路上去,也就是改良社会心理";又说"取材在营业主义上加一点良心的主张,这是我们向来的老例"。1924 年,郑正秋又编写了《苦儿弱女》和《好哥哥》,内容和《孤儿救祖记》类似,均由张石川导演,明星影片公司出品。后来,郑正秋还创作了《玉梨魂》《最后之良心》《上海一妇人》《官孤女》《二八佳人》《挂名的夫妻》《姊妹花》《白云塔》《血泪碑》等,除了描写以妇女生活为主要题材的电影外,还有以"唤起良心和工业救国"为主题的《一个小工人》等影片。

对于郑正秋这位"中国电影之父",今天知之者不多,但在当年影视界,可谓无人不晓。1989 年 1 月 25 日,中国电影家协会和中国电影艺术研究中心联合隆重举行郑正秋诞辰 100 周年纪念会。张丽纯在《"中国电影之父"郑正秋》一文中介绍说:在广东潮阳成田镇,有一个叫作上盐(原称上蓝汀)的小村庄,风景秀丽,四季如春,这里是郑正秋的家乡。郑正秋的父亲郑让卿,曾以光绪间顺天府试进士第三十一名的资格,当过江浙盐运使,后调任三穗知府。郑正秋的祖父郑介臣于鸦片战争后、上海开埠之际赴沪经商,开了家郑洽记土栈(鸦片批发栈)而成巨富,是早年上海潮州会馆发起人之一。1888 年 12 月 4 日,郑正秋出生,时值秋高气爽,故取名正秋,又按潮阳老家的排行,取字"芳泽"。这个生于上海的小男孩,从此入了广东潮阳籍,在优裕的官商家庭中生活成长。为了让孩子认得老家,3 岁那年,小正秋被母亲张太夫人从上海带回上盐村。老家迷人的田园风光、婚丧习俗、潮剧潮乐,乃至在家祠私塾的学习经历,都给幼小的郑正秋留下了深刻印象。从他后来所拍摄的电影中,我们不难看出潮汕文化对他的影响有多深。

五四运动前后,郑正秋在进行戏剧创作的同时,还创办了新民图书馆,发行《药风月刊》《解放画报》支持当时的学生运动。第一次世界大战爆发,间接地促进了中国民族经济的发展壮大,也使中国民族电影找到了发展的契机。1922 年,郑正秋在好友张石川的建议下,与张石川、周剑云、郑鹧鸪、任矜苹五人组建了明星电影公司。明星电影公司成立后不久,郑正秋就提出拍"长篇正剧"的主张。1923 年,他编导出我国第一部艺术片《孤儿救祖记》,真正地实现了他的艺术理想。1934 年春节,上海新光大戏院上演了一部令观众疯狂流泪、如痴如醉的影片,那就是郑正秋编剧导演、胡蝶主演的有声影片《姊妹花》,这也是我们今天所能看到的唯一一部郑正秋导演的影片。这部影片立场鲜明地揭露了阶级对立、贫富悬殊、军阀混战、农民破产的社会现实。用郑正秋自己的话说，是一部"替穷苦人叫屈"的影片。这部轰动一时的影片当时在首轮影院连映 60 余天，二轮影院连映 40 余天，范围遍及内地 18 个省 53 个城市以及香港，远及东南亚，打破了远东中外影片上映地域、场次、观众人数、票房价值的最高纪录。在 1935 年参加苏联莫斯科影展时，更是得到很高的评价。半个世纪后的 1982 年 2 月 25 日，在意大利举办的 1925—1980 年中国电影回顾展时，拉开帷幕的又是这部《姊妹花》，并备受赞誉，轰动国际影坛。电影《姊妹花》，是郑正秋整个电影生涯的巅峰之作。

张丽纯对郑正秋的总体评价是：他编导的中国第一部故事片《难夫难妻》，揭开了中国电影的序幕；他创办的中国第一所电影学校，成了中国电影发展的摇篮；他联系着中国电影的无数个"第一"，被赵士荟誉为"中国电影之父"。在他短暂的生命历程中拍摄的 50 多部电影多次轰动国际影坛，奠定了他在中国早期电影中的历史性地位。

正是受到明星影片公司的刺激，1925 年前后，一大批国人纷纷投资电影领域，一时间，很多电影公司在全国各地迅速成立。根据 1927 年出版的《中华影业年鉴》统计：仅上海一地就有 141 家；在北京有教育影剧公司、福禄寿影片公司；在天津成立的有北方影片公司、新月影片公司、新星影片公司；在镇江成立的有三山影片公司；在无锡成立的有华东第一影片公司；在杭州成立的有心明影片公司、杭州第一影片公司、明明影片公司；在成都成立的有社会电影公司；在汉口成立的有心佛影片公司、光华影片公司；此外，厦门、广州、香港等地也成立了影片公司，总共有 175 家电影公司。

透视这些电影公司的创办人，《中国电影发展史》考证：有买办，有流氓，有中小商人和资产阶级知识分子。其中也有鸳鸯蝴蝶派文人。所谓"鸳鸯蝴蝶派"，是发端于 20 世纪初叶的上海"十里洋场"的一个文学流派。他们最初热衷的题材是言情小说，写才子和佳人"相悦相恋，分拆不开，柳荫花下，像一对蝴蝶，一双鸳鸯"。就其思想倾向而言，他们代表了封建阶级和买办势力在文学上的要求。这些人的思路非常简单，他们遵从的就是"票房价值"。基于这一点，就如列宁所言："当电影掌握在庸俗的投机者手中时，它常常以恶劣内容的剧本将群众引入堕落之途，它所带来的害处比益处多。"

第二，电影数量猛增，良莠不齐。据陈杰编著的《民国电影艺术编年》书中统计：1913 年摄制国产电影 16 部，1920 年摄制国产影片 5 部，1921 年摄制国产影片 12 部，1923 年摄制国产影片 16 部，1924 年摄制国产影片 19 部。从 1925 年开始，国产影片制作进入了快节奏时代，国产影片迎来一个新的高峰。1925 年共制作国产影片 65 部,1926 年共制作国产影片 106 部,1927 年所拍摄的影片大多是古装片,共制作国产影片 120 部,1928 年国产电影在明星影片公司出品的系列电影《火烧红莲寺》大卖的背景下,迎来了武侠片的大发展,在武侠片的带动下,1928 年共制作国产电影 97 部。1905 年至 1930 年中国无声电影时期,大小公司摄制了大约 750 部以上的影片。

　　由于公司众多,投资人员良莠不齐,创作的电影既有郑正秋的良心作品影片,也有醉心"欧化"的"大中华百合"渲染的半殖民地生活方式影片。1924 年成立的"大中华影片公司",因投资人多为资产阶级知识分子,喜欢欧美电影,决定了他们制作影片的"欧化"倾向。由于他们制作的《人心》和《战功》并不尽如人意,导致资金周转不灵,进而与"百合影片公司"合并。合并后,他们拍摄了《小厂主》和渲染半殖民地生活方式的影片《透明的上海》和《探亲家》,也有描绘半封建社会生活和迎合小市民趣味的《呆中福》《马介甫》;还有描写半殖民地半封建社会双重色彩的《风雨之夜》和《连环债》等。有人称这两部影片是"使人堕落的范本"。

　　第三,影视批评开始跃上电影舞台。电影批评是伴随着电影发展而成长起来的。《中国电影发展史》考证:中国近代史上第一篇见诸报端的影评文字出现于 1897 年 9 月 5 日,题名为《观美国影戏记》。电影传入中国之初,中国并未出现专业的电影评论家和电影评论刊物,电影批评文章大多出现在报纸、杂志的副刊或者专栏之处。据刘继阳考察:在 1919 年 6 月 29 日至 1920 年 7 月 4 日,此间在《申报·自由谈》专栏里接连发表了 16 篇有关电影评论性质的文章《影戏话》,其中不仅有对西方电影的介绍,对当时公映电影、演员的评价,更有面对西方电影涌入中国所造成的爱国情怀的激发以及对中国电影的反思。《影戏话》系列评论的产生成为 20 世纪 20 年代国产电影和电影批评发展的新起点。此后,中国电影批评逐渐发展,到 1921 年 2 月中国出现了专门电影刊物《影戏丛报》,接踵而来的是同年秋于上海创刊的《影戏杂志》,1921 年 11 月《电影周刊》于北京问世,1922 年《电影杂志》在北京问世,1923 年 7 月《影戏半月刊》在上海问世,1924 年 3 月《电影周刊》在天津问世,1925 年 2 月《影戏春秋》在上海问世,同年 4 月《银幕周刊》在上海问世,1925 年秋《电影报》在上海问世,1926 年 2 月《良友·电影专刊》在上海问世,1927 年 1 月《中国电影杂志》在上海问世,1928 年《白幔》在广州问世,1929 年 7 月《影报》在上海问世,1930 年 12 月《电影三日刊》在上海问世。上述影评杂志标志着中国电影批评步入了新的历史发展历程。刘继阳认为：在近代中国电影发展史上，以周剑云、郑鹧鸪等为代表的电影评论家的出现，对电影业发展中遇到的问题、出现的不足，从电影专业化的角度加以批评讨论，从而对近代国产电影的发展起到了极大的规范和推动作用。

第四，一些进步人士参与了早期电影创作。《中国电影发展史》介绍：一是洪深参与了早期电影创作。洪深是中国电影戏剧理论家、剧作家、导演，是中国现代话剧和电影的奠基人之一。早年留学美国哈佛大学，成为中国第一个专习戏剧的留学生。1920年春回国，受聘于中国影片制造股份有限公司。1923年上演第一部剧作《赵阎王》，自饰主角。1925年任明星影片公司编导，写出了中国第一部较完整的电影文学剧本《申屠氏》，还编导了一部影片《冯大少爷》；1926年编导了《四月里底蔷薇处处开》和《爱情与黄金》；1927年编导了《卫女士的职业》；1928年编导了《同学之爱》，还将《少奶奶的扇子》搬上银幕。洪深早期的电影创作，绝大部分描写少爷、少奶奶、小姐之类的资产阶级男女生活，思想和格调不高，反映了当时洪深的资产阶级艺术思想和封建残余思想。1930年后，洪深参加了中国共产党所领导的左翼文艺运动，思想发生了极大的变化。他在一篇文章中说："我已阅读社会科学的书，而因参加左翼作家联盟，友人们不断予以教导，我个人的思想，对政治的认识，开始有若干改变。"从此，洪深接受了无产阶级思想领导，在电影方面摆脱了资产阶级的束缚，创作出了一批有着反帝反封建内容和有社会影响的电影作品。

二是史东山也参与了早期电影创作。史东山原名匡韶，出生在一个热爱文艺的知识分子家庭，因喜爱离家很近的一座山（此山名为东山），故更名为史东山。匡韶自幼受到家庭的熏陶，热爱绘画和音乐。1921年，史东山加盟上海影戏公司，担任布景师一职。1925年，他执导了个人首部电影《杨花恨》后，转入大中华百合公司。1926年执导了《儿孙福》和《同居之爱》；1927年自编自导了《王氏四侠》和执导了《美人计（上下集）》；1928年，执导了《奇女子》；1929年执导了《荒唐将军》和《双雄斗剑》。1930年，史东山进入联华影业公司。纵观史东山早年影片创作，对资产阶级的唯美主义的迷恋使他走上了一段相当长的弯路。直到1931年"九一八事变"前后，他受到民族危机与左翼电影运动的影响，投身到反帝反封建的电影文化运动中来。

三是欧阳予倩也参与了早期电影创作。

归国华侨和留学生参与了早期电影创作。1920年春，美国纽约放映了两部侮辱中国的影片《红灯照》和《初生》，激起了旅美华侨的义愤，出于爱国热情，他们成立了"长城画片公司"，1922年先后在美国拍摄了《中国的服装》和《中国的国术》两部影片。1924年"长城画片公司"返回国内，先后拍摄了《弃妇》《摘星之女》《爱神的玩偶》《一串珍珠》《春闺梦里人》《伪君子》等影片。

第五，中国电影完成了从无声到有声的过渡。1931年，明星影片公司和友联影片公司试制成功蜡盘发音有声影片《歌女红牡丹》和《虞美人》。1931年华光片上有声电影公司在日本完成中国第一部片上发音影片《雨过天晴》。到1935年，中国完成了从无声电影到有声电影的过渡。

《歌女红牡丹》是由洪深编剧，张石川导演，蝴蝶、王献斋、夏佩珍主演，明星影片公司于1931年拍摄的电影。据时光网介绍：影片讲述了民庆茶园歌女红牡丹色艺双绝，商人姜禹丞十分倾心，二人互有情意，红牡丹之母却将她嫁与了茶园老板之弟陈发祥。发祥好吃软饭，挥金如土，甚至将红牡丹的首饰送与新欢金姑娘。红牡丹伤心欲绝，发祥还大打出手，并将女儿香姐卖与兴二爷。听得红牡丹寻女心切，发祥终于不忍，找兴二爷要人，才知香姐竟被卖入娼门，一气之下杀死兴二爷后被捕入狱。姜禹丞出钱赎回香姐。红牡丹应聘外出演出，行前将演出所得留给发祥，发祥最终悔悟。

卢琳在《〈歌女红牡丹〉：舶来品与民族化》一文认为：影片《歌女红牡丹》在中国电影史上具有划时代的意义。作为中国第一部有声电影，它实现了中国电影的技术突破，开启了中国第一批有声片试制的风潮。"歌女红牡丹者，我国最新电影中最能感人最合艺术规律之最进步作品也。"技艺俱佳的《歌女红牡丹》不仅使得明星影片公司巩固了在电影市场中举足轻重的地位，同时在外国有声影片蚕食中国电影市场的境况下，也为国片拓展生存空间争取了一席之地。《歌女红牡丹》能够在技术、艺术与商业三个维度上实现共赢，关键在于它是一部"具备着西方有声片之长处而别有一种东方的文化色彩笼罩在上面的空前的佳作"。在当时文化语境中，如何在西方电影的强势影响下，借助舶来的世界先进电影声音技术，映照本国的电影文化，探索中国有声电影的发展方向，是中国第一部有声电影能否从创作到接受层面真正成功的关键。金宝山在《中国第一部有声电影——〈歌女红牡丹〉》一文中认为：这部影片揭露封建礼教对妇女心灵的摧残和毒害，迎合时代，具有一定的进步意义，故事情节曲折生动，可视性强。导演张石川等认为《歌女红牡丹》是一部警世片，有现实意义，若能摄制成功，开了有声电影之先河，在中国电影史上具有划时代的意义。影片在上海新光大戏院首次公映，媒体好评如潮，轰动了上海滩和全国。其影响远及香港、澳门地区和东南亚各国。影迷们欢欣鼓舞，奔走相告："中国电影能说话了！""洋人垄断中国电影市场的时代结束了！"中国影坛从此告别了无声时代。《歌女红牡丹》成为20世纪30年代优秀电影之一。

二、中国共产党领导的"左翼"电影文化运动

中国共产党早期指导拍摄的影片是与1931年"九一八事变"联结在一起的。在中华民族生死存亡的危急关头，中国共产党一方面高举抗日大旗领导抗日救亡运动，一方面高度关注舆论宣传。其中，从事文艺的中国共产党人特别关注影视公司的活动。由于东北地区沦入日寇之手，在东北地区的电影公司来到关内，加之上海一些影视公司倒闭，电影公司摇摇欲坠。为了摆脱困境，为了生存和吸引观众，电影公司纷纷开始了"向左转"，广大电影工作者出于抗日爱国要求，对电影公司"向左转"起到了推波助澜的作用。

1. 中国左翼电影运动的兴起

中国左翼电影运动是"左翼作家联盟"开始的。"左翼作家联盟"的前身是中国自由运动大同盟。1930年2月12日，鲁迅、柔石、郁达夫、田汉、夏衍、冯雪峰等人在上海发起成立了中国自由运动大同盟，简称自由大同盟。其宗旨是要争取言论、出版、结社、集会等自由，反对国民政府反动统治。1930年3月2日，中国左翼作家联盟（简称"左联"）成立，这是中国共产党领导下的左翼作家联合团体。在"左联"成立大会上，选出了沈端先、冯乃超、钱杏邨、鲁迅、田汉、郑伯奇、洪灵菲等7人为常务委员。稍后，茅盾、周扬、冯雪峰、丁玲、阳翰笙等也先后参加了"左联"的领导工作。鲁迅在成立大会上发表了重要讲话，即《对于左翼作家联盟的意见》。鲁迅第一次明确提出了文艺要为"工农大众"服务的方向，并且指出左翼文艺家一定要和实际的社会斗争接触。他对"左联"工作提出四点意见："对于旧社会和旧势力的斗争，必须坚决，持久不断，而且注重实力"；"战线应该扩大"；"应当造出大群的新的战士"；"联合战线是以有共同目的为必要条件的。……如果目的都在工农大众，那当然战线也就统一了"。"左联"的成立标志着无产阶级革命文学跨入一个新的发展阶段，标志着中国共产党对革命文艺事业领导的加强。"左联"之所以能够成立，有研究者认为：一是新的斗争形势要求无产阶级在文学上提出明确口号，宣传自己的文艺主张；二是国际无产阶级文

学运动对中国革命作家产生了影响；三是大革命失败后，大批革命知识分子在上海汇合。

"左联"成立后展开了一系列的革命文化活动，很多"左联"成员还积极从事实际革命斗争，这些都有力地配合了党领导的总的革命运动，密切了文艺与革命的关系。"左联"还加入了国际革命作家联盟，成为它的一个支部，加强了同国际无产阶级文艺运动的联系。"左联"先后创办了《拓荒者》《萌芽月刊》《巴尔底山》《世界文化》《十字街头》等重要刊物。"左联"努力宣传马克思主义文艺理论，并成立"马克思主义文艺理论研究会"等专门机构，系统地介绍传播马克思列宁主义。"左联"成立时正值国民党执政后为了推行一党独裁，在文化上千方百计"围剿"进步文化。1929年春，国民党在上海成立了"戏曲电影审查委员会"；同年7月，国民党内政部、教育部颁布"检查电影片规则"；8月组织了"电影检查委员会"；11月行政院公布了《电影检查法》，2个月后又公布了《电影检查法施行细则》和《电影检查委员会组织章程》。1930年9月，国民党当局下令取缔中国"左翼作家联盟"，通缉鲁迅等人，国民党手下的特务、暴徒袭击与捣毁进步书店、报馆、印刷所、电影院的事不断发生。1933年10月、11月间，国民党特务捣毁上海良友图书公司、神州国光社和艺华影片公司。与此同时，迫害与暗杀革命文化人的事也层出不穷，如，1931年2月"左联"成员、著名青年作家柔石、殷夫、胡也频、李伟森、冯铿等人在上海被害；1933年5月作家丁玲、潘梓年被绑架，诗人应修人拒捕牺牲。甚而连开明民主人士杨杏佛（中央研究院、中国民权保障同盟总干事）、史量才（《申报》总经理）也不能幸免，先后遭暗杀。国民党中宣部1930年底的一份内部报告洋洋得意地宣称："最近数月以来，本部对反动刊物加以严厉的取缔，所谓左倾的文艺杂志，差不多都已先后查禁。虽然还有几种希图化名延长生命的，但不过侥幸的出到一两期，也就同归于尽了。至于书店方面……多因血本关系，不肯再为他们印刷，所以反动文艺作品，近来已少发现。"然而，事实是国民党的文化"围剿"，阻挡不住中国共产党领导左翼文化运动的脚步。

2. 左翼电影与明星影片公司

"九一八事变"爆发后，中国抗日烽火如火如荼，为了适应抗日需要，明星公司在洪深的建议下，于1932年5月邀请夏衍、郑伯奇、钱杏邨（阿英）三位左翼作家担任"编剧顾问"，并与郑正秋、洪深等人组成编剧委员会。其后，又吸收了沈西苓、司徒慧敏、胡萍、王莹、陈凝秋等"左翼剧联"成员参加创作，率先开始"转变方向"。接着，联华、艺华等公司也相继起用了田汉、阳翰笙、聂耳、郑君里、金焰、王人美、舒绣文等左翼文艺工作者。其结果各电影公司的创作骨干基本上是以共产党人为首的进步左翼电影文艺工作者。中国电影由此也进入了一个新的发展阶段。1932年7月，"左翼剧联"成立了"影评人小组"。这是一个以共产党人为主的松散的群众组织，主要成员有夏衍、郑伯奇、钱杏邨、洪深、王尘无、石凌鹤、于伶、柯灵等，它通过各种公开和合法的形式，并派人进入上海各大报刊的电影副刊，如《申报》的"电影特刊"、《时事新报》的"电影时报"、《晨报》的"每日电影"等担任编辑，团结了许多影评人，组成了一支坚强的影评队伍。1932年6月，夏衍提出成立"党的电影小组"，得到瞿秋白的同意，1933年3月该小组正式成立，成员有夏衍、钱杏邨、王尘无、石凌鹤、司徒慧敏，组长为夏衍。"电影小组"直属中央文委领导。"党的电影小组"成立后，一方面发挥影评人的作用，另一方面为明星公司创作拍摄了《狂流》《春蚕》《铁板红泪录》《女性的呐喊》《上海二十四小时》《香草》和《压迫》等一批优秀的电影。

视频：《狂流》《春蚕》《铁板红泪录》《女性的呐喊》《上海二十四小时》《香草》和《压迫》（2分钟）

《狂流》是由夏衍编剧，程步高导演，胡蝶、龚稼农、王献斋、谭志远、夏佩珍主演，明星影片公司1933年拍摄的电影。影片讲述了长江流域发生空前的大水灾，16省被波及，受灾民众达7000余万。作为"左翼电影"的第一声，《狂流》以长江水灾为背景，尖锐地揭开了农村阶级矛盾和斗争的序幕。

曲靖在《从〈狂流〉的创作和批评谈1930年代初中国电影的转向》一文中认为："1933年上映的《狂流》是明星公司制作的第一部左翼电影"，以1931年长江流域的大水灾为背景，围绕护堤抢险的事件，设置两组阶级对立的人物。豪绅与农民分别代表统治阶级与被压迫、被剥削阶级，通过其在救灾时的不同表现显示出阶级矛盾的尖锐、不可调和。故事最终以村庄首富、县长儿子被狂流淹没作为结局，反映被压迫、被剥削阶级的反抗与愤怒。《狂流》使用了程步高在长江水灾时拍摄的表现洪水的纪实影像，并利用对比蒙太奇手法表现阶级对立、贫富差距的境况。真实题材和纪录影像使影片表现出强烈的现实感。这种对创作题材和影像风格的现实主义追求，同此前明星公司所拍摄的神怪、武侠、言情等类型影片形成了鲜明的对比。《狂流》因此成为明星公司在20世纪30年代向现实主义美学转变的开端。对大众性的把握是《狂流》在商业、政治上获得双重成果的关键因素，这也成为此后左翼电影的重要创作方式。如夏衍所说："必须时刻记住电影是最富群众性的，写一句对话，拍一个场景，都要考虑到群众的喜闻乐见，都要考虑到千千万万群众的接受程度，都要考虑到电影的社会效果。不这样做，是必定要失败的。"

《春蚕》是由夏衍根据茅盾同名小说编剧，程步高导演，龚稼农、高倩苹、艾霞、郑小秋、萧英主演，明星影片公司1933年拍摄的电影。影片讲述了20世纪30年代的浙江农村，每到清明时节，家家户户开始养蚕。影片展现的是蚕农老通宝一家在清明节养殖春蚕的故事。

沈鲁、朱超亚在《重写电影史视阈下〈春蚕〉电影改编论》中认为，对于《春蚕》影片的评价都存在着较大的分歧：1933年版电影《春蚕》在刚刚上映时受到左翼阵营的褒奖。姚苏凤在评论中认为《春蚕》"在中国电影事业的进展之中突破了一个纪录而获得了伟大的可惊喜的成功是不须歌颂不须夸张的事实"。其他左翼人士的看法也大多与此类似，穆木天也认为电影《春蚕》是"中国电影文化之进步，中国新的文化之进步"。与此截然对立的是，1933年11月，刘呐鸥、黄嘉谟等新感觉派作家就曾经在《矛盾》月刊发表了3篇批判的文章，认为"电影《春蚕》是部失败的作品"，"缺乏电影的感觉性，效果等于零"。也正是黄嘉谟在1933年12月发表《软性影片与硬性影片》才引发了"软硬电影"的大论战。刘呐鸥、黄嘉谟等人对《春蚕》的批判，称得上是20世纪30年代中国电影"软硬之争"的前奏。袁庆丰在《电影〈春蚕〉：左翼文学与国产电影市场的结晶》一文中认为：《春蚕》虽然出现在左翼电影高产之年，但其思想力度和艺术特征决定了它只能属于早期左翼电影，而不是完全意义上的左翼电影或曰经典左翼电影；影片政治经济学和意识形态的图解占据和挤压了原先就很逼仄的艺术叙事空间；小说《春蚕》最大的艺术贡献就是塑造了荷花这个"女二流子"形象，但影片没能将她进一步丰满、开掘。然而，恰恰就是从电影《春蚕》开始，明星影片公司借助左翼电影的诸多思想和艺术元素，开拓出一条新市民电影的制作新路线。因此，电影《春蚕》既是解读1933年左翼文学与电影内在关联的范例，又是"明星"公司在"左翼电影年"内制片路线改变后一个可供读解的标本。

《铁板红泪录》是由阳翰笙编剧，洪深导演，王莹、陈凝秋、王征信、朱狐雁主演，明星影片公司1933年拍摄的电影。《中国电影发展史》认为：这是一部强烈的反封建、反土豪的优秀影片，也是阳翰笙进入电影界的第一部作品。影片讲述了四川农民刘正兴一家因爱情纠葛引发农村阶级斗争的故事。

　　《女性的呐喊》是由沈西苓编剧、导演，王莹、龚稼农主演，明星影片公司 1933 年拍摄的电影。影片讲述了以叶莲为中心的几个女学生的不同的人生道路。少英思想进步，毅然决然到武汉寻找有意义的工作。叶莲和她的妹妹，由于军阀混战导致家庭被毁，被一个骗子骗到上海，被迫签订了"三年白做"的契约，妹妹又被胡大少爷凌辱而死，叶莲忍无可忍，用花瓶将胡大少爷砸昏过去。叶莲在路上遇见了她的旧同学爱娜，但爱娜已走向堕落。叶莲觉悟了，她想起少英的话："个人奋斗是会失败的，健实起来再奋斗！"于是，叶莲勇敢地踏上了少英的斗争道路。《中国电影发展史》认为：《女性的呐喊》第一次在中国银幕上展示了中国工人的生活，展示了最受剥削、最受压迫的包身工——"罐装了的劳动力"的非人遭遇，表现了她们的觉醒。它的反帝反封建的、革命的主题是相当鲜明的。

　　《上海二十四小时》是由夏衍编剧，沈西苓导演，顾兰君、顾梅君主演，明星影片公司 1933 年拍摄的电影。影片讲述了上海 20 世纪 30 年代一个童工受伤身亡事件的引发的后续故事。《中国电影发展史》认为：《上海二十四小时》生动而深刻地展开了一幅内容异常丰富的画卷，激动人心地揭示了 20 世纪 30 年代都市生活的尖锐的阶级矛盾和阶级对立，暴露了买办资产阶级依附帝国主义压迫剥削工人的罪恶和他们荒淫无耻的生活，展现了工人和城市贫民被剥削、被压迫、贫困受苦、挣扎于死亡边缘的灾难。剧本对当时的现实进行了高度的概括，它暴露反动社会黑暗的意义是极其深刻的，它的反帝反当时反动统治阶级的声音是极其强烈的。《上海二十四小时》不仅思想内容深刻，而且艺术处理极好，有不少独到之处。

　　《压迫》是由洪深编剧，高梨痕导演，龚稼农、夏佩珍主演，明星影片公司 1933 年拍摄的电影。影片讲述了一对失业夫妻饱受压迫，最后被诬入狱的故事。《中国电影发展史》认为：《压迫》暴露了 20 世纪 30 年代国内资产阶级的互相倾轧和帝国主义的经济侵略以及它对中国民族工业的严重打击，反映了一定的时代的真实。但影片在暴露工人痛苦的同时，却过分强调赵寅生性格中软弱的一面使主人公成为"逆来顺受"的牺牲者。影片也受到了反动派无理的歪曲的修改，被加上一条反动的尾巴：当被其陷害入狱的工人赵寅生夫妇被"法律"宣判无罪释放，随后出现一句字幕——"伟大的法律是不受压迫的"。松丹铃在《从〈申报·电影专刊〉看观众对"左翼电影"的反应》一文考证：《申报·电影专刊》刊登了 8 篇有关它的影评，其中 6 篇均对此表示不满。左翼影评家石凌与王尘无合撰的影评认为，《压迫》的结尾极为"荒谬",因为"在现社会中法律正是'压迫'人们的工具",并不能把大众从"压迫"中解放出来;至于赵寅生所说"中国的资本家在受外国资本压迫,我们应该团结起来抵抗"(劳资合作),也是一个误导。

总之,这一时期,明星影片公司还拍摄了表现中国工人阶级斗争生活的《香草美人》、表现盐民在残酷压迫下进行抗争的《盐潮》、表现职业女性觉醒的《脂粉市场》、反映妇女走向独立生活道路的《前程》、描写第一次国内革命战争年代知识青年不同命运和道路的《时代的儿女》和郑正秋的《姊妹花》等影片。

3. 左翼电影在"联华"与"电通"

党的电影小组的建立和向电影进军口号的提出,使左翼电影取得了辉煌成就,但同时也加速了国民党当局加紧迫害左翼电影。《淞沪停战协定》签订后,国民党中宣部,明令禁止拍摄和上演抗日电影。1932年国民党当局成立了中国教育电影协会,同年底,陈立夫发表了《中国电影事业的新路线》一文,为电影事业设立重重障碍。1933年11月12日,国民党反动派捣毁艺华影片公司,接着又捣毁一些书店,威胁电影工作者和影片公司,整个电影事业笼罩在白色恐怖之下。但是左翼电影运动并没有销声匿迹,在党的电影小组领导下,联合"联华"与"电通"影片公司,又创造出了几十部左翼进步电影,主要有:

视频:《渔光曲》《桃李劫》《新女性》《大路》《神女》《女儿经》《自由神》《风云儿女》的片头特写(3分钟)

《渔光曲》是由蔡楚生编剧、导演,王人美、韩兰根、袁丛美主演,联华影片公司于1934年拍摄的电影。影片讲述了徐福是一个贫苦的渔民,儿女小猴和小猫因家庭破产,随母投奔在上海卖艺为生的舅舅。后来母亲与舅舅不幸被大火烧死,小猴和小猫只得开始更为辛苦的捕鱼生活。

奚琴在《电影为流行歌曲插上了"绚丽的翅膀"——以〈渔光曲〉为例》一文中考证:影片《渔光曲》于1934年6月14日在上海首映。当时正值盛夏酷暑,影院门口人头攒动,人们争相购票。影片连续放映84天,创票房历史纪录,不愧为一部杰出的电影。导演蔡楚生生长在大海边,生活的积淀使他演绎了一个很熟悉的故事。影片中的人物主要是渔民、纱厂工人、捡破烂的、街头耍猴的,这些来自社会底层的小人物,使观众感觉特别真实自然。主题歌在影片中的运用别具匠心——歌曲在影片中共出现了三次:首先,三个天真的情同手足的小伙伴正在郊外玩耍,这时响起了《渔光曲》的片段,优美的歌曲夹杂着无邪愉快的小孩子的笑声，透着愉悦轻松的气氛。第二次，情景与第一次完全相反。生活陷入困境的小猫和小猴不得不到街头卖唱，但空手而归，为了让双目失明的母亲开心，小猫含着泪，强作欢笑为母亲完整地唱出了《渔光曲》主题歌，这时影片中叠现出海上美景，海面水波荡漾，霞光普照。孩子们正在欢快地打闹嬉戏，父亲正在撒网捕鱼，甜美温馨的追忆与小猫内心的痛苦和一家人的悲惨现状形成强烈反差，更加撼人心魄。第三次，弟弟小猴在临死前请求姐姐小猫再唱《渔光曲》，姐姐应允，一边歌唱，一边泪流满面。此时，海上阴风怒号，波涛翻滚，与悲凄的歌声混在了一起，工友们无限悲伤地围着临死的小猴，歌曲将悲剧推向了顶点。

《桃李劫》是由袁牧之编剧，应云卫导演，唐槐秋、周伯勋主演，电通公司制片厂于1934年拍摄的电影。影片讲述了一对接受过良好教育的知识青年，由于坚持自己的本性与原则，在社会上失意、反抗、挣扎，最终被彻底吞噬的悲剧。陶建平的悲剧，反映了旧中国正直善良的知识分子理想的幻灭和生存的危机，控诉了旧社会的罪恶，再现了20世纪30年代失业问题日益严重、广大劳动人民痛苦不堪的社会现实。影片既是对个人苦难的描述，又是对当时整个社会的不解与控诉，情绪之强烈、态度之锐利都足以让如今概念中的"愤青"电影心悦诚服。

吴海勇在《电影〈风云儿女〉诞生记》一文中介绍：1933年，随着左翼文化逐渐成熟，中国共产党开始直接参与和影响电影创作，在瞿秋白的领导下，组成由夏衍、钱杏邨（阿英）、王尘无、石凌鹤、司徒慧敏五人参与的左翼电影小组。在电影资本和进步知识分子的推动下，左翼电影迅速占据市场。电通公司是左翼电影运动的一个重要阵地，也与共产党的关系最为亲密。《桃李劫》是电通公司拍摄的第一部电影。由于电通公司的导演、演员多为初次"触电"，对拍片缺少经验，"电通"摄制首部电影险些遭遇倾覆之灾。是夏衍挺身而出，领着大家共同协助导演应云卫、摄影师吴蔚云、剪辑陈祥兴，进行两个月的补戏，重新剪辑、配音。秋末，《桃李劫》才起死回生。陆佳佳在《〈桃李劫〉："悲剧"美学与"吸引力"法则》一文中认为：《桃李劫》作为电通公司摄制的第一部左翼电影，其成功与否实际上直接关系到了电通公司的存亡。而电通公司作为共产党直接领导的第一个左翼电影机构，《桃李劫》也间接地影响着左翼电影运动的全局。因此，在整个创作过程中，《桃李劫》也一直都得到了以夏衍为领导的党的左翼电影小组的倾情关注和密切指导，从而促使其成为中国电影史上具有重要历史价值和影响力的左翼电影之一。同时,《桃李劫》的成功在某种意义上也"标志了这一时期左翼电影反'围剿'的重大胜利"。《桃李劫》不仅大胆地向观众们展现了一段在黑暗统治历史下发生的人间悲剧,还具有明显的革命性和启蒙性。同时,《桃李劫》通过具有"吸引力"的叙事策略,在进行左翼叙事表达时,也注重其影像上的现代话语和体感经验,并试图在影像层面上积极地建构现代性和都市文化话语。

《风云儿女》是由田汉、夏衍、孙师毅编剧,许幸之导演,袁牧之、王人美、谈瑛、陆露明、王桂林主演,电通公司制片厂于1935年拍摄的电影。影片讲述了"九一八事变"后,青年诗人辛白华和参加过军队的大学生梁质夫从东北流亡到了上海。虽然过着流浪生活,但他们时时以国家民族为念。在他们租住的二楼,住着由华北流浪来的阿凤母女俩,辛白华和梁质夫对她们时有帮助。此间,刚刚离婚的施夫人对辛白华很有好感,白华也深受施夫人吸引。梁质甫因和革命者有关系,被捕入狱。阿凤母亲病逝后,白华把阿凤送到学校读书。梁质甫被释放后参加抗日运动,白华与施夫人到青岛游玩。阿凤加入了歌舞班也来到青岛演出,她演出的《铁蹄下的歌女》,使辛白华受到很大的震动,激起了他的爱国热情。梁质甫在抗敌的战场上牺牲了,辛白华得知这一消息,终于抛弃了以前那种享乐的生活,走上了抗敌的最前线。

吴海勇在《电影〈风云儿女〉诞生记》一文中介绍:1934年秋初在马德建家举行恳谈会,田汉承诺自己要写一个剧本来支持他们,并大体谈了自己的构思:以亭子间奇遇开始,以长城抗日结束,表现知识分子由象牙塔毅然走向民族民主战场。田汉辗转送来的创作是"十来张直行的稿纸"(一说"写在几页十行纸上"),上面"不依行格、用毛笔细字写成,这仅能称作故事梗概"。司徒慧敏回忆当时的题目是《凤凰涅图》。这题名显然照应故事中的《凤凰涅图》,故事有意借抒写儿女之情,寄寓中华民族勇浴战火去获取凤凰涅槃般新生的希冀。这一创作灵感源自郭沫若的诗作《凤凰涅槃》。这回凤凰涅槃与民族新生关联起来。据许幸之《〈国歌〉诞生前后——〈风云儿女〉拍摄追忆》手稿显示,当夏衍将田汉的故事梗概文稿交给许幸之看后,许幸之"感到内容单薄了一些,几个主要人物的刻画还不够生动,一些情节过于浪漫,因此整个故事内容还显得单薄,不够充实"。他说出心中的忧虑,夏衍当即宽慰:"田汉原著的不足之处,我会在改写成电影文学剧本时加以弥补,你尽管放心好了!"夏衍正是《风云儿女》电影文学剧本的创作者。田汉曾误认为这就是他创作的剧本。事实上,该文本近1.1万字,绝不是十来页的十行字纸所能写下来的。《风云儿女》的摄制,为一首经典永恒的歌曲创作提供了契机。田汉有意要发挥"电通"录音器材的优势，在该片设置歌唱情节。听说电通公司选定的女一号是擅唱的王人美，且要亲演片中的铁蹄下的歌女，据孙师毅、许幸之、夏衍，以及孙师毅的夫人蓝兰回忆：《风云儿女》主题歌歌词原作于香烟纸上。既有歌词，于是就有了聂耳来抢任务的一段轶事。事实上，孙师毅是在聂耳谱曲创作中帮助修改了歌词："当时原歌词是'冒着敌人的飞机大炮'。最后的'前进'只有一次"（原歌词其实当为"冒着敌人的大炮飞机前进"），这一句音乐不易流畅处理，且收煞总觉得不够有力，聂耳就来找孙师毅商量。二人商议之下，便"将歌词加以更动"。于是，"冒着敌人的飞机大炮"改成"冒着敌人的炮火"，"前进"蓄积了爆发的力量，一个"前进"意有不足，遂复叠数次，将歌者一往无前的勇毅与豪迈表现得淋漓尽致。但当聂耳向许幸之来试唱他的创作时，许导演觉得煞尾还不够有力，聂耳当即修改，将歌词结束部分由"前进"凝练为一个"进"字。《电通半月画报》刊发的《风云儿女》原著最后便是主题歌歌词，看似是两段歌词，但是田汉后来见了都认为两段大同小异，没必要重复，其实前一段才是田汉的原作，后一段是歌词的第三版本，之间还有电影台本保存的第二版本，以第三版本最接近定稿的《义勇军进行曲》。前两版本均用"中国民族"一词，在第三版本改成了"中华民族"（中华民族到了最危险的时候）。对于这一重要改动，虽无历史见证者，却可从田汉、聂耳以往的作品中寻找解答的线索。聂耳为田汉《回春之曲》谱曲，就已将"中国民族"改成了"中华民族"。该剧《告别南洋》《春回来了》歌词分别采用"中国民族""中华民族"。二词所指在民国有时混用，但置于歌词语境却含义有别，前者（中国民族）专指中国疆域内的华夏民族，而后者（中华民族）侧重歌咏的是在海外生活的华夏民族。而1935年春聂耳任职的上海"百代"将《回春之曲》等所作插曲灌制成唱片，《告别南洋》《春回来了》所唱的都是"中华民族"，不再有"中国民族"。正如将《告别南洋》之歌的"中国民族"改成"中华民族"，聂耳将《风云儿女》主题歌歌词也做相应的修改。日本侵华激发空前的民族危机，无论是在祖国疆域之内还是海外世界，不管是何种阶层，都能深切地感受到亡国灭种的迫近。为此，能够包含"中国民族"的"中华民族"一词取代前者势所必然。

4."国防电影"运动的成就

"九一八事变"后，日本侵略者加紧对中国的侵略，1935年5月至11月，日本侵略者又策动华北事变，企图一枪不放侵占华北。就在中华民族的危亡时刻，中共中央于 1935 年 8 月 1 日发表了著名的"八一宣言"，提出了"停止内战，一致抗日"的号召。同年 12 月 9 日，在中国共产党领导下爆发了震惊中外的反日爱国的学生运动。22 日至 25 日，中共中央在陕北瓦窑堡召开会议，正式提出了抗日民族统一战线的策略总方针。在全国抗日救国运动浪潮中，上海文化界 275 人于 1935 年 12 月 12 日发表了《上海文化界救国运动宣言》。12 月 28 日，上海文化界救国会成立，又发表了第二次宣言。1936 年 1 月 27 日，由欧阳予倩、蔡楚生等发起成立了上海电影界救国会。为了适应新的形势，文学艺术提出了"国防文学"的口号。继而在文学艺术各部门相继提出了"国防戏剧""国防诗歌""国防音乐"的口号，各种国防文学、戏剧作品大量出现，形成了一个国防文艺运动的高潮。正是在这一背景下，提出了"国防电影"的理念。从 1935 年下半年至 1937 年卢沟桥事变爆发，这一时期电影被称为"国防电影"时期。探讨中国共产党对"国防电影"的影响，突出表现在这一时期拍摄的影片上。

视频：《生死同心》《压岁钱》《十字街头》《马路天使》《夜奔》《都市风光》《迷途的羔羊》《王老五》《狼山喋血记》《长恨歌》《夜半歌声》《壮志凌云》《青年进行曲》的片头特写（3 分钟）

《生死同心》是由阳翰笙编剧，应云卫导演，袁牧之、韩铁夫、陈波儿等主演，明星影片股份有限公司于 1936 年拍摄的电影。影片以 1925—1927 年大革命为时代背景，刻画了一个革命者的英勇形象。《压岁钱》是由夏衍编剧，张石川导演，龚稼农、龚稼霞主演，明星影片股份有限公司于 1937 年拍摄的电影。影片讲述了旧历大年夜，老祖父将一块贴着红喜字的银圆塞在孙女融融枕下，作为压岁钱。影片通过压岁钱变成"法币"的流转过程，展示了 20 世纪 30 年代中国都市生活真实场景，揭露了四大家族的巧取豪夺。《十字街头》是由沈西苓编剧、导演，赵丹、白杨、沙蒙、吴茵、吕班主演，明星影片股份有限公司于 1937 年拍摄的电影。影片生动描写了处于民族矛盾和阶级矛盾尖锐化的 20 世纪 30 年代的青年们的苦闷和他们最后的觉醒，走上抗敌斗争的时代要求。《夜奔》是由阳翰笙编剧，程步高导演，谈瑛、徐莘园、梅熹、王征信主演，明星影片股份有限公司于 1937 年拍摄的电影。影片讲述了爱国群众同奸商走私头子进行斗争的故事。《迷途的羔羊》是由蔡楚生编剧、导演，陈娟娟主演，联华影业公司于 1936 年拍摄的电影。影片讲述了小三子在父亲被土匪打死、祖母病死之后流浪天涯的故事。这是一部以流浪儿童为题材的影片。通过小三子他们的遭遇，作者生动地反映了20世纪30年代旧中国流浪儿童的悲惨遭遇。《狼山喋血记》是由沈浮、费穆编剧，费穆导演，黎莉莉、刘琼、张翼、蓝苹主演，联华影业公司于1936年拍摄的电影。这是一部寓言式的电影，影片中的狼群，映射日本侵略者，年轻的农村姑娘小玉哥哥被狼咬死，非常痛恨狼。作者以曲折隐晦的方式宣传了抗日思想。《王老五》是由蔡楚生编剧、导演，蓝苹、王次龙、殷秀岑、韩兰根主演，联华影业公司于1937年拍摄的电影。影片讲述了贫苦出身的流浪汉王老五，在旧社会的上海滩过着有所追求的生活。作者通过王老五的艺术形象，控诉了旧社会的黑暗，揭露了汉奸的罪恶，抒发了作者对穷苦人民的深厚感情。《壮志凌云》是由吴永刚编剧、导演，金焰、王人美、田方、王次龙主演，新华影片公司于1936年拍摄的电影。这部电影被誉为"国防电影"的代表作。影片讲述了村民为抵抗日寇入侵所进行的坚决抵抗的斗争。《夜半歌声》是由马徐维邦编剧、导演，谈瑛、刘琼、洪警铃、王竹友主演，新华影片公司于1937年拍摄的电影。影片讲述了宋丹萍在革命期间发生的爱情故事。影片以反封建、争自由为主题，但它所宣扬的是个人英雄主义，与国防电影运动不相一致。《青年进行曲》是由田汉编剧，史东山导演，施超、顾而已、胡萍、许曼丽主演，新华影片公司于1937年拍摄的电影。影片表现了反汉奸斗争的庄严主题，揭露了勾结日本侵略者、出卖民族利益的卖国奸商的嘴脸，描写了中国知识青年在伟大的抗日浪潮中的觉醒和成长。

《马路天使》是由袁牧之编剧、导演，赵丹、周旋、魏鹤龄、赵慧深主演，明星影片公司于1937年拍摄的电影。影片讲述了1935年的上海，在马路上谋生的又一天生活结束了，乐队的吹鼓手小陈、报贩老王、理发师、失业者、小贩这几个"有难同当、有福同享"的把兄弟组成的"雄赳赳"的队列，回到了太平里低矮的小阁楼。小陈和老王的住处正好与邻居小云、小红姐妹的住处对窗而临。这姐妹俩因家乡失陷，从北方流落到上海，被一个琴师和他的鸨母妻子所霸占，从此过着不堪忍受的苦难生活：小云为鸨母卖笑赚钱，小红则终日随琴师出入茶楼酒馆卖唱。许梦馨在《早期中国电影的"新现实主义"建构——以故事片〈马路天使〉为例》一文中认为：《马路天使》是著名左翼导演袁牧之于1937年所制作的一部以实景拍摄为主，聚焦社会底层人民，采取民族化叙事与民族化艺术技巧所塑造出的现实主义题材影片。影片从创作者们所见所闻的现实遭遇入手，以乐写哀，针砭时政，将视点对准歌女、鼓手、妓女和报贩等下层人物的难见光明的逼仄生活，运用大量的"省略"手法对当时半殖民半封建社会制度进行抨击，同时选择了与戏中人物经历极其相似的"金嗓子"周璇出演。这部影片得到了法国电影史学家乔治·萨杜尔的高度赞扬："风格极为独特，而且是典型的中国式的。"意大利著名影评家卡西拉奇认为："意大利引以为傲的新现实主义，还是在中国的上海诞生的。"也有评论称《马路天使》为20世纪30年代中国电影的压轴之作，是一部描绘活泼市井生活的艺术杰作，中国早期社会问题片的集大成者，30年代中国电影艺术发展高峰的标志。仝晓旭《过马路，走人间——论影片〈马路天使〉的细节之处的现实主义》一文中认为：《马路天使》无疑是中国电影史上浓墨重彩的一笔，用浑身解数克服种种障碍困难，"过马路"，用饱含热情的赤子之心见证着中国的光影巨变，"走人间"。这是对于现实主义在细节线索上的突破，分别在艺术与现实人文关怀方面推动了早期中国电影的发展。

三、中国共产党与人民电影的兴起

从1937年到1949年，是中国全面抗战和解放战争时期，中国人民在中国共产党领导下，经过艰苦卓绝的浴血奋战，打败了日本侵略者，其后又带领中国人民打败了国民党反动派，取得了新民主主义革命的胜利，实现了民族独立与人民解放。为了反映这一辉煌的历史性成就，在日本铁蹄下和国民党文化"围剿"面前，大批进步电影工作者不畏强权，在中国共产党领导下进行了不屈不挠的斗争。

1. 抗战时期的中国进步电影

1937年卢沟桥事变之后，中国进入全面抗战时期，国共两党因抗日又走到了一起。这一时期中国的电影创作主要围绕着抵抗日寇侵略这一主题展开。1937年7月28日，上海市文化界救亡协会成立；7月30日，电影工作人协会成立；8月4日，上海电影编剧导演人协会成立。抗战初期爱国电影工作者纷纷参加救亡戏剧工作。11月上海沦陷于日寇之手，文化界人士陆续抵达武汉。1938年1月，中华全国电影界抗敌协会宣告成立，国共两党和各党派均有代表参加，出版了《抗战电影》月刊。当时文化界由军委会政治部领导，政治部正副部长是陈诚和周恩来，政治部之下设四厅，第三厅负责抗日宣传工作，厅长是郭沫若，阳翰笙担任三厅主任秘书。中国电影制片厂也归第三厅领导，大批进步电影工作者参加了该厂的工作。从1938年1月至10月，中国电影制片厂拍摄了《保卫我们的土地》《热血忠魂》和《八百壮士》3部故事片和 50 多部纪录片、新闻片等。

视频：《保卫我们的土地》《热血忠魂》《八百壮士》的片头特写（1 分钟）

《保卫我们的土地》是由史东山编剧、导演，魏鹤龄、舒绣文、戴浩主演，中国电影制片厂于 1938 年拍摄的电影。影片讲述了"九一八事变"的炮火毁了刘山的家，刘山带着一家老小到处逃难。影片的最后军民团结一致，清除了汉奸，接着又在猛烈的炮火中向着进攻的敌人冲去。《中国电影发展史》认为：这是抗战爆发后完成的第一部表现抗战的故事片，与国防电影的最大不同是正面直接地描写了抗日战争。影片表达出当时中国人民要求抗战的民族愿望和爱国主义的庄严主题。《新华日报》认为：《保卫我们的土地》是"一部崭新的国防电影作品"，它的"每一句话都深深地刺入我们的心坎"。

《热血忠魂》是由袁丛美编剧、导演，高占非、姜黎黎、陈依萍主演，中国电影制片厂于 1938 年拍摄的电影。影片讲述了中国军队的一个旅长带队伍抗战及其家人的故事。《中国电影发展史》认为：影片体现了抗日时代的一定真实与鼓舞作用，但同时却丑化了人民群众，老百姓不仅没有民族气节，而且是一群"愚民"。很明显，影片体现了国民党片面抗战路线。

《八百壮士》是由阳翰笙编剧，应云卫导演，袁牧之、张树藩、陈波儿主演，中国电影制片厂于 1938 年拍摄的电影。影片是根据上海"八一三"抗战中八百壮士坚守四行仓库阵地的故事拍摄的，不仅表现了团长谢晋元、营长杨瑞符两位爱国军人的英勇形象，还以不少战斗场面和情节表现了爱国士兵的坚强勇敢、不畏牺牲、誓与国土共存亡的战斗精神。影片上映后受到观众的强烈好评。

武汉失守后，中国电影制片厂（简称"中制"）迁到重庆。与此同时，国民党中宣部领导下的直属电影机构（简称"中电"），两个电影机构拍摄的影片主要有：

视频：《保家乡》《东亚之光》《好丈夫》《火的洗礼》《胜利进行曲》《青年中国》《塞上风云》《日本间谍》《中华女儿》《长空万里》的片头特写（3 分钟）

何非光编导的《保家乡》讲述了军民团结；史东山编导的《好丈夫》讲述了动员农民从军的故事；何非光编导的《东亚之光》讲述了日本战俘的遭遇和觉醒；田汉编剧、史东山导演的《胜利进行曲》讲述了 1939 年长沙战役中中国军队和人民的英勇斗争；孙瑜编导的《火的洗礼》讲述了一个日本间谍从破坏到觉醒的故事；阳翰笙编剧、苏怡导演的《青年中国》讲述了军民团结打败日寇的主题；阳翰笙编剧、应云卫导演的《塞上风云》讲述了抗战时期各民族团结共同抗日的主题;阳翰笙编剧、袁丛美导演的《日本间谍》描写的是附逆分子的觉醒与日寇在东北滔天罪行;沈西苓编导的《中华女儿》讲述了中国不同阶层人民如何进行抗战的故事;孙瑜编导的《长空万里》讲述了一群青年投考空军英勇抗战的故事。

这一时期"中制"和"中电"还拍摄了许多纪录片,反映中国军队和各民族的团结抗战,有力配合了中国抗战。

2. 解放战争时期的进步电影

抗战胜利后,中国面临"向何处去"的问题。光明与黑暗的决战时刻,国统区一批进步的电影工作者史东山、蔡楚生、孟君谋、郑君里等人同国民党黑暗势力进行了坚决的斗争,与联华影艺社及企业昆仑影业公司携手,先后拍摄了影片:

视频:《八千里路云和月》《一江春水向东流(上下集)》《万家灯火》《关不住的春光》《丽人行》《希望在人间》《三毛流浪记》《乌鸦与麻雀》的片头特写(2 分钟)

实事求是地讲,这些影片在当时可谓内容进步、艺术精湛,成为新中国成立前的中国电影史上的精品,因此获得广泛欢迎。

《八千里路云和月》是由史东山编剧、导演,白杨、淘金、高正、石羽主演,联华影艺社 1947 拍摄的电影。影片讲述了上海某大学女生江玲玉寄居在姨母家。抗战爆发后,她不顾家人反对阻止,毅然参加抗日救亡演剧队,到抗战前沿做鼓动宣传,与和她同在一起的音乐家高礼彬逐渐相爱。演剧队辗转来到抗战陪都重庆时,表兄周家荣因投机生意而发了财,多次纠缠江玲玉遭到拒绝。抗战胜利后成为"接收大员"的周家荣大发国难财,而结婚后的江玲玉和高礼彬却一贫如洗、捉襟见肘,形成鲜明对比。担心国家前途命运的玲玉,不顾身怀有孕,奋笔疾书,揭发"劫收"大员们肮脏的嘴脸,终因体力不支,昏倒街头。影片在抗敌演剧队全体队员去医院探望江玲玉时结束。

编导者史东山回顾《八千里路云和月》时,对于多年抗战,虽然也有"不堪回想"的地方,"但在抗战的大前提下,我们还可以有所解释而自慰",但是,"短短几个月的胜利以来的现象,却使我们感到无比的伤痛"。史东山的话说明创作《八千里路云和月》的动机和心情。《中国电影发展史》认为:《八千里路云和月》是以抗敌演剧队在抗战期间和战后生活为依据,通过江玲玉、高礼彬两个爱国青年历尽艰苦服务抗战和周家荣利用抗战大发国难财的鲜明对比，从一个侧面概括了战时和战后国民党统治区的社会真实。影片对战时和战后国民党反动派的罪恶都做了真实的揭露，既表现出了战时反动统治的黑暗，又反映了战后"惨胜""劫收"的奇观，是一幅蒋管区社会生活的生动写照。

《一江春水向东流》是由蔡楚生、郑君里编剧、导演，白杨、淘金、上官云珠、舒绣文、吴茵主演，联华影艺社 1947 拍摄的电影。影片分为上下集，上集《八年离乱》、下集《天亮前后》。影片讲述了一个家庭在中国抗日战争巨变之时发生的一系列悲喜交加的故事。《中国电影发展史》认为：影片通过一个曲折动人的家庭悲剧，概括地反映了抗战时期和"惨胜"前后两个时代生活的面貌。影片有三条不同的线索：一条是以张忠良、婉华为代表的积极抗日的线索；一条是素芬公婆母子的苦难遭遇；另一条是张忠良由向上走向堕落。影片以它丰富的内容和突出的艺术成就，赢得了国内外广大观众的热烈欢迎，轰动了当时的中国影坛。袁成亮在《电影〈一江春水向东流〉拍摄前后》一文中认为："在旧中国电影史上，没有哪一部影片像《一江春水向东流》那样在拍摄过程中经历了那么多磨难。它一经放映便成为当时最叫好、最卖座的影片，即使在新中国成立后，观众对这部影片的热情也不减当年。"袁成亮考证：为创作这部作品，蔡楚生不顾生活的贫困和身体的虚弱，四处寻访逃难的人们，了解他们的疾苦，积累了大量素材，为电影剧本的创作打下厚重的基础。在创作视角上，蔡楚生选择了一个具体家庭作为载体来表现和描述中国抗日战争前后的历史进程，并通过这个家庭的升沉变迁浓缩和汇聚社会的巨大变化。经过两年多的辛勤耕耘，1946 年夏，蔡楚生完成了剧本《一江春水向东流》的创作。剧本在叙事跨度上贯通战前、战时与战后三个时期。向涛、何洪池在《〈一江春水向东流〉：中国早期的大片》一文中认为：电影《一江春水向东流》被赞誉为"中国电影史上第一部史诗影片""现实主义电影的里程碑"和"中国电影史上叙事电影的高峰"，它同美国的史诗电影《乱世佳人》被人们称为中西电影艺术历史长河中并峙的双峰。文章从电影《一江春水向东流》拍摄的艰辛，拍摄的规模大、时间跨度长，票房高、口碑好，艺术成就高这些方面阐述其何以能被称为中国早期电影的大片。

《万家灯火》是由阳翰笙编剧，沈浮导演，蓝马、齐衡、上官云珠、吴茵主演，昆仑影片公司于 1948 年拍摄的电影。杨姐、赵凡琦在《小荧屏中的大世界——电影〈万家灯火〉艺术手法探析》一文中认为：电影《万家灯火》选取抗战之后的大都市上海作为叙事的大背景，主要描述了在当时物价飞涨、货币贬值的大环境下，小职员胡智清一家因母亲、弟弟一家从农村来沪投靠，生活陷入了困境，整日入不敷出，由此产生的一系列矛盾冲突。影片深刻揭示了当时社会底层的人们日益恶化的生活状态。文章认为：电影《万家灯火》上映时期被定为"新现实主义文艺巨构"，导演沈浮用平实的艺术手法，从小的家庭生活出发，放映大的社会问题。

《关不住的春光》是由欧阳予倩编剧，王为一、徐涛导演，王人美、赵丹、凤子主演，昆仑影片公司于1948年拍摄的电影。影片讲述了抗战时期，华声歌咏队队员梅春丽能戏善歌，因体质较弱在回重庆路上结识投机商人吴警之并结婚，后逃离专横家庭恢复往日活力。欧阳予倩谈到之所以写梅春丽反抗、林尔文与陈蕴奇等进步知识分子的活动，是企图"通过这样一些人物，表达比较进步的知识分子反帝国主义、反封建、反买办资本主义和他们向往革命的心情"。

《乌鸦与麻雀》是由陈白尘编剧，郑君里导演，赵丹、黄宗英、上官云珠、李天济、吴茵、魏鹤龄、孙道临主演，昆仑影业公司于1948年拍摄的电影。影片以1948年冬国民党政权即将灭亡、国统区的黑暗混乱为背景，在上海弄堂的一栋房子里演绎故事。杨剑龙在《陈白尘与电影〈乌鸦与麻雀〉》一文中认为：《乌鸦与麻雀》是一部佳作，获得1949—1956年文化部优秀影片一等奖、1986年法国第一届科罗米埃国际消遣片电影节优秀推荐片奖。与陈白尘的其他剧作类似，该影片以喜剧色彩讽刺笔调见长，将侯义伯拟为"乌鸦"世界，将被压迫受欺凌的众房客拟为"麻雀"世界。在他们之间的矛盾斗争中，作者鞭挞压迫者，同情受欺凌者，在日常生活琐事的描写中表现人物的性格，将日常生活与政治背景融会在一起。在几个家庭生活在一栋楼中的心态与行为的对比中，达到讽刺诙谐的效果。剧作的结构、人物的刻画、场景的设置、深刻的主题、精湛的表演等方面，呈现出该片卓越的艺术性，使之成为中国电影史上的经典之作。秦翼在《不可复制的〈乌鸦与麻雀〉》一文中认为：《乌鸦与麻雀》是开始拍摄于新中国成立前夕、正式拍摄于新中国成立后并于1950年最终上映的"跨时代"喜剧电影，它以不可复制的创作时机、立场与艺术成就，为中国喜剧电影创作的辉煌时代做出了贡献。王璨灿在《从悲剧结局到喜剧人生——电影〈乌鸦与麻雀〉的叙事模式解读》一文中认为：作为战后讽刺喜剧的优秀代表作品，《乌鸦与麻雀》中的一些情节段落令观众感到既熟悉又陌生：影片在叙事模式上继承了20世纪30年代左翼电影中出现的"母救女"和"中年男性觊觎女性"情节，同时又对其惯常的结局做出改变，形成了新时代独特的话语。

3. 人民电影事业的兴起

所谓人民电影，是指在民主革命时期的解放区，中国共产党直接组建的电影制作机构。据《延安电影团：人民电影的先锋》一文介绍：党中央初到延安时，没有任何电影和图片机构，甚至没有照相机和摄影机。为了真实地宣传中国共产党的积极抗日，党中央决定创建自己的电影队伍，周恩来选择了左翼电影人袁牧之和摄影大师吴印咸来开展工作。他们二人赴香港购买了一些二手的电影器材，吴印咸又尽其私囊购买了三架照相机，并且当时还得到了享有国际盛誉的荷兰著名电影大师约里斯·伊文斯赠送的一架35毫米摄影机和数千尺胶片，就此准备了基本条件。1938年8月18日，中国共产党领导的第一个红色电影机构——延安电影团成立了。这个最初只有7个人，设备极为简陋的电影团翻越崇山峻岭，冒着敌人的炮火，凭着勇往直前的精神，用镜头真实记录了中国共产党人带领人民军队和人民群众创造的辉煌业绩，也奠定了具有"延安电影风格"中国电影的基础，形成了勇于创新的"延安电影精神"。

延安电影团成立25周年之际，吴印咸回忆说：延安八路军总政治部于1938年秋天成立了电影团。电影团有两个队，一个摄影队，是一成立电影团就建立的；一个放映队，是1939年秋天成立的。摄影队起先只有6个人，其中有3个搞专业的（袁牧之、徐肖冰和我），3个搞行政事务的（李肃、魏起和叶苍林）。后来，在1939年吴本立同志参加了，1940年周从初、马似友同志参加了，1941年钱筱璋同志又参加了，他们都是搞电影专业的。还办了两届培训班，从培训班中补充了一些人。到1945年，摄影队已有成员20余人了。放映队一直保持着六七个人。抗日战争胜利后，在1946年电影团离开延安到东北参加"东影"时共有30余人。这就是从无到有、从小到大的电影团的人员组织情况。吴印咸说：我们纪念延安电影团，就要学习和发扬延安作风。什么是延安作风呢？简单概括起来可归纳为四点：1. 艰苦奋斗，勇于克服困难，而又解决问题。2. 团结友爱，为集体的利益、为革命而贡献自己。3. 实事求是，踏踏实实，不虚夸，不做空谈家。4. 要去旧革新，富有革命性，包括思想革命和事业上的革新。

1938年10月1日，大型纪录片《延安与八路军》在陕西黄帝陵开拍，这是延安电影团拍摄的第一部影片，也是延安时期的第一部电影纪录片。这部影片的特点之一，选择在黄帝陵开拍，其用意良深：中华民族不分党派，不论居住地都是炎黄子孙，唤起炎黄子孙炽烈的爱国情感，动员他们奋起抗战，誓死保卫民族家园；特点之二，讲述了无数进步青年奔赴延安，反映出当时"天下人心归延安"的事实；特点之三，实拍了根据地热火朝天的革命盛况，对于"天下人心归延安"进一步做了注脚。该机构还先后拍摄了《白求恩大夫》、《生产和战斗结合起来》（《南泥湾》）以及《陕甘宁边区第二届参议会》《十月革命节》《张浩同志出殡和丧礼》《刘志丹同志移灵》《九一运动会》《延安女大》《延安秧歌运动》《延安群众向朱总司令献旗》《陕甘宁边区生产展览会》《延安工业生产》《纪念抗战暨追悼阵亡将士大会》《中国共产党第七次全国代表大会》等纪录片。特别是对中共七大的拍摄，意义非凡，不仅留下了珍贵的历史镜头，而且对于今天人们了解延安精神和中国共产党的艰辛历程提供了最好的素材。

解放战争爆发后，中国共产党于1946年7月成立了延安电影制片厂，由钟敬之、伊明、翟强、冯白鲁、程默、凌子风、阿申、高维进、王岚等组成，受中共中央西北局宣传部领导。尽管条件艰苦、设备简陋，制片厂一成立就投入了故事片的拍摄。延安电影制片厂拍摄的第一部故事片《边区劳动英雄》，是由陈波儿、伊明编剧，伊明导演，主要讲述了内战时期土地革命和抗战时期的大生产运动，生动刻画了翻身农民的英雄形象。非常可惜的是，因摄影机故障和战争形势的发展，影片未能完成。《中国电影发展史》记录道：《边区劳动英雄》停拍后，党指示延安电影制片厂转入新闻纪录电影的制作。在拍摄了《保卫延安和保卫陕甘宁边区》纪录片后，因经济困难，中央决定延安电影制片厂于1947年10月结束，以该厂成员及从陕、晋两地区几个文艺团体抽调来的干事组成西北电影工学队。

解放战争时期，影响最大的是东北电影制片厂。朱安平在《"新中国电影摇篮"东北电影制片厂》一文中指出：在人民解放战争的炮火硝烟中诞生的东北电影制片厂（简称"东影"），是中国共产党最早建立的"第一个具有较完备设备的电影制片基地"，最初名为东北电影公司，1955年改称为长春电影制片厂。在建立之初，它成功开展了"三化立功运动"，实施了"七片生产计划"，不仅迅速发展，开创了人民电影多个"第一"，而且为新中国电影事业的发展积累了丰富经验，提供了宝贵的人力资源，成为名副其实的"新中国电影摇篮"。据朱安平考证：东北电影制片厂是在接收号称远东最大"满映"的基础上建立起来的，曾经历复杂激烈的斗争。"满映"全称"株式会社满洲映画协会"，系伪满洲国电影制作、输出输入、配给（发行）、上映的专门统制机构，1937年8月在长春兴建，仿造德国"乌发"（ufa）电影厂模式，拥有6个面积各为600平方米的摄影棚，大小4个录音室，配备当时最先进的机器设备，有"亚洲第一电影制片厂"之称。1945年8月15日，日本宣布投降。"满映"因理事长甘粕正彦自杀身亡而处于解体状态。长春地下党组织即派赵东黎、刘健民进入"满映"，发动进步职工开展护厂斗争，成立东北电影技术者联盟、东北电影演员联盟，后合并为东北电影工作者联盟，与"满映"看守理事谈判移交权力，击退国民党特务的破坏活动，并于10月1日宣布成立东北电影公司，选举张辛实为总经理。他们为保护"满映"厂房和机器设备做出了重要贡献。在东北电影公司成立一周年时，宣布东北电影制片厂成立，由舒群任厂长，张辛实任副厂长，袁牧之任顾问。后来舒群奉调离开，由袁牧之接任厂长，吴印咸、张辛实任副厂长，田方任秘书长，陈波儿任党总支书记兼管艺术工作，钱筱璋负责新闻纪录片工作。解放战争时期，东北电影制片厂先后拍摄了《民主东北》《晋中战役》《济南战役》《淮海战役》等数部纪录片，第一部科教片《预防鼠疫》、第一部木偶片《皇帝梦》、第一部动画片《瓮中捉鳖》、第一部翻版片（译制片）《普通一兵》；还拍摄了第一部故事片《留下他打老蒋》。

视频：《留下他打老蒋》片头和特写（1分钟）

《留下他打老蒋》是由林其（伊琳）编导，陈强、马德明、于洋、袁乃晨主演，东北电影制片厂于1948年拍摄的电影。影片讲述了一个刚刚参加革命的小战士，因擦枪不慎走火，打死了一个老农民的小儿子。部队组织决定让小战士偿命，但老农民劝说不要枪毙小战士，让他去打蒋介石反动派吧，小战士最终在战斗中立功。影片以倒叙的方式展开剧情，影片开头是以老农民去医院探望立功受伤的小战士作为开头。该片反映了解放战争时期部队和老百姓之间的鱼水关系。朱安平认为：影片生动地表现了人民军队同人民群众的血肉联系，揭示了人民军队战无不胜的原因。该片在拍摄条件有限和经验缺乏的情况下，仍难得地进行艺术探索，不仅镜头语言运用到位，画面剪辑较为流畅，还穿插了一些难度较大的运动镜头和叠画等摄影特技，为"东影"的故事片创作积累了宝贵经验。

综上所述，对新中国成立前中国电影发展历史，特别是中国共产党指导或影响拍摄影片的梳理，有助于加深对新中国成立后拍摄的影片，特别是红色经典影片的深刻理解。

第三讲　20世纪50年代红色经典电影及其特征

　　1949年中华人民共和国成立，中国共产党领导中国人民实现了民族独立、人民解放，彻底结束了旧中国半殖民地半封建社会的历史，彻底结束了极少数剥削者统治广大劳动人民的历史，彻底结束了旧中国一盘散沙的局面，彻底废除了列强强加给中国的不平等条约和帝国主义在中国的一切特权，实现了中国从几千年封建专制政治向人民民主的伟大飞跃。与此相关联的，中国电影事业也发生了翻天覆地的变化，随着新时代、新体制与新的指导思想的确立，红色经典电影制作与放映进入了全新时期。特别是20世纪50年代，不仅拉开了红色经典电影制作与放映的大幕，而且经过曲折发展开创了辉煌时期，写下了当代中国电影发展史的新篇章。

一、红色经典电影初创时期及其特征

　　从1949—1959年，是新中国电影发展的第一个时期，即社会主义电影事业从奠基走向初步成熟和繁荣、蓬勃上升的发展时期。《中国当代电影发展史》把20世纪50年代中国电影称为中国电影的历史时代。

　　1. 中国电影历史时代的内涵

　　将20世纪50年代中国电影称为中国电影历史时代的论据是：

　　第一，指巨大的历史变迁。1949年至1956年，尽管这一时期仍然处在新民主主义向社会主义的过渡时期，但是中国共产党已经夺取了国家政权，成了中国的执政党。资产阶级虽然还存在，但马克思主义、毛泽东思想已经成为在意识形态领域唯一占统治地位的指导思想，整个中国的历史由此而改写。

　　第二，在50年代初期，虽然还有私营电影公司的存在，随着三大改造在中国的完成，电影生产、发行、放映体制，已经逐步在社会主义国有体制下展开。这也是一种历史性的变革，为中国电影的发展奠定了物质基础。

第三，中国电影已经进入了新的历史时代。以新中国成立时间画线，新中国成立以来的电影主题、内容、艺术形式都有了一个非常大的历史性变化。中国共产党掌握了对文化艺术的领导权，首先考虑的是怎么样利用电影作为工具，宣传自己的思想与政策，为巩固新生的人民政权服务。

总之，新中国成立和20世纪50年代，是中国人民和中华民族在中国共产党领导下站起来的标志，也是中国人民精神面貌由被动转为主动的生动体现。南京艺术学院人文学院院长沈义贞教授认为："尽管新生的人民共和国一穷二白、百废待兴，整个时代的精神则是昂扬的、积极向上的。"

2. 红色经典电影初创时期指导思想与队伍建设

透视50年代红色经典电影，初创时期是指1949年至1952年。《当代中国电影》与孟犁野的《新中国电影艺术（1949—1952）》都将这一时期定位为初创时期。此时正处在新中国成立后的国民经济恢复时期。这一时期，一方面，随着新中国的成立，长期以来受尽压迫和欺凌的广大中国人民在政治上翻了身，第一次成为新社会、新国家的主人。另一方面，新中国还没有获得完全解放，追歼国民党残敌、完成新解放区的土地改革、镇压反革命破坏、恢复国民经济和进行抗美援朝战争，仍然是国民经济恢复时期的主要任务。以马克思主义为指导的民族的、科学的、大众的文化虽然已经在文化领域占据主导地位，但资产阶级还存在，思想改造运动任重道远。正是在这一波澜壮阔的伟大社会变革背景下，开始了红色经典电影的初创时期。

对于新中国成立后电影工作指导思想，早在1948年10月26日，中共中央宣传部曾就电影工作问题，给东北局宣传部发出《关于电影工作的指示》。《指示》强调：一是关于"电影剧本审查方针"：总体不要过于"严格"，电影剧本的标准为"在政治上只要是反帝、反封建、反官僚资本的，而不是反苏、反共、反人民民主的就可以。还有一些对政治无大关系的影片，只要在宣传上无害处，有艺术上的价值，就可以"。至于艺术的标准，"亦应从大处着眼，不应流于细节的苛求。细节上的完美，只能逐步达到，不能一蹴而就，这是要在实践、批评与学习的过程中逐渐做到的"。对于工作人员，即"编导和演员"，"要组织他们学习马列主义的基本知识，使他们具有马列主义的基本观点，并须使他们了解政治和党的政策"。电影剧本故事的范围"应是解放区的，现代的，中国的，但同时亦可采取国民党统治区的，外国的，古代的"。

《当代中国电影》认为这一《指示》"既切合当时电影工作的实际情况，又考虑到了以后全国电影事业的发展，对人民电影的创作生产和发展方向提出了正确的指导思想"。《指示》"依据毛泽东《在延安文艺座谈会上的讲话》精神，第一次明确确定了电影剧本的政治标准和艺术标准，提出了电影题材既有主导，又应多样化的原则，并且指出了电影工作者加强学习，树立马列主义观点和政策的必要性。它不仅指导了当时东影电影创作的健康发展，促使在新中国成立初期出现一批优秀影片，而且对于以后社会主义电影事业的繁荣发展产生了深刻影响"。1953年12月中央人民政府政务院发布了《关于加强电影制片工作的决定》，进一步强调了电影题材范围。1957年毛泽东提出"双百方针"后，又提出了科学艺术活动的六条标准。

就新中国成立初期电影队伍而言，中国刚刚从半殖民地半封建社会踏入新民主主义社会，还带有许多旧社会的痕迹。作为电影人，主要来自国统区和解放区。《当代中国电影》认为：来自国统区的电影人在他们思想深处尽管与马克思主义意识形态具有相当距离，但他们热爱新中国，拥护中国共产党，这一理念驱使着他们开始尝试歌颂新生的人民共和国，加之他们拥有丰富实践经验，很快就适应了新的社会环境与要求。来自解放区的电影工作者，虽然在电影实践的经验上稍显欠缺，但长期的无产阶级理念的教育使他们能够很快适应新的形势，并借助电影这一艺术形式，表达对新中国的礼赞。实事求是地讲，尽管这一时期的电影创作从艺术的角度衡量并非尽善尽美，但整个电影的美学风貌仍然呈现出某种独特的气质，这就是在其后的电影理论语境中被指认为"红色经典电影"的特有的英雄主义、集体主义、乐观主义、理想主义、革命浪漫主义等情怀。

3. 初创时期红色经典电影的特点

视频：1949年到1951年拍摄影片目录

通过新中国成立后头3年的中国电影目录，可以看到初创时期红色经典电影代表性的作品主要有:《桥》《中华女儿》《光芒万丈》《赵一曼》《刘胡兰》《钢铁战士》《高歌猛进》《白毛女》《吕梁英雄》《新儿女英雄传》《陕北牧歌》《翠岗红旗》《上饶集中营》《关连长》《葡萄熟了的时候》《六号门》《龙须沟》《南征北战》等。上述影片，如果从内容上考察，初创时期的电影在创作上的特色主要集中于以下几点。

第一，描写工人阶级为国家主人公的影片成为50年代初期银幕主流。国家和国营制片厂都高度重视此类影片的拍摄，初创时期共拍摄了7部电影：《桥》、《光芒万丈》、《高歌猛进》、《红旗歌》、《六号门》、《荣誉属于谁》（后来更名为《在前进的道路上》）和《女司机》。孟犁野所著《新中国电影艺术（1949—1952）》认为："这类影片的主题，大多是反映新中国成立前后，工人阶级在中共领导下，为自身利益和解放、建设新中国，与统治阶级进行经济、政治斗争，或对人民内部的错误思想、工人自身的弱点进行自我教育——主要是体现、张扬工人阶级和市民阶层的当家作主意识，批判旧制度，歌颂新社会，具有鲜明的时代特征。"影片上演后，反应比较强烈的是《桥》和《六号门》。

首先我们通过电影《桥》来探寻新中国红色经典电影的特征。

视频：《桥》（2分钟）

《桥》是由于敏编剧，王滨导演，王家乙、杜德夫、吕班、江浩、陈强、于洋主演，东北电影制片厂于1949年拍摄的电影。影片讲述了1947年冬天，东北某铁路工厂为了配合人民解放军战略进攻，接受了修复松花江铁桥的任务。总工程师看不到人民群众的力量，对完成任务缺乏信心，少数工人中也存在着雇佣思想。在缺乏钢铁、炼钢炉损坏等严重困难下，厂长发动共产党员、积极分子，组织广大工人日以继夜地修复了炼钢炉，制造出修复铁桥需要的桥座和铆钉，在松花江解冻前修复了大桥，支援了东北解放战争。影片通过老梁和老侯两个工人形象的塑造，表现了工人阶级拥护共产党、战胜困难支援解放战争的热忱，歌颂了他们崭新的劳动态度和巨大的创造力。

这部影片是长春电影制片厂（前身为东北电影制片厂）在1949年在极为艰苦的条件下拍摄的人民电影的第一部长故事片，它是新中国电影的奠基之作。这部影片在画面的构图、故事的发展、人物的表现等方面，都已经具备了一种健康有力、朴素、明朗的风格，成为中国电影事业上的一座新桥梁。据研究者统计：《桥》在新中国电影史上创造了5个第一：第一部故事片、第一部"写工农兵，给工农兵看"的人民电影、第一部以工人阶级为主人公的电影、第一部体现执政党知识分子政策的电影、第一部"反现代的现代性电影"。这是一部具有划时代意义的红色经典影片。

有研究者考证：1949年5月1日，东北电影制片厂摄制的《桥》，在全国播放，引起了强烈的反应，特别是刚刚解放的南京首映，翻身解放的人民群众，特别是工人弟兄，拥进影院观看这部影片，他们难以抑制兴奋的激情，走上街头敲锣打鼓,欢庆工人阶级以叱咤风云的主人公形象首次登上银幕。中国电影的红色经典时代,从此发轫。周恩来看过影片之后,拉着导演王滨和主要演员王家乙、陈强的手兴奋地说:"感谢你们,我们有了自己的电影。"

陈荒煤在《〈桥〉的成功》一文称:"《桥》的成功,桥在一切困难的条件下终于建立起来,就在于正确地表现了党的领导和毛泽东思想的指导,相信群众的力量和智慧,发动群众,团结起来,开动脑筋想办法,可以克服一切困难。"

中国电影家协会研究员、中国影协电影史研究部原主任孟犁野认为:"该片在主题、题材方面有了新的开拓,表达了一种可贵的政治感情,在艺术上也树立了一种平易质朴的风格。它的故事来自生活,电影手法比较古朴,以近似于白描的电影语言来刻画人物,表现生活。这种风格,在很大程度上影响了处于起步阶段的新中国电影的艺术风貌。在这点上,它具有一定的开创意义。从剪辑上看,影片的开头与高潮部分处理得比较精彩。影片开头,导演以一组短镜头生动有力地展示了故事发生的时代背景。这一组生气勃勃的短镜头组接得干净利落。高潮部分的情节安排与镜头组接也很有力,造成了一种急促紧张的气氛。"

当然,作为新中国的第一部故事片,《桥》有着明显的"稚气"和不足。《当代中国电影》认为:影片忠实于现实生活的记述和报道,但对生活和人物缺乏更集中的典型化概括;过多地描写了劳动过程,而对工人们的心理活动和感情世界的揭示却显得不够。虽然如此,《桥》作为人民电影的第一部故事片,以其积极的实践尝试和鲜明的思想艺术特点,为中国电影架起一座通向未来新路的桥梁。

视频:《六号门》(2分钟)

《六号门》是由陈明改编,吕班导演,郭振清、李晓功、李紫平、谢添主演,东北电影制片厂于1952年拍摄的电影。影片讲述了新中国成立前夕,东北某市搬运工人饱受物价飞涨之苦。车站六号门货场把头马八辈及其子马金龙乘国民党统治之机,将大批物资运往国外,残酷压榨工人,扣发搬运工人的工钱。六号门的工人联合全市搬运工人举行总罢工,工人领袖胡二被捕入狱。新中国成立后胡二被选为搬运工人服务站站长,丁占元当了工会主席,马八辈父子也受到制裁。

据朱安平在《"六号门"翻身作主》中考证:《六号门》是由话剧《搬运工人翻身记》演变而来。1951年,天津工人文工团排演的话剧《六号门》进京演出，引起各方面热烈反响。全国总工会、文化部、中宣部有关负责人建议中央电影局将这部话剧改编成电影。此时，描写大连工人新中国成立前生活的电影《海港生活》因剧本审查问题搁浅。由于题材相似，电影局遂命《海港生活》的编剧陈明、导演吴祖光接手《六号门》，并指定由东北电影制片厂拍摄。陈明接到任务后，很快写出剧本，经审查同意后交付拍摄。导演吴祖光对天津码头号工人生活了解不够深入，再加上演员选择不力，《六号门》的工作样片在送审时未获通过，尽管拍摄工作已经进行了80%，电影局仍决定暂停拍摄，更换导演，重新摄制。电影局找来"救场"的导演吕班，熟悉码头工人的吕班，决定把"刚韧粗壮、大刀阔斧"作为影片的基本风格，最终完成了《六号门》的拍摄工作。

对于《六号门》，上海大学影视艺术系教授金丹元认为：该片较有特点之处是启用了生活中真实的工人作为主演。工人刘斌的扮演者刘永才说话时的语气腔调、肢体语言，以及粗犷爽快的性格，把一个活灵活现的码头工人形象呈现在了观众面前。胡二的扮演者郭振清表演质朴深沉，感情真挚，演活了一个在斗争中成长的工人运动领导者。该片在当时的条件下，堪称剪辑流畅，有较强的视觉冲击力。在表现罢工工人与警察冲突时，节奏紧张，空间纵深感强，富有张力。而影片开头与结尾处分别辅以悲怆苍凉与轻松愉快的不同音乐，配以工人劳作时迥异的神态和情绪，前后对照，增强了影片的表现力和感染力。但就故事演绎而言，仍是比较简单化、程式化的，缺乏一定的可看性和应有的悬念效果，而且人物塑造也较扁平，形象的立体感、真实感都显得不足。

1957年，《六号门》获得文化部颁发的1949到1955年生产的优秀影片奖三等奖。

第二，展示农村和农民新生活的电影引人注目。中国农民是中国革命的主力军，靠了农民的支持，中国革命取得了辉煌的胜利。新中国成立后，翻身后农民的新生活受到了电影人的关注，当时比较突出的就是《农家乐》和《葡萄熟了的时候》。

视频：《农家乐》（2分钟）

《农家乐》是由孙谦编剧，张客导演，张伐、秦怡、卫禹平、白穆等主演，上海电影制片厂于1950年拍摄的。影片讲述了解放初期，杜家庄翻身的农民分得了土地，决心积极发展生产。复员军人张国宝回村后热心家乡建设，积极响应政府种洋棉花的号召。但生产组长、张国宝的父亲张老五却因循守旧，加之被斗地主杜天成串通二流子刘老二造谣惑众，更使张老五与其他农民顾虑重重。通过积极努力，张国宝证明了种洋棉花的优越性，同时争取到上级和农业专家的支持，最终使张老五转变了认识，种植的洋棉花大获丰收。

孟犁野认为《农家乐》存在的问题是：虽然名为"农家乐"，但观赏时并没有乐趣可言。影片拍成后，在电影界内部受到批评。但批评的锋芒并没有指向它的要害——概念化，缺乏艺术感染力，而是指责它鼓吹"个人发家致富，走资本主义道路""要发家，种棉花"。

视频：《葡萄熟了的时候》（2分钟）

《葡萄熟了的时候》是由孙谦编剧，王家乙导演，欧阳儒秋、杜德万、李百万、柳毅主演，上海电影制片厂于1952年拍摄的电影。影片讲述了1951年夏天，南沙村葡萄大丰收。周大娘园里的十亩葡萄每亩摘到1200斤，为了安装水车和给女儿红娥置办嫁妆，周大娘等不及赶庙会，急着想卖掉葡萄。合作社负责人丁老贵认为推销葡萄不是他分内事，而因此与周大娘产生矛盾，周大娘一气之下要将葡萄卖给奸商刁金。支农工人龚玉泉劝阻，周大娘才没上当。县委和县联社闻讯，及时给合作社拨来一笔资金，周大娘和丁老贵消除了误会，周大娘把葡萄卖给了合作社，并主动捐款支援抗美援朝。

电影剧本发表之后，曾经受到称赞。有评论认为："作品所反映的主要的思想矛盾，并不是极端落后的思想与极端进步的思想矛盾，而是在前进途中思想步调不一致的矛盾。应该说，这种矛盾的反映，是恰当地反映出新现实的矛盾。"影片播出后，有评论认为：作品并没有深入展开这个"在前进途中思想步调不一致的矛盾"。孟犁野认为："孙谦以较敏锐的眼光，关注着已发生了深刻变化的中国农村的现实，努力捕捉'土改'后农村中新的社会矛盾，是应该肯定的。同时较之《农家乐》，《葡萄熟了的时候》在艺术创作上也前进了一步"，同时也认为"影片在艺术上暴露出的毛病也颇多"。

第三，以新旧对比的模式忆苦思甜是红色经典电影初创时期的特色之一。有学者把这一类影片称之为："翻身的颂歌"。这一类影片的代表作是《白毛女》《龙须沟》等影片，都是通过展示旧社会的苦难衬托新中国的幸福，从而传递出"新旧社会两重天""旧中国把人变成鬼，新中国把鬼变成人"的主题。从艺术角度考察，这一时期的电影由于创作上的时间紧迫或短暂，大多停留于写实层面，影片的故事情节大多偏重于事件的进程与人物的经历，艺术的想象或创造较少。

视频：《向经典致敬》——（《白毛女》的扮演者田华讲述拍摄幕后不为

人知的故事）（4 分钟）

田华回忆说：我生长在河北省一个落后的小山村，儿时的记忆大都是亲人被日本鬼子残害的场景。我的三哥于 1937 年聂荣臻部队来河北的时候当兵，第二年牺牲在冀东的一场战役里；二哥在区里工作，在一场鬼子扫荡中牺牲，他们都是无名烈士。我大伯被烧死在红薯窖里，大姐被一边喊"花姑娘"一边追赶的鬼子吓疯了，我父亲也被敌人抓去最后病倒身亡。这一切对我的人生影响巨大。我在 12 岁的时候报名参加抗敌剧社，成为儿童舞蹈队的一员，开始接受党和军队的培养，我的名字田华就是汪洋副社长替我改的。当时剧社活动特别多，慰问战士、群众宣传、驻地教歌、开办识字班等等，给我提供了很多学习进步的机会。记得第一次正式演出是慰问参加"百团大战"的革命队伍，在一个舞蹈的最后，我爬上梯子向凯旋的抗日官兵敬礼，直到最后一个士兵通过，胳膊都举酸了，但是我心里特别高兴，特别骄傲，因为这是我参军后的第一个正式角色。从此，我参加了剧社创作的《子弟兵和老百姓》《让地雷活起来》《红枪会》等文艺节目，还经过无人区到山西敌后炮楼下的农村去演出，历经炮火的锤炼。1943 年，敌人的扫荡更加残酷，演出队大多数人去了延安，只有我和另外两名同志留下，我们急得直哭，一心想跟随大部队到毛主席身边去，但是根据任务需要，我们再着急也要做到"听党的话，哪里需要哪里去"。16 岁那年，我入了党。在面向党旗宣誓时就决心一生为人民服务，一辈子对党忠诚。从抗日战争到解放战争，部队打到哪里，我就跟随着抗敌剧社演到哪里。从保定、石家庄到天津，再到张家口、宣化到北京，为部队官兵演，为驻地群众演，还曾在张家口为苏联红军演出。1949 年新中国成立后，东北电影制片厂要筹拍电影《白毛女》，将当时的歌剧《白毛女》搬上电影屏幕，以让更多的农民有机会看到"土地还家"的故事，感受到"旧社会把人逼成鬼，新社会把鬼变成人"的道理。其实当时有很多人都演过喜儿，演得也比我好，但最后为什么是选中我饰演喜儿呢？这得感谢王滨导演。《白毛女》的故事发生在河北平山，导演要找一位北方人来演，而我就是北方人。导演说我长得一看就是个"土包子"。我才上了 3 年小学，到部队后又住在农村，一身的"土气"。当时很多人说我脸长得比较平，不上镜。但导演力排众议，说什么好看不好看，像喜儿就行。我自幼丧母，跟着父亲生活，家境贫寒，一天只能吃两顿饭，年关要账的来了，父亲就出去躲债。这与喜儿的经历有些相似。再加上陈强、张守维等老演员的帮助，最终我饰演的喜儿赢得了观众的认可。这一功劳应该归功于《白毛女》剧组全体人员。从此，观众就认识了我，一直到现在，我这么大年龄了，还有很多人认识我。这说明《白毛女》剧本写得好，生活是创作的源泉。

《白毛女》来源于富有传奇色彩的民间传说"白毛仙姑"，是农民集体创作的口头文学。40年代传入延安后，正值毛泽东发表《在延安文艺座谈会上的讲话》之后，鲁艺新文化工作者从这一素材中发现和开掘了阶级冲突的主题，并去掉其中封建迷信的内容，改编为歌剧《白毛女》，一经上演立即轰动延安。

视频：《白毛女》的片头特写（1分钟）

电影《白毛女》是由水华、王滨、杨润身在歌剧基础上创造性加工的，王滨、水华导演，田华、胡朋、陈强、李壬林、李百万主演，东北电影制片厂于1950年拍摄的电影。

电影《白毛女》作为一种新的艺术形式，产生了更加诱人的艺术魅力。透视电影《白毛女》的成就和特点，《当代中国电影》写道：

其一，是以革命现实主义的创作方法，成功塑造了喜儿这个富有传奇性和典型性的艺术形象。影片《白毛女》中扮演喜儿一角田华，也是河北人，1928年生于唐县，她熟悉冀中一带的农村生活。当她来到河北山区拍摄外景时，她兴奋地说："《白毛女》故乡的姐妹，像是自己的亲姐妹一样可亲。"影片放映后，田华一炮走红，博得广大观众的赞扬。周扬说："《白毛女》拍得很自然、很生活化，创造了生活真实与艺术真实两个艺术典型。"

其二，整体构思到艺术形式都具有鲜明的民族风格。在影片的整体构思上，充分发挥中国传统诗歌中比较手法，结合电影蒙太奇的运用，情绪对照反衬，情节前后呼应，产生强烈的艺术效果。影片一开头，一面是弯腰收割的老人和消瘦的儿孙，一面是在厅堂乘凉、丫头一旁伺候的地主黄世仁的母亲。

其三，《白毛女》的民族风格也体现在音乐方面。插曲《北风吹》至今仍脍炙人口。

视频：《白毛女》插曲

电影《白毛女》艺术上的成功，在国内外引起强烈反响。一是影片公映后，拨动了亿万观众的心弦，久映不衰，是当时拷贝数量最大、观众人次最多的优秀影片之一。二是影片50年代在30多个国家上映。苏联《真理报》评论道："这部影片表现了中国电影事业的特出的优点——忠实于生活，接近人民，不矫揉造作，富有表现力。"1951年《白毛女》荣获捷克第六届卡罗维发利国际电影节特别荣誉奖，1957年又荣获文化部优秀影片一等奖。

视频：《龙须沟》（2分钟）

《龙须沟》是由徐昌霖编剧，冼群导演，于是之、于蓝、牛犇，田烈、张伐、陈世温等主演，北京电影制片厂于1952年拍摄的电影。影片讲述了新中国成立前的老北京城，天桥东边有一条臭水沟——龙须沟。生活在最底层的穷苦劳动人民沿着臭水沟两岸安家落户。臭水沟旁的一个小杂院住着4户人家，他们在迫害、屈辱、疾病和死亡的夹缝中艰难求生存。新中国成立后，他们都获得了新生。影片塑造了程疯子、王大妈、娘子、丁四嫂等各具特色的人物形象，程疯子是塑造得最成功的艺术形象。一个出色的曲艺艺人在黑暗势力压迫下失业，被逼疯，新社会又从"疯子"变为艺人。影片表现了新旧社会两重天的巨大变化，这是一曲社会主义新中国的颂歌。

《龙须沟》是著名作家老舍先生的代表作，影片通过人物性格的刻画来表现丰富深刻的思想内涵，以人物命运反映时代，结构全剧，整体风格含蓄、朴素，于平淡中见深刻，具有强烈的生活气息。

第四，革命战争与革命历史题材影片成为红色经典电影初创时期的主旋律。统计结果显示：新中国成立头10年红色经典电影数量最多、思想艺术成就最突出、社会影响最大的电影作品，莫过于描写革命战争和革命历史题材的电影。在这一时期拍摄的影片中，应首推《新儿女英雄传》。

视频：《新儿女英雄传》（2分钟）

《新儿女英雄传》是由史东山根据袁静、孔厥的同名小说改编，史东山、吕班导演，姚向黎、今欣、赵子岳、谢添主演，北京电影制片厂于1951年拍摄的电影。影片讲述了抗日战争初期，在冀中白洋淀地区，老百姓们在共产党员黑老蔡的号召下组织起了抗日自卫队——雁翎队进行抗战的故事。

视频：雁翎队（30秒）

影片中的白洋淀抗日武装利用地形优势，合理发挥自身的特点，与日本帝国主义展开了行之有效的游击战。黑老蔡妻子的妹妹杨小梅在家饱受丈夫张金龙的虐待，她再也无法忍受这样的折磨，于是逃跑投奔姐夫。在训练班里，她和农民牛大水彼此渐渐产生了好感，而张金龙一度为了找回妻子加入训练班，却最终无法改掉自己的恶习，甚至投奔敌人成为一个汉奸。日寇的扫荡开始，敌我双方发生激烈碰撞，而小梅、大水以及张金龙也在斗争中走出不同的道路。

《当代中国电影》认为：影片展现了白洋淀地区广阔的生活画面，从战前的和平水乡生活到七七事变后的战争动乱，从八路军来后的减租减息到日寇发起大扫荡，以及人民不屈不挠的斗争和英雄儿女们的生活历程，纷呈迭起，出场的人物众多，人物之间的关系和转换也错综复杂。史东山这位颇具影响力的电影导演把一部长篇小说的容量，从容不迫地组织进一部长度有限的影片中，显得那么有条不紊、层次分明，充分显示了这位老导演的艺术功力。孟犁野认为："影片不仅表现出这位大导演对党的文艺为工农兵服务的方针的忠诚，而且反映了他对革命战争题材有着独特的开掘与审美把握。"史东山凭借该片获得第 6 届卡罗维发利国际电影节"导演特别荣誉奖"。非常遗憾的是史东山于 1955 年去世，《新儿女英雄传》成了他在新中国拍摄的唯一的一部影片。

视频：《翠岗红旗》（2 分钟）

《翠岗红旗》是由杜谈编剧，张骏祥导演，于蓝、张伐主演，上海电影制片厂于 1951 年拍摄的电影。影片讲述了 1934 年红军长征后，留在江西苏区宁都的红军战士江猛子的新婚妻子向五儿，其父亲、妹妹均遭敌团长萧镇魁杀害，自己也被迫改换名姓流落他乡。为抚养刚出生的儿子，向五儿到地主封之固家当奶妈，她多次帮助游击队免遭敌人袭击。1949 年，身为解放军师长的江猛子率队剿匪重返家乡，萧镇魁企图以险死守，被抓上山的向五儿设法让儿子小鸿下山汇报情况，小鸿向解放军提供了进攻翠岗山的路径，并担任部队的向导，终于一举全歼敌军。郁郁葱葱的翠岗山上，鲜艳的红旗迎风招展。

视频：中国 22 大影星之一——于蓝（4 分钟）

于蓝，1921 年出生于辽宁岫岩，毕业于中国人民抗日军事政治大学，是著名的表演艺术家。赵郁秀在《玉洁冰清 红色影星——记电影艺术家于蓝》一文中说：于蓝的父亲当年是县里的一个小法官。于蓝八岁丧母，父亲对她"当爹又是妈"，为她取名于佩文，父亲教她先学写的两个字是"秀岩"，告诉她，这是家乡岫岩县的原名。九一八事变前后，他们家又从哈尔滨逃亡到天津、北平。在北平她上了中学。1937 年七七事变爆发，14 岁的于蓝随同学校的老师和同学参加了抗日游行，增加了对日本帝国主义的憎恨。在一位姓黄的教师（地下党）的引导下，她和一名姓赵的要好女同学要到平西去参加抗日行动，得到赵同学母亲的鼓励，临走前赵同学的母亲为她俩改名，将赵原有的三字名改为赵路，意为"踏上新路"，为于佩文改为于蓝，望她们奔向蓝蓝天空，走向玉洁冰清的新天地。她俩从北京出发，爬山越岭，行走 10 余日到达了平西，见到了晋察冀抗日根据地的司令员杨成武。得知杨是参加红军长征、强渡大渡河的战斗英雄，十分敬仰、钦佩，从他的亲切谈话中又知晓了抗日总指挥部、共产党大本营在西北延安。在杨成武首长的鼓励和支持下，于蓝和好友赵路又出发了，从平西到西北，爬山过河，忍饥挨饿，辗转奔波了60余天，终于看到了延安宝塔山。到延安，她俩被编入"抗大"八大队。但是她们原来向往的被称为"东方莫斯科"的延安，竟是在黄土高坡，夜晚睡在铺席的土地上，推门望天，看得见星星闪烁。真格是：地当床，天是窗，吃的是小米饭，木凳上架个黑板便是大课堂。但是，她们想到，到达延安填写的表格上就有一行醒目的黑字"中华民族最优秀的儿女"，那就是到了延安就要做名副其实的中华民族最优秀的儿女、忠诚的革命战士，要自觉地刻苦锻炼，学理、琢玉。经过一年的自觉磨炼、革命洗礼，1938年2月，于蓝光荣加入了中国共产党。两年后，她被推荐到延安新成立的女子大学兼任女生队长。"三八"妇女节，于蓝组织庆祝活动，排演话剧《郁金香》，请"鲁艺"的熊塞声来导演。熊塞声向主角于蓝细讲："业余演出也要尽心尽力，文艺、戏剧是神圣事业，舞台就是战场，要生在舞台，死也在舞台上。"于蓝以此战斗精神，尽心尽力，很好地完成了这次业余演出，完成了庆祝活动。不久，19岁的于蓝被调入"鲁艺"实验话剧团。这个剧团的创办者是一位30年代便在上海走红的青年演员田方，正是于蓝崇拜的偶像。后来2人结为伴侣。在毛泽东《在延安文艺座谈会上的讲话》精神鼓舞下，于蓝演出的《兄妹开荒》很得陕北农民的称赞。春节，他们到杨家岭演出，给中央领导拜年，得到领导们更大的鼓励和热烈的掌声。在一场场演出中，在一阵阵震天响的掌声中，他们不断总结提高，不断深入群众创作新节目。日本投降后，又迎着解放战争的炮火硝烟，文艺大军中以副队长田方为主的电影人，机智地几进长春，到"满映"制片厂抢卸电影设备、器材和资料，肩扛、车运，迅速运到黑龙江北的小镇兴山（现鹤岗），在荒草萋萋的边远、崭新的根据地，日夜奋战，建立了中国共产党首个电影制片厂，闪电般拍出《民主东北》等多部纪录片，这个制片厂为新中国电影奠定了基础，被称为"中国电影的摇篮"，也使黄土高坡上成长的演员于蓝走进了陌生的电影棚，成为中华人民共和国第一位在银幕上扮演英雄人物的女明星。新中国成立不久，《白衣战士》在北京上映，周总理夫人邓颖超代表新建立的全国妇联，接见了导演和饰演女主角的于蓝等演员，向他们颁发了"救死扶伤、革命人道主义精神"锦旗。在戎马倥偬中成长的女兵于蓝，以救死扶伤的人道主义精神又走向抗美援朝战场。1951年，以巴金为团长，有梅兰芳、常香玉等众多知名人士参加的赴朝慰问团成立，于蓝为该团团员，同时她还兼任由14名放映员组成的北影电影放映队的队长。她穿着志愿军军装，以团员身份宣传、演讲、慰问，向志愿军战士介绍国内的情况，同时还像她主演的卫生队队长那样热心救护伤员。志愿军战士说她干得很内行，她说自己有过角色的体验，是革命文艺给她的力量。而她的本职任务还要为志愿军放电影，在营地，在乡村，在隐蔽的山林，不断躲避着敌机的狂轰滥炸，勇敢坚持认真放映。她深记着电影厂领导的嘱托："你带出去这个战斗集体，要一个不能少地回来。"她则表示："不仅人不能少，机器也一件不能丢。"她的人和机器不断隐蔽、躲轰炸，更以不怕死的精神，从断桥下蹚河水，在弹坑瓦砾灰烬中爬行，时时以战士的姿态，视影场为战场，只有几位战士坚守战壕也要放映。同时，她还抽暇到连队去采访，那被彭总司令誉为"万岁军"的38军将士最早入朝、旗开得胜，有多少英雄故事使她边听边记边泪流不止，恨不得同战士们一起到前线冲锋杀敌，为烈士报仇……近两个月的抗美援朝战斗生活，于蓝记下了满满一小本日记。在"六一"国际儿童节那天，她看到朝鲜小朋友冒着被敌机轰炸的危险，来看中国人放映电影，于蓝想起自己那不足三岁的儿子在北京家中不知如何。她无暇细思念，在日记写下："儿童节，妈妈和朝鲜人民并肩战斗……决心做最出色的红色宣传员。"

《世纪风采》授权中国共产党新闻网发布的《"翠岗红旗"与国际大奖失之交臂 周恩来为何发火》一文中称：由于编剧杜谈的推荐，刚刚在东影头次"触电"（拍摄了影片《白衣战士》）的于蓝，被确定为向五儿的扮演者。最令于蓝印象深刻的还是因拍摄《翠岗红旗》与上海电影同行的合作。相比诸多在旧中国就享有盛誉的大明星来，她起先曾自觉自己真是个地道的"土包子"，然而在后来的实际接触中，感到他们还是很随和热情的。来上海的当天晚上，导演张骏祥就热情地邀请于蓝、马瑜与他共进晚餐。这位赫赫有名的大导演待人十分平等、谦和，不时说一些有趣的小故事调节气氛，不过尽管如此，相互之间还是比较客气生疏的。真正使于蓝感到和张骏祥缩短距离的，还是他们到江西选看外景、深入生活途中曾遇到的一件小事。更令于蓝没有想到的是，在随后的深入老区体验生活进行拍摄准备时，这位从国外归来、又在国统区工作多年的著名导演，其工作程序与来自延安的文艺工作者竟不谋而合极为相似。虽然富有拍片经验，但张骏祥对自己不熟悉的时代和历史背景，首先要求的也是调查访问。对于于蓝来说，更多的准备工作是访问和接触红军家属以及幸存的干部、党员，了解他们留在苏区是怎样度过各种苦难而生存下来的。于蓝怀着急切的心情，在短短的一个月里，采访了从省委书记到普通群众三四十人。将近半个月的单独寻访，加之后来摄制组大队人马抵达后的集中体验生活，使于蓝对苏区人民曾经遭遇的生活无限敬仰与同情。她从内心深处产生了自己似乎就是其中一员的强烈感觉，终于成功地塑造了向五儿这一颇为新鲜、复杂的革命妇女的艺术形象。影片上映不久，虽曾一度受到好评，许多从苏区长征北上的将校观看影片后触景生情，失声痛哭；不过，也招致了颇为尖锐的批评，主要批评意见认为影片在红军北上后，没有表现出党对人民群众的领导，过多展示了敌人的残暴，没有写出"老苏区的人民的斗争"，没有表现出人民群众对革命者和红军家属的支持，尤其是诘难主人公向五儿缺乏"典型性"，是个"等待（胜利）的女性形象"，而不是"富有斗争性格的英雄"。后来有曾撰写过批评文章的作者坦言，当初头脑中有一种英雄人物的"模式"，对任何人物都凭着一些"条条"和"框框"去套、去衡量，其结果必然是一把尺子量万人衣，是不可能合身的。这些并不恰当的教条式的评论在上海各大报刊发表之后，引起了周恩来的注意，他专门指出：《翠岗红旗》这部影片使人很受感动，有的地方催人泪下。向五儿在白色恐怖如此严重的情况下，依然坚强不屈，等待红军归来，这怎么不是英雄形象呢？他还对该片主演于蓝说："毛主席和我一起看了三遍，主席很称赞，并嘱咐干部不要忘记苏区人民。"这一讲话精神传出后，引起热烈反响，中国作家协会创作委员会电影文学组就该片专门召开了一次讨论会，邵荃麟、周立波、艾芜、王朝闻、钟惦棐、陈荒煤等著名作家、评论家出席并发言，对影片做出了公允评价，指出描写党的领导应看作品中所反映的历史条件和具体情况而定，不能说每一部作品都要求有党的领导人物出现；典型可以有各种各样的，向五儿在敌人残暴的压迫下始终没有低头，一直盼望着红军回来，不是消极等待胜利，是为革命做了工作的，可以成为老区人民的典型。就在这次讨论会上，杜谈作为编剧曾在介绍创作经过时有所检讨，称自己写了"硬骨头和软骨头之间的人物"。于蓝听了很反感，不明白他为什么这样说，还在发言中以自己深入生活的感受予以反驳。直到多年以后了解到这部影片的全部遭遇，特别是知悉第六届卡罗维发利国际电影节本来要给《翠岗红旗》最佳影片奖，但由于中国电影代表团主要领导者之一有"左"的思想而极力反对未果改获他奖，这时于蓝才恍然大悟作为党员作家的杜谈当年所以要做那样的检讨，是迫于强大压力而不计个人得失，由此更为敬重这位虽勤奋写作但后来再也没有发表过作品的老同志。

朱安平在《"红旗"傲立"翠岗"》一文中认为：影片通过对家庭与革命息息相通的关系的描写，展示了战士与群众的阶级觉悟和不屈不挠的斗争精神。在当时颇为集中涌现的以革命斗争为题材的影片中，《翠岗红旗》堪称别具一格。它的主人公不是像刘胡兰、赵一曼那样叱咤风云的英雄人物，而是向五儿这么一个在革命处于低潮时仍保持气节的红军家属，所着力表现的也不是敌我双方你死我活的血肉拼杀，而是刻画了向五儿在逆境中坚定等待毫无音讯的丈夫、将幼儿抚养为革命后代的生活侧面，这正是该片的成功与独到之处；这在当时此类题材影片极易失之表面与概念的状态下殊显难得，诚如有研究者所指出的，该片为具有强烈政治指向性的革命历史电影，注入了一些人性内容，是刚起步的新中国电影为赢得广大观众理解革命、同情革命，进而支持革命的一种叙事策略，实践证明是成功的。

视频：第六届卡罗维发利国际电影节

《"翠岗红旗"与国际大奖失之交臂 周恩来为何发火》一文称：1951年，我国电影代表团携我国拍摄的故事片《翠岗红旗》去捷克斯洛伐克参加第六届卡罗维发利国际电影节，在竞选放映的时候，这部故事片引起意外的强烈反响，产生了轰动效应，认为它形象地涵盖了一个伟大的时代。这部内容丰富、格调高尚的影片很受大家喜爱，口碑甚好。为此，由多国组成的评委、各国电影艺术的权威们几乎一致推选《翠岗红旗》荣获大奖。这么令人羡慕的殊荣本来是各国电影界求之不得的好事情。可是，令人惊讶不解的是，我国代表团的领导坚持不接受这个奖项，并再三自甘居后地向人家说明，细述这部影片不配获得大奖的殊荣的理由。各国评委对此态度和思维无法理解，以至目瞪口呆，慨叹不可理喻：每个国家代表都在想方设法、据理力争地要让自己的影片获奖，不承想天下居然有像中国电影代表团如此的谦虚！当周恩来听说了这件事的整个过程后，在一次会议上自然而然痛心地就提到了。他这次是真的少有的生气。

视频：1953年，周恩来在中南海怀仁堂做报告

周恩来严厉地批评说这是一种民族自卑感在作怪！他激动不已，将浓黑的两道剑眉一挑，高声说："这简直不像解放了的新中国人民的代表！"面对周恩来如此突然的声色俱厉，一时全场给吓住了，受到了很大的震动。当时参加会议并坐在前排左角上的岳野对这个场面记忆深刻，他回忆说："在我的记忆中只见过他（周恩来）那次真生了气，发起火来。……我似乎听到他那一向可以撑船的胸怀中怒涛翻滚，生动可亲的面孔变得无比严峻。"涵养很深的周恩来没有就此一发不可收拾，他点到为止地发火之后，随即强力自控了一下，稍事停息，又神态诚恳地道歉说："请原谅我发这么大的火，我周恩来也是个人嘛，我也是有人的感情，有七情六欲嘛！"孟红在《"翠岗红旗"：揭秘新中国首部国际获奖电影轶事》一文中对此事也进行了报道。

再来看看描写八女投江英雄壮举的电影《中华女儿》。

视频：《中华女儿》（2分钟）

《中华女儿》是由颜一烟编剧，凌子风、翟强导演，张峥、岳慎、于洋等主演，东北电影制片厂于1949年拍摄的电影。《中华女儿》影片的创作，源于中共中央宣传部于1948年11月发出的《关于电影工作给东北局宣传部的指示》。曾是东北抗联著名将领、时任松江省人民政府主席的冯仲云，向东影建议"抗联事迹很英勇，很值得用电影的形式来表现"。

视频：东北抗联斗争生活（1分钟）

朱安平在《"中华女儿"气壮山河》一文中考证：创作《中华女儿》的任务交给了刚刚调入东影的颜一烟。对于从事电影剧本创作，颜一烟感到大为意外。她找到时任东影党总支书记兼艺术处处长的陈波儿说："做编剧，我的条件不够，我过去演过话剧，还演过一部电影，我很愿意演戏，叫我做演员吧！让我在实际工作中学习一段时期，熟悉了电影之后，再做编剧吧！"陈波儿严肃而又耐心地对她说："党分配我们做一项工作，不是问我们做过没做过，而是要问今天人民需要不需要。谁是天生的作家呢？当然，能够事先好好学习学习再做是最好的了，可是今天党需要我们立刻把新中国电影事业创建起来，人民、国家需要我们很快地制作出我们的故事片。是的，我们现有的几个编剧，都是新手，要完成这样艰巨的任务，是会有许多困难的！然而，共产党员是永远不会向困难低头的！我们要用坚强的党性，克服种种困难，努力完成人民、党和国家交给我们的这个光荣任务！"当陈波儿恳切地激励她说："这是一场争夺阵地的政治仗，党现在命令你去冲锋陷阵，你是共产党员，对于党给的这个重大任务，你该采取什么态度呢？"颜一烟坚毅地做出回答："一定努力完成党给我的这个光荣而又艰巨的任务！"经过几个月的采访工作，令颜一烟最为受到触动并产生强烈创作冲动的，是在人民群众中口口相传的"八女投江"的故事，她们是抗联第五军妇女团的指导员冷云、班长胡秀芝、杨贵珍、战士郭桂琴、黄桂清、王惠民、李凤善和被服厂厂长安顺福。

时间定格在 1938 年 10 月下旬，抗联第 5 军第 1 师的一支百余人的队伍在征途中被乌斯浑河挡住去路，陷入 1000 多名日伪军的包围之中。为掩护部队突围，8 名女战士果断从背后袭击敌人，牵制吸引日军火力。敌人以为中了埋伏，慌忙调转方向还击，我大部队乘机突出包围圈。她们背水作战直至弹尽，誓死不屈，最后砸毁枪支，毅然跳入滚滚洪流，写下以身殉国的瑰丽篇章，其中年龄最大的 23 岁，最小的只有 13 岁。

视频：八位女战士走向江中的画面

剧本写好后，颜一烟为剧本取名叫《抗联的女儿》，长春市委领导审查后提出："这种精神，这种伟大的气节，是足以代表我们中华民族的优秀儿女的，为什么不叫'中华女儿'呢？"由此有了正式片名。颜一烟回顾总结《中华女儿》创作过程曾说："这个任务，对我来说，确有很大的困难。但是，难道会比在零下 40 多度的冰天雪地里浴血苦战的东北抗联的英雄们更困难吗？我决心向英雄烈士们学习，以冲锋陷阵的精神，克服一切困难，夺下这个碉堡来！"

《中华女儿》的执导是曾在解放区文艺界以"拼命三郎"之一和博才多艺著称的凌子风。凌子风早年在北平、南京专门攻读过美术、雕塑和舞台装置。进入抗日根据地后从事戏剧编导，曾任西北战地服务团编导委员长、冀中军区火线剧社副社长，与他人合作拍摄过《八百壮士》等影片。凌子风后来回忆说："那会儿拍《中华女儿》，我是第一次做导演，就那么硬拍了。"拍摄任务得以圆满完成，与参与摄制的其他主创人员通力合作分不开。领衔主演的张铮、岳慎，分别饰演胡秀芝、冷云，以及扮演其他女战士的柏李、秦布华、薛雁、周苏菲、孙月枝、周莹箴等，按照导演要求从外形到气质都努力接近角色，以朴素自然的表演，使人物形象真实可信。

据朱安平考证：影片于 1949 年 11 月摄制完成，即送中央电影管理局审查，受到中宣部、文化部领导及各方面热烈称赞。《中华女儿》通过审查后，应有关方面要求，首先被安排为 12 月 10 日至 16 日在北京召开的亚洲妇女代表大会献映。这是新中国成立后在中国境内召开的第一个国际性会议，共有 23 个国家派来代表出席，对提高中国及中国妇女的国际地位，展示新中国及中国妇女的精神风貌，具有颇为重要的意义，因而特意在影片开始加印了英文字幕"献给亚洲妇女代表大会"。影片在会上放映取得良好效果，代表们从中看到中国妇女在抗日战争中不仅没有走开，而且付出比男性更为沉重的代价。

电影界的反应甚为热烈而巨大。资深影评家钟惦棐在《人民日报》撰文称赞："它毫不夸张地把中国人民所走过的艰难路程告诉我们：中华民族的优秀儿女，在中国共产党的领导之下，用宝贵的生命换得了今天的胜利。它证明了，我们是一个不可侮、不能屈的伟大民族！今天，我们正需要努力去发掘、描写20多年来革命斗争历史的题材，《中华女儿》正是这样一个作品。它的确足以教育广大中国人民认识自己民族的真实面貌。"著名电影艺术家孙道临直到晚年还对该片保持深刻印象，曾记忆犹新而充满钦佩地回忆说："上海刚解放不久，我就看了凌子风在长影拍摄的《中华女儿》。尽管可以看出，这是一位初次拍摄故事片的导演，手法上还显生疏，但通篇洋溢着的气概征服了我。那八位青年女性臂膀挽着臂膀向滔滔江水中走去的情景，给了我极大的震动。那滚滚江涛、年轻女战士们义无反顾的神情，至今还在我眼前跳动，成为我所看过的影片中最难忘的场面之一。当然，至今我也还能感受到影片导演在拍摄这部影片时的火热的心的搏动。"

作为新中国首批对外输出的影片之一，《中华女儿》也在国际范围赢得赞赏。影片在苏联放映时，格拉西莫夫、瓦尔拉莫夫均在《真理报》发表署名文章予以高度评价："从东北电影制片厂所摄制的《中华女儿》影片中，我们看到了中国人民伟大革命斗争的情景"，"影片摄制得朴素而明了，具有深刻的信念，毫无虚假掩饰。在影片里用毫无人为的纯朴和真实显示了中国游击队的生活、劳动和日常战斗生活"，"片中主人翁所表现的甘苦共尝，善于克服一切困难和英勇果敢的性格，就是为争取人权，为历史的前途而斗争的革命人民典型的特征"，并对新中国电影发出热情欢呼"新的、前进的人民电影艺术降临了！"

《中华女儿》在国际最具影响的，是荣获1950年第五届捷克卡罗维·发利国际电影节的"自由斗争奖"，这是新中国电影首次摘得国际大奖。1957年，该片再获文化部颁发的1949—1955年优秀影片二等奖。1987年，八一电影制片厂重新拍摄了《八女投江》，再现了中华民族不屈服的壮举。

视频：《八女投江》剧照与雕塑画面

《中华女儿》与《八女投江》，以革命现实主义的表现手法和强烈的革命英雄主义气概，讴歌了中华民族英勇不屈的爱国主义精神。

视频：《钢铁战士》（2分钟）

《钢铁战士》是成荫根据武兆堤、苏里、吴茵创作的歌剧《钢筋铁骨》改编并导演，张平主演，东北电影制片厂于1950年拍摄的电影。影片讲述的是1946年夏，国民党当局集结大量兵力进攻解放区。解放军某部排长张志坚奉命率部于某镇外高地进行阻击以掩护主力部队转移。经过五昼夜血战，弹尽粮绝，处境十分危急。在突围中，张排长、炊事员老王、通讯员小刘均受伤被俘。敌政工处长为了查找解放军埋藏的粮食和军工器械，采用软硬兼施的办法审讯张排长等三人。但他们威武不屈。敌人又让叛徒齐德贵诱降老王与小刘，亦未奏效。老王终因伤势过重去世；小刘夺枪未成，以钢笔刺伤敌政工处长的眼睛后壮烈牺牲。张排长的坚贞不屈，使敌兵魏见吉深受感动，在他的帮助下，张排长幸得脱身，到一个村里隐蔽。敌人为捕捉张排长，威逼乡民。张排长不忍连累乡亲，挺身而出，又遭逮捕。敌人又施一计，抓来张排长的母亲劝降。但张母深明大义，鼓励儿子忠于人民，令敌人一筹莫展。不久，解放军攻克该镇，张排长得以生还。领导授予他"钢骨铁筋"锦旗。

朱安平在《电影"钢铁战士"创作的前前后后》一文中说：《钢铁战士》的创作，始于新中国成立之际，导演成荫当时就"企望"讴歌英雄，他曾经充满感情地回忆说："当1949年10月1日，五星红旗在天安门广场上升起来的时候，我就激动地企望，在我参加拍摄的影片里，能够表现出那些在革命战争中对革命无限忠诚而产生的英雄人物。正由于我们无数革命英雄的英勇斗争，才带来了今日的胜利。"影片摄制完成后，成荫亲自携片前往中央电影局送审，在放映前的开场白中，真诚而谦逊地表示："我是个新兵，刚刚学习，诸位老师已经看过我的第一部戏，那很不像样。这部也是我的习作，我是学生，请诸位老师不必客气，尽量地说，把这部片子搞好，这是为了电影事业，而不是我个人的事儿。"成荫的这部新作，令参与审片的专家感到耳目一新，影片映完之后，大家热烈鼓掌。时为电影局制作委员会主任、著名前辈电影艺术家史东山第一个发言，认为"这部片子不像个新导演拍的，相当成熟"，由衷地夸赞"中国共产党是有人才的！"电影局艺术委员会主任、著名前辈电影艺术家蔡楚生也表示满意，给予"导演的构思明晰，结构精巧，故事、情节、人物都合乎情理"的评价，还亲自为该片起了名字，由原先的《不屈服的人》改为《钢铁战士》。电影局制作委员会副主任、著名前辈电影技术家罗静予不仅当场予以肯定，而且亲自撰文热情推介："我前后看了三次《钢铁战士》，作为一个电影工作者之一的我，与影片本来是常常打交道的，因此，由于接近摄制过程，觉得银幕上的画面，都是一些熟悉的朋友在那里作戏，失去真实之感。可是我却为《钢铁战士》所吸引，为这部影片的朴实处理而感动，觉得上面那些人物，不再是演员或所熟悉的人"，"这部影片表现了解放军何以成为保疆卫国的革命主力，表现了作为一个革命战士要经过怎样生死之间的考验"。

1951年2月，影片正式公映，立即产生了轰动效应。据朱安平考证：时任中央电影局局长袁牧之曾与成荫一起到电影院了解放映效果，凡是观众反映强烈的时候，袁牧之便悄悄地拉成荫一下，结果不知给拉了多少次。散场时人们久久不肯离开，雷动的掌声中夹有"人民解放军万岁"的口号。东北大学放映时，特邀张平等几位演员与师生见面，看完后当场把他抬了起来。抗美援朝开始后，参战部队赴朝参战前大都必看这部影片，将它作为鼓舞士气的生动教材。《人民日报》刊发的题为《看〈钢铁战士〉》的评论文章，表达了人们的共同心声："电影《钢铁战士》主要是表现中国人民解放军的为人民解放斗争英勇献身、威武不屈的精神——高度的爱国主义精神，这种精神通过艺术形象感染着、教育着我们。看了张志坚是那样勇于接受任务，那样坚决完成任务，那样刚强得在敌人面前毫不动摇，那样的为了人民不惜牺牲自己……能够不是我们的榜样吗？不但在火线上的对敌斗争中需要这样，在一切岗位的工作中，也需要这样；忘掉个人的利害，毫无保留地献身工作，在最困难的时候坚持下去！这就是爱国主义的具体内容！"

影片的巨大影响很快延伸至国际。送审期间，苏联、波兰、匈牙利、民主德国等留华人士看后就很受感动。在当年7月捷克斯洛伐克举行的卡罗维·发利第六届国际电影节上，影片受到普遍赞扬，评判委员会一致决定授予电影节五项主奖中的第二奖"争取和平自由斗争大奖"，担任主席的捷克高等艺术学校校长布劳西尔评论说："中国人民在伟大领袖毛泽东领导下，进行解放斗争所得到的胜利成果，已成为全世界和平最大的保证之一。"10月，苏联在30个大城市举办"中国电影周"，又放映了《钢铁战士》，《真理报》《苏联艺术报》等发表文章予以高度评价："这部片子真实而带着巨大的动人力量，叙述了中国人民解放军官兵的英雄精神，叙述了他们要战胜反动势力的不屈不挠的决心"，"不论在主题的现实性上或是对主题的艺术处理上，都是一部现实主义的，真挚朴实的，是接近千百万观众并为他们所理解的作品"。张平曾受文化部和东影委派参加中国电影代表团赴苏联访问，所到之处受到极为热烈的欢迎，由于斯大林的名字在苏联是"钢铁的人"的意思，看过该片的苏联观众见到他就欢呼"斯大林战士"。此后该片还荣获文化部举办的1949—1955年优秀国产影片的故事片一等奖

这一时期还有一部独具特色的红色经典电影：《赵一曼》。

视频:《赵一曼》(2分钟)

《赵一曼》是由于敏编剧,沙蒙导演,石联星主演,东北电影制片厂于1950年拍摄的电影。将赵一曼的事迹拍成影片,是东北抗联著名将领、时任松江省人民政府副主席冯仲云提出的建议。赵一曼原名李坤泰,学名李淑宁,参加革命后改名李一超,到东北抗联后,改名为赵一曼。1905年她出生在四川宜宾一个地主家庭。影片《赵一曼》讲述了女共产党员赵一曼,在1933年,受命在日军占领下的哈尔滨市电车工人中开展工作,组织工人罢工。后组织起一支抗日队伍,活跃在珠河两岸。1935年冬,抗联所在营地被敌人发现,赵一曼当机立断,叮嘱王团长率部突围,她带着一个排留下掩护,终因负伤而被俘。敌人对她诱降,被严词拒绝。继而又加严刑拷打,她仍不屈服。敌人得不到任何口供,又唯恐她伤重死去,断了线索,便把她送入医院。在医院里,她对护士小韩和敌人派来监视她的看守反复讲述抗日道理,晓以大义。不久,他们两人自动提出愿与赵一曼一起逃走,投奔抗日队伍。某夜大雨滂沱,赵一曼等三人逃离医院。中途被敌人追上,抓回狱中,最后英勇就义。赵一曼就义前夕,还给儿子写下了一封感人至深、令人涕下的临终遗书:

宁儿:

母亲对你没有尽到教育的责任,实在是件遗憾的事情。母亲因为坚决地做了反满抗日的斗争,今天已活到了牺牲的前夕了!母亲和你在生前是没有再见面的机会了。希望你,宁儿啊!赶快长大成人,来安慰你地下的母亲!我最亲爱的儿子啊:母亲不用千言万语来教育你,就用实行来教育你!在你长大成人之后,希望不要忘记你的母亲是为国而牺牲的!

1936年8月2日,你的母亲赵一曼于车中

赵一曼的扮演者是石联星,据朱安平《电影〈赵一曼〉幕后的故事》考证:她早在大革命时期就投身于革命洪流,搞过工人运动,经受过战火洗礼与监狱考验,又长期从事进步文艺工作,是中央革命根据地"红色戏剧"开拓者之一,与李伯钊、刘月华一起被誉为苏区"三大红星",后来又参与抗日大后方演剧运动,既有丰富的革命经历,又有很深的表演艺术素养。当周恩来得知筹拍《赵一曼》时,曾推荐说:"赵一曼这个角色就找石联星演吧!我相信她一定能演好,因为她有着和赵一曼相同的经历。"此时刚进入东影的石联星对赵一曼这样的职业革命者感同身受,就主动请缨扮演。同在东影并

已主演了《白衣战士》的于蓝后来回忆说："当时，我们都认为就应该由她演，因为只有她经历了那个时代。"石联星在总结塑造赵一曼形象体会时，深有感慨地称自己是"电影工作者之中的一个新兵"，把饰演赵一曼当作"正式上第一堂课"。石联星全身心投入角色创造，终于使赵一曼的形象达到出神入化的境界，影片公映后扣动了亿万观众的心弦。在第五届国际电影节上，石联星荣获演员奖，为新中国捧回了第一个国际电影表演奖。

随着电影《赵一曼》的放映，赵一曼的英雄事迹家喻户晓，妇孺皆知。特别是赵一曼英勇就义前给她的儿子宁儿留下的遗嘱，更让人耳熟能详，记忆犹新。可惜，赵一曼的宁儿名叫陈掖贤，他并不知道赵一曼就是自己的母亲，连赵一曼的丈夫陈达邦也不知道赵一曼就是他的妻子李一超。有研究者考证：陈达邦于1900年出身于湖南长沙县的一家书香门第，陈达邦有一个妹妹，名叫陈琮英，是长沙一家纺织厂的女工。陈达邦小时候曾和任弼时一起在长沙求学，任弼时从苏联回国后，与陈琮英在上海结为夫妻。大革命时期，黄埔军校成立后，受任弼时和陈琮英影响，陈达邦成为黄埔六期学员，并于1927年加入中国共产党。大革命失败后，被派往莫斯科中山大学学习。

视频：莫斯科中山大学（1分钟）

莫斯科中山大学全称孙中山中国劳动者大学，简称中山大学。莫斯科中山大学是苏联为了纪念孙中山并帮助中国培养革命人才于1925年创立的一所大学，国共两党都派学生参加学习。在莫斯科中山大学陈达邦结识了四川宜宾姑娘、中共党员李淑宁。进入中山大学之后，李淑宁的中文名字改为李一超，俄文名字叫科斯玛秋娃。李一超在国内没有学过外语，初进中山大学学俄语，方法不对，进步较慢，也是在陈达邦的启发下，改变了学习方法，提高很快。李一超与陈达邦长期相处，情投意合，经校方批准，于1928年五一国际劳动节期间结为夫妻。李一超怀孕后，经组织安排，离苏回国，先后在江西、湖北、上海从事党的秘密工作，在湖北宜昌生下一子，起名宁儿。去东北参加抗日之前，她和陈琮英一起，把宁儿送到武汉，托陈岳云夫妇抚养。在离开陈家之前，李一超抱着宁儿去照相馆照了相，给陈达邦写了一封信，表达对丈夫的思念之情，告知将宁儿放在五哥家中寄养的事，信封内装着她和宁儿的合影照片，一起寄往莫斯科中山大学。1931年"九一八事变"发生后，李一超主动请缨，被派往东北参加抗日斗争。在去往东北的路上，赵一曼抒写了《滨江述怀》这首诗："誓志为人不为家，涉江渡海走天涯。男儿岂是全都好，女子缘何分外差。未惜头颅新故国，甘将热血沃中华。白山黑水除敌寇，笑看旌旗红似花。"诗歌表达了一位为了民族独立和人民幸福不惜抛头洒血的巾帼女英雄的豪迈胸怀。

视频：1962 年 4 月 9 日郭沫若参观了宜宾纪念馆

当郭老看完抗日民族英雄赵一曼事迹和她的诗后，写了诗歌一首，表达了对英雄赵一曼的无限敬仰："蜀中巾帼富英雄，石柱犹存良玉踪。四海今歌赵一曼，万民永忆女先锋。青春换得江山壮，碧血染将天地红。东北西南齐仰首，珠河亿载漾东风。"

有研究者考证：1942 年陈达邦回国后，见到了自己五哥帮助抚养长大的"宁儿"，还问宁儿：妈妈有信来吗？五哥告诉他李一超可能牺牲了。20 世纪50 年代《赵一曼》电影播出时，连编剧于敏都不知道赵一曼究竟是谁。1953年 5 月，政务院总理周恩来的办公桌上摆放着一封来自四川宜宾的普通信件，内容是李一超姐姐李坤杰打听曾在上海中央机关工作过的李一超的下落。周总理看了又看，总也想不起这个李一超是谁，只好让办公室把这封信转到全国妇联代为查找。妇联主席蔡畅和劳动部副部长刘亚雄看信后，也不知道李一超的情况。在中共中央办公厅工作的陈琮英对李一超是了解的，但她无法将李一超和赵一曼两个名字联系到一起。宁儿已长大成人，从中国人民大学外交系毕业后，被分配在北京工学院工作，他知道自己的妈妈李一超是为革命牺牲的烈士，却也难以想象自己的亲生母亲就是电影中的赵一曼。1955 年1 月 2 日，李一超的姐姐李坤杰写信给陈琮英，告诉她：经过李一超的战友和东北革命烈士纪念馆确认，赵一曼就是陈达邦的妻子、宁儿的妈妈李一超，希望能够了解陈达邦和宁儿的情况。陈琮英接信后十分惊奇，立即回信告诉了陈达邦和宁儿的情况。宁儿得知赵一曼是自己亲生母亲的消息，看到母亲在英勇就义前留给自己的遗嘱，一字一画地抄了下来，并把"赵一曼"三个字刻到自己的手臂上，狠下决心，一定要遵从母亲的遗教，忠于人民，报效祖国。

视频：《我的母亲赵一曼》片头

《我的母亲赵一曼》是由蔡德华编剧，孙铁导演，张晗、工藤俊作、张歌等主演，福建电影制片厂、北京红日影业公司于 2005 年拍摄的电影。影片讲述了 1957 年底，当陈达邦从苏联回国后得知赵一曼就是自己的妻子李一超的消息时，更是百感交集。为了表达他对爱妻的怀念之情，应四川宜宾"赵一曼纪念馆"之约，写下了一段情深意笃的回忆。这篇回忆至今仍完好无损地陈列在展柜中，供人们参观。

再一部描写革命战争和历史题材的影片是《上饶集中营》。

视频：《上饶集中营》（2分钟）

《上饶集中营》是由冯雪峰编剧，沙蒙、张客导演，汤化达、江俊、卢敏、林农主演，上海电影制片厂拍摄的电影。影片取材于真实的历史事件，记述了1941年1月国民党制造了震惊中外的"皖南事变"后，国民党当局在上饶设立规模宏大的集中营，残酷迫害新四军爱国将士及进步人士的罪恶。

视频：皖南事变（1.5分钟）

《中国艺术影片编目》写道：在皖南事变中，新四军将士六七百人被俘，和东南各省被捕的爱国人士两三百人一起被国民党关在上饶集中营，遭受残酷迫害——特务用诱骗、酷刑等手段，强迫他们"悔过""自首"，均未得逞。被俘的新四军女战士施珍被折磨致残，但她始终不向反动派低头。小学教员苏琳最初经受不住精神上的折磨，在施珍的帮助和鼓舞下，她坚强了起来，特务为了恐吓她，把她带去陪绑，苏琳宁死不屈，最后随同施珍跳进潭水。特务为了分化瓦解革命者，伪造了一个新四军组织部部长赵宏"自首"的宣言，使一些不明真相的人受骗。但赵宏仍然毫不动摇，对党忠心耿耿，使敌人的这一阴谋破产了。1942年5月，日寇进逼金华、衢州时，国民党特务裹胁被俘人员南撤，行至赤石，被俘人员在党组织的领导下暴动成功。

该片之所以取得成功，源于著名革命家、作家、文艺理论家、该片编剧冯雪峰曾经有过的在上饶集中营的囚禁经历，片中描写均系其真切感受。朱安平在《冯雪峰与"上饶集中营"》一文中写道：冯雪峰离开上饶集中营后，对将近两年的狱中生活一直铭记在心，并想把它表现在自己的作品之中，这一强烈欲望终于在解放初以创作电影剧本《上饶集中营》得以实现。更为主要的还是出于电影能被更多群众所接受考虑，可以让上饶集中营中许多可歌可泣的英雄人物和英雄行为家喻户晓，而这正符合当时电影创作要大力提倡表现革命斗争精神的要求，正如他所说的："我这个电影剧本，也企图以艺术的形象来概括牺牲了的志士们和没有牺牲的志士们的战斗精神的。"

《上饶集中营》剧本报送中央电影局受到重视，认为强烈地表现了"中国人民的不屈不挠的革命气节，爱国人士的坚持正义，共产党员始终不失去信仰和胜利信心，不忘记随时随地的战斗和对人们的领导与团结，这种高贵的精神和品质"，同时也有力地暴露了国民党顽固派摧残和屠杀爱国人民与共产党员之凶残、狠毒，其主题十分严肃而重大，具有高度教育意义。也有评论认为：电影中所塑造的，既有在民族解放程途中真实存在的人物，亦有创作者根据一定的生活原型创造出来的艺术形象，但不管是真实的再现还是艺术的虚构，其均是中国共产党领导下在抗日战争、解放战争中所涌现出来的人民英雄，他们身上所体现的那种先国后家、舍生取义的高贵品质，不仅是中国历史上无数仁人志士优良传统的延续，而且也是 1949—1966 年时期所建构的精神文化之中最为光彩的组成部分。著名导演谢晋认为："1951 年新中国电影最好的有两部，一部是史东山导演、吕班、郭维副导演的《新儿女英雄传》，一部就是沙蒙导演的《上饶集中营》。因为过去看的大都是美国电影，这两部我们新中国自己拍摄的影片对我们这些年轻导演影响很大。"该片在 1957 年荣获文化部 1949—1955 年优秀影片二等奖。

4. 对电影《武训传》的批判

1949 年 12 月 5 日，是武训 111 周年诞辰纪念日。山东省堂邑县柳林镇武训的祠堂前和坟墓前，一位女老师正在向孩子们讲述武训的故事……

视频：《武训传》（2 分钟）

《武训传》是由孙瑜编剧、导演，赵丹、王汉伦、郭奕耀、高正、傅伯棠等主演，昆仑影业公司于 1950 年拍摄的电影。影片讲述了清朝末年武训（1838—1896）的生平事迹，以细腻的叙述方式，展示了少年武训的苦难生活和他从青年时代起由"行乞兴学"而终于获得"苦操奇行""千古一人"美誉的传奇经历。

孙瑜创作的《武训传》，起源于倡导武训精神的著名教育家陶行知，拍摄经历了新中国成立前后。在 1949 年 7 月，在中国影协成立大会上，周恩来提醒孙瑜注意：一、站稳阶级立场；二、武训成名后，统治阶级立即加以笼络利用；三、武训最后对义学的怀疑。孙瑜接受了这些意见，为拍摄《武训传》，他还带剧组去山东调查，向当地农民了解武训的事迹。《武训传》主演是大名鼎鼎的赵丹。赵丹为演好武训，专门到武训的家乡体验生活，经常穿着乞丐的破衣服行走街头，到达"人戏不分"的地步。

《武训传》上映后，引起了两种截然相反意见的争论。赞扬者认为，这"是一部富有教育意义的好电影"，武训是"永垂不朽值得学习的榜样"。据《人民日报》的不完全统计，仅北京、上海、天津三地的报刊，在 4 个月的时间里就发表了 40 余篇赞扬武训和电影《武训传》的文章。批评者认为，电影《武训传》是一种"缺乏思想性有严重错误的作品"，"武训不足为训"。

1951 年 5 月 20 日，《人民日报》发表了题为《应当重视电影〈武训传〉的讨论》的社论，该文经毛泽东修改审定。文章认为：《武训传》所提出的问题带有根本的性质。像武训那样的人，处在清朝末年中国人民反对外国侵略者和反对国内的反动封建统治者的伟大斗争的时代，根本不去触动封建经济基础及其上层建筑的一根毫毛，反而狂热地宣传封建文化，并为了取得自己所没有的宣传封建文化的地位，就对反动的封建统治者竭尽奴颜婢膝的能事，这种丑恶的行为，难道是我们所应当歌颂的吗？向着人民群众歌颂这种丑恶的行为，甚至打出"为人民服务"的革命旗号来歌颂，甚至用革命的农民斗争的失败作为反衬来歌颂，这难道是我们所能够容忍的吗？承认或者容忍这种歌颂，就是承认或者容忍污蔑农民革命斗争，污蔑中国历史，污蔑中华民族的反动宣传，就是把反动宣传认为正当的宣传。

这一批判使著名的编导孙瑜虽然在行政上没有被处理，但在精神上受到很大打击。5月26日，孙瑜的检讨短文在《人民日报》刊登。与此同时，上海文艺界领导夏衍等40多位同志受到牵连。7月23日，《人民日报》又发表了《武训历史调查记》，《武训传》开始遭受全国性的批判。

《当代中国电影》认为：在《人民日报》的社论《应当重视电影〈武训传〉的讨论》中，提出如何正确研究、认识和反映过去的历史问题，其基本思想和观点是正确的，符合马克思主义历史唯物论的。但是把电影《武训传》这样一部具体作品以及过去许多讨论文章当作这种观点的对立面，并且由此而引出影片及讨论不但"说明了我国文化界的思想混乱达到了何等的程度"，而且证明了"资产阶级的反动思想侵入了战斗的共产党"这样的结论，却是对客观实际做了过于严重的错误估计和判断。1985年9月6日《人民日报》刊登的胡乔木讲话，说对电影《武训传》的批判"非常片面、极端和粗暴"。

新中国成立之初，特别是在新民主主义社会，资产阶级尚存的情况下，出现两种思想和认识的争论也是正常的，但是要把政治和艺术区分开来。

视频：习近平在文艺工作座谈会上的讲话

习近平指出：社会主义文艺，从本质上讲，就是人民的文艺。毛泽东同志在延安文艺座谈会上指出："为什么人的问题，是一个根本的问题，原则的问题。"邓小平同志说："我们的文艺属于人民"，"人民是文艺工作者的母亲"。江泽民同志要求广大文艺工作者"在人民的历史创造中进行艺术的创造，在人民的进步中造就艺术的进步"。胡锦涛同志强调："只有把人民放在心中最高位置，永远同人民在一起，坚持以人民为中心的创作导向，艺术之树才能常青。"习近平在多个场合强调"江山就是人民，人民就是江山"，充分体现了"人民至上"思想。所以，作为电影艺术，歌颂什么，反对什么，就应该以人民的利益作为评判的标准。

《武训传》被批判，结果连带私营电影制片厂被批判，给电影业带来的负面影响，使得1952年制作的电影锐减，加上艺术片和动画片，全年才拍了8部影片。1953年也只有12部影片。

二、红色经典电影探索时期（1953—1957年）

1953年，在当代中国史上是一个高歌猛进的年代。在完成恢复国民经济的基础上，在抗美援朝战争的关键节点，中国共产党又提出了"一化三改"的过渡时期总路线。陈荒煤在1954年故事片创作会议上的总结发言中，将这一时期中国电影事业发展称为一个"伟大转折点"。《当代中国电影》将这一时期称为"踏上稳步发展的道路"时期。这一时期在经历了批判《武训传》运动之后，尽管政治、经济的发展之路并不平坦，但由于中央的积极鼓励与"双百方针"的提出，电影的创作还是有着长足的发展的。

1. 开启"伟大的转折"的关键

红色经典电影的"伟大的转折"，首先体现在电影界召开的两次会议，即：1953年3月在北京召开了第一届全国电影剧本创作会议和第一届电影艺术工作会议。

第一届全国电影剧本创作会议主要"是从社会主义现实主义的创作方法着手来研究讨论有关电影剧本的一些问题，解决关于电影剧本创作领导工作方面的问题"，"更广泛地动员和组织全国作家，参加电影剧本的创作工作"。中宣部部长、政务院文教委员会副主任习仲勋出席会议并做了讲话。习仲勋批评了文艺创作中领导只"停留在一般号召上，缺乏具体的指导和搞'加工订货'、'按期交货'等官僚主义作风，以及文艺批评存在的'尖锐得很，也空洞得很'等简单粗暴的问题"。他指出"对文艺工作的领导应该主要是思想领导，不是靠发号施令"，"文艺的领导和文艺的批评上应该对党负责，对作家负责"，"不是光找茬子、扣帽子，而是要学会园丁培养果树一样"，"要用耐心说服的办法"，"培养作家勇于创作的精神"。习仲勋还强调："学习社会主义现实主义的创作方法是坚定不渝的"，但要按照实际情况。

第一届电影艺术工作会议以"提高艺术思想，改进艺术领导"为重点。文化部副部长周扬出席会议并做了讲话。周扬进一步阐述了社会主义现实主义的定义、特征、思想基础及其与传统的关系等基本概念。他强调："社会主义现实主义不是创作上的教条，而是指导作家如何观察生活、如何进行创作的科学方法，要求按照这个方法进行创作，是允许作家和艺术家有选择题材和创作风格的绝对自由的。"周扬还对电影创作中存在的简单、雷同的表现手法，一针见血地对新电影的概念化、公式化现象提出了批评。

《当代中国电影》认为：这两次会议初步纠正了电影指导思想是上的"左"的倾向，澄清了艺术思想上的迷茫疑惑，调动了创作人员的积极性，为以后新中国电影迅速掀起创作理论学习热潮和事业建设热潮铺平了道路。

1953年9月23日，第二次全国文学艺术工作者代表大会在北京召开。这次会议是为了适应变化了的新形势，确定文学艺术在社会主义改造时期的新任务而召开的。对于第二次文代会主要讨论和解决的问题，刘国新在《新中国文化发展与国家的战略转变》一文中认为：第一，在国家新的建设时期，文艺工作的主要任务是以抓创作为主。第二，确定将社会主义现实主义作为文艺创作和批评的最高准则。第三，对新中国成立以来文艺创作上的概念化、公式化及其他反现实主义的倾向，对文艺批评上的简单化、庸俗化的倾向和文艺领导上的行政命令等进行了全面的总结和初步的清理。第四，提出如何运用社会方式领导文艺工作，以克服违背艺术规律的行政方式和不恰当的干涉。政务院总理周恩来出席会议并发表《为总路线而奋斗的文艺工作者的任务》讲话，讲话阐明了过渡时期总路线和这个历史时期文艺工作者的任务和方向，比较系统地论述了自五四以来中国新文艺运动中社会主义现实主义文艺的发展道路，明确提出要以社会主义现实主义作为文艺创作和批评的最高准则，号召作家、艺术家运用这一创造方法，深入实际，正确反映生活，努力创造我们这个时代的典型人物。周恩来特别对社会主义现实主义给出了一个明确的定义："革命的现实主义和革命的理想主义结合起来，就是社会主义现实主义。"周恩来在谈到文艺为谁服务的问题时，特别赞扬了魏巍所写的《谁是最可爱的人》。为此，他还朝台下询问："哪一位是魏巍同志？请站起来，我要认识一下这位朋友。"刘国新认为："第二次文代会对促进文学艺术的繁荣发展，满足人民群众不断增长的文化生活的需求，促进总路线和总任务的实现产生了积极作用。"

1953年12月24日，中央人民政府政务院第199次政务会议通过《关于加强电影制片工作的决定》和《关于建立电影放映网与电影工业的决定》。第一个《决定》是新中国成立以来发展电影事业的纲领性文件，在总结新中国4年来电影工作基本经验的基础上，依据社会主义革命和建设的需要，以及广大群众对文化娱乐的要求，对电影提出了明确具体的制片方针和切合实际的改进措施。其后不久，"双百"方针的提出，如同助推剂，使文学园地出现了一个繁荣时期。电影创作不仅在数量上大幅度增长，质量上也有显著提高，涌现出一批在思想性和艺术性、在反映生活的深度和广度上都很有生气的优秀作品。

2. "伟大的转折"时期红色经典电影特点

视频：1953—1957年电影创作目录

探究"伟大的转折"时期红色经典电影特点，主要表现为：

第一，弘扬革命英雄主义精神的革命历史题材电影达到一个新的艺术水准。革命英雄主义是以爱国主义为核心的民族精神的历史印记和有效载体，是民族精神的坐标，是社会价值的标杆。基于此，习近平在颁发"中国人民抗日战争胜利70周年"纪念章仪式上说："一个有希望的民族不能没有英雄，一个有前途的国家不能没有先锋。"新中国成立初期17年中国电影实践中，一个极为重要的题材选择就是表现中国近现代历史上所涌现的无数可歌可泣的英雄人物及其传奇经历，从而形成了17年时期特有的英雄电影系列，特别是50年代中期的电影，更是充满了革命英雄主义精神。表现这一精神的影片，主要有《智取华山》《渡江侦察记》《扑不灭的火焰》《沙家店粮站》《南岛风云》《平原游击队》《铁道游击队》《英雄虎胆》《黑山狙击战》《狼牙山五壮士》等。

视频：《智取华山》（2 分钟）

《智取华山》是由郭维、纪叶、东方编剧，郭维导演，郭允泰、阎增和、杨庆卫、许又新、田丹、李金榜主演，北京电影制片厂于1953年拍摄的电影。影片讲述了1949年人民解放军发动解放大西北的强大攻势，胡宗南的军队向南逃窜，敌旅长方子乔带着一部分敌军逃上华山，妄图利用华山的天险负隅顽抗，以实现胡宗南的"相机扰乱后方，大军不日东下直取西安"的梦想。解放军某团侦察参谋刘明基率领侦察人员，在当地老乡常生林的帮助下，打破了民间"自古华山一条路"的说法，从后面小路悄悄地登上了北峰千尺幢。方子乔急忙集合西峰所有的队伍，集中炮火向我侦察员进攻，危急时刻，常生林率领大部队赶到，全歼了敌人。

最早提出拍摄《智取华山》，是彭德怀建议的。朱安平曾发表文章回忆：作为中共中央西北局第一书记、西北军政委员会主席的彭德怀在新中国成立之初，亲莅有"天下第一险"之称的西岳华山视察，同行的有贺龙、习仲勋、甘泗淇等西北党政军领导人。彭德怀说："在这里拍一部攻克华山的电影多好啊！"时任西北军区政治部文化部创作组组长兼文艺科副科长的王宗元和任萍在一篇报告文学的基础上，执笔改写为《奇取华山》电影剧本。中央电影局很为重视，于1951年8月下达北京电影制片厂拍摄，指定由郭维担任导演。因准备不足，初期拍片成了夹生饭，艺委会主任蔡楚生非常不满意，剧本进行了大幅修改。影片于1953年8月摄制完成后，曾送中央审查，党和国家领导人参加了审看。毛泽东主席为电影中的情节和人物所感动，向陪同的有关领导问问真实侦察英雄的近况，并深情地说："要关心他们，把他们安置好，他们是为人民立了功的。"他还特意提到影片中的常生林（即原型王银生）："特别是那个老百姓，是解放华山的关键人物，没有他是完不成任务的。"审看完影片后，朱德总司令提议："是否将'奇取'换成'智取'？"毛泽东主席笑着说："很好，就改为《智取华山》。"片名由此从《奇取华山》变成《智取华山》。一部电影从开拍到最后审查，由中央高层领导决定，这在新中国电影史上也是绝无仅有的。

《当代中国电影》认为：《智取华山》有别于以往的战争影片，开辟了以惊险样式反映革命战争的新路。影片的不足之处在于：人物形象平面化，缺乏性格的描写。孟犁野认为：这部影片体现了中国惊险片的一个基本特色，那就是它不是为惊险而惊险，而是把表达真实的历史生活放在重要地位。不足方面在于：在审美特性的把握上还不够成熟。在1954年第八届卡罗维·发利国际电影上，该影片获"争取自由斗争奖"。

视频：《渡江侦察记》（2分钟）

《渡江侦察记》是由沈默君编剧，汤晓丹导演，孙道临、李玲君、齐衡、陈述主演，上海电影制片厂于1954年拍摄的电影。影片描绘了1949年中国人民解放军渡江战役前夕，解放军某部侦察连李连长率领一班侦察员过江侦察敌情，他们在当地游击队队长刘四姐等的配合下，深入敌人心脏，摸清了敌人沿江兵力部署，及时向江北指挥部发回了情报。

《渡江侦察记》是《智取华山》之后的又一部惊险片，《当代中国电影》认为：该片在取材角度、表现内容和艺术手法等方面都与《智取华山》有相近之处。该片不仅以曲折的情节和惊险的悬念引人入胜，而且力图留下生动感人的人物形象。影片还尝试战斗与抒情相结合的表现形式，努力描写出人物的感情，不仅写了战斗集体中的革命情和侦察员之间的战友情，而且还有动人的亲人之情。但是李连长与刘四姐不平常的人物关系却没有发展，这是影片的一个遗憾。孟犁野认为影片的特点之一是在于它在激起观众的紧张心理的同时，更注意描写战争中的人，是惊险片创作观念上的一个飞跃；特点之二在于：刻画人物与展开情节同时并重；特点之三在于：影片在节奏的掌握上也能急中有缓，张中有弛，在紧张的情节间隙适当安排一些抒情的生活场面，不仅有助于调节观众紧张的心理，也有助于深化作品的思想内涵。

张涟在《难忘〈渡江侦察记〉李连长——追记著名电影表演艺术家孙道临》一文中记述了李连长的扮演者孙道临："我虽然长期在沦陷区和国民党统治区生活，但我也是一个有良知的人，我向往真理和光明，比较早受到党的影响。我高中的同学朱迈先是文学家朱自清的儿子，他是一个很有激情和充满锐气的进步青年。在他的介绍下，我参加了朱迈先等人组织的读书会，读了许多苏联和国内《大众》《生活》《永生》等进步书籍、杂志，并与他们一起投入到抗日救亡的学生运动中。1937年，当我在北京看到崔嵬和张瑞芳合演的抗日剧《放下你的鞭子》时，非常激动，联想到国家山河破碎，心情是十分沉重的。因而，当日本侵略者占领燕京大学，我们理所当然地会与侵略者奋力抗争。也因此，我与不少燕大师生遭到了日本宪兵队的非法逮捕，受到了非人的虐待。"孙道临说：一个演员的艺术修养是在生活中形成的，而不是在演出时形成的；为了演好革命英雄，演员必须了解、熟悉、接近和学习革命英雄，像革命英雄那样生活。他深情地回忆起，1949年5月上海解放的那一天，自己和赵丹、秦怡、白杨、张瑞芳等人欣喜地站在敲锣打鼓的人群里，欢迎解放军进入上海的情景；在上海电影制片厂刚刚建立时，他与来自解放区文工团的演员铁牛、仲星火、范正刚等人真挚诚恳地交往……他特别称赞形似庄稼汉的范正刚，说范正刚朴实、开朗的性格，让他难忘。孙道临曾随范正刚一起去老区体验生活，亲眼看到范正刚与老区人民融洽相处、形同家人的关系。1952年底，上影剧团组织了铁牛、仲星火、冯喆、穆宏、史原、凌之浩和孙道临等十几个演员到朝鲜前线去深入生活，又是范正刚带队。范正刚的敢作敢当、无所畏惧的勇气可以说是孙道临创作《渡江侦察记》中李连长形象的最重要的思想动力。"在拍电影《永不消逝的电波》和《革命家庭》时，我和其他演职员一起，在导演的带领下，专门拜访了李白烈士（李侠的原型）的夫人裘慧英、欧阳梅生烈士（江梅清的原型）的夫人陶承。通过裘慧英和陶承两位老妈妈讲述，我仿佛看到过去艰苦卓绝的年代，党的武装斗争和地下斗争的极其危险，充满艰辛。特别难忘的是，两位老妈妈都提到，两位烈士是在漫漫的长夜里秉持着对党的无限忠诚去恪尽职守，忠实地实践着对党的庄严承诺……这些真实的故事，深深打动了我，更是我努力创作共产党人光辉形象的力量源泉。"

电影《渡江侦察记》反映的是上海警备区原政委章尘带领先遣渡江大队的真实故事。电影《渡江侦察记》中渡江侦察英雄集体不止一个连的规模。事实上是，渡江战役发起前，中央军委要求华东野战军 27 军（时任军长聂凤智）组建一支先遣渡江大队，大队长由 242 团参谋长亚冰担任，先遣渡江大队分为两个队，大队长亚冰亲率一队，副大队长慕思荣率领二队。1949 年 4 月 6 日晚，当军部下达渡江命令后，两个队就分别渡江。渡至江心时，敌人就发现了目标，顿时枪炮齐发，自然"偷渡"就成了"强渡"。在枪林弹雨中，有几名队员光荣牺牲，但是两个队几十艘船二三百号人还是强渡成功，登上了对岸。据章尘回忆：部队为行动方便，不少人换穿了国民党士兵服装。上岸后，两个队顺利会合，很快得到地下交通员的接应，紧接着又与当地游击队会合，在当地游击队的大力帮助下，迅速开展工作。经侦察，他们发现岸防守敌穿的是灰布军装，这表明这股敌人不是国民党的中央军，而是杂牌军，这为先遣渡江大队在敌区穿插、迂回提供了更多的机会。在敌人心脏的 15 天时间里，先遣渡江大队基本摸清了国民党新的兵力部署、江防敌军番号、敌军调防、地形、炮火位置以及沿江河流、水文等重要情报，及时电告 27 军军部。可以说，先遣渡江大队既勇敢地完成了敌后侦察任务，又出色地策应了大军胜利过江的繁重任务。后来，与主力部队会师后，聂凤智军长曾风趣地说：亚、慕二部完成了历史性的先遣渡江任务，立了大功，我向你们敬一杯酒，祝贺你们所取得的胜利。

孟犁野认为：《渡江侦察记》是一部具有较强艺术生命力的作品。他既坚持了革命的思想导向，在艺术上又较完整，并富有创新意识与观赏性。经过数十年的历史检验，它已在新中国电影史上赢得了应有的历史地位。由于《渡江侦察记》思想艺术成就突出，1957 年获文化部 1949—1955 年优秀影片一等奖。

视频：《平原游击队》（2 分钟）

《平原游击队》是由邢野、羽山编剧，苏里、武兆堤导演，郭振清、张莹、方化、杜德夫等主演，长春电影制片厂于 1955 年拍摄的电影。该片讲述了在 1943 年秋，华北抗日根据地的一支游击队，在队长李向阳指挥下，利用地道和巧妙的游击战，以及游击队员们的机智勇敢，粉碎了日寇松井进山增援，进而"扫荡"华北抗日根据地的阴谋，最终将盘踞在县城的日寇消灭。

晶甸在《老电影〈平原游击队〉幕后珍闻》一文中认为：《平原游击队》这部影片，采用了惊险片的模式，悬念迭起，一波三折，最大的成功是塑造了游击队长李向阳和日酋松井这两个对立的形象。影片通过浓墨重彩的富有夸张性的故事情节，把游击队长李向阳塑造成机智勇敢、威风凛凛、具有浓重传奇色彩的形象，以极强的艺术感染力，满足了人们对英雄的想象和向往。同样，日寇中队长松井也塑造得非常成功，影片编导并没有因为他是敌人，就将他刻画得愚蠢无能，而是在着力表现松井的凶狠残暴的同时，更突出他老狐狸般的狡诈。当年，广大观众在欣赏这部影片时，不仅被郭振清扮演的游击队长李向阳深深吸引，也牢牢地记住了方化扮演的老鬼子松井。这两个角色，形象生动，个性鲜明，一正一反，形成强烈的对比，具有很强的观赏性，堪称新中国银幕上最典型的人物组合。扮演李向阳的郭振清，1927 年生于天津一个贫民家庭，全家靠父亲摆货摊维持生活。他 16 岁时当了一名电车售票员，早早地体会到了生活的艰辛。工作之余，他学会了演唱单弦、数来宝、相声和评剧。天津解放后，郭振清和一些工人文艺骨干经常上街道、工厂和学校扭秧歌、演节目，后来加入天津总工会文工团担任演员。两年后，郭振清调入刚成立的天津人民艺术剧院，成为一名专业文艺工作者。1952 年，东北电影制片厂导演吕班看中了郭振清良好的外貌形象，让他扮演了电影《六号门》中的胡二，从此正式进入电影行业。郭振清浓眉大眼，身材魁梧，尤其是他的脸型轮廓分明，棱角突出，既有男子汉阳刚伟岸的气质，又符合劳动者淳朴粗犷的特征，因此成为新中国成立初期扮演工农兵形象的最佳人选。1954 年，幸运之神再一次眷顾郭振清，他在影片《平原游击队》中塑造的智勇双全的李向阳，身手矫健，形神兼备，深受广大观众的喜爱，很快便风靡全国，家喻户晓。关于在影片中扮演老鬼子松井的方化，晶甸写道：他 1925 年生于大连一个贫穷家庭。他少年时秉承父愿，考入了日本人开办的大连商业学堂。天天面对着日本教官的指手画脚和耀武扬威，方化牢牢地记住了日本人的一举一动和凶恶嘴脸。1944 年，他毕业后进入长春的"满洲映画株式会社"，当了一名录音助理员，尽管忍气吞声拼命工作，还是经常会受到日本人的谩骂欺辱，甚至被拳打脚踢。日本投降后，上海著名电影演员和导演金山受上级党组织的派遣，前往长春接管了"满洲映画株式会社"。第二年开拍由张瑞芳主演的进步影片《松花江上》，金山发现方化的形象很有特点，便试着让他扮演一个日本伍长。没想到，方化从此在银幕上与日本鬼子结下了不解之缘，先后在《哈尔滨之夜》和《赵一曼》中扮演日本军人，正式成为长春电影制片厂的演员。1954年，方化接受了扮演《平原游击队》里松井的角色后，认真揣摩松井的特征，把其外形定位在"一副狰狞的面孔，饿鹰一样的眼神，还有吃人的可怕表情"。影片上映后，他扮演的松井得到广大观众的认可，成为新中国银幕上最典型的日本鬼子形象。

孟犁野认为：《平原游击队》的艺术成就，表现为在情节上有力地组织了五个斗争回合，兴奋点不断出现，使观众一直处于一种紧张而有序的惊险情景之中，并获得一种审美愉悦。此外，也是最突出的一点，即它在主要人物的塑造上超越了《智取华山》和《渡江侦察记》——人物从平面走向立体。主要人物李向阳性格比较立体。这是一个富有浓郁的浪漫色彩的传奇式人物，在他身上体现了中国劳动人民的审美理想。此外，松井也是刻画得颇有深度的一个形象。

影片上映后深受广大观众的喜爱，至今在电视屏幕上还时常出现。该片获文化部1949—1955年优秀影片三等奖。

第二，对战争时期爱情和人性描写进行探索。众所周知，人性与人情在17年语境中常常被视为资产阶级趣味，但即便如此，本时期还是有一些电影在这些领域做出了大胆的探索。诸如在《柳堡的故事》中，对革命战士与农家姑娘的美好爱情做了一定程度的描述。虽然战争的残酷与革命目标的要求都使得他们只能将个人的感情深埋在心底，但主人公在事业与情感上的取舍还是让观众感受到人情的珍贵与温暖。

视频：《柳堡的故事》（2分钟）

《柳堡的故事》是由石言、黄宗江编剧，王苹导演，廖有梁、陶玉玲等人主演，八一电影制片厂1957年拍摄的电影。影片改编自胡石言的同名小说，讲述了江苏省宝应县柳堡地区得到解放的故事。影片讲述的是：1944年春，江苏省扬州市宝应县柳堡地区终于解放了，新四军战士纪律严明、作风严谨，很快就解除了当地百姓的疑惧心理，与百姓们打成一片。四班副班长李进在村民田学英即二妹子家养伤的时候，两个人互生好感，但指导员劝说他放下了儿女私情。部队离开后，恶霸刘胡子欲霸占二妹子，部队接到二妹子的弟弟小牛送来的消息，迅速又和指导员带队返回，及时救出了二妹子，两人的感情更加深厚。但为了革命事业，李进放下了这段感情，随部队南下作战。5年后，李进成为连长，二妹子也光荣入党成为革命骨干。

只要一听到"九九艳阳天"，人们自然就想到电影《柳堡的故事》。其实这是一个真实的故事。张茜在《〈柳堡的故事〉创作始末》中介绍：这个故事是战争年代特有的一个凄美的爱情故事，它深深地打动了军旅作家石言的心，他决定以此为原型写一篇小说。《柳堡的故事》最初发表在南京一家刊物上，并获得读者的好评。南京军管会文艺处长赖少其、剧作家沈西蒙以及作家黄宗江看了后都感到这个小说是拍电影的好本子，便找到石言核计将它改成剧本，并由黄宗江与石言完成这一改编。剧本完成后，1957年，八一电影制片厂决定立即投入拍摄，并指定由新中国第一位女导演王苹来执导这部影片。王苹接手《柳堡的故事》后，组织人马对剧本根据电影需要做了适当的修改，并在自己熟悉的圈子里来找"二妹子"，结果找来找去，却没有一个合适的人选。正当她为此感到苦恼时，黄宗江、吴石岩"雪中送炭"来了。他俩向王苹推荐了华东军区解放军艺术剧院话剧演员陶玉玲。找到"二妹子"后，王苹便带领剧组一行来到江苏宝应县柳堡乡拍戏。柳堡原来叫留宝头，后又改名刘坝头，石言在创作这部小说时为体现既是战争又是抒情的风格，遂将刘坝头改了柳堡，因"柳"字多情，"堡"有兵味，况且刘坝头上也都是些大柳树。这一改不但使剧名有了浓浓的情味兵味，而且也使刘坝头在《柳堡的故事》上映后改名柳堡。《柳堡的故事》是反映爱情故事的，但影片中却没有一处谈情说爱的镜头。其实，细腻含蓄正是这部片子的成功之处。1958年初，《柳堡的故事》拍摄完成，影片一经公映，立即在全国引起了强烈的反响。影片所到之处，到处都响起了《九九艳阳天》那优美的旋律。尽管《柳堡的故事》以其清新自然赢得了广大观众的喜爱，但同时也引起了不小的争论，尤其是对这首由高如星创作的《九九艳阳天》争论更为激烈，有人认为这首插曲"表现了一种小资产阶级的粉红色的爱情幻想"，"迎合了很多青年的不健康情绪"，使人在歌里"感受到的是一种软绵绵的不够健康的情绪"，"好像是又听到了解放前扬州姑娘卖唱时的那种扭扭捏捏的音乐格调，也想到了周璇唱的《天涯歌女》，二者在旋律的装饰上很相似"。《北京日报》《人民音乐》《大众电影》等各大媒体围绕这场争论也相继刊发《"九九艳阳天"是一首很健康的歌曲》《"九九艳阳天"的创作方向值得研究》《战士喜爱"九九艳阳天"》《不应该过分推崇"九九艳阳天"》《这不是一首好的爱情歌曲》《"九九艳阳天"唱起来不对劲》等多篇文章。李焕之、瞿希贤、李凌、谭冰若等著名音乐家对这首歌则给予了肯定，认为"这是一首比较成功的爱情歌曲，其情调是委婉动听的，旋律比较优美，并且有令人感到亲切的南方民歌的特色"。总参谋长罗瑞卿也称"这是一首最好的抒情歌曲"。这场争论的结果使得《九九艳阳天》影响更深更广，并成为全国人民喜爱的一首爱情歌曲。周总理也非常喜欢这首歌，对陶玉玲在影片中扮演的二妹子也很是欣赏。在1959年国庆10周年招待会，他在接见陶玉玲时说："你是在《柳堡的故事》里演二妹子的吧，演得很甜啊！""演得不错嘛，你还年轻，不要骄傲，好好努力。"听了总理鼓励的话语，陶玉玲感动得不知说什么好，只是连连点头。事实上，尽管陶玉玲在后来演过不少角色，但她留给观众印象最深的还是她在《柳堡的故事》中饰演的二妹子。王梦悦在《陶玉玲：永远的"二妹子"》一文中讲述了"二妹子"成功后的人生经历：在20世纪60年代初，陶玉玲又参演了南京军区前线话剧团的话剧《霓虹灯下的哨兵》，在戏里面扮演春妮。正是这部话剧，使陶玉玲有了和周恩来总理面对面接触的机会。《霓虹灯下的哨兵》的演出非常轰动，剧团被邀请到北京演出。周恩来看完后与主创人员座谈时提出了七条修改意见。谈到剧中春妮在给指导员写的一封信中有这样一句话："你（指丈夫陈喜）和我两小无猜……"这时周恩来就问陶玉玲："你演的春妮是什么文化水平啊？"陶玉玲回答道："最多小学文化吧。"周恩来接着问："一个小学文化的人会用两小无猜这样的词吗？是不是太文气了？"陶玉玲想了一下说道："那就改成我们俩从小在一块长大？"周总理笑着点头："那好啊！"后来的演出中，这句台词就一直沿用了这个版本，事实也证明，这句话的改动更贴近生活，也更真实感人。1970年，因受冲击，陶玉玲被迫摘掉领章帽徽，复员到南通市晶体管厂当工人。这对于在部队培养锻炼成长起来而今不得不离开部队的陶玉玲来说，无疑是一个沉重打击。当了三年工人后，陶玉玲又被调到南通市歌舞团干起了老本行。一个偶然机会，陶玉玲出差到北京，想到了总理，便给周总理写了封信。没想到，总理办公室通知她某天下午4点钟进中南海，陶玉玲激动地到了中南海，先看到了邓颖超大姐，抱着邓大姐就哭了……邓颖超见她这样，便安慰说："你别这么激动，总理刚刚去接待外宾了，但是总理临走给你留了几句话，他说陶玉玲当过兵，现在又在当工人，将来再熟悉一下农民，这样只要很好地为人民服务，就会有光辉的前程、灿烂的未来！总理还说，你扮演的角色是中国妇女的典型代表……"听到总理留给她的这番话，陶玉玲想："今生今世遇到再大的困难，我都要挺过去，都要遵照总理的话去做。"在周总理和邓大姐的鼓舞下，陶玉玲重新振作起来。1978年，陶玉玲被调到了北京的八一电影制片厂工作，这时的她，已经离开银幕14年了。从1957年初登银幕到1964年"春妮"备受好评，陶玉玲主演的《柳堡的故事》《英雄岛》《江山多娇》《霓虹灯下的哨兵》这4部影片都是八一电影制片厂拍摄的,可以说,她走上的是八一厂为她一手铺就的电影道路。44 岁的陶玉玲以群众演员的角色复出影坛,到了八一厂之后她几乎没闲暇,接连拍摄了《二泉映月》《三个失踪的人》《归宿》《没有航标的河流》《明姑娘》《夏明翰》等多部影片,塑造了众多母亲形象。2005 年,陶玉玲因在电影《任长霞》中扮演任长霞的母亲获第 28 届大众电影百花奖最佳女配角提名。陶玉玲说,他们这一代演员从来不会嫌弃小角色,哪怕只有一句话的台词,都会尽力去表演。

《当代中国电影》认为:军事题材影片直接描写爱情,这在新中国的银幕上还是第一次。影片不仅突破了以往表现战争题材只是描写战争的框框,而且在选材和主题的提炼上也都有所创新。《柳堡的故事》在严酷战争生活中展现的这对青年纯洁真挚的爱情故事,没有仅仅局限在个人得失的狭小天地,而是通过他们正确处理爱情与战争矛盾的过程,揭示了具有深远意义的社会内容,表现了革命战士以个人利益服从革命利益的崇高胸怀。《柳堡的故事》对军事题材影片从内容到艺术形式的突破,显示了王苹这位新中国第一个女导演的艺术胆识和追求。陈晨认为:《九九艳阳天》这首爱情歌曲在 20 世纪五六十年代就唱遍了大江南北,赢得人们深深的喜爱。《柳堡的故事》更给人留下纯情、浪漫的记忆。影片被认为选材角度新颖独特,整个影片"是积极、振奋的,充满着革命乐观主义"。孟犁野认为:《柳堡的故事》是一部首开革命抒情诗风格先河的清丽之作。他认为影片在艺术上:一是大胆地将爱情引入革命战争题材作品;二是具有浓郁的抒情风格;三是此片的成功还得力于女主角二妹子的扮演者陶玉玲的纯情气质与质朴细腻的表演风格。应当说《柳堡的故事》在当时描写革命战争题材的作品中是一大突破。

第三,描写知识分子电影是转折时期一大特色。新中国成立后,京津地区的一些高校教师自发组织起来进行以改造思想、改革教育为目的的政治学习,此举引起毛泽东和中共中央的高度重视。1951 年 9 月 29 日,政务院总理周恩来受中央委托,向京津地区高校教职员工做了《关于知识分子的改造问题》的报告。周恩来联系本人思想和学校的实际,强调大家要建立这样一个信心:只要决心改造自己,不论你是怎么样从旧社会过来的,都可以改造好。周恩来突出强调了两个问题:即立场与态度问题。10 月 2 日,毛泽东在全国政协一届三次会议上强调:各种知识分子的思想改造,是中国在各方面彻底实现民主改革和逐步工业化的重要条件之一。他号召广大知识分子广泛地开展一个"自我教育和自我改造的运动"。11 月 30 日,中央发出指示,要求有计划、有领导、有步骤地在学校教职员和高中以上学生中普遍进行初步的思想改造工作，主要解决分清革命和反革命，树立为人民服务的观点问题。1956年1月14日到20日，中共中央在北京召开全国知识分子问题会议。周恩来代表中共中央做了《关于知识分子问题的报告》，代表党中央郑重宣布：我国知识分子"已经是工人阶级的一部分"；同时强调"向现代科学进军"。毛泽东出席了大会并做了重要讲话，他称赞"这个会议开得好"，强调：中国应该有大批知识分子，全党要努力学习科学知识，为迅速赶上世界先进科学水平而奋斗。正是在上述背景下，描写知识分子的电影形成一个小高潮。

视频：《护士日记》（2分钟）

《护士日记》是由艾明之编剧，陶金导演，王丹凤主演，上海江南电影制片厂于1957年拍摄的。影片讲述的是：护校学生简素华不顾男友反对，毕业后毅然来到北方的一个工地医务站工作。那里的生活条件非常艰苦，但简素华立刻热情地投入到工作中。医务站站长莫家彬和护士顾惠英是一对恋人，但成天只顾谈情说爱，对工作毫无热情，工人们因此对医务站的评价也不高。简素华克服困难，忘我工作，受到大家的好评和爱戴，工区主任高昌平在支持她的同时也渐渐爱上了这个工作努力认真的年轻姑娘。在简素华的带动下，顾惠英和莫家彬逐渐改变了工作态度，医务站的工作开始蒸蒸日上。简素华男友来到工地，强迫简与他一起返回上海。看到男友如此自私自利，简素华断然与他分手，和高昌平一起继续率领群众积极地投入工作中。

对于王丹凤，蒋肖斌在《电影演员王丹凤94岁高龄去世，"小燕子"在春末飞走了》一文中介绍：1924年，王丹凤出生于上海一个小康家庭，受过良好的教育。她从小爱看戏，但没想到，17岁时被邻居舒丽娟带去的一次偶然试镜，注定了之后40年的电影生涯。第一次拍戏，王丹凤饰演的只是一个端茶的小丫鬟，而在第二部电影《新渔光曲》中，尽管有王人美的珠玉在前，但王丹凤的表演依然让她一炮而红，还有了"小周璇"的外号。在此后的银幕上，王丹凤出演的"片单"精彩无比，《新渔光曲》《家》《青青河边草》《桃花扇》……让王丹凤念念不忘的，是在1945年版电影《红楼梦》中，她与自己少女时代的偶像周璇、袁美云分饰薛宝钗、林黛玉和贾宝玉。王丹凤回忆："卜万苍导演不晓得怎么就让我演薛宝钗，我又紧张又开心。他说你不要紧张，因为你的年龄和薛宝钗差不多，我叫你怎么做，你就怎么做，就行了。那时候我年轻，才二十几岁。"歌手罗文1981年在接受媒体采访时说："从前在广州念小学的时候，班上分成两派。一派迷王丹凤，另一派迷王晓棠。我是王丹凤迷，我的偶像就是王丹凤。凡是她演的电影，如《护士日记》《海魂》《家》等片，我上映一部看一部，《护士日记》我都看了三遍，那首插曲《小燕子》我都背出来了，至今还能从头到尾唱下来。"王岚在《丹凤展翅飞过——两次难忘的采访》中记述了她的经历后，记录了王丹凤讲述的《陶金同志要我演〈护士日记〉》："我以前演的都是旧社会的女性，新社会妇女从来没有演过，心里很紧张，不知道自己能不能演好工农兵女性。那时候安排我们深入生活，我想也只有深入生活，才能了解人物的思想感情。我们到现在的瑞金医院去学习，那里有一个护士学校，我就学打针、护理，还和护士交朋友，了解她们的思想感情，这样，自己的性情渐渐开朗起来。当时外景是在包钢，那里很荒凉，很偏僻，住的地方连屋顶都没有，根本不是现在的大型现代化企业。为了拍雪景，我们是冬天坐火车去的，大雪没到我膝盖，工人们工作条件很差，很艰苦，他们日日夜夜地劳动，这种主人翁的精神深深教育了我。大家对此毫无怨言，一心扑在工作上，努力拍好电影，塑造好影片的角色。想到自己又是旧社会过来的演员，还要自觉改造世界观，为社会主义文化建设奉献自己的一切，身处所谓'大漠风情'，少有观赏的闲情逸致，这是那个时代的特点。所以，参加这个摄制组对我很有帮助。"

对于《护士日记》，《当代中国电影》认为该片的成就：一是赞颂了青年知识分子把青春奉献给祖国的进取精神；二是揭示了两种不同人生观的对立。孟犁野认为：影片成功塑造了一个以自己的一片赤诚与知识为工人阶级、为边远地区经济建设服务的年轻知识分子简素华的质朴而又富有光彩的形象。同时影片简洁的叙事与明朗的格调也给人留下了深刻的印象。影片的音乐尤其是其中的插曲《小燕子》，与影片本身的生命同在。

视频：《情长谊深》（2 分钟）

《情长谊深》是一部由徐昌霖编剧、导演，上官云珠、舒适、项堃等主演，天马电影制片厂于 1957 年摄制的电影。影片讲述了微生物研究所所长洪磊光与细菌学家黄蔚文为研制一种新型的抗生素的发明，两人在为科学献身的道路上所结下的深情厚谊。这部影片是新中国成立后较早出现的一部反映高级知识分子生活的影片，它通过两位科学家围绕科研工作展开的分分合合，赞美了他们的真挚友谊和他们在科研上的刻苦忘我的精神。

对于《情长谊深》的艺术特色，导演徐昌霖在《我从影四十年的生涯》一文中概括说："一个是风格定为文艺片；一是结构上电影思维；一是小道具的贯串，处处运用；一是次要人物精雕细刻，我不是突出一两个主要人物就完了，红花还要绿叶衬嘛。"孟犁野认为：在当时只强调"阶级感情"和"战斗友谊"，而忽视了个体之间友谊的历史背景下，《情长谊深》的主题思想是反映了人们心灵深处的愿望的，也可以说它是超越了时代局限，具有一定文化底蕴与艺术创新精神的影片。但是，《情长谊深》还不是一部完美无缺的佳作。影片对某些人物关系的把握不太准确，时代感也不够鲜明。

《情长谊深》上映后正值1957年反右斗争时期，影片所宣扬的"友情为重"被错误地认为是取消思想斗争的所谓温情主义，甚至被曲解为要党"礼贤下士"，从而受到严厉批判。

视频：《青春的脚步》（2分钟）

该片是由薛彦东编剧，苏里、严恭导演，袁枚、陈颖、刘增庆主演，长春电影制片厂在1957年拍摄的。影片的情节是：某建筑设计院技术员林美兰与同事肖平相爱，由于在设计方案上两人发生意见分歧，加之肖平的表哥——该院设计室主任彭珂乘机插足其间，导致了两人感情上出现危机。征稿图纸预展时，美兰获得一些同志的好评，因此美兰非常感激彭珂，彭珂最终占有了美兰。美兰怀孕后，又被逼迫堕胎差一点出现生命危险。经过领导和同志们的严肃批评和教育，她终于认识到自己严重的资产阶级思想，决心振作起来，重新做人。彭珂道德败坏，激起了群众的公愤，最终被依法惩办。

对于这部影片，邢龙、刘东在《文本中的历史风景》一文中考察了《青春的脚步》创作过程：《青春的脚步》由薛彦东的小品作业《生活的教训》改编而成。1956年由陈怀恺将剧本带到长影，同年9月交给厂艺委会讨论。这样一个剧本在当时被认为是一个"主题积极、题材新颖"的故事，因为长影从1949年至1956年这7年里所拍的影片，没有一部反映现实生活因道德问题造成家庭悲剧的影片。当时，最常见的是革命战争题材和工农兵题材，所以电影局局长陈荒煤也认为"这样的题材要开拓"。很快，电影被提上投拍议程。剧本被长影厂的导演伊明建议改为《青春的脚步》。长影编辑处处长胡苏向严恭推荐了剧本《青春的脚步》。严恭就联合苏里拍了《青春的脚步》，他们说好这部戏以严恭为主苏里为副，下一部戏两人继续联合导演，由苏里为主严恭为副。《青春的脚步》于1957年5月10日正式开拍，此时，国内的政治氛围遽然变化。"反右派斗争"开始了。这对影片拍摄产生了影响。影片最初的结局是："彭珂从法院回来，他母亲要去责备他，妻子淑芳阻拦了婆婆，含泪为丈夫准备晚餐；而美兰和彭珂犯了'错误'后，并没有在影片中被批判，主要受到的是舆论的谴责，美兰为此陷入矛盾痛苦中，对生活开始失望。"

在这个结局中，彭珂最后被妻子谅解，而美兰陷入一种心理矛盾。这种描写无法通过当时的审查，几经修改，最终我们看到的结局是设计院开批判会谴责美兰，彭珂被送到法院受到法律制裁。而影片的最后一场戏还是表现了大家最终对于美兰的谅解。王人美在回忆影片拍摄时说："夏天'反右'运动全面铺开。《青春的脚步》拍摄工作勉强完成。"可见，在拍摄时影片已经面临了巨大的压力，不得不改变创作原旨，裹足前行。

据《当代中国电影》介绍：影片上映后，受到康生的严厉批判，他在1958 年 3 月长影的讲话中说："在中南海看了《青春的脚步》，印象比较深，那个片子给人的印象使世界倒退 40 年，当时感到很奇怪，建国 8 年了，已经是社会主义社会了，怎么还有这些片子。"陈荒煤在《人民日报》发表了《坚决拔掉银幕上的白旗——1957 年电影艺术片中错误思想倾向的批判》一文，公开指责《青春的脚步》没有表现党员干部的责任。文章称"如果在银幕上出现了一个蜕化变质的党员，但也让我们看到党的组织和其他党员对他展开了严肃的斗争，这又有什么不好呢？"当时的观念认为，党组织不仅要领导公共领域的学习、工作，也要监督私人空间的情感生活，且这些必须在相关电影里有所体现。随着纠正"左"的错误，《人民日报》又发表了袁文殊与陈荒煤关于这篇文章的通信，袁文殊指出：这篇文章"有很大的片面性"，"把不同性质的错误混淆起来，把错误严重化"，"把消极面扩大了"。他认为被批判的影片大多数"属于思想问题"，其中许多影片，如《护士日记》《乘风破浪》和《幸福》等，虽然存在不同程度的缺点，但主要倾向是正确的，"不应该得出反党反社会主义的政治性的结论"。陈荒煤基本同意袁文殊的观点，并且在多次文章和讲话中对自己这篇文章表示内疚和自责，向一些受到伤害的艺术家致歉。

邢龙、刘东认为：《青春的脚步》可以说是整个 20 世纪 50 年代中国电影历史变幻的微缩景观。它的历史面貌集合了全面学习苏联、《论十大关系》、"双百"方针、"反右"运动、"拔白旗"等诸多历史力量。50 年代的艺术家同我们一样已经感知到婚外情是现代婚姻制度的危机，面对如此普遍的人生事实，他们"幸运地"在历史力量的罅隙间用影像呈现出这么一个故事。不管表达的方式受时代局限显示为多么干涩的状貌，相对于这段被高度程式化表述的历史，重要的是我们依旧能看到人类共同的遭遇。孟犁野的《新中国电影艺术（1949—1959）》认为："此片在新中国电影史上首开道德批判之河"，"影片的结构与叙事，总体上来说比较严谨流畅"，比较"真实地、充满激情地显示了那个时代青年知识分子的精神风貌"。影片的不足:"人物的塑造还未能突破当时文艺创作中普遍存在的'不是好就是坏'的两极思维模式,显得简单了一些。"

视频:《球场风波》(2分钟)

《球场风波》是由唐振常编剧,毛羽导演,温锡莹、周伯勋、龚式和、崔超明主演,海燕电影制片厂于1957年拍摄的电影。影片讲述了1950年上海青年职员赵辉喜爱体育运动,尤其是篮球,但医疗器械局里唯一的球场却被一堆废料常年占着。赵辉找办公室主任张人杰要求成立体协,他却一直拖着不办。后来,赵辉偶然认识了运动员林瑞娟和其父——体院教授林允文,并希望林教授能去他们单位指导体育工作,林欣然应允。不久,林瑞娟所在的人民银行与赵辉单位组织篮球比赛,结果由于器械局职工平日缺乏锻炼,输了比赛。赵辉等人借机要求领导抓紧成立体协,把堆满废料的篮球场倒出来。在林教授指导下,医疗器械局的群众体育活动迅速开展起来。

对于这部影片,康生在1958年4月18日制片厂厂长的一次座谈会上指责《球场风波》:"所描写的风波是打球胜利后解决的,依我看是人大代表视察才解决了风波,如果是这样的话,共产党到哪里去了?既然矛盾要人大代表来解决,那么机关中的共产党、共青团哪里去了?"康生的指责,令人啼笑皆非。姚文元在《不健康的趣味——评〈球场风波〉》一文中写道:"看了'球场风波',内心涌起强烈的反感,第一个念头就是这是一部受了资产阶级艺术思想深刻侵蚀的影片,是一部以小市民庸俗的低级趣味(即'噱头')来代替健康的笑的影片。但经验告诉我:单凭感觉往往是片面的、简单化的,所以我想避开上面那些话,努力冷静地、客观地讲出我的看法。这是一张讽刺官僚主义的喜剧片。"姚文元的批判侧重在"趣味",而没有上升到"反右"的高度。瞿白音在《对影片〈球场风波〉的分析——在上海创作思想跃进大会上的发言》中指出:《球场风波》影片已经在各地正式放映,各地报刊上发表过不少严正的批评,但同时也出现过一些完全赞许的文章,把这一影片誉为"具有美学意义的生活喜剧",说它是"一幅丰富多彩的人生图画",说它是一部"在一定程度上给人们以美的享受"的好作品(引自4月10日《哈尔滨日报》世隆、世昌合写的《也谈球场风波》一文)。由此可见,对"球场风波"继续加以分析和研究,使我们电影创作人员从中吸取经验教训,提高我们的创作思想水平,还是一件很有意义的事情。瞿白音认为影片主题思想的确存在问题,是以资产阶级立场观点歪曲和诬蔑新社会。打倒"四人帮"之后，对《球场风波》仍有两种意见：一是认为影片在"创作上有新的探索"，也有人认为影片有美国影片《出水芙蓉》的影子。

第四，与现实政治和重大事件相结合，成为转折时期红色经典电影的特点之一。新中国成立初期，中国社会正处在从新民主主义社会向社会主义的过渡时期，其特点之一就是允许资本主义的存在。正是在这一大背景下，一些不法资本家不满足于用正常方式获得的一般利润，用向国家干部行贿等非法手段获取高额利润。基于此，中共中央不得不在1951年12月起在党和国家机关内部开始反贪污、反浪费、反官僚主义的"三反"运动。1952年1月起，中国共产党又在资本主义工商业者中开始反行贿、反偷税漏税、反盗窃国家财产、反偷工减料、反盗窃国家经济情报的"五反"运动。

视频：反映"三反""五反"斗争的电影《三年》（2分钟）

《三年》是由葛琴编剧，赵明导演，张瑞芳、项堃主演，上海电影制片厂于1954年拍摄的电影。影片讲述了1950年2月少数不法资本家投机倒把，捣乱市场。上海私营大明纱厂不法资本家罗西城在新中国成立后企图暗地抽逃资金去香港。工人们在工会主席的领导下，克服重重困难，发展生产。一年后，罗西城在香港市场上吃了大亏，眼看上海的大明厂的生产蒸蒸日上，便回到上海来，暗地里搞投机倒把。在"五反"运动中，工人清算了罗西城的"五毒"行为。孟犁野认为：影片较真实地揭露了资本家不顾国家民众利益的唯利是图的剥削阶级本质。它对人们形象直观地了解那个时期工业战线上的阶级斗争状况颇有帮助，具有一定的认识价值。与这部电影相关联的是《不夜城》。

视频：《不夜城》（2分钟）

《不夜城》是由柯灵编剧，汤晓丹执导，刘非、李玲君、茂路、师伟等主演，上海电影制片厂于1957年拍摄的电影。影片讲述了抗日战争时期，大光明纺织印染厂老板张耀堂的儿子张伯韩从英国留学归来，心怀"工业救国"和"振兴实业"的美好愿望。但此时，由于日本纱厂买办宗赀春的逼迫，纺织印染厂濒临破产。张伯韩拒绝将纺织印染厂卖给宗赀春，而是与岳父的纺织厂进行合并，并打出抵制日货的口号，使工厂起死回生。但张伯韩为了谋取更大的利润，还是受了宗赀春的引诱，与他合伙美棉生意，本利无收。新中国成立后，在人民政府的扶持下，工厂又开始良性发展，但他却利用机会非法牟利。女儿文铮劝父亲说出实情，争取宽大处理，他不仅不听劝告，反而殴打女儿，女儿愤然离家出走。后来，在家人和工人们的帮助下，张伯韩悔悟，工厂走上了公私合营的道路，家人终于团聚 。

朱安平在《"不夜城"的浮与沉》一文中认为：影片作为新中国第一部表现"工商业进行社会主义改造"的影片，其创作也是遵循政治任务而启动的。1956 年，"三大改造"基本完成，时任统战部部长的李维汉建议文化部拍几部反映"资改"的电影，以记录社会主义改造的成就。夏衍奉李维汉之命找到柯灵编写剧本。柯灵在 1989 年 9 月 2 日写的一篇《缅怀李维汉同志》中提道："1956 年，社会主义改造高潮中，他通过文化部下达任务，建议我创作反映工商业改造的电影剧本，这就是后来拍成影片的《不夜城》。"柯灵完成剧本后，影片交由上影厂拍摄。1957 年 5 月，《不夜城》正式开拍。影片在拍摄过程中就遭到批判。影片拍完后，来不及做后期即被封存。1962 年，随着国家对工商业者的再度重视和形势的变化，《不夜城》得以"解禁"，却是以"接受群众批判"的形式。在批判《不夜城》的浪潮中，作家巴金不堪政治压力，被迫写了一篇"命题作文"。他于心不忍，在写完以后专程到柯灵家里去道歉，甚至很多年以后仍无法释怀。或许是因为心底的这份良知和操守，使巴金的批判文章显得不那么"有力"，也让他在"文革"时多了一条"假批判真包庇"的罪名。

朱安平认为:《不夜城》是新中国成立后第一部以民族资本家作为主人公的影片，旨在宣传对工商业进行社会主义改造政策的伟大胜利。因触及作为革命与改造对象的题材，在政治运动瞬息多变的背景之下，难以摆脱坎坷的命运。孟犁野认为《不夜城》的编导，以毛泽东对中国民族资产阶级的分析为依据，较全面准确地描写了作为中国民族资产阶级的代表人物的张伯韩的两面性，其既受到帝国主义与国内大资产阶级的排挤、压迫，又出于追求利润而压迫、剥削劳动者。在新中国电影史上影片以资本家为主角是一个"十分大胆的创举"，它的突出成就就在于题材的开拓。

50 年代初中期，除了探寻社会主义工业化道路，进行资本主义工商业社会主义改造外，最大的活动就是农业合作化运动。在互助组的基础上，1953 年 2 月，中共中央正式下发《关于农业生产互助合作的决议》，要求在条件比较成熟的地区，有领导、有重点地发展初级农业生产合作社。同年 4 月，第一次全国农村工作会议召开，明确了改造农村的远大目标和稳步前进的方针。1953 年 10 月到 11 月间，中央召开全国第三次互助合作会议，讨论通过《关于发展农业生产合作社的决议》，要求各地把农村工作重点更多地转向兴办初级农业生产合作社。电影人为了进一步贯彻党在过渡时期总路线，陆续拍摄了描写农业社会主义改造中社会主义和资本主义两种思想和两条道路斗争以及新人新事的影片。例如：

视频：《不能走那条道路》《人往高处走》《春风吹到诺敏河》《闽江橘子红》《丰收》《淮上人家》《水乡的春天》《结婚》《一件提案》《夏天的故事》《一场风波》（3 分钟）

《一场风波》是由羽山编剧，林农、新晋导演，舒绣文、浦克、孙铮等主演，上海电影制片厂于 1954 年拍摄的电影。影片讲述了中国西南一个偏僻的山村里，杨家寡妇立福嫂与单身农民曾良臣相爱。杨氏宗族族长杨永成认为此事伤风败俗，丢了杨家的脸，提出将立福嫂之女杨春梅嫁给曾良臣，以免家丑外扬。立福嫂慑于族法，不得不从。关键时刻，乡政府干部和本村积极分子因势利导，把整人大会变成了控诉吃人礼教，宣传婚姻法大会。至此，一场风波就此平息。孟犁野认为：影片值得重视的第一点是，它把批判的锋芒指向"反人性"的层面。它虽然也在宣传婚姻法，但它没有停留在政策法令的表层上，而是深入伦理道德的人性层面中加以开掘。第二点，它体现了对民族文化传统的自省精神。第三点，它采用了戏剧式的叙事结构。第四点，隐喻蒙太奇的自觉运用。影片的缺点在于某些方面的思考与处理还有所欠缺。

第五，喜剧片呈现出新爆发式增长。喜剧电影以夸张的手法、巧妙的结构、诙谐的台词及对喜剧性格的刻画，用不同于正剧的艺术逻辑阐释生活。新中国成立初至 1955 年，没有一部真正意义上的喜剧影片，一方面此时硝烟未尽，电影需要集中表现战争中的英雄人物，观众更需要的是加强对新政权的信心，从而集中力量建设新家园；另一方面受 1951 年对电影《武训传》批判的余波的影响，电影工作者面临许多条条框框的限制，缺乏创作方向。到 1956 年，国家整体形势趋于稳定，工商业社会主义改造完成，社会大众充满翻身后的幸福感也为讽刺喜剧创造了良好的氛围。同时，官僚主义思想和作风逐渐增长，产生了讽刺喜剧兴起的社会基础。同期，苏联文艺界提出反"无冲突论"和"粉饰现实"，并且拍摄一批喜剧片，对国内电影界产生了直接影响。而国内强调文艺"干预生活"的主张也为喜剧片的产生创造了舆论条件。1956 年在"双百"方针提出后不久，吕班导演了《新局长到来之前》《不拘小节的人》《未完成的喜剧》喜剧三部曲，方黄导演的《如此多情》、王炎导演的《寻爱记》、毛羽导演的《球场风波》等影片。吕班导演的影片《新局长到来之前》，是作为新中国第一部讽刺喜剧片问世的。

视频：《新局长到来之前》（2 分钟）

《新局长到来之前》是由于彦夫根据作家何求创作的独幕讽刺喜剧改编，吕班导演，李景波、浦克、苏剑锋主演，长春电影制片厂于 1956 年拍摄的电影。影片漫画式地塑造了一个自私自利的马屁精牛科长形象，突出了官僚主义者对上奉承献媚对下骄傲糊弄的嘴脸，而牛科长对待局长和一般同志截然不同的态度也被上升为对待个人利益和国家人民事业的立场问题。

孟犁野认为：《新局长到来之前》是新中国成立后的第一部敢于正面揭露官僚主义思想作风的讽刺性喜剧电影，而且认为至今仍是"一部没有过时的警世之作"。吕班当时写文章说："我们鞭挞它、讽刺它，也正是为了消灭它、改正它。"孟犁野认为：此片成功地创造了牛科长这一富有时代感的典型形象；吕班在影片中的探索精神还表现在，他一定程度上突破了原舞台剧框框的局限，在时空方面有所拓展。杨金凤在《"笑"的艺术：论吕班喜剧三部曲》一文中评论道：《新局长到来之前》在空间选择上以室内为主，几间办公室、职工宿舍以及堆满"洋灰"的院子，拍摄场景单一的原因在于该影片改编自何求的独幕话剧。独幕话剧决定了故事的发生地点场景转换不能过于丰富，甚至会借助一个固定的场景就可以将整个故事讲述完毕，故事的发展与推进主要依靠的是故事中的人物冲突、情节矛盾与各种巧合的运用。尽管电影中场景相对单一，但是简单的几个场景转换：牛科长办公室、正在装修的局长办公室、堆满"洋灰"的院子、漏雨的职工宿舍等同样推动了故事发展，将人物之间的矛盾充分激发出来。被牛科长占了的原局长办公室与正在装修的新局长办公室极尽奢华，这与漏雨的职工宿舍和怕雨淋却堆满院子的"洋灰"形成鲜明对比。此外《新局长到来之前》从屏幕空间和情节空间上来看，突破了舞台剧的局限，叙事时空更加自由多样，镜头并没有局限在一些固定的场景里，打破了舞台剧的时空局限性，人物活动的场景更加真实自然。影片取景上选择了一个真实的办公环境，突出了电影多视点、多角度表现生活的优势。比如说，牛科长说要处理紧急公务，把门反锁，崔庶务则在门外透过钥匙孔偷偷地看到他啃鸡腿；牛科长在得知面前的这位张老板就是新来的局长之后，脸上直冒汗的面部表情的特写，与他起初的骄傲嘴脸形成强烈的对比。这些精彩的镜头，特写与场面设计形成了强烈的艺术张力，让影片的讽刺性达到了巅峰。

视频：《不拘小节的人》（2 分钟）

《不拘小节的人》是由何迟编剧，吕班导演，白穆、黄婉苏、张寿卿、史林、马玉玲主演，长春电影制片厂于1956年拍摄的电影。影片讲述了讽刺文学作家李少白擅长在作品中讽刺挖苦别人，而自己却是个不讲公共道德的"不拘小节"的人。一次，他应邀去某市做报告，虽以文人雅士自居，却做了一系列不文明的事：坐火车占两个人的位置，吃水果乱扔果皮，游湖逛公园、参观图书馆、看戏时又惹了许多麻烦，受到人们的指责。陪伴他的某市文联赵主任，是个忠厚长者，老是替他向别人赔礼道歉、垫付罚款。李少白未见过面的女朋友敏英恰巧目睹了他的所作所为，当李少白做完报告到敏英家拜访时，敏英当面严词指责他不讲公共道德的恶劣行为，使他面红耳赤、十分狼狈。两人的恋爱关系也因此彻底告吹。

杨金凤在《"笑"的艺术：论吕班喜剧三部曲》一文中评论道："《不拘小节的人》中地理空间有火车车厢、车站、公园、图书馆、戏院以及最终恋情告吹的敏英家等。……影片在各种场景的转换中突出表现了李少白的'不拘小节'，他口口声声谈论着讲社会公德是多么重要，自己却认为没什么大不了，别人都是小题大做。场景的多次切换将李少白的人物形象刻画得更为丰满，通过他不同场合做的不同事情表现出他的不拘小节的同时也推动了情节发展。"卢梭说过："我深信只有有道德的公民才能向自己的祖国致以可被接受的敬礼。"反观今天社会中一些人的行为真是不敢恭维：霸凌座位比比皆是，旅游胜地"到此一游"随处可见，甚至抢夺司机方向盘事件仍然不断上演，有些属于"小节"，有些已经走向了犯罪。因此通过重新观看吕班的《不拘小节的人》电影，我们每个人都应该从我做起，从现在做起，一定要处处重视小节，才能做一个脱离了低级趣味的人、一个高尚的人、一个有益于人民的人。

视频：《未完成的喜剧》（2分钟）

《未完成的喜剧》是由罗泰、吕班编剧，吕班导演，方化、苏曼意、陈衷宁、白玫等主演，长春电影制片厂于1957年拍摄的喜剧电影。影片讲述的是闻名中国的喜剧演员韩兰根和殷秀岑从上海来到北方某制片厂参观学习，传经送宝，受到大家的热烈欢迎。李导演请他们参加三个讽刺喜剧的排演。第一个小故事讽刺一个好逸恶劳、铺张浪费的领导干部朱经理和杨秘书；第二个小故事讽刺吹牛夸张的人；第三个小故事讽刺一对抛弃老母不管的兄弟。陪同看戏的批评家"一棒子"批评三个节目庸俗、浅薄、格调低。记者忍不住站起来说："先不要一棒子全给打死，还是演出后听听群众意见吧。"批评家哼哼地走了，不小心踩到台上的幕布，幕布掉下来把批评家整个蒙了起来。

孟犁野的《新中国电影艺术（1949—1959）》认为该片"其艺术结构颇有特色"，"影片结构的新颖与微妙之处，还在于把真实的演员与他们所扮的角色，把现实的时空与艺术虚构的时空结合在一起，这在1949—1959年间的中国电影史上，其在电影美学观念与艺术处理上是一个大胆的革新，充分显示了吕班及其合作者们活跃的想象力"。评论还认为本片"较《新局长到来之前》等片也有所拓展"。然而这样一部批判教条主义批评家的影片，被定为"一部彻头彻尾的反党反人民的大毒草"。影片不仅成为事实上"未完成的喜剧"，而且在1957年的"反右"运动中，吕班由于对讽刺喜剧的探索成了"利用讽刺喜剧宣传反党反社会主义的、凶狠的党内右派分子"，从此停止了艺术创作，直到1976年病逝后，才得到平反。他成了新中国为喜剧电影付出最大代价的导演。这一时期拍摄的喜剧电影还有：

视频：《幸福》（2分钟）

《幸福》是由艾明之编剧，天然、傅超武导演，韩非、张伐、冯笑和王蓓主演，天马电影制片厂于1957年拍摄的喜剧电影。影片讲述了沪新机器厂青年工人王家有，受了资产阶级的影响，生活散漫，不重视劳动纪律，经常把自己的青春消磨在跳舞厅、溜冰场和咖啡馆里，极力追求个人幸福。他白天干活时无精打采，常出事故，师傅胡汉亮对他毫无办法，因此向厂方要求将王家有调走。与此同时，他拼命追求胡师傅的女儿胡淑芬，而胡淑芬又是他的好朋友团支书刘传豪的女朋友，引起胡刘二人的误解。王家有朋友小邓把王家有追求胡淑芬的事到处广播，一直传到了胡淑芬父亲胡汉亮耳朵里。胡师傅回到家里就拆阅了那封不具名的情书，误以为女儿确实爱上了王家有；而胡淑芬又误认为这封信是刘传豪写来的。因此，父女双方固执己见，争吵不休。最终，王家有丑态百出地向胡淑芬求爱被当面打脸，刘传豪与胡淑芬重归于好，王家有也终于认识了自己的过错，重新走上了新的生活道路。

编剧艾明之有"上海一支笔"之称，早年发表若干作品，抗战胜利后出版了长篇小说《雾城秋》。20世纪50年代初期在上海一家钢铁厂担任领导，工厂生活对他后来的创作思想与创作题材都有很大的影响。不久，他就创作了反映工人生活的长篇小说《不疲倦的斗争》和话剧《钢铁的力量》等作品。1952年调上海电影剧本创作所任专业编剧，先后创作了《伟大的起点》《护士日记》等近20部电影剧本和《浮沉》《火种》等长篇小说。有评论认为：影片是用喜剧的对比批评青年工人"吃得好，穿得好，玩得痛快"的错误思想。电影《幸福》很有现实意义：今天的"啃老族""熊孩子"现象，也值得青年人特别警惕。与这部影片相关联的是同年长春电影制片厂拍摄的《寻爱记》。

视频：《寻爱记》（2分钟）

《寻爱记》是由王炎编剧、导演，李雨农、安琪、苏剑锋、任伟民主演，长春电影制片厂于1957年拍摄的电影。影片讲述的是：零售公司的售票员李勇和百货公司的收款员赵惠在参加先进工作者会议的途中发生了撞车事故，两人由此相识、相爱，结成了美满夫妻。赵惠的同事马美娜和李勇的同事张士禄都不安于自己的商业工作，都认为售货员是个低三下四的伺候人的职业，一点出息也没有。因此，马美娜一心想找一个理想的爱人，并借此调动工作。在一次舞会上，她认识了好面子并自称是人事科长的张士禄，他们很快地由恋爱到结婚。马美娜很是沾沾自喜，直到在结婚典礼上，因为要请人事科长讲话，这才使张士禄的假面目被揭穿，马美娜才知道，她一向引以为豪的"张士禄"竟是一个与她一样"没有出息"的售货员。她非常懊悔，觉得自己上当受骗了，并由此同张士禄产生了矛盾。最后，在李勇和赵惠诚恳的批评和劝导下，他们两个人都认清了自己的错误思想，决定抛弃前嫌，从此美满地生活在一起。

影片故事情节并不复杂，主要是通过两对男女售货员的恋爱对比，讽刺轻视商业工作和不正确的恋爱观点。董凯在《〈寻爱记〉：1957年的时尚》一文中介绍：在1958年的诸多场合中，《寻爱记》都是被批评的对象。周恩来同志说："我最近看了四部片子（《寻爱记》《幸福》《凤凰之歌》《乘风破浪》），加上今天看的（《上海姑娘》）共5部，看后都感到很别扭。……《寻爱记》的格调低，恋爱就是跳舞、逛公园、上馆子、送东西。"这成为对于电影的最直接的批评之一。紧接着，在陈荒煤的一次发言中指出要注意《寻爱记》的影片中的"患难之交，骨肉情谊"实际上是编导用"庸俗的、资产阶级与小资产阶级观点来描写、歪曲新社会的工作关系、人与人之间的关系……是以资产阶级与小资产阶级的低下的情操来影响人民"。董凯在《〈寻爱记〉：1957年的时尚》中认为："特殊的历史时期，《寻爱记》受到了批评。就今天的眼光来看，《寻爱记》仅仅是一部蕴含喜剧因素的爱情片，所反映的也只是那个时代男女的爱情过程，集合了当时诸多的时尚元素，利用这些时尚的、普通人所向往的元素来吸引观众，在造成疏离感的同时，增强观众的窥视欲。而这种做法一直延续到当今的爱情片当中，爱情被设计得温馨浪漫，又有些远离大众生活，和普通的生活有着明显的距离感。"

三、红色经典电影高潮时期（1958—1959年）

经过10年左右的艺术积累，在新中国成立10周年之际，红色经典电影的创作迎来了一个高潮。《当代中国电影》将1958—1959年称为"攀登第一个创作高峰"。孟犁野称之为"狂热中的冷静与创作高峰的崛起"。尽管经历了1957年"反右"和1958年"大跃进"的畸形发展，但在1959年中国终于迎来了红色经典电影的高潮时期。

1."大跃进"时期电影的畸形发展

社会主义制度建立后，人民群众大干社会主义的积极性空前提高。1957年10月25日，中共中央正式公布了党的八届三中全会通过的《一九五六年到一九六七年全国农业发展纲要（修正草案）》。10月27日，《人民日报》为此发表《建设社会主义农村的伟大纲领》的社论，要求"有关农村和农业的各方面工作在12年内都按照必要和可能，实现一个巨大的跃进"，从而提出了"跃进"的口号。1957年冬至1958年春掀起的农业生产高潮，拉开了"大跃进"运动的序幕。

视频：《大跃进》（1.5分钟）

为了配合"大跃进"运动，中国电影工作者联谊会于2月15日举行的主席团委员会扩大会议，通过《为繁荣电影创作致全国电影工作者的一封信》，表示"电影事业也要来个大跃进"，并提出5项建议。2月24日，中央新闻纪录电影制片厂（简称"新影"）向全国电影制片厂和电影事业单位发出倡议书，提出坚决贯彻勤俭办企业、繁荣电影生产和为工农兵服务的方针，克服资产阶级思想作风和一切铺张浪费现象，大力增加影片产量，并以"量中求质"，加强企业管理，紧缩机构，精简编制，大力降低制片成本，切实做到多、快、好、省。2月25日至27日，文化部电影局在北京召开"电影制片生产促进会议"，讨论该年度电影生产的"跃进"指标。文化部副部长钱俊瑞、夏衍和电影局局长王阑西先后讲话，希望各电影制片厂放手发动群众，深入反浪费，改进劳动组织，改进工作方法及领导作风，以实际行动促使电影事业的全面"跃进"。当时提出的发展理念是"鼓足干劲，力争上游，比多比快，比好比省，增加产量，提高质量，降低成本，又红又专，为工农兵"36字。会上向全国电影工作者发出增产节约倡议：1958年艺术片产量由原定的52部"跃进"到72部，比1957年增加35部；大型纪录片和科教片14部，比 1957 年增加 9 部，其他片种产量也有很大提高。同时大大降低摄制成本，黑白艺术片由 1957 年每部 21 万元降低到 14 万元，其他片种平均降低 20% 至 30%；艺术片摄制周期从 8 个月缩短为 5 个月。文化部还先后召开电影发行放映工作"跃进"会、电影机械工业生产"跃进"会等会议，讨论和落实各方面的"跃进"指标。

视频：文化部于 3 月 9 日在北京召开了有 1800 多人参加的电影工作全面"跃进"大会

朱安平在《1958 年的电影"大跃进"》一文中介绍：各电影制片厂、各部门代表纷纷提出更高额度的"跃进"指标，通过了电影工作全面"跃进"大会的倡议书：一是大力增加影片产量。1958 年完成大型艺术片 80 部，较 1957 年产量增加一倍，其他各片种产量也都增加一倍或一倍以上。二是扩大电影观众。1958 年映出电影 400 万场，较 1957 年增加 130 万场；全国电影观众达到 30 亿人次，较 1957 年增加 9.5 亿人次。三是大力增加电影机器生产。1958 年生产各种电影放映机 3800 台，较 1957 年增加 69%。四是大力贯彻勤俭办企业方针，紧缩编制，节约开支，1958 年电影事业各方面（包括中央与地方）给国家上缴 1 亿元。倡议书还提出：愿意与艺术出版、文物、艺术教育等兄弟单位开展革命与友谊竞赛，比多、快、好、省，比数量，比质量，比红比专，比为政治、为工农兵、为社会主义服务。共同协作，互相支援与互相鼓舞，为促进文化艺术事业的全面"大跃进"，为争取文化高潮的早日到来而奋斗。至此，电影系统正式进入"全面跃进"阶段。

视频：5 月 25 日至 31 日，文化部电影局召开全国电影事业"跃进"工作会议

会上确定了王阑西在中共八大二次会议小组会上提出的"省有制片厂、县有电影院、乡有放映队"的"跃进"目标，还规定到 1962 年生产故事片 150 部，1967 年计划增加 20 部至 25 部。在 10 年左右的时间内，把中国电影事业发展成世界上电影事业最先进的国家，在事业规模、影片数量上赶上或超过美国。并决定各省、自治区、直辖市当年均开始生产影片。会议还决定将发行权下放，在 5 年内发展电影院 2000 座、农村放映队 18000 个。在此期间，文化部正式出台了《关于促进影片生产大跃进的决定》，会后又相继发出了《关于试办农业生产合作社自办电影放映队的通知》《关于完成和争取超额完成 1958 年电影放映工作跃进任务的通知》，电影局也制定出《关于在各省、市、自治区建立电影制片厂的方案（草案）》《关于新建省、市、自治区

电影制片厂干部的配备与培养方案（草案）》《关于房屋建设和设备供应的方案（草案）》等，予以推动贯彻。

电影"大跃进"的推行，主要采取的是"打擂台"形式，即以挑战、应战的方式，开展各种竞赛，表面是比干劲、争上游，形成你追我赶、共同"跃进"局面，实则是互为刺激、竞相攀比，致使高指标层出不穷，浮夸风愈演愈烈。3月9日召开的"电影工作全面跃进大会"，"打擂台"的热潮达到顶峰。代表电影事业的制片生产、发行放映、机械工业、科研理论、出版编辑、基本建设、行政组织各个部门在京的1800多人，聚集会场所在的首都天桥剧场，喜报和倡议书、挑战书纷纷送到电影局局长王阑西和影联主席蔡楚生手里，"跃进"指标的彩牌一排盖过一排，满台林立。此前"电影制片生产促进会议"确定的"跃进"计划又屡被刷新。北影代表以当年拍摄艺术片9部、超过去年5部的增产量和降低彩色艺术片成本至25万元——比上影还低2万元的新指标首炮打响。八一厂代表以英雄豪壮的军人本色，一气提出拍摄故事、科教、纪录片的两年指标，当年要"跃进"到200%，次年"跃进"到328%，当年艺术片指标再增加3部，并且保证100%现代题材，成本也再次降低30%。长影则发来电报，宣告突破一周前所定指标，将艺术片从23部增至30部，争取完成32部，黑白片成本从20万元减至12万元以内，制作期限从150天减至120天内。上影也寄来倡议书，宣告艺术片年产量从35部"跃进"到39部，科教片从40部"跃进"到70部。《红色的种子》就是"大跃进"的产物。

视频：《红色的种子》（2分钟）

《红色的种子》是由许琦编剧，林杨导演，秦怡、孙道临、顾也鲁、宋德裕主演，海燕电影制片厂于1958年拍摄的电影。影片讲述了解放战争时期，某县委针对当时敌我斗争态势，决定派华小凤到国统区开展敌后工作。华小凤听从组织安排，以新四军家属的身份搭商人钱福昌的货船辗转前往敌占区。途中货船遭敌伪检查，钱串子脑袋钱福昌利用恩惠手段买通保安队长。货物脱手后，他捎带着把华小凤卖给了光棍农民王老二。华小凤向王老二母子公开了自己共产党员的身份，并以王老二媳妇的名义在村里发动群众成立组织，号召大家抗捐抗税，张贴宣传标语，配合上级锄奸运动，最后她帮王老二和村里的张寡妇成了亲。时机成熟后，华的爱人县委书记雷鸣带武工队开了进来。

《红色的种子》中饰演女主角的秦怡回忆说："《红色的种子》是在'大跃

进'的年代拍摄的,这部戏一共拍了8天半,3天3夜内景,5天半外景。我们摄制组在上影厂的3号棚与4号棚内搭满了景,一个棚拍完了,即翻另一个棚。除了导演之外(因为导演要把下个棚内所有的镜头全部理出来),其他的人(包括男女主角)全部去当搬运工,扛灯拉线,搬道具,拿服装,只要有活就得干,有一个人专门在旁看秒表,一秒、两秒报时,计算一个镜头多少秒。我演女主角华小凤,摄制组不让我出棚门,吃、喝、拉、撒全在棚内,整日整夜不敢休闲一秒钟。如果有几个镜头没有我,就得赶快看下一镜头或下一场戏,台词当然是在拍摄前就背好,但本应花许多时日去设想、体验的戏却要在一两分钟内想全、吃准,脑子也在打时间仗,快想、快想,就这样、就那样。那些摄影组、照明组的同志更是像机器一样,一开就转,3天3夜转动不息。为避免因服装而接错戏,让我一件衣服穿到底,这太不符合生活了。后来总样片出来后,我坚决要求换一件衣服补了一个镜头。每天要完成100多个镜头,3天中最高数的一天是120个镜头。这样的工作方法对艺术创作来说当然是不可取的,如果一连这样参加3部戏的工作,那么这些'机器'一定永不会转动了。但我当时完全没有这样想,我和所有的同事一起为'大跃进'出力。我记得我拍完内景回家时,走在楼梯上都要睡着了。"

正如文化部电影局后来予以纠正时所直陈的那样:这种"片面追求数量,生产过分紧张,对艺术创作又或多或少地违反艺术创作的规律,采取了简单的行政方式"的状况,普遍存在于各制片厂、各摄制组、各个创作人员之间,"只满足数量忽视质量,只注意政治不注意艺术性的现象是十分严重的。不但忽视技巧、艺术性,甚至一些必要的技术鉴定制度也废除了,使得灯光、布景、化装等都十分粗糙、虚假。这种情况也大大影响到影片的质量。其结果是使得艺术片的题材范围狭窄、单调、重复,形式上千篇一律,艺术表现上缺乏独创性,缺乏独特的风格,技术上十分粗糙,大大削弱了艺术片在群众中应有的影响和作用"。

对于1958年制作的故事片,《中国当代电影发展史》写道:"无论是题材、内容还是艺术形式都有其特殊性。"这类影片在思想内容上惊人地相似,比如都写劳动竞赛,写土法上马、建小高炉,写大炼钢铁,写"3年超英,5年超美",写"钢铁元帅升帐",写粮食"放卫星",写"共产主义"在眼前。《十三陵水库畅想曲》和《钢花遍地开》是最为典型的。

视频:《十三陵水库畅想曲》(2分钟)

《十三陵水库畅想曲》是由金山根据田汉同名剧作改编,金山导演,邓止怡、姜祖麟、吴雪主演，北京电影制片厂于1958年拍摄的电影。影片讲述了1958年北京十三陵水库动工，10万大军在水库工地奋战，被誉为"大跃进的缩影"。影片首先指出了十三陵一带的连年水灾给生活在那儿的农民带来深重的苦难。新中国成立后，在共产党和毛主席的领导下，广大劳动人民团结一致，1957年8月21日，十三陵水库修建工程正式开始。以毛主席为首的中央首长都以普通劳动者的身份参加了水库的修建。在修建过程中，思想落后的工程师胡锦堂怀疑人民劳动的积极性和干劲，对建设工作拖后腿。但政委和广大劳动者众志成城，抵御了这种落后思想的侵袭，组成"青年突击队""老将军组""妇女原子突击队"等互相竞赛，努力奋斗。在经过了160个昼夜不停的劳动，克服了狂风暴雨等一切难以想象的困难，修成了十三陵水库。影片与原作相比，最大特色是充满了想象，勾画了一幅20年后"共产主义社会"的美好图景：工厂林立、农业高产。当年的建设者又回到水库，这里已变成五谷丰登、鸟语花香的人民公社。

视频：《十三陵水库畅想曲》结尾

通过影片看到：三大差别已经被消灭，老百姓上月球旅行都习以为常了。从这个意义上讲，也算是革命浪漫主义与革命现实主义结合了，但这种结合是建立在虚无缥缈的想象空间之上的。

孟犁野在《中国电影艺术（1949—1959）》一书中认为：影片的问题在于畅想20年后即1978年十三陵地区的变化非常不切实际。影片通过巨象展示给观众的景象是："十三陵已成为一个像人们幻想中的天堂那样美丽的风景区，这里有高产的稻麦、烟叶，建立了名列全国前位的纺织厂、钢铁厂、养猪场和奔赴火星的发射场。""在一株大树上同时结了多种香味各异的硕大的水果；还有可以对讲的电视，有声传真书信等高科技设备。""人们穿着鲜艳漂亮的衣服翩翩起舞；为了少数人在露天举行宴会的需要，有关部门就命令气象控制台，停止正在进行的人工降雨。"按照影片的预示，此时先进的技术已代替了体力劳动。总之，影片"为生活在1978年的人们勾画了一幅胜过天堂的人间极乐世界"。

影片上映后就在文艺界引起争论。孟犁野认为影片庸俗化地理解共产主义社会。假如影片作为科幻片无可厚非，但问题是这部影片的定位并非如此。本片的意图是将革命浪漫主义与革命现实主义进行结合，结果弄巧成拙。"畅想"的不着边际与颇为沉重的写实风格混杂在一起，最终使影片成为一个"不伦不类的大杂烩"。

视频：《钢花遍地开》（2分钟）

《钢花遍地开》是由张红编剧，张天赐导演，天马电影制片厂于1958年拍摄的艺术性纪录片。纪录片描述了1958年福州机器厂工人，积极响应省委大炼钢铁的号召，在党支部的领导下，青年工人郑依三、吴小秋等成立了炼钢小组，他们建起了小高炉，修好鼓风机，冲破技术上的种种困难，终于用土办法炼出了福建省有史以来的第一炉钢，打破了人们对炼钢的神秘观念。第一炉钢的出现，破除了迷信。之后，全省各行各业都开展起大炼钢铁运动。厦门中学的学生也在炼钢，他们没有耐火砖就改用黏土，没有鼓风机就用三个破风箱连在一起。学生们排成队，轮班拉风箱，在火热的炉火烘烤下，个个精神百倍，志气高扬。苦战一昼夜，炼出了钢，接着又办起炼钢厂，并提出三年内钢产量要超过葡萄牙。街道家庭妇女用坩埚也炼出了钢。保卫海防的解放军战士，用敌人的炮弹壳炼出了钢，并将这一消息印成宣传品，装在炮弹里，射向敌岛。到处是捷报，到处是喜讯，小型炼钢遍地开花，从而掀起了一个大炼钢铁的高潮。

《中国当代电影发展史》评论道："整部影片写的是疯狂的炼钢过程。特别可笑的是结尾，将炼出钢铁的喜报装进炮弹，发射到敌人占领的海岛上去。这类影片千人一面、百部一腔，制作上更是破绽百出、画面色彩一塌糊涂，声音录得支离破碎，噪音令人心烦意乱。这类影片直到1959年2月才停下来。"

2. 一些影片遭到无端的批判

在1957年"反右"斗争中，由于犯了扩大化的错误，一批电影艺术家遭到错误的批判和定性处理。电影评论家钟惦棐的《电影的锣鼓》首先受到重点批判。仅在8—9月，北京电影界就召开了15次批判钟惦棐的"资产阶级思想"和"右派言论"。与此同时，长春电影制片厂搞出一个所谓"沙蒙、郭维、吕班反党集团"，王震之、张国昌、方化、苴苏被打成"右派"；上海电影制片厂吴永刚、石挥、吴茵、白沉被打成"右派"。随之这些人拍摄的一些电影也遭到批判。吕班拍摄的《未完成的喜剧》被定位为"毒草影片"；《洞箫横吹》《夜航》也遭到批判；1958年4月康生在长影和文化部两次讲话，点名批判了《青春的脚步》《球场风波》《花好月圆》《地下尖兵》。1958年12月2日，《人民日报》发表电影局副局长陈荒煤的文章《坚决拔掉银幕上的白旗——1957年电影艺术片中错误思想倾向的批判》，一下子公开点名《情长谊深》《生活的浪花》《上海姑娘》《不夜城》《青春的脚步》《球场风波》《花好月圆》《幸福》《乘风破浪》《护士日记》等 24 部影片。

视频：《生活的浪花》（2 分钟）

《生活的浪花》是由孙伟编剧，陈怀恺导演，于洋、魏鹤龄、叶小珠主演，北京电影制片厂于 1958 年拍摄的电影。影片讲述了金章、薄康、小齐 3 人都是某医学院附属医院的青年大夫，他们是好朋友，他们都喜欢叶素萍，而叶素萍却只爱金章。因此，在他们的友谊中便笼上了不和的阴影。金章的医术好，但有些自满情绪。一次勘探大队的唐队长患病，由于金章粗心大意，误断病情，错施手术，受到严厉的批评。薄康嫉妒心重，由于爱情上的失意，借此打击金章，说他是拿病人做试验品，但领导和群众并没有听信薄康的话。事后，叶素萍主动去找金章，想帮助他认清自己的错误，可是金康不但不领情，反而埋怨叶素萍不了解他，叶素萍一气之下离他而去。后来在老教授和同志们的帮助下，金章慢慢认识到自己的错误。不久，他被派往勘探大队工作，大队长正是被金章误诊的唐队长。一天，唐队长病倒了，需要再次动手术，由于金章的诊断及时准确，使他化险为安。出于感激，唐队长把自己用生命换来的华北战役纪念章送给了金章。在事业与爱情的风波中，自私自利的薄康想阻拦叶素萍去勘探队工作，遭到叶素萍的拒绝。叶素萍来到勘探队和金章一起面对新的生活。小齐和勘探队的护士夏兰也幸福地走到了一起。

孟犁野认为该片的"价值取向积极"。

视频：《上海姑娘》（2 分钟）

《上海姑娘》是由张炫编剧，成荫导演，安然、刘钊、赵联、秦文主演，北京电影制片厂于 1958 年拍摄的电影。影片讲述了青年技术员陆野，开始对新调来的上海姑娘持有偏见，认为她们爱穿爱玩，不爱劳动。可是他们工地上的检查员白玫恰好是一位上海姑娘。白玫在工作中不怕艰苦的实际行动，逐渐改变了陆野的看法，又由于工作上接触，他们产生了感情。以后，因为陆野陶醉于对他的表扬和奖励，甚至不顾白玫的劝阻，盲目乐观地采用一种新的施工方法。白玫虽然心里隐隐地爱着陆野，但为了工程质量，便给领导写信反映这一情况。官僚主义的林经理却把信给了白玫的领导，反使白玫受到批评而调离工作。白玫在临行前再次向陆野做最后的劝告，陆野不仅不听反而加深了对白玫的意见。工程完毕后，陆野才发现不合质量标准，给国家造成很大损失，同时他也感到对不起白玫，使他痛苦万分，加上返工劳累，终于病倒了。后来，白玫等调往西北支援新工地建设，临行前去医院看望陆野。不料就在这个时候陆野听到白玫要调走的消息，从医院赶回工地来给她送行，两人未见面。当陆野匆匆赶到车站时，白玫乘坐的列车已缓缓开动了。

孟犁野认为按传统的故事片标准，这部影片可以说没有什么曲折的情节可言。《上海姑娘》引起人们兴趣的是，它在艺术风格上的独树一帜。导演成荫有意破除当时大一统局面的戏剧式电影模式，想把它拍成一部真实、自然的，富于生活化，并带有散文化特点的电影。由于极左思潮的冲击与压力，成荫的初衷并未完全实现。即便如此，竟有人认为该片是"歌颂中产阶级、小资产阶级"，这是不可思议的。

视频：《谁是被抛弃的人》（2 分钟）

《谁是被抛弃的人》是由孙谦编剧，黄祖模导演，李纬、赵抒音、宏霞等主演，海燕电影制片厂于 1958 年拍摄的电影。影片讲述了某机关办公室主任于树德，诱奸了少女陈佐琴，并要与在抗日战争中冒着生命危险掩护他的妻子杨玉梅离婚。杨玉梅尽力挽救于树德，但不起作用，当彻底认清他的丑恶灵魂后，毅然同意与他离婚。陈佐琴经过组织上帮助，认识了自己的错误，并在法院控告了于树德。这位堂堂正正的办公室主任于树德成为被社会抛弃的人。对于这样一部鞭挞道德人渣的影片，也被列入了批判的行列，这也是受到 1957 年"反右"斗争影响的结果。

《当代中国电影》认为：如果说"反右"斗争扩大化和"拔白旗"运动从政治上给电影创作以严重影响和干扰，那么，"大跃进"则从经济上给电影事业造成了重大的浪费和损失。

3. 红色经典电影高潮时期的特点

尽管 1957 年"反右"斗争伤害了一些电影人，但在 1958 年"大跃进"的背景下，电影界虽然拍摄了一些粗制滥造的影片，但也拍摄出了一批经典的影片，例如：《花好月圆》《党的女儿》《徐秋影案件》《古刹钟声》《黎明的河边》《英雄虎胆》《永不消逝的电波》《狼牙山五壮士》《三年早知道》《红孩子》等。1959 年借向祖国 10 周年献礼之机，则是涌现出一大批精品影片，其中较为著名的则有：《林家铺子》《青春之歌》《风暴》《我们村里的年轻人》《聂耳》《老兵新传》《回民支队》《战火中的青春》《今天我休息》《红旗谱》《海鹰》《五朵金花》《万水千山》等。

《当代中国电影》认为：这一时期，特别是 1959 年，从编、导、演、摄、美、乐到录制等艺术和技术的总体上，显露出电影艺术家把对电影艺术特性的把握与有意识地探求民族特点和中国风格结合起来，使电影所反映的壮阔历史画卷和气象万千的现实生活富有鲜明的民族色彩与民族风格。

为了全面检阅新中国电影的艺术成就，1959年9月25日到10月24日，文化部在全国各大城市同时举办"庆祝建国十周年国产新片展览月"，一举展出35部优秀影片，其中故事片17部。这批影片以崭新的形象、深刻的思想、精湛的艺术和丰富的品种样式，在全国广大观众中引起了强烈反响。11月2日，文化部与中国影联在北京举行盛大招待会，庆贺新片展览月的成功，周恩来总理、习仲勋副总理到会祝贺。周恩来在讲话中高度肯定"在文艺方面，戏剧、电影可以说是开得最茂盛的两朵花"；"10年来，电影工作在党的领导下有了很大进步，电影的风格有了很大提高"，"我们的电影已经开始创造了一种能够反映我们伟大时代的新风格"，这是一种"革命的现实主义与革命的浪漫主义相结合的新风格"。

10年电影之所以取得辉煌成就，《当代中国电影》总结了三点原因：一是经过长期以来正反两个方面的斗争实践，以为人民服务、为社会主义建设服务的文艺方向和"百花齐放，百家争鸣"方针为核心的正确文艺政策，已经在电影界深入人心，产生了极为深远的影响和强大的力量；二是电影艺术日益成熟与繁荣的发展趋势的必然结果；三是电影事业的空前发展，也为创作生产的高潮准备了物质条件。

探讨红色经典电影高潮时期的特点，主要表现为：

第一，描写革命历史题材的影片更趋成熟、完善。在1958—1959年拍摄影片中，革命历史题材的影片就有20多部，相当于全年总出品的四分之一。中国共产党领导下的革命斗争历史，历来是新中国银幕所表现的重点。这一时期比较突出的革命历史题材电影是《永不消逝的电波》和《党的女儿》《英雄虎胆》等影片。

视频：《永不消逝的电波》（2分钟）

《永不消逝的电波》是由林金编剧，王苹导演，孙道临、袁霞主演，八一电影制片厂于1958年拍摄的电影。影片讲述了1939年党中央为了上海地下党电台工作，特派红军报务人员李侠到上海工作。为了掩护李侠，上海地下党派纺织女工何兰芬与李侠假扮夫妻。在整个抗战和解放战争中，李侠出生入死地战斗在日本间谍和国民党特务之间，坚持向我军发出重要电报，做出了卓越的贡献。上海解放前夕，李侠被国民党杀害，但他坚韧不拔的精神永世长存。

　　影片是根据革命烈士李白的事迹改编，是一部优秀的反映我党地下工作题材的电影。邵向东在《电影〈永不消逝的电波〉中的传奇故事》介绍说：1949年5月30日，上海刚刚解放，一封电报就直接发到了时任市长的手里，要求上海市协助寻找一位叫李静安的同志，经过调查发现李静安在上海回到人民手中前20天被反动派杀害了。李静安原名李华初，曾化名李白、李朴和李霞，这位走过长征的老红军在1937年接受任务到上海从事秘密电台工作，曾两次被捕，在日本人和国民党的监狱里备受折磨，牺牲在新中国成立前夕。1957年，上级领导建议八一电影制片厂将李白的事迹拍成电影，由国家安全部提供李白同志的事迹资料并配合拍摄，片中李侠的名字就改编于李白在1937年的化名李霞。《永不消逝的电波》影片的导演是王苹，她当年曾在上海从事过秘密地下工作，因此她力排众议起用了文质彬彬的孙道临饰演老红军出身的李侠。孙道临回忆说，他一开始并没有参透秘密战线同志的形象精髓，只是从电影艺术创作角度努力使角色做到演谁像谁，片中李侠先后从事的湘绣师、无线电修理、糖果店老板等角色对孙道临来说都不难。但是，当年拍摄此片时有很多从事过上海地下工作的同志曾过来探班，他们告诉孙道临，当年的李白虽然做过很多工作，但他毕竟是经历过长征的老红军，身上的正气和精气神比一般人要多，孙道临顿悟。值得一提的是，片中有很多李侠发电报的特写，这些镜头全都是孙道临亲自上阵，他发电报的指法是标准的老手，很多动作都是专业的，因此经得起特写镜头的考验。据说李侠发电报的一些细节曾经被无线电台爱好者拿来当范本。片中也用镜头语言表现了李侠的专业水准，比如他的指法就深得同行的赞誉，说他"就像一汪清水一样"，同时这么出色的技术也成了他被对手识别出来的伏笔。在老版本的影片中，李侠还有一个听电报的镜头，他可以不用手抄直接用耳朵听出全部明码电文，这些小细节的刻画是孙道临学习了一个多月的成果。更值得敬佩的是，在拍摄李侠受刑一段戏时，孙道临主动要求真上老虎凳，甚至在导演觉得满意的情况下他还要求再给自己加一块砖，以达到最完美的拍摄效果，其演戏之拼命让人叹为观止。历史上的李白曾经两次被捕，第一次被捕前他向战友们连续发送了三个"再见"。第二次被捕前，他发送了代表警报的三个"V"，由于他的谨慎和牺牲精神，给他传递情报的上线一直没有暴露。电影中李侠发报结束后给同志们的告别语是："同志们，永别了，我想念你们"，伴随着他发报的身影，是渡江战役和上海战役的胜利画面。这些画面至今仍然深深刻画在人们的脑海中。1978年，扮演何兰芬的袁霞在南斯拉夫举行的国际电影节上，被评为最佳女演员。

视频：《党的女儿》（2分钟）

《党的女儿》是林杉根据王愿坚创作的小说《党费》改编，林农导演，田华主演，长春电影制片厂于1958年拍摄的电影。影片讲述的是1934年中央红军长征北上后，江西兴国县桃花乡的党组织被敌人破坏，女共产党员李玉梅死里逃生，结果又落到原区委书记、叛徒马家辉的手中，幸得马家辉妻子桂英相助，才脱离险境。玉梅逃出他家，独自到东山去找党组织。她遇到另外两位女党员，而她们以为她是叛徒。经过解释，她们解除了误会，成立了党小组，领导群众斗争。当她们得知山上游击队吃不到盐，就准备了咸菜作为党费。游击队通信员小程来取咸菜，玉梅为了掩护小程，跑出家门引开敌人，壮烈牺牲。

《党的女儿》上映后，受到广大观众的好评。郭学勤在《历史铭记：林杉与〈党的女儿〉》一文中认为：电影《党的女儿》是林杉继电影《上甘岭》之后创作的又一部经典之作。1958年，由《北京日报》等团体联合组织的"1958年最受欢迎的国产影片"的评选中，它获票最多，名列榜首。同期，影片在苏联、民主德国等国家放映时也引起了不小的轰动。十年动乱过后，电影《党的女儿》不仅被列入爱国主义教育影片之列，每逢"七一"前后在影院或电影频道重映或播出，还先后被改编成了歌剧、京剧、晋剧、电视剧等其他艺术形式。1991年建党70周年之际，总政歌剧团将其改编成歌剧，党和国家领导人都前来观看演出。庆祝建党100周年，在国家广电总局组织开展的优秀影片展映展播活动中，《上甘岭》《党的女儿》位列其间。

时值中国共产党成立100周年之际，扮演李玉梅的田华撰文说："《党的女儿》给了我荣誉，给了我不老的灵魂。演党的女儿，做党的女儿，是我不懈的人生追求。今年，我们迎来建党百年，我从事革命文艺工作也到了第八十个年头。回忆我的艺术道路，思绪万千。因为主演电影《白毛女》被全国人民知道，'喜儿'成了我的代名词，但让我一辈子感到无比自豪，对我激励教育最大的，还是在电影《党的女儿》中扮演共产党员李玉梅。电影中三次党小组会让我印象尤为深刻：第一次，李玉梅和两个女党员在山洞里学党章，选小组长，决心在与党组织失去联络的情况下继续斗争；第二次，她们开会决定发动群众，将在村头的革命烈士遗体安葬起来；第三次，她们决定为没盐吃的游击队筹集腌菜，以这种特殊党费的形式表达对组织的深厚情感。这些都让我深深地意识到，每一个党员就应该这样，无论在何种艰难的情形下，都要永远保持对党的信念和忠诚。电影放映后，当时很少写影评的茅盾先生破例发表了《关于〈党的女儿〉》的评论文章，评价'田华塑造的李玉梅形象是卓越的。没有她的表演，这部电影就不能给人以那样深刻而强烈的感染'。对于'党的女儿'形象，我个人感觉不是在表演，而是真情流露。有人说，这是党的女儿演《党的女儿》，我觉得这是最贴切的比喻，是对我最大的激励！如今93岁了，我还能用演员职业的特殊身份，坚定不移地传承红色基因。作为新中国培养的第一代电影人，我扮演人物从来不分戏重戏轻、主角配角，只要党和人民需要，我都像演主角一样认真严肃、一丝不苟，以一个革命文艺工作者的良心去感恩生活，为民演出。"

电视剧《党的女儿》中李玉梅的扮演者王茜华说："我最喜欢扮的人物就是田华老师在《党的女儿》里饰演的李玉梅。这部电视剧让我从历史的角度了解共产党的伟大和不易，也激发了我的创作欲望。十几年来，我一直坚持在行业一线，从《月是故乡明》到《岁岁年年柿柿红》，拍了很多反映改革开放、脱贫攻坚等宏大主题的作品。深入生活过程中，我真切感受到李玉梅那句'只要有我们党，他们将来会好的'的台词正在变成现实。'要听妈妈的话！'到现在，李玉梅这句话还经常萦绕在我心间。这不仅是对片中人的嘱咐，也像是给我的叮咛，告诉我听党的话跟党走。所以我有一种使命感，拍戏不能只为赚钱，更要担起记录社会变迁、引领时代风尚、推动国家发展的责任。我以此与广大同行共勉。"

第二，思想性、艺术性和观赏性结合完美的《青春之歌》。由于强调工农兵的主体作用与知识分子的改造，曾经在中国历史尤其是中国近现代历史上发挥过巨大作用的知识分子形象，在17年时期的电影并不多见，即使出品也常常遭到批评。然而，此一阶段出品的《青春之歌》尽管在主题上表达的仍然是知识分子的改造，但片中林道静等知识分子形象的塑造，不仅让观众有耳目一新之感，而且也从一个侧面扩大了本时期人物形象的谱系，拓展了电影艺术表现的空间。

视频：《青春之歌》（2分钟）

《青春之歌》是由杨沫编剧，崔嵬导演，谢芳、于是之、康泰、于洋、秦怡等主演，北京电影制片厂于1959年拍摄的电影。这部电影真实生动地反映了1931年到1935年的时代风貌和时代精神，成功地塑造了一大批优秀共产党员和革命青年的英雄形象，再现了中国共产党领导下的爱国青年知识分子在"一·二九运动"这一历史大风暴中顽强不息的斗争生活。我们先来了解一下《青春之歌》小说作者和编剧杨沫。

视频：杨沫

杨沫生于北京，当代著名作家。1936年加入中国共产党。她的生平与《青春之歌》中的林道静有许多的相似之处。1958年《青春之歌》问世以来，多次再版，畅销不衰，已有10多种文字的译本，并被拍摄成同名影片，曾影响几代青年人。武汉广播电视局主任编辑曲圣琪和朱安平都对《青春之歌》从作者、作品到影视转换有过较深的研究，他们认为：1950年，杨沫因病休养，脑海中许多坚贞不屈、英勇就义的共产党员形象和关于往昔个人经历的回忆交织在一起，促使她拿起笔，开始创作这部带有自传色彩的长篇小说。起初因受到奥斯特洛夫斯基的《钢铁是怎样炼成的》一书的鼓舞，杨沫将小说取名为《千锤百炼》，之后更名为《烧不尽的野火》，1952年写完第二稿，1955年完成，即交人民文学出版社并易名为《青春之歌》，一直拖到1958年才由作家出版社出版。截至此时，据"初版后记"中说已经历了"六七次的重写、修改"。所以此书无论是写作还是出版均可谓"难产"。"难产儿"一经问世，却出人意料地极其畅销。1958年9月5日杨沫日记中说"《青》书已出94万册了"。到次年中，已突破130万册的大关。谁都知晓，"文革"前17年的文艺政策的要求是"写工农兵"。相比当时许多其他知识分子题材的作品或者"胎死腹中"，或者一出版就被"打入冷宫"，正面表现知识分子的《青春之歌》能够问世并受到热捧，实属幸运。那么，《青春之歌》既能以"非重大题材"跻身红色经典行列，又能在广大读者中受到热烈欢迎，奥妙何在？

杨沫在"自叙传"中明确说："英雄们的斗争，中国共产党领导中国革命（主要是'七七'事变前白区斗争的那一段）的惊人事迹，加上我个人的一些生活感受、生活经历，这几个方面凑在一起便成了《青春之歌》的创作素材。"又说："林道静不是我自己，但是有我个人的生活在内。"然而小说究竟不等同于自传，《青春之歌》创作于20世纪50年代，很容易有落入"个人主义"窠臼之嫌。因此，杨沫采取了将个体的记忆叙事与宏大的革命叙事编织起来的方式，将自己作为知识分子的个人成长经历，以革命现实主义典型化的方法植入了中国知识分子如何由"小资产阶级"成长为无产阶级先锋战士的宏大叙事之中。

杨沫在1959年12月22日的日记中写道："人生的际遇，变化无常。随着社会的需要、机遇，和人们的认识，一个庸人可以变成英豪，一个英豪也许成了庸人。陈学昭的小说《工作着是美丽的》，萧也牧的小说《我们夫妇之间》，刚一出版就被打回去了。而我呢，则万般幸运……同是写知识分子的作品，而遭遇却大不相同。天命乎？人意乎？看来，际遇该是何等的重要！"实事求是地讲，《青春之歌》还有认同主流、符合秩序的一面。杨沫明确指出："我想通过林道静写出我个人的切身感受，说明个人奋斗毫无出路，只有跟着党走，坚信共产主义事业必然胜利，一个人才有开朗的胸襟和巨大的生命力。"《青春之歌》的主题紧紧扣住了当时时代脉搏：当林道静投身于民族解放运动中时，她身上原有的"小资产阶级的自我"与革命的集体主义的价值观必然发生冲突。作家写出了只有在中国共产党的领导下，经历艰苦的思想改造，才能完成从个人主义到达集体主义，从个人英雄式的幻想，到参加阶级解放的集体斗争的根本转变。

曲圣琪和朱安平等人为：更为精明的是，杨沫在小说中从始至终使用了两套叙事系统，即革命叙事与爱情叙事。在外显的宏大革命叙事的掩护下，隐藏的爱情叙事得以合法生存。因此，《青春之歌》在轰轰烈烈的革命斗争荫庇下开辟了一块个人化爱情叙事的自留地，使作品增添了一些个人化趣味，吸引了更多读者。还有一点也是不应该忽视的，就是林道静的性别。中国文学史中士人自比女人的传统源远流长，这一传统的政治文化蕴含，以及其中积淀的知识分子的文化心理结构，无疑构成了《青春之歌》暗喻转换叙事的文化原型。也就是说，"女人性"既是中国传统文学（文化）中文人知识分子的自比角色，也是《青春之歌》的作者所处时代的国家意识形态对知识分子所指认的社会政治性别。不难设想，假若这部作品换了知识男性主人公，恐怕是难以获得这样的成功的。从文体上说，《青春之歌》是一部典型的成长小说。林道静的爱情经历与她作为革命知识分子的成长历程被巧妙地编织在一起，成为统一的整体，使林道静在爱情上的成熟与革命中的成长具有了同质性。这一同质性是由林道静爱情经历中三个男性（余永泽、卢嘉川和江华）所引领的她作为中国现代革命知识分子的三个成长阶段得以体现的。

小说拍成电影也是一波三折：小说出版后，中国评剧院的著名演员小白玉霜则亲自上门找到作者本人，表示要把《青春之歌》改编为评剧。其实，最早看上《青春之歌》并提出改编的是电影，是上海电影制片厂的导演蒋君超。蒋君超从20世纪30年代进入电影圈，新中国成立后改任导演，因与白杨的夫妻关系，而与作为白杨之姐的杨沫熟识，他早在3年前接触到小说《青春之歌》，就表示很喜欢，并提出把它改编成电影剧本。由于小说出版遥遥无期，加之杨沫也默默无闻，她虽然身为北影厂的编剧，却压根儿没有想到把它变成电影，所以爽快地同意了妹夫的要求。1958年3月蒋君超完成剧本改编，杨沫阅后提了意见，蒋君超又着手进行修改。然而由于1958年10月杨沫跟随茅盾、周扬为正副团长的中国作家代表团，赴苏联塔什干参加亚非作家会议，剧本改编又生枝节。

视频：茅盾、周扬率团赴苏联塔什干参加亚非作家会议

就在这次出访途中，周扬曾问起杨沫，你现在写什么东西？杨沫说，回国后准备下农村，写个反映农村"大跃进"的剧本。周扬随即说，你应当自己改编《青春之歌》的电影剧本嘛！杨沫遂告知上影的蒋君超已经改编了，当时周扬听了没有再说什么。结束塔什干之行回到北京，蒋君超寄来修改后的剧本打印稿，杨沫看后交由电影局领导审阅。就在这时，北影厂长汪洋找到了杨沫，要她自己改编《青春之歌》电影剧本。杨沫没有同意，其理由是厂里原来交给她的任务，只是写一个反映农村"大跃进"的剧本，而且妹夫蒋君超已经把剧本改编了出来。汪洋听后显得不悦，说你是北影的编剧，应该为北影改编自己的小说，怎么能让上影搞呢？杨沫在说明蒋君超前些年就着手改编的情况后，仍然表示不能否定妹夫已改定的剧本，由自己单独再干。当汪洋向电影局做了汇报，不久即由副局长陈荒煤亲自出面，把杨沫找到自己家中，整整谈了一个下午，仍是希望她来改编，并说了许多由北影厂来拍摄此片的理由。其实根本原因是周扬批评了北影厂，提出《青春之歌》应当叫杨沫本人来改编，其理由是杨沫有生活，对自己的小说熟悉。陈荒煤在谈话中也明确表示，同意周扬的意见。杨沫志忑地将实情相告蒋君超，蒋君超闻讯十分着急，因为上影方面已将《青春之歌》列入当年拍摄计划，由沈浮任导演，连演员都做出安排，岂能说改就改？当北京、上海两大电影制片厂因争拍《青》片相持不下形成僵局，最终由电影局领导出面做出裁决，以否定上影、肯定北影拍摄而告终。

朱安平在《1959年版电影"青春之歌"诞生内幕》一文中写道："取得了《青春之歌》改编拍摄权，北影立即紧锣密鼓投入筹备，根据多方倡议，决定让艺术造诣深厚、同样也是作品所反映生活时代亲历者的崔嵬牵头执导，这在当时可谓是最为合适的人选。"

视频：新中国22大影星之一——崔嵬（4分钟）

崔嵬同志18岁投身于中华民族、中国人民的解放事业。1932年就参加了党领导的左翼戏剧运动。1937年秋，积极地参与组织救亡演出队第一队，随即开赴抗日前线。他亲自编、导、演的《察东之夜》《放下你的鞭子》等新旧剧目，很快便传遍了大半个中国。1938年初，崔嵬同志奔赴延安，并于同年加入中国共产党。1954年以后崔嵬同志专门从事电影工作，并于1959年到北京电影制片厂任艺术委员会主任、导演。在这期间，崔嵬同志在《宋景诗》《红旗谱》《老兵新传》等影片中，塑造了宋景诗、朱老忠、老战等性格鲜明、光彩照人的艺术形象，是我电影艺术宝库中的珍品。崔嵬同志导演的故事片《青春之歌》《小兵张嘎》《天山的红花》等深为国内外观众所喜爱。崔嵬同志导演的《杨门女将》《野猪林》《穆桂英大战洪洲》等戏曲艺术片自成流派，对戏曲艺术片的拍摄产生了深刻的影响。崔嵬同志对我国戏剧、电影的发展做出了卓越的贡献。马亚琳在《从左翼青年到革命战士——谈戏剧世界的崔嵬》中指出：崔嵬是中国现代电影史上一个重要的艺术大师，他集导、演于一身，为新中国银幕奉献了一系列经典形象和一批故事影片佳作，是"把毕生的精力都献给了党的文艺事业"的"无产阶级艺术家"。电影评论界及学术界都对其较为关注，无论是从电影导演还是银幕形象塑造方面都有了一定的研究，为大家呈现了一个"大帅""硬汉"的形象。长期以来，崔嵬就是以这样的形象定格在人们的记忆里。实际上，早在20世纪30年代的上海左翼戏剧场域中，就常常能看到崔嵬活跃的身影。1938年崔嵬奔赴革命圣地延安并加入中国共产党，由一名左翼青年转变为一名革命战士，继而在延安鲁艺、华北联合大学文艺学院、冀中军区火线剧社、华北大学文艺学院等地进行戏剧活动，在延安时期戏剧创作领域结下了累累硕果。丁宁在《政治光环下的明星崔嵬——"十七年"银幕内外的表演》中说：崔嵬在新中国的辉煌银幕表演是因《武训传》而起。《武训传》被批判的焦点是武训这个农民形象，他梳着歪辫、敲着铜瓢、装疯卖傻的小丑姿态以及行乞兴学的举动显然与时代所需要的农民形象及革命精神相龃龉。《宋景诗》即是针对《武训传》而创作，通过表现农民革命领袖宋景诗来体现毛泽东的农民造反史观，以此与武训形成对照，在理想男性对非理想男性的取代中完成了历史书写和政治书写。《宋景诗》从一开始便是个政治任务，因此上海的诸多男演员也想通过形塑宋景诗这一农民英雄来为自我塑形。郑君里刚接到导演《宋景诗》的任务，就有人向他推荐赵丹饰演主角宋景诗。但是最后他转向崔嵬。1954年，42岁的崔嵬借调到上影厂，参与《宋景诗》的拍摄。在《宋景诗》中饰演宋母的吴茵对崔嵬印象深刻："高个头，足有1.78米，形象粗犷，40多岁，这就是崔嵬同志。见面之后，我觉得他这位'局长大人'举止乡土气息十足，毫无架子。"在影片中，陶金、舒适、石挥、顾也鲁、温锡莹等老上海明星只能成为陪衬崔嵬的次要角色。1956年《宋景诗》拍摄结束之后，崔嵬参与了金山导演的故事片《黄花岭》的拍摄，在其中饰演农业合作社社长李洪奎，这部只有7本的影片并没有为崔嵬提供一个充分展示其雄浑气质的空间。同年底，崔嵬辞去了中南局文化局局长的官员职务到北京电影制片厂从事电影工作，这使其成为当时文艺界的一个焦点人物。1957年2月，崔嵬被借调到上海海燕电影制片厂参与《海魂》的拍摄。由中南文化局局长到新中国演员，崔嵬的转身自如而自信。1958年10月他接受了导演《青春之歌》的任务。同名小说的火爆、上影和北影的争拍以及林道静的人选等事件让《青春之歌》从筹拍开始就成为一个社会热点。

正当崔嵬紧锣密鼓准备开拍之际，一位名叫郭开的北京电子管厂的工人在1959年《中国青年》第2期发表了《略谈对林道静的描写中的缺点》的文章称："一是书里充满了小资产阶级情调，作者是站在小资产阶级立场上，把自己的作品当做小资产阶级知识分子的自我表现来进行创作的；二是没有很好地描写工农群众，没有描写知识分子和工农的结合，书中所描写的知识分子，特别是林道静，自始至终没有认真地实行与工农大众相结合；三是没有认真实际地描写知识分子改造的过程，没有揭示人物灵魂深处的变化。尤其是林道静，从未进行过深刻的思想斗争，她的思想感情没有经历从一个阶级到另一个阶级的转变，到书的最末，她也只是一个较进步的小资产阶级知识分子，可是作者给她冠以共产党员的光荣称号，结果严重地歪曲了共产党员的形象。"

这篇批判文章一经刊登，这种片面、偏激的观点立刻在全国读者中产生了强烈轰动。当时《文艺报》也和《中国青年》一样开辟了专栏，登载对《青春之歌》的多种意见，来稿中大多数不同意郭开的观点。但也有个别人支持郭开，如《中国青年》第4期发表的张虹的文章，认为林道静的爱情生活很值得怀疑："林道静两次结婚，都是随随便便与人同居了事，感情好就合，感情不好就散，不受一点道德的约束。"还说有些作风不检点的人会以学习林道静为借口，动不动就闹离婚，把两性关系看得非常随便。针对郭开等人的责难，许多人做出针锋相对的回应，指出郭开不懂文学创作，评价作品的思想方法主观、片面，意见过于武断、简单。在此背景下，茅盾率先在《中国青年》第4期发表了《怎样评价〈青春之歌〉》一文。文中明确肯定了《青春之歌》"是一部有一定教育意义的优秀作品"。认为林道静这个人物是真实的，

"因而，这个人物是有典型性的"，对这个人物的分析不能流于简单化。茅盾也指出了作品的"主要缺点表现在下列三个方面：一、人物描写，二、结构，三、文学语言。但这些缺点并不严重到掩盖了这本书的优点"。紧随其后，何其芳、马铁丁也分别在《中国青年》和《文艺报》发表文章，高度评价了《青春之歌》。认为此书真实、生动地反映了抗战时期的时代面貌和时代精神，成功地塑造了卢嘉川、江华、林红这几个共产党员的形象，说明了小资产阶级知识分子跟着共产党走，坚决地进行自我改造，是唯一出路。这些文章指出郭开口口声声马列主义，但他的思想方法，许多地方是直接违反马列主义的，是小资产阶级左派幼稚病的表现。由茅盾、何其芳、马铁丁等几位先生写了结论性的长篇文章，《青春之歌》才站稳了脚跟。

这场论战让作为编、导的杨沫和崔嵬、陈怀皑没有想到，也受到莫大鼓舞。袁成亮在《电影〈青春之歌〉诞生记》中说：崔嵬接手《青春之歌》拍摄任务后，于二月底专门召开了一次由文学界、电影界和新闻界等各方人士参加的座谈会。崔嵬在座谈会上说："青春之歌电影就要开拍了，特请大家就此片如何拍好提些意见，我们还把首先对《青春之歌》进行公开批判的郭开同志也请来了。他对小说意见很大，对小说拍成电影也一定有许多宝贵的意见，欢迎他不客气地指出来。"在会议结束时崔嵬有些激动地说：不管怎么批判，我们拍《青春之歌》拍定了！我们一定要拍好，向国庆十周年献礼！刚排除了《青春之歌》评价的干扰，有关主演之争又凸显出来。从某种意义上而言，《青春之歌》是以林道静为绝对主角，选好林道静的扮演者，是电影成功与否的关键。杨沫的妹妹——著名电影明星白杨想出演林道静这一角色。然而最终湖北歌剧院的演员谢芳脱颖而出，成为林道静的扮演者。

视频：新中国 22 大影星之一——谢芳（4 分钟）

朱安平认为：选择这么一个不仅没有电影表演经历，而且是"右派"的女儿当主角，崔嵬承担了很大风险。为了隆重庆祝中华人民共和国成立十周年，北京市委第一书记彭真指示，一定要把《青春之歌》拍好，要用最好的胶片拍。崔嵬深知这部电影的分量，连配角都精心挑选了大牌儿演员来演：秦怡演林红，于是之演余永泽，康泰演卢嘉川，于洋演江华，赵联演戴愉，赵子岳演地主，连一个很次要的角色王晓燕的母亲，都由名演员王人美扮演。还请大作曲家瞿希贤为电影作曲，大指挥家李德伦为乐队指挥。仅用 5 个多月的时间，就完成了全片的制作。彭真亲率北京市委的主要领导审查样片，一致批准它作为 10 年大庆的献礼片上映。

余永泽扮演者于是之，一生拍了八部电影，影响最大的是1959年的《青春之歌》。于是之拍戏时带了一套《战争与和平》和《悲惨世界》，住进了北影招待所。这些书都是小说中余永泽读过的。他还特意买了一本《唐宋词人年谱》，在书的扉页上写了这样一段话："1959年3月，买此书时正在北影拍《青春之歌》，之所以买了这本书，是想借以知道我那个角色孜孜以求的毕业论文该是一个怎么面貌。"

崔嵬冒险启用谢芳被证明是具有远见卓识的。电影《青春之歌》获得了巨大成功。公映后，北京市各家电影院全部爆满，很多影院24小时上演。当时正是困难时期，很多人吃不饱，却饿着肚子排长队买票。抗战时期流行的歌曲《五月的鲜花》随着这部电影的放映，再次流行全国。同时，影片在日本、朝鲜、越南等国也引起了轰动。1961年春，因电影《青春之歌》在日本的巨大反响，谢芳被选为中国妇女代表团成员去日本访问。在东京的大街上，林道静的巨幅画像有两层楼房那么高。代表团的汽车开到哪里，哪里就有拥挤的人群拿着笔记本要求谢芳签名留念。他们狂热地喊着：林道静！林道静！

非常遗憾的是，1997年由作家陈建功、李功达编写20集电视连续剧《青春之歌》并未取得成功。在剧本创作前，陈建功和李功达制定的改编原则是：用唯物史观来诠释作品所表现的历史的主要人物，突出人物的命运和情节冲突，使其在思想性和艺术性方面达到较好的统一。该剧的拍摄阵容不可谓不强大，著名演员陈宝国、谢园、张光北、李媛媛分别饰演余永泽、戴瑜、胡梦安、林红等角色。林道静一角由中央实验话剧团陈炜担任。然而，这部曾经脍炙人口的名著搬上荧屏之后，却没有取得预期的效果。2007年，张晓光导演的新版电视剧《青春之歌》再次登上荧屏。这次的新版对《青春之歌》原作进行了完全另类的解读，新版电视剧新闻报道的标题可以窥见一斑："新版《青春之歌》偶像化：帅哥美女齐亮相""新版《青春之歌》将播映：余永泽更爱林道静""《青春之歌》将开播余永泽平反林道静小资""《青春之歌》将热播：童蕾要革命也要爱情"。

第三，社会主义新人的塑造取得重大突破。如果说17年电影中有关新民主主义时期革命英雄的塑造主要突出献身精神的话，那么，社会主义社会的"新人"应该具备哪些品质，本时期的《老兵新传》《我们村里的年轻人》等影片做出了较好的探索。从《老兵新传》中的战长河、《我们村里的年轻人》中的高占武等人物形象身上，可以看出，其主要的性格特征即大公无私、公而忘私、先公后私等。历史上中华民族也并不缺乏这种人物，但这种人物的品性更多指向个人价值，而战长河、高占武等人物的这种品格则是和社会主义理想结合在一起，唯其如此，其才能在某种程度上成为"社会主义新人"。

视频：习近平考察黑龙江七星农场北大荒精准农业农机中心

习近平指出："看看很感慨。北大荒建设到这一步不容易啊！过去看的电影《老兵新传》，'棒打狍子瓢舀鱼，野鸡飞到饭锅里'。中国人要把饭碗端在自己手里，而且要装自己的粮食吃。"

视频：《老兵新传》（2 分钟）

《老兵新传》是由李准编剧，沈浮导演，崔嵬、顾也鲁、陈述主演，上海海燕电影制片厂于 1959 年拍摄的电影。朱安平在《"老兵"再立"新传"》考证：电影《老兵新传》的创作是一九五六年。当年，北大荒友谊农场正办得热火朝天，作家、记者不断来访。李准以《人民日报》特约记者的身份来到友谊农场采访，遇到了曾任通北（今赵光）农场场长的周光亚到友谊农场当分场场长。《老兵新传》中的主人公战长河的原型就是新中国第一个国有农场——通北农场场长周光亚。

视频：北大荒的开发情况

北大荒泛指黑龙江省嫩江流域、黑龙江谷地和三江平原一带地区，总面积5.53 万平方公里。北安是电影《老兵新传》的故事发生地和影片拍摄地，它的成功拍摄极大地提升了北国小城北安在全国的知名度，主场景拍摄地赵光农场也因此拥有了《老兵新传》故乡的美誉。据牛升海《〈老兵新传〉——反映北大荒精神的第一部影片》考证：1947 年，李富春同志在东北行政委员会财经委员会会议上传达了党中央的指示："要在北满建一个粮食工厂"，即建设一个现代化的机械化农场。根据这一指示，东北行政委员会经过充分调查研究，决定在通北县（现属北安市）建设一个机械化农场，主要的任务是培养干部、生产粮食、积累经验、给农民做示范。辽北军区司令部作训科科长周光亚同志奉命筹建第一个机械化农场。建场之初，条件极为艰苦，通北机械化农场的全部财产为：一栋旧砖房，一个小木桌，几个泥盆、泥碗和 1500元建场资金。周光亚领导广大干部群众战胜了重重困难，迅速打开了工作局面，当年就开垦了大片荒地，生产粮食近 150 万公斤，大部分支援前线，少部分支援其他城市。之后逐年扩大生产，1949 年开荒 3.4 万亩，1950 年又开荒 6 万多亩，为国家生产了大量粮食，成为名副其实的粮食生产基地，受到了党和国家的高度赞扬。1952 年 9 月 3 日，朱德总司令视察通北农场时说："我们国家今后要多办像你们这样的国营机械化农场，生产大量粮食，支援国家建设。"随之，大批国内及苏联、南斯拉夫、捷克等国参观团到农场参观。李准就是在这种情况下到北大荒采访的，后来谈起这次采访时说："临来时，邓拓嘱咐我，要搞报道，反映农场的大机械生产，不要写作品。谁料来了之后，遇到周光亚这个人物，我就按捺不住，写起电影本子来。"《老兵新传》是李准写的第一个电影剧本，是在沈浮手把手地点拨下写出来的。《北京晚报》刊载的《老兵新传》及北大荒记忆中写道：1958年初春，电影《老兵新传》开机拍摄。导演沈浮率领的外景队拍摄了影片开头的重场戏——"战长河选址办农场"：战长河、通讯员小冬子和总务科长周清和一行三人坐上东华村王老头的爬犁，奔驰在北大荒皑皑的雪野里。战长河说："这个地方真是不错啊！"

视频：战长河选址办农场

影片同期声：王老头说："北大荒的俗话说：'棒打狍子瓢舀鱼，野鸡飞到饭锅里'。天上飞禽地上走兽，想吃什么有什么！"路上，王老头唱起了当地的小调："北大荒，真荒凉，鹅冠草，小叶樟，又有兔子又有狼，就是缺少大姑娘！"大伙儿被他诙谐的歌声逗笑了。

《老兵新传》是新中国第一部彩色宽银幕立体声故事片，而且采用同期录音。据研究者考证：影片开拍前，沈浮和技术人员专门到苏联学习了半年，带回了专用摄影机。拍摄《老兵新传》有两架摄影机，一架拍宽银幕，一架拍普通银幕。在拍摄远景的时候，两架摄影机可以同时开动。但在拍中景或近景的时候，因为不能在完全相同的位置和角度拍，只能分开拍摄，同一个镜头要拍两次。演员也要重复表演两次。有一场戏，写战长河和同伴坐着雪橇到了一个破碉堡前。战长河跳下雪橇，对同伴喊道："到我们的办公室了。"随即他拿起铁铲，挖出一把黑土，捧在手里，说："你看，好肥的黑土啊！"这个镜头是近景，必须先拍一次宽银幕，然后再在同一位置换上普通银幕摄影机。在零下二十多摄氏度的气温下，饰演战长河的演员崔嵬双手捧着雪和泥，等拍完两组镜头，发现自己的手已冻得失去了知觉。吃饭的时候到了，每人发三个冻得发硬的馒头，大家放在火上烤热了。没有菜，吃完馒头接着拍。摄影机比人更怕冷。马达在零摄氏度就无法转动，何况是零下二十多摄氏度。因此拍雪景又多了一项生火的工作，把炉子放在摄影机三脚架下面，用小煤炉来烘烤，把机器烤热了才能拍摄。1958年夏天，摄制组从东北回到南方，拍摄内景戏。8月份的安徽寿县，温度高达四十多摄氏度。演员们穿戴着棉袄、棉裤、皮帽子、皮大衣、皮靴子，在寿县瘦西湖拍摄农场的内景戏。饰演战长河的崔嵬有一句台词："我们农场的将来啊，一年的收成，可以供给一个百万人口的城市一年的粮食。"天气太热了，把崔嵬都热晕了，说成了："我们农场的将来啊，一年的收成，可以供给一百万个城市的人口。"这一句台词，拍了九次崔嵬都没说对。据饰演通讯员小冬子的演员孙永平回忆：这场戏拍完后，正好吃饭。崔嵬没有去食堂，他难过了，觉得自己浪费了宝贵的胶片。

电影《老兵新传》的演员，主要来自上海海燕电影制片厂，只有崔嵬是外请的演员。1959 年 9 月，《老兵新传》拍摄完成。先制作成普通银幕在内部放映。李准看后对崔嵬的表演大加赞赏，给沈浮写信说："单是老兵这个性格，窄银幕就显得装不下了。"

赵国春撰写的《讴歌北大荒精神的老电影》一文写道："《老兵新传》在全国公映后，立即引起轰动。全国人民对北大荒都有了深刻的印象，北大荒人一时间也成为人们学习的榜样。"《老兵新传》被评为新中国成立 10 周年优秀影片，不久又在莫斯科国际电影节获奖，李准荣获最佳编剧奖，崔嵬获最佳男演员奖。身为农垦部长的王震将军，曾在《大众电影》杂志上著文给予高度评价："我非常喜欢这部宽银幕彩色故事片，《老兵新传》是从胜利的武装斗争上生产战线上来的千千万万革命战士的光辉形象。影片中的老兵——国有农场场长战长河（人们亲切地称他老战同志）的形象是有普遍性的，但他们又是集中的典型……从北大荒可以找到，在新疆、青海、海南岛、江西及其他各地区都可以找得到。他的传记是一篇从国防最前线向经济建设最前线的动人的真实的传记……老战同志的扮演者崔嵬同志的杰出表演，成功地塑造了可贵形象。《老兵新传》是一部艺术为现实主义服务的出色的影片……"郭小川也发表评论文章，指出老战这个人物形象的独创性，突破了当年塑造英雄人物的某些框框，具有鲜明的真实性。《老兵新传》是李准创作的第一部电影剧本，初次尝试就出手不凡，他的处女作以独特的人物形象、浓郁的生活气息和强烈的现实意义引起影坛内外的注意，并为他以后形成自己独特的电影创作风格打下了良好的基础。1994 年 9 月，李准回到阔别 38 年的友谊农场，冒雨参观了农业现代化的窗口——友谊农场五分场二队，并聆听了改革开放给这个生产队带来的巨大变化，不禁欣然命笔："老兵白发，北国绿野。"来到八五三农场后，他又泼墨成诗，写下了："亿吨粮，千吨汗，百吨泪，十吨歌！"

第四，"歌颂性喜剧"成为红色经典电影高峰时期的新特点。1957 年"反右"斗争使几部喜剧影片都被扣上"丑化生活"的罪名，致使电影艺术家不敢碰喜剧。然而喜剧诱人的样式又使电影艺术家不敢放弃。1959年拍摄的《今天我休息》和《五朵金花》，被称为"歌颂性喜剧"和"新式样喜剧"。

视频：《今天我休息》（2分钟）

《今天我休息》是由李天济编剧，鲁韧导演，仲星火主演，上海海燕电影制片厂于1959年拍摄的电影。影片讲述了人民警察马天民休息日三次与对象约会三次爽约的故事。第一次约会因外出帮助居委会做早餐又遇一青年骑车横冲直撞教育他而爽约；第二次派出所所长爱人姚美珍帮她好朋友邮递员刘萍约与马天民看电影，因马天民救落水小猪而爽约；第三次约会刘萍家吃饭因帮助处理三个戴红领巾小朋友捡到的钱包而爽约。当马天民赶到刘萍家的时候，已经是晚上八点半钟了，刘萍一家和姚美珍早已经吃完了晚饭。刘萍以为马天民没有诚意，对他态度十分冷淡，弄得在场的人也非常尴尬。这时，刘萍的父亲从房间里走出来，没有想到他就是帮助他救出落水小猪的人。刘萍的父亲一见到马天民，就把他大大地夸奖了一番。刘萍也弄明白了马天民一再失约的原因，深深地为他这种为人民服务的精神所感动，开始喜欢起了这个朴实憨厚、乐于助人的人民警察了。

《当代中国电影》认为《今天我休息》是"一部歌颂美好生活、赞美新人形象的喜剧影片"。影片"通过反映大城市的新人新事，更以人物形象的鲜明突出所长"，是"建立在现实生活欢快气氛基础上，以歌颂为主的戏剧形式的一种新探索"。

朱安平在《〈今天我休息〉爱心传递》中认为：编剧李天济在《今天我休息》的创作中，一反"喜剧用于讥讽"常规，大胆尝试"用喜剧来歌颂新的人新的生活"，极尽情境设置、性格刻画以及手段运用等能事，在"生活本身充满欢喜"中发掘喜剧性。结果，剧本提交上海电影局艺委会审查时出现意外，否定者认为"没有讽刺就不能叫喜剧"，李天济则以"歌颂"的片子里不需要"讽刺"力争，所幸主持会议的副局长张骏祥拍板支持，得以免遭"枪毙"获准通过。导演鲁韧研究剧本后，决定将"纪录性艺术片"与"喜剧样式"结合起来进行拍摄，明确影片"以上海一个人民警察在一个休息日里的活动为主线"。

彭耀春在《歌颂喜剧与歌颂性喜剧——重读〈今天我休息〉》一文中认为：《今天我休息》在受到广泛欢迎的同时，也间或受到理论界的质疑。受到欢迎是因为它是歌颂喜剧，颂警，颂警民关系，颂新的社会风尚，这是伦理道德的评判；而受到质疑是因为其作为当年"歌颂性喜剧"的标本，理论界主要是质疑"歌颂性喜剧"的创作理念，这是美学理论的批判。

也有研究者认为：该片以喜剧样式和手法，颂扬了人民警察忘我的工作、全心全意为群众服务的崇高品德以及人与人之间互助友爱的社会风尚。影片借助马天民本应休息而没有休息的事实，通过马天民一天的生活，揭示了他质朴生动的个性和美好崇高的情操。片中的喜剧效果真实自然，马天民工作时的干练与处理爱情的稚拙，对人民的诚朴和对女友的腼腆，构成了一种统一和谐的喜剧风格。情节的戏剧性发展，使影片妙趣横生。该片是新中国较有艺术成就的喜剧影片之一，为此后喜剧片的创作积累了宝贵的经验。

视频：仲星火

影片是著名电影演员仲星火第一次担当男主角，40多年后，他又在电视剧《今天我离休》中出演了白发苍苍的马天民，勾画了"马天民"完美的人生。据朱安平考证：仲星火从影十年第一次担任主角，在《今天我休息》中扮演马天民，有人不理解导演鲁韧为什么选中他来出演，仲星火却清醒地知道，导演看中的正是自己朴素平凡的气质，仲星火笑称导演就是看准了自己"傻、大、黑、麻、粗"。除了不麻，导演都看对了，傻，傻乎乎的；高，高高大大的；黑，脸挺黑，不是小白脸；粗，不细致。这种朴实劲正是马天民这个普通民警的平凡之处，这样的警察让观众感觉可信、可亲。为了演好马天民，仲星火来到漕溪北路派出所体验生活，他目睹了民警们繁忙琐碎的日常工作：为居民们登记户口、调解邻里纠纷，替百姓寻亲觅友、排忧解难。马天民这一形象让人喜爱，还同他在影片中的性格凸现分不开。结合情节，马天民一天之中的两条行动线索对应和突出着他性格中的两个方面：他为群众做好事时的热情、认真和他赴约会时的一股"傻"气，这两方面在对比中形成鲜明的反差，并且总是在同一时间、同一地点，围绕同一件事，一起纠合在他的身上，达成了一种强烈的喜剧效果。而正是这种带有一定夸张色彩的"傻"气，使这个人物周身散发出浓厚的人情味，让人感到他的可亲可爱。仲星火说："50年了，我后来也拍过不少影片，但是很多人都不知道我的真实名字，看到我总是'老马老马'地叫，可见这部影片在人民群众中的影响。人民群众为什么这样喜欢马天民？我的体会是，就在于马天民时时刻刻想着老百姓，老百姓也就念念不忘马天民。"

综上所述，20世纪40年代末和整个50年代，是中国共产党人带领中国人民在新中国成立后高歌猛进、改天换地的兴国时代。尽管这一时期电影业经历了批判《武训传》和 1957 年"反右"斗争扩大化，以及 1958 年"大跃进""左"的思潮的影响，但在电影人的艰苦努力下，电影创作仍然取得了辉煌的成就，共拍摄电影 388 部，近百部电影是好的和比较好的，大体符合艺术生产的规律。正如孟犁野所评论："这 10 年的电影创作，在将马列主义、毛泽东文艺思想与中国的社会生活及文艺创作实践相结合方面，提供了极为有益的经验。它为新中国电影奠定了以爱国主义、社会主义、集体主义、革命英雄主义为核心的价值观，以阳刚之美为基调的美学走向，确立了革命现实主义的创作方法与富有中国气魄、民族特色的艺术风格，迈进开创了一个新的电影时代。当然也留下了不少遗憾与教训。"

第四讲　20世纪60—70年代红色经典电影发展与特征

进入60年代，国际形势急剧变化，中苏关系不断恶化，国内因1958年"大跃进"错误和天灾导致1959年至1961年中国经济进入了极为困难的时期。与此相关联的，中国电影事业在经历了"恢复、发展和创新、提高"的活跃局面后，总体呈现一个"落潮的状态"。"文革"发生后，故事片生产几乎处于停顿状态，"文革"后期虽有部分故事片问世，但除了"样板戏"之外，多为"阶级斗争为纲"的故事片。由于"四人帮"利用文艺进行夺权斗争，故事片拍摄又遭遇了围剿电影《创业》和《海霞》事件，致使电影在"文革"期间，可谓"满目萧条，遍地凄凉"。然而，《红灯记》《智取威虎山》《艳阳天》《青松岭》《闪闪的红星》《创业》《海霞》等曲目和影片，李玉和、杨子荣、洪常青、柯湘、张万山、赵四海、潘冬子、肖长春等人物形象，已经镌刻在一代人的深刻印象中。

一、20世纪60年代初中期红色经典电影发展与特征

1. 20世纪60年代电影生产政策的演变

1960年1月召开的文化部电影工作会议通过的《1960—1967年电影事业发展规划》中，对60年代电影做了非常乐观的设想，预计1962年生产艺术片120部，1967年达到200—220部。这种乐观设想很显然有"大跃进"的影子。然而从1960年起，中国电影生产明显出现了下降趋势。造成这种状况的原因，《当代中国电影》做了分析，认为：一是反对现代"修正主义"的斗争对国内"左"的文艺思潮起了一个推波助澜的作用，批判修正主义的人性论、人情论和人道主义成为文艺报刊的主要内容。二是除了批判"只强调艺术，不重视政治"等"右倾思想"外，当时电影《洞箫横吹》《一天一夜》和

《无情的情人》等影视作品，或因揭露人民内部矛盾触及了所谓"阴暗面"，或因描写了人情和人性不断遭到批判而增加了紧张局势。

　　视频：《洞箫横吹》（2分钟）

　　《洞箫横吹》是由海默编剧，鲁韧导演，仲星火、张子良主演，上海海燕电影制片厂于1957年拍摄的电影。影片讲述的是复员军人刘杰回乡办生产合作社，遭到官僚主义的县委安书记的阻挠。村长王金魁一心走个人发家致富的道路，拉拢一些人想搞富社并威胁替他白干活的雇农马德义。刘杰在团支书杨依兰鼓励和群众支持下与安书记进行斗争，并给中央写信反映情况；上级派副省长了解情况，揭发了王金魁，批判了安书记的官僚主义作风，从而扫清了办社的障碍。所谓洞箫横吹：是指主人公顺利时横过来吹出欢乐笛声，受挫折竖起来吹出忧伤箫声，成为矛盾冲突进展、人物心态刻画的生动标识，也引出了看似谐趣别致实则意味深长的片名《洞箫横吹》。

　　朱安平在《洞箫横吹的坎坷》一文中写道："剧本是著名编剧海默影响最大的代表作，虽是一部反映农业合作化运动的应时之作，其独特价值在于对现实生活矛盾的敏锐触及和官僚主义作风的大胆揭露。"影片拍摄完成后即遭到不公正的批判。事情的原委是：1955年11月，即将投拍新片《母亲》剧本的海默，又接到时任中央电影局副局长陈荒煤亲自下达的一项新任务，在3个月内完成一部农村影片剧本创作。之所以如此急迫，是因为农村题材故事片原本就是电影创作弱项，当时农业合作化运动正声势浩大迈向高潮，亟待在银幕上做出反映。海默领受任务后，立即奔赴较为熟悉的东北地区农村体验生活，向县委书记询问初级社如何过渡到高级社，从青年团那里得知一个女青年办"黑社"的经过，还实地察看一位复员军人改造落后村情形。海默由此发现：在这些重点的合作社和集体农庄中，有一点是共同的，就是每一个这样的地方都集中了大批干部，干部中区、县、省的都有，甚至还有中央的，他们都在那里辛辛苦苦地做着创造典型经验的工作。但是还有一个共同点，就是这些有名的社会主义旗帜和灯塔周围，还存在着大批贫困的农民。这些农民的生活较之先进的合作社社员的生活悬殊，人们起了个有趣的名字叫"灯下黑"。这些农民从典型的合作社中，看出了自己未来的道路，他们急欲朝着这条路走，他们就在种种限制下偷偷照着那些典型的经验办起"黑社"来（又叫"自发社"）。这时，那些典型和旗帜实际上已经成为落后事物，有些典型旗帜，政府投入了大批干部和资助办得并不好，而群众真正自发地、兢兢业业勤俭起家的"黑社"倒充满了先进经验和朝气。海默对生活中的光明和阴暗都不能视而不见，返京后将实地走访所发现的这些情况，向剧本创作所袁文殊所长做了汇报，并与陈荒煤谈了决定用文字记下高潮到来之前这段时间的农民生活场景的意向，获得同意后很快起草出剧本提纲，继而便以日近万字的速度，于 1956 年 1 月底完成了这一被他认为是最顺利与称心的创作。令海默始料不及的是，影片的拍摄却很不顺利与称心。起先这一任务由中央电影局下达给长影，海默曾专程与执导该片的吕班面谈自己创作意向，包括对影片主题都做了具体设计，岂知待到部分样片出来竟大相径庭，剧本被改得面目全非，而且在场面表现、镜头处理上，加了许多低俗的噱头。显然，像《洞箫横吹》这样有着严肃主题的正剧，与热衷于喜剧探索而号称"东方卓别林"的吕班并不对路。看到样片之后，海默立即表示不能接受，主张必须停拍，陈荒煤则认为已经花费很多胶片，还是要长影方面加以修改续拍下去。海默坚决不同意，颇为激动地当场提出：我宁愿今后不要薪金，并将全部稿费赔偿国家损失，只要公家发给我基本生活费就行，否则对这剧本的错误我没办法负责。在陈荒煤出面与长影协调处理过程中，吕班态度也很强硬：要拍就这样，修改我不干。吕班接着又以帮助厂里完成生产任务为由，转而上马执导讽刺喜剧《不拘小节的人》，干脆将拍了一半的《洞箫横吹》搁了下来，迫使电影局下决心改交上影重拍，最终是这一版本。

自这出戏与观众见面之后，有些报刊发表了一些赞扬的文章。有人认为"它展示了农民的社会主义积极性和农村走社会主义道路的美好远景"。有人认为剧中主人翁"是令人喜爱的"，并认为他是"最近我们舞台上出现的为数不多的新人物形象中的一个"。还有人认为剧本"摆脱了反映农村两条道路斗争的旧套"等等。也有人认为：海默以这个古怪而富有恶意的《洞箫横吹》题名，采用偷梁换柱的恶毒方法，以贩卖资本主义，企图推翻社会主义，认为《洞箫横吹》是一株"反党反社会主义的毒草"。今天看来，《洞箫横吹》本身并无大问题，遭到不公正批判是那个年代政策的产物。

1960 年 7—8 月召开的中国文艺工作者第三次代表大会和第三次"影代会"，"左"的思想有所抬头，一方面肯定了"大跃进"成就，一方面把西方电影中的"新技巧""新方法"统统视为"资产阶级的堕落艺术"，并强调"向工农兵学习，向我国传统艺术学习"。当然会议重申了"双百方针"，提出电影"民族化、群众化"的问题。

视频：1960 年 7—8 月召开的中国文艺工作者第三次代表大会和第三次"影代会"

这次会议后不久，党的文艺政策就开始调整。

视频：1961年1月14日召开中共八届九中全会

中共八届九中全会是在中国经济处于严重困难时期召开的一次会议，会议确定了对国民经济实行"调整、巩固、充实、提高"的八字方针。这次会议之后，中共中央开始采取一系列正确政策，全面纠正"左"的倾向，这对60年代的电影生产起到了重要的指导作用，"新侨会议"就是在这一背景下召开的。

视频："新侨会议"

"新侨会议"，对当时创作中存在的"左"的观点与错误认识提出了批评，并提出了"百花齐放、百家争鸣"的创作方针，为60年代影片创作打下了坚实基础。周恩来总理参加了新侨会议，他强调文艺工作要民主，要符合艺术规律，反对套框子、挖根子、抓辫子、扣帽子和打棍子，使文艺工作沿着正确的道路发展，还鼓励文艺工作者要解放思想。会后，中宣部、文化部根据周总理讲话精神，制定了"文艺八条"和《加强电影生产领导》等文件。1962年4月30日，中共中央批转中宣部定稿的《关于当前文学艺术工作若干问题的意见（草案）》（简称"文艺八条"），由文化部党组、文联党组下令全国有关单位贯彻执行。"文艺八条"主要内容包括贯彻执行"百花齐放""百家争鸣"的方针、正确开展文艺批评、批判地继承民族遗产和吸收外国文化、改进领导作风、加强文艺的团结等。

2. 60年代前期电影创作欣欣向荣与曲折发展

"文革"前的中国电影拍摄尽管时间不长，但表现为两个阶段。

第一阶段：从1960年第三次"文代会"和"影代会"到1963年，这一时期为新中国成立后17年中电影创作的欣欣向荣时期。经过文艺政策的全面调整，"双百方针"得到进一步倡导，文艺界和电影界的形势出现了重要转机。

第一，革命历史题材影片更加丰富多彩。与50年代创作的影片相比，60年代创作的历史的容量和层面上都有更加宽广的的开拓，对斗争生活的表现也更为深刻、丰富。

视频：1960—1963年中国电影故事片目录

这一时期创作的历史题材优秀影片特别多。诸如《红色娘子军》《红旗谱》《红珊瑚》《红日》《洪湖赤卫队》《革命家庭》《铁道卫士》《烽火列车》《三八线上》《林海雪原》《奇袭》《暴风骤雨》《51号兵站》《冬梅》《突破乌江》《风雪大别山》《七天七夜》《停战以后》《东进序曲》《金沙江畔》《野火春风斗古城》《怒潮》《地雷战》等等。

视频:《红色娘子军》(2分钟)

《红色娘子军》是由梁信编剧,谢晋导演,祝希娟、王心刚、陈强主演,天马电影制片厂于1961年拍摄的电影。影片讲述了土地革命时期琼崖革命根据地妇女革命武装的成长历程以及青年妇女吴琼花的斗争经历。1930年,海南岛五指山区,一支由劳动妇女组成的革命武装队伍——红色娘子军成立了。吴琼花是椰林寨大土豪南霸天的丫头,几次逃跑都被抓回,受尽折磨。娘子军党代表洪常青化装成华侨巨商来到椰林寨,南霸天企图扩充反动势力,为其大摆筵席。洪常青临别前借口带走了吴琼花。在洪常青的指引下,吴琼花与不愿做封建礼教牺牲品的红莲一起参加了娘子军。在一次执行侦察任务时,吴琼花遇到了南霸天,难抑心头怒火,开枪打伤了南霸天。吴琼花因违反纪律受了处分。红军决定解放椰林寨,洪常青带吴琼花再次化装进入椰林寨。不料,南霸天乘着夜色逃脱,吴琼花在追捕中受了重伤。国民党反动派出动军队进攻海南岛,红军和娘子军撤离椰林寨,南霸天卷土重来。在这严峻时刻,吴琼花加入中国共产党。洪常青带领娘子军在执行阻击任务时,为掩护娘子军撤退负重伤被捕,在敌人面前大义凛然,英勇就义。吴琼花继任娘子军党代表,率领娘子军解放了椰林寨,枪决了南霸天,带领娘子军踏上新的征程。

电影剧本《红色娘子军》是由梁信署名的,但刘文韶却声称是他创作了《红色娘子军》,还有广东老作家吴之也声称是他和梁信共同创作了《红色娘子军》。要搞清楚到底是谁创作了《红色娘子军》,先听听他们自己怎么说?

2007年第3期《军事历史》杂志刊载了刘文韶撰写的《我创作〈红色娘子军〉的历史回顾》,他说:1950年,我在参加解放海南岛渡海登陆作战后,就留在海南军区政治部做宣传工作。有一天,我在翻阅一本油印的关于琼崖纵队战史的小册子时,偶然发现有这样一段话:"在中国工农红军琼崖独立师师部属下有一个女兵连,全连120人。"全书仅有这一句话,其他再没什么别的内容记载。我想在中国人民解放军的历史上,女指挥员、女英雄是很多的,可是作为成建制的完整的红军女兵战斗连队还没有听说过(当时我不知道红四方面军有一个妇女独立团和一个女工兵营),琼崖红军中有这样一个女兵连队是很可贵的,这是一个重要题材,应该下功夫挖掘。因此,我就把这个想法向军区政治部和宣传处领导作了汇报。领导们听后都非常支持,并交代我可以把别的工作先放下，集中时间把这件事情搞好。领导的支持使我增强了信心。可当时只有一个线索，其他什么文字材料都没有。我就询问了在琼崖纵队工作过的一些老同志，可是因年代太久他们都不了解情况。于是我找海南军区副司令员马白山将军，他是琼崖纵队的老领导，听了我的意图之后，非常肯定地说："当时确有一个女兵连，你可以到乐万老根据地找到当年女兵连的人，并到区党委去了解一下有关情况。"根据白山将军的指示，我又到海南区党委见到萧焕辉书记，他同样肯定了女兵连的存在，并交代有关部门对我的采访给予帮助。因我不懂海南话，军区政治部的领导安排摄影记者王学海和我同行，并给我当翻译。我们乘长途公共汽车先到了乐会县委，县委办公室主任热情接待了我们，并告诉我们县妇联主任冯增敏就是一位老红军，可先找她谈一谈。第二天 我们应约去妇联，见到了冯增敏。她高个子，大眼睛，当时年纪大约 40 来岁，留着短发，皮肤黝黑，一副风尘仆仆的样子。经过交谈，得知她就是当年女兵连的连长，我们真是喜出望外，就这样开始了在乐会县长达一个多月的采访。冯增敏的记忆力很好，也很健谈。由于过去从来没有人采访过她，几十年前红军女兵连的往事长期埋在心底，现在有区党委和军区派人来采访，她非常激动，那些往事像泉涌般迸发出来。她滔滔不绝，非常兴奋地讲了女兵连怎样成立、生活、工作、战斗，直到由于革命低潮的到来，女兵连不得不分散隐蔽以及和主力部队失掉联络后，一些女兵在森林里艰苦跋涉的情景等等，她都讲得很具体。

视频：万泉河边

刘文韶写道：经过一个多月深入到琼崖革命老区调查研究和体验生活，为纪念中国人民解放军建军 30 周年，我创作了一篇题为《红色娘子军》的长篇报告文学，全文 2.5 万余字，发表在 1957 年 8 月号的《解放军文艺》上，如实反映了在土地革命战争时期琼崖工农红军独立师娘子军连的英雄事迹。上海文艺出版社很快出版了同名单行本，仅在 1958 年 12 月至 1959 年 3 月的 4 个月时间内就印刷两次，发行量高达 62 万册；《中国青年》杂志做了全文转载；《星火燎原》丛书也将其收录。刘文韶回忆：写完《红色娘子军》不久，我被调到团里当宣传股长。当时由于天马电影制片厂约我改写电影剧本，我负责的机关工作有时受到影响。可是部分领导还是很支持我的创作，让我集中精力写出了同名电影剧本的初稿……由于当时部队基层工作特别忙，我怕剧本在广州难以改好，便带回部队一边工作一边修改。不久，天马电影制片厂又来函和打电话要去上海改写电影剧本，当时军区正在我们团搞连队政治教育试点,我是宣传股长又是教育试点的负责人,实在脱不开身,因此没有去上海改写电影剧本,但我在业余时间里已经完成了《红色娘子军》电影剧本的修改稿。电影剧本虽然完成,但最终没有被拍成电影。至于原因,刘文韶也进行了解释:就在这时,广州军区话剧团的专业创作员郭梁信同志也写出了取材于《红色娘子军》的电影剧本,名字叫《琼岛英雄花》。另外,我当时也听说八一电影制片厂已确定要拍郭梁信的电影剧本,并将《琼岛英雄花》改为《红色娘子军》了。我想不可能同时拍两个同一片名同一题材的本子,便没有再把我的本子拿出来。

据吴之回忆:1954年,我研究过琼崖纵队发展史。1957年海南琼剧院编剧李秉义女子特务连的事迹搞出一本名为《娘子军》的书稿,然后问我,是否可以改名为《红色娘子军》。我说完全可以。随后请示了冯白驹将军,冯白驹说娘子军就是红军的一个部分,叫《红色娘子军》是正当的。所以早在1957年,琼剧《红色娘子军》这个名字就定下来了,剧中的女主角不叫琼花,叫朱红。吴之认为,梁信的电影剧本《红色娘子军》取材于同名琼剧。他说:电影的材料是从琼剧来的,但情节不完全一样。后来我也参加了电影剧本的写作,还到上海天马厂住了半个月,导演谢晋把我和冯增敏都叫去了。那时梁信是广州军区话剧团的创作员,我邀梁信和我一起合作搞剧本。当时所有的文字材料都是我提供的,包括琼剧的提纲。多数情节也都是按照琼剧的情节编排的,只有少量改动。1959年底,天马厂把它拍成了电影。我曾跟梁信讲过电影署名的问题,我说电影可以还叫《红色娘子军》,但是要在前面加上一句话:"根据同名琼剧《红色娘子军》改编"。但是后来既没有挂我的名,也没有写琼剧的名,这件事情就是现在海南琼剧界的老干部还是不太满意的。这里说的琼剧《红色娘子军》剧本,于1959年5月7日在《海南日报》副刊连载,连载时注明"为吴之、杨嘉、朱逸辉、莽夫、王平集体讨论,由吴之、杨嘉、莽夫执笔";同年9月海口市新华书店出版发行《琼剧·红色娘子军》一书,海口市新华书店版《琼剧·红色娘子军》仍为上述作者,但比《海南日报·副刊》版《琼剧·红色娘子军》更详尽。

陈吉德在《电影〈红色娘子军〉创作人员考》中介绍编剧郭梁信说:梁信1953年毕业于中南部队艺术学院,任中南军区专业创作员,发表过《我们的排长》《颖河儿女》两个独幕剧,之后创作了电影剧本《琼岛英雄花》。据梁信本人所言,剧本所写的是"中国工农红军琼崖独立二师直属娘子军连"的历史,主要的依据是海南军区编写的《琼崖纵队军史》初稿。剧本于1958

年6月完成，发表于1959年的《上海文学》。从创作和发表的时间来看，刘文在先，梁文在后。梁文所讲述的是女奴吴琼花受到南霸天的迫害逃出南府后，在党的教育下成长为一名合格的红军战士并亲手除掉南霸天的故事。梁信曾在1961年专门撰文讲述女主人公吴琼花形象的塑造经过，说吴琼花形象"是从三方面的生活素材里选择、集中、演变而成的。即过去和我在一起工作的几位女同志、海南已故的妇女革命家刘秋菊、一位娘子军烈士"。梁文的故事和人物形象在刘文中根本找不到任何痕迹。

另据罗长青在《〈红色娘子军〉创作论争及其反思》一文中表示："梁信向记者表示：1959年，他根本就不认识吴之，'梁信创作《红色娘子军》是应吴之之邀在琼剧《红色娘子军》基础上改编电影'更属无稽之谈。他在与谢晋考察完娘子军拍摄地点后，才被人邀请第一次看了琼剧，'不是一句都听不懂啊，是一个字都听不懂'。""1958年，他为了写纪录片脚本出差到海南。在海南军区文化处翻看《琼崖纵队军史》时，无意中发现了娘子军连。……基于朴素的感情和切身体会，他感到娘子军连是一个值得深入挖掘的重大题材，但鉴于《琼崖纵队军史》太简略，他就亲自出差到万宁、乐会一带，找到了冯增敏等人，并在当地进行了大量的实地考察。"1958年以《琼岛英雄花》为题的剧本初稿为什么改为《红色娘子军》？梁信回忆说：谢晋觉得电影名称《琼岛英雄花》稍显文气，在和梁信反复商量之后决定，将电影的名字改为《红色娘子军》，很显然这与刘文就有一定关联，陈吉德如是说。对于电影《红色娘子军》与琼剧《红色娘子军》的关系，陈又认为不能从单方的言论来看，而要从文本创作中进行分析。其实，电影剧本《红色娘子军》与同名琼剧内容差别还是很大的。像电影剧本《红色娘子军》中蛇宴、椰林赛等情节和洪党青、南霸天等人物在同名琼剧中根本没有；相反，琼剧《红色娘子军》中陈光汉、胡团董等人物和"剿共"总指挥部、特委和师部称谓在同名电影剧本中也不见踪影。对于老作家吴之反复提及的合作一说，也不会是空穴来风，因为一位老人不会不顾自己的人格而凭空捏造。

导演谢晋生前曾回忆说："我之所以选择和看中了这个剧本，是因为梁信写活了'琼花'这个人物。"梁信说：剧中主角"琼花"并非自己凭空捏造，她是由现实生活中的3个人素材集中，最后演变提炼成为一个人物。1961年《红色娘子军》即将开拍时，女主角琼花的人选一直定不下来。在剧本中，梁信描写了琼花的一个很突出的外形特征就是"火辣辣的大眼睛"。于是，寻找到那双"火辣辣的大眼睛"就成了谢晋的首要任务。多少双眼睛看过了，但那双在谢晋脑海中萦绕了许久的大眼睛却迟迟没有出现。一天,谢晋在上海戏剧学院路过一间教室时,听到一对青年男女在争吵,只见一个双目圆睁的女学生十分激动地和一名男生在说些什么,一双火辣辣的大眼睛,一脸不饶人的样子,带有些怒气和激动。谢晋一下子被这双眼睛打动了,这不就是一直在找的琼花吗?谢晋了解到,她叫祝希娟。约梁信过来一看,梁信当时就愣住了,虽然这个琼花的角色是好几个革命者的合体,但是这个祝希娟似乎和他们中的每一个人都有相似之处。祝希娟就这样走进了《红色娘子军》剧组。

视频:祝希娟讲述《红色娘子军》电影拍摄(4分)

祝希娟说:为了拍好这部影片,她与剧组的很多演员一起,前往当年红色娘子军在海南岛生活和战斗过的地方体验生活:"我们剧组的主创人员同当地的老百姓吃住在一起。每天六点钟起床,参加军训,每天的日程都很满,太阳落山了,我们才回到住处。天天如此,白天训练,晚上就在煤油灯下翻看当地档案馆提供的历史资料,再结合影片剧本,揣摩人物性格特点,深挖故事情节。这样的生活大约过了一个多月,我感觉自己就好像是脱胎换骨一样,吴琼花的形象在我心里渐渐地有了雏形,我塑造她也有了心理准备,感觉终于可以适从角色了。"她说:"当年,梁信克服了极其恶劣的环境,亲自前往万宁、乐会一带,找到了当时十几个尚还健在的娘子军战士,收集到了较为翔实的第一手资料,创作出了这部鲜活的剧本,同时也向我们展现了一个个性格鲜明的艺术形象,包括我饰演的'吴琼花'。"

《红色娘子军》上映后在全国迅速掀起一阵"娘子军热"。1962年5月,在由电影创作者协会发起,当时发行量最大的电影刊物《大众电影》杂志编辑部主办的首届"大众电影百花奖"上,《红色娘子军》在众多影片的评选中,一举获得最佳故事片奖、最佳导演奖(谢晋)、最佳女演员奖(祝希娟)和最佳配角奖(陈强)四大奖项。

视频:第一届"百花奖"颁奖

1962年5月22日,在纪念毛主席在延安文艺座谈会上的讲话发表20周年的前一天,中国电影家协会在北京政协礼堂隆重举办首届《大众电影》"百花奖"评选颁奖活动,祝希娟所扮演的女主角琼花得票最多,获得了"最佳女演员奖",从而成为新中国影坛第一个"百花影后",此时祝希娟的芳龄仅24岁。她回忆说:"颁奖结束时,郭沫若专门给我题写了一首诗,现在我还记得,'出生入死破旧笼,海南岛上皆东风。浇来都是英雄血,一朵琼花分外红'。"

2018 年 3 月 24 日，中央电视台制作的向经典致敬"著名电影表演艺术家祝希娟"的致敬词称："并不是每一双大眼睛，都如此幸运，用汗水浇灌耕耘，才会百花娇艳争春。并不是每一次转身，都可称作华丽，把角色融进生命，才赢得观众芳心。演戏一点一滴精进，做人一步一个脚印，一部《红色娘子军》，一生永远向前进……"

视频："向前进、向前进，战士的责任重，妇女的怨仇深……"

60 年代的中国老电影的特点之一，就是有一个脍炙人口的电影插曲。《红色娘子军》中的这首歌至今传唱不衰。然而，作曲家黄准当年在创作这首歌时却是费尽了心血。董宇在《〈娘子军连歌〉作曲者黄准：走进琼崖女兵故事里》中介绍：1959 年初夏，著名导演谢晋将《红色娘子军》的剧本交给黄准，黄准当时眼前一亮，"这对我来说，是很重要很有意义的一天，就是这一天我和《娘子军连歌》不期而遇"；"我想为红色电影作曲的心愿终于实现了"。当翻开剧本时，黄准看到"红色娘子军"几个字，第一反应是：好亮的标题。回到家中，黄准一口气就将剧本读完，并被琼崖女兵的故事深深地吸引了。第二天，黄准找到谢晋，表示很有兴趣为它作曲，并且希望能有机会尽早去海南岛体验生活。于是，一行 20 人的队伍踏上了去海南岛的旅途，值得一提的是黄准是队伍里唯一的女同志。踏上海南岛，她曾一度痴迷于琼剧的委婉和高亢。在远离上海的海南岛上，热带风情给黄准的陌生感很快就被新奇感覆盖。这里的草木山水、人文风俗都是前所未见的，尤其那优美而委婉、高亢，而带着点悲凉旋律的琼剧。在随后几天的海南生活中，黄准就像饥渴的人饮上了琼浆，精神振奋，很快就进入了创作的竞技状态，这样良好的感觉始终保持着，直到整部影片的完成。为了能让《娘子军连歌》有海南味儿、革命味儿，1960 年，黄准第二次踏上海南岛，这一次是摄制组成立后去选外景。黄准深感自身对海南音乐的不熟悉，决定要借这个机会去当地熟悉、搜寻、分析海南音乐的海洋中那些更符合《红色娘子军》的音乐元素。"这样的机会我是决不会放弃的。因此，再多的困难我也要去克服"，黄准说。在海口一位向导的带领下，黄准和摄制组沿着娘子军生活战斗过的地方一路走过去。离开城市，走进了原始森林，也走进了琼崖女兵的故事里。"我向几位老红军要她们的'连歌'，可是她们想来想去竟想不出有这么一首歌。最后我只得向谢晋摊牌，只能由我自己来写了。他不相信我能够写出一首他们想要的'连歌'，当时还有人建议直接用像《三大纪律八项注意》那样的歌算了。"黄准说，当时她对歌曲的脉络已经逐渐清晰：这首连歌是进行曲，但不是一般的进行曲，而是海南风味的进行曲，是妇女的进行曲，是底层受压迫要反抗的妇女的进行曲。靠着当时的一股冲劲，她一气呵成写出了《娘子军连歌》的初稿。1961年《红色娘子军》公映，歌曲很快传唱开来，成为最流行的曲调。1964年，《红色娘子军》被改编成芭蕾舞剧，著名作曲家吴祖强专程来拜访黄准，要求同意使用这首连歌。

1964年，该片还获得第三届亚非电影节"万隆奖"；1995年，获得"中国电影世纪奖"。《红色娘子军》还被改编成京剧、芭蕾舞剧等，这些剧目经过多次修改复排，久演不衰，成为我国艺术宝库中的经典。

视频：《红旗谱》（2分钟）

《红旗谱》是由胡苏、凌子风改编自梁斌小说，凌子风、海默、吴坚导演，崔嵬、葛存壮、蔡松龄、赵联、鲁飞主演，北京电影制片厂、天津电影制片厂联合拍摄的电影。影片讲述了清朝末年，锁井镇恶霸地主砸碎作为公产凭证的古钟，霸占公产，农民朱老巩却因斗争失败气病而亡。25年后，流落关外多年的朱老巩的儿子朱老忠带全家返回，要报这血海深仇。冯兰池先下手抓朱老忠的儿子大贵去当兵，朱老忠本欲与冯兰池拼命，想起当年父亲的遭遇，控制住了情绪，并在地下党的帮助下认清只有走革命道路才能真正复仇。

朱安平在《电影〈红旗谱〉：一部红色经典的诞生》中认为：影片《红旗谱》系根据当代著名作家梁斌的同名长篇小说改编。作者自述原著源自一个老人牺牲了三个儿子的真实事迹，在构思过程中加上了另一个家族，又融入了自己曾直接参与的1931年春节前夕发生在河北蠡县的民众"反割头税"斗争和1932年7月的保定"二师学潮"，经过长期酝酿与充分准备，历时五载写成，通过冀中平原锁井镇两家农民三代人与一家地主两代人的尖锐矛盾斗争，对我国农民的革命道路和历史命运做了极具形象化的艺术概括。从老一代朱老巩、严老祥"赤膊上阵"，到第二代严志和、朱老忠又以"对簿公堂""一文一武"，不断与封建势力进行斗争，均遭失败与挫折，直至第三代运涛、江涛等接受了共产党领导，才取得斗争初步胜利。深刻揭示了"中国农民只有在共产党的领导下，才能更好地团结起来，战胜阶级敌人，解放自己"。小说于1957年底出版后广受好评，认为"在描写的内容、规模和气派上堪称一部新型农民革命的史诗"。

提起梁斌，很多人首先想到的是《红旗谱》。自1958年以来，这部反映农民革命斗争的史诗式作品被一版再版，被翻译成8种文字在国外发行，同时以话剧、电影、电视剧等众多形式被传播着。1953年，梁斌正式开始写

《红旗谱》。在此之前，梁斌已经写了《夜之交流》《三个布尔什维克的爸爸》等。《红旗谱》中的很多人物已经初具雏形。据梁斌的夫人散帼英回忆，梁斌创作《红旗谱》时，达到了痴狂状态。起初，梁斌利用工作之余从事写作，但总感觉时间不够用。为此，梁斌先后辞去了新武汉日报社长、中央文学研究所机关支部书记、天津市副市长的职位，专心从事创作。用他自己的话说，一定要在有生之年完成这部作品。

梁斌夫人散帼英回忆说："他没日没夜地写，半夜有了灵感也会马上爬起来。他一门心思都在创作上，好像已经写'傻'了，如果我们不把饭菜端到他面前，他甚至都不知道饿。在武汉时天热，也容易变天，他出门时带着雨伞和扇子，回家时肯定已经丢了。有时候我跟他说家里的一些事，他就像没听见一样，但如果有人跟他谈论《红旗谱》，他立刻就眉飞色舞起来。他创作时不喜欢有人打搅。搬到天津南海路的房子后，他的书房在二楼，孩子们都不敢上去。"在创作之初，《红旗谱》《播火记》《烽烟图》为一部作品，1954年，初稿全部完成，共计140余万字。同年，利用休假时间，梁斌和散帼英用一个花布包袱带着这些草稿来到了北京，去出版社征求意见。出版社建议把稿子分成三部，回到武汉，梁斌又开始夜以继日地修改稿件。据散帼英说，《红旗谱》修改了11次，"手稿摞起来，比他本人还高"。

1958年，《红旗谱》正式出版，好评如潮。茅盾称其为"中国当代文学史上里程碑式的作品"，郭沫若题词"红旗高举乾坤赤，生面别开宇宙新"，并亲自题写了书名。

据朱安平考证：电影《红旗谱》从40余万字原著的复杂、多线的矛盾中，提取了以朱、严两家为代表的锁井镇48村农民同恶霸地主冯兰池之间不可调和的阶级矛盾，以此为主线，并通过朱老忠这个富于叛逆精神的北方农民英雄从自发反抗走上自觉革命道路的成长历程，气势磅礴地再现了20年代中后期北方农村波澜壮阔的革命斗争画卷。影片风格粗犷、激昂，无论表演、摄影、美工和音乐，都散发着一股浓烈深厚的冀中平原乡土气息。特别是崔嵬一人饰演的朱老巩、朱老忠两代人的艺术形象，更使影片具有了"燕赵之风"的气质和悲歌狂飙的力度。冀中平原曾是崔嵬多年战斗的地方，他十分熟悉产生朱老忠这样英雄的环境，熟悉滹沱河两岸人民的生活。他看了原著曾说："合上书，我不仅看到屹立在千里堤上的俯视着滹沱河急流浊浪的朱老忠，也想到自己身穿裤褂、手提驳壳枪、在千里堤上行军奔走。"亲历生活的体验，加上他精深的艺术造诣与不同凡响的气度和演技，以及得天独厚的外形条件，使他创造的两个角色有着浑然天成的艺术美感。在影片序幕"柳林护钟"一场，他以强烈的感情和大幅的动作，寥寥几笔就把朱老巩这个侠肝义胆的古典式农民英雄活生生地勾画在银幕上。面对朱老忠的形象塑造，则又注意在大起大落、对比鲜明的性格色彩中，从而使角色更为丰满感人，他的表演受到国内外观众的交口称赞，并被首届百花奖评选为最佳男演员。著名作家老舍在授奖大会上送给崔嵬一副条幅："贞如翠竹明于雪，静似苍松矫若龙。"这个评价准确概括了崔嵬表演的特色和气质。

1963年八一电影制片厂拍摄的《怒潮》，引起了广大观众的强烈反响。

视频：《怒潮》（2分钟）

《怒潮》是由吴自立、未央、郑洪编剧，史文炽导演，张平、周凤山等主演，八一电影制片厂于1963年拍摄的电影。影片讲述了1927年"四一二政变"和长沙"马日事变"发生后，中国革命由高潮转入低潮。农协主席邱金在与敌搏斗中负伤，被特派员罗大成救出。罗大成在大革命时期的农民运动讲习所聆听过毛泽东的教诲。他深入乡村，领导农民自发展开对敌斗争。中央特派员王怀志是个右倾机会主义者，他认为罗大成农运工作搞过了头，将其撤职。各地都传来解散工农武装的噩耗。在中国革命的危急关头，中共中央召开了"八七"会议，会议批判和结束了党内的右倾机会主义错误，确立了实行武装反抗国民党反动统治和在农村开展土地革命的新方针。1927年9月9日，毛泽东领导了震惊中外的秋收起义，革命火种已成燎原之势。邱金在党的正确领导下，成长起来了。

电影《怒潮》是一部经典战争历史故事片，也是一部较早运用电影艺术表现来反思党内不同思想和路线斗争的影片。据朱安平在《电影往事：革命"怒潮"奔腾不息》一文中写道：这部电影完全是自上而下有组织开展的文艺创作活动的产物。1959年初，总政治部发出通知，要求各部队、各单位积极开展文艺创作活动，迎接国庆10周年。湖南省军区为此成立了文艺献礼办公室，邀请革命前辈和地方作家共同创作反映湖南革命斗争题材的作品，其中就有三部电影剧本的计划，得到已离职休养的省军区副司令员吴自立的响应。吴自立是湖南平江人，是解放军少将。这位战功赫赫的开国将军熟悉平江的革命斗争历史，当时已开始撰写有关回忆录，拟在此基础上改编为电影剧本，以纪念先烈、教育后代。吴自立同省文联主席、著名作家周立波取得联系，由周立波推荐声誉鹊起的青年诗人未央协助进行创作，随后八一厂的编剧郑洪又奉命加入，共同完成了后来拍成影片《怒潮》的剧本。影片最初的创作意图，是表现曾在平江革命史上颇负盛名的"二月扑城"。剧本的初稿就是依据这一史实，由未央根据吴自立提供的素材，参照《星火燎原》中的有关史料写出的，剧名最初叫《平江怒潮》，又曾改成《湘江怒潮》，定稿时考虑原名存在局限遂改为《怒潮》。郑洪看了初稿以后，认为与其仅写"二月扑城"，不如改为写秋收起义，这样教育意义更大一些。于是在后来的修改中，故事背景就由初稿里发生的1927年夏至1928年春，即起于"马日事变"阎紫剑领兵到农村"清乡"，止于罗大成发动十万农民扑城，提前为1926北伐军进入湖南开始，到1927年秋收暴动结束，相应增加了农民支援北伐军作战、邱金救阎紫剑出水、阎紫剑窝藏大土豪刘瑞甫及其叛变革命等几场戏，一方面展现了轰轰烈烈的湖南农民运动对北伐革命的强大支援，一方面揭露了阎紫剑以怨报德的反动丑恶本质，同时与秋收暴动衔接起来。全剧的矛盾冲突，也从原来仅以十万农民扑城为中心事件，延伸涉及与党内右倾机会主义错误的斗争，艺术地再现了这段斗争历史，把第一次国内革命战争的沉痛教训形象地告诉了人们。由于《怒潮》涉及反映建党初期领导武装斗争重大题材，而且是较早运用电影艺术形式表现党内不同思想和路线的斗争，总政及八一厂都十分重视。三位作者花费了两年多时间，先后写了八遍稿本，从原始素材的提炼、故事情节的安排，到人物性格的刻画、主题思想的开掘，经历了不断提高和逐步深化的过程。厂里也破例很早就指定艺术骨干史文帜担任导演，提前进行筹备，并在当时困难条件下提供支持确保拍摄，如影片的外景全部放在平江实地，重场戏农民"扑城"，从路线到实物均仿照当时的，城墙、浮桥以及农军使用的松树炮等，都专门批调材料搭建复制。

　　导演史文帜对这部影片深为热爱，为之倾注了很多心血。他以自己的音乐擅长，与作曲巩志伟密切协作，精心创作了六首插曲，即悲壮激越的《工农他记得》、寓意深刻的《猛虎学道》、明快昂扬的《一支人马强又壮》、深沉抒情的《送别》、热烈欢腾的《秋风卷乌云》、雄壮自豪的《工农齐武装》，分别穿插于剧情发展的关键阶段，在烘托主题、创造气氛、表现主人公内心情感等方面起到了突出作用。如罗大成受错误路线排挤打击被迫离开战斗岗位，即借助一曲痛而不悲、忧而不伤的《送别》，表现邱金及农友乡亲的依依难舍，成为新中国电影史上的经典场景。这些插曲富有强烈的时代气息、鲜明的民族风格、突出的地方色彩、浓郁的抒情意味，随着影片上映迅速、流传脍炙人口。《怒潮》于1963年"七一"在全国公开上映，很快引起热烈反响，被认为是进行革命传统教育的优秀影片。时任中央军委秘书长的罗瑞卿十分高兴，称赞它是八一厂那一时期"最好的影片"。

对于《怒潮》的主演张平，何金鱼在《中国影星档案：新中国 22 大电影明星：张平》中做了一个扼要的介绍：1917 年 11 月 20 日，张平出生于江苏省昆山县（现昆山市）的一个普通家庭。幼年丧母的他，在亲友的帮助下，才勉强在一所寺院的义校读完小学。15 岁那年，父亲因患中风而半身不遂，完全丧失劳动能力，一家 7 口的生活重担压在了张平一人肩上。为了维持生计，他做过电影院检票员、码头工人、建筑公司学徒等工作。或许是为了重温儿时与姐姐登台表演话剧《仙女和牧羊人》的幸福感，疲于生计的他在空闲时也不忘看戏。在看过由上海业余剧人协会演出的《欲魔》，被魏鹤龄的表演深深折服后，他下定决心成为一名演员，由此，黯淡的生命照射进了一道光亮。1936 年秋，他与几位志趣相投的伙伴组织了"雷电"剧社，很快引起左翼"剧联"的关注。后来，"剧联"介绍"南国社"的著名演员左明加入"雷电"剧社担任导演，左明的到来将张平真正引上了艺术的道路。在左明的领导下，"雷电"剧社更名为"先锋"剧社，成为上海戏剧界救亡协会领导下的"救亡演剧第五队"，与众多爱国青年一同奔赴延安。延安的生活是艰苦的，但一切都令张平感到新鲜。1937 年 10 月中旬，他进入抗日军政大学第三期学习，参与了《广州暴动》《血祭上海》《团圆》等大型话剧的演出。1938 年初筹建鲁迅艺术学院。张平不仅参与了鲁艺筹委会工作，还成了戏剧系的第一期学员。1938 年底，作为鲁艺实验剧团演员兼剧务科长，张平亲赴山西前线八路军总部进行慰问演出。通过与八路军首长、战士、群众的亲密接触，他的头脑中积累了更为鲜活、丰富的形象素材，这些珍贵的记忆在他后半生的银幕生涯中起到了重要作用。1948 年 12 月，根据东北局加强电影工作的指示，他随团进入东北电影制片厂，开始了新的艺术生活。从舞台走向银幕，张平经历了一个重新学习的过程。他还记得第一次走到摄影机前的青涩，那是在他的第一部影片《光芒万丈》中，他饰演老工人周明英，众目睽睽之下，没有一点舞台演出气氛，他甚至感到局促不安。多亏了陈波儿和许珂的热情帮助，他才逐渐适应了电影拍摄过程。不到两年时间，张平凭借日趋成熟的演技在《钢铁战士》中大放异彩。张平在饰演排长张志坚这一角色时，充分调动了自己在多年战斗生活中积累的生活素材，塑造了一个有血有肉、生动感人的英雄形象。50 年代初，这部影片在广大青年和部队战士中产生了广泛影响，曾获 1949—1955 年优秀国产影片评选故事片一等奖，第六届卡罗维·发利国际电影节和平奖。1956 年，张平进入中央戏剧学院对斯坦尼斯拉夫斯基表演体系进行了较为系统的学习。1959年重返北影厂后，他又成功塑造了电影《风暴》中勇于反抗的工人阶级先进分子孙玉亮、《探亲记》中为救战友英勇牺牲的三儿、《粮食》中机智幽默的村长康洛太、《小兵张嘎》中乐观坚毅的游击队侦察连长钟亮、《千万不要忘记》中和蔼可亲的老工人丁海宽……他的一生塑造了40余个生动鲜活的艺术形象。80年代，他虽"英姿不再"，却仍"壮心不已"，为了电影事业的蓬勃发展，甘当配角，为年轻人做人梯。他认为，只有叶绿，花才更红。凭借光彩照人的艺术形象和在观众间形成的好口碑，1962年，张平入选"新中国22大影星"。

60年代，电影《革命家庭》也非常受到公众的欢迎。革命母亲陶承自传体小说《我的一家》1958年出版，短时间内发行600万册。

视频：《革命家庭》（2分钟）

《革命家庭》是由夏衍和水华根据陶承自传体小说改编，水华导演，孙道临、于蓝等人主演，北京电影制片厂于1960年拍摄的电影。影片讲述了故事发生在国民革命失败前后，农家姑娘周莲和长沙第一师范学校的进步青年江梅清结婚。1924年，他们已有儿子立群、小清和女儿小莲。江梅清为了真理而参加了革命军，在长沙总工会紧张而繁忙地工作，立群加入了儿童团，小清成了交通员。国民革命失败后，江梅清被国民党反动派杀害。1928年，组织把周莲母子转到上海，立群和小莲进纱厂做精工，周莲则在上海地下党工作，正式加入党组织。后周莲母子被捕入狱，周莲牺牲自己的骨肉，保住了党的机密。直到抗战爆发，周莲被营救出狱，母女三人团聚，奔向延安。

赵郁秀在《玉洁冰清 红色影星——记电影艺术家于蓝》中说：于蓝在饱览群书中，得到一本《我的一家》（陶承著），她捧书细读，为书中一家人的命运回肠荡气，夜不能眠。书中这一家人顽强拼搏的经历，正是中国革命大家庭的缩影，要将这样的革命家庭搬上银幕，这是红色宣传员的天职。她的想法得到了已任电影局副局长、她的丈夫田方的鼓励，也得到大导演水华的支持，他们同编剧合作，立即行动。于蓝一次次去居住于北京的陶承大姐家拜访、细谈，又反复细读《红旗飘飘》和诸多革命回忆录，同时回忆、联想自幼感受的母爱和中外母亲的大爱，那苏联高尔基的《母亲》的大爱，那中国慈母手中线、岳飞背上刺字的母爱，还有她在战地群众中听到见到的无数送儿上战场、为党送情报、支援前线、同敌斗争的关于母爱的感人故事……鲜活动人的革命母亲形象在她心中不停翻腾，她思索着自己的心灵情感如何与形体表演很好地融合。她在解放战争中生下两个儿子，她也一直要做好母亲,要把自己的精力更多奉献给革命事业,自己也是革命母亲!经过一年有余的精心排练和拍摄,名为《革命家庭》的影片在国庆十周年时作为国庆献礼片上映了,大获成功。多少观众看着影片中母亲的一举一动,热泪盈眶,呼唤着"亲爱的母亲、革命的母亲!"周总理在一次文艺界大会上,同于蓝紧紧握手,并大声称赞:"于蓝成功扮演了一位好妈妈!"此后,于蓝荣获了莫斯科第二届电影节最佳女演员奖。于蓝说,获奖是再创作的开始。她永为红色宣传员,高峰攀登无止境。

的确,与过去处理这类影片的角度不同,影片没有正面展示刀与剑、火与血的尖锐斗争,也没有走结构诸多悬念、强烈渲染斗争惊险特点的路子,而以简洁凝练、朴素清丽的镜头画面,描述了两代人在白色恐怖年代中默默为革命奉献一切的动人故事,并以母亲为轴心,抒发和渲染了夫妻、母子的挚爱亲情。影片将一个家庭的命运同党的命运、革命事业的命运紧紧交织在一起,深化了本片的思想和情感力度,使之具有更深刻的内涵和更大的艺术魅力。演员于蓝成功地饰演了母亲,她赋予角色鲜明的个性、饱满的激情,并富有分寸感,层次清晰,真实可信,创造了一个深沉感人的银幕形象。由于这个角色的创造,于蓝在 1961 年 7 月举行的第二届莫斯科国际电影节上获得女演员奖。1962 年举办的第一届大众电影百花奖评选中夏衍、水华获最佳编剧奖。《革命家庭》放映后,就引起巨大的社会反响,红极一时,不仅成为大众街谈巷议的话题,更是被当作社会各界进行革命传统教育的教材。北京大学仅一天之内就连续放映了六场,观众达 1.2 万人。据不完全统计,仅北京一地,1961 年 1 月 2 日至 2 月 23 日,影片已放映了 971 场,观众约 71.2 万人次。

60 年代最具影响力的影片应属《洪湖赤卫队》。

视频:《洪湖赤卫队》(2 分钟)

《洪湖赤卫队》是由梅少山、张敬安编剧,谢添、陈方千、徐枫导演,王玉珍、夏奎斌、谢添主演,北京电影制片厂、武汉电影制片厂于 1961 年联合拍摄的电影。影片以第二次国内革命战争为其背景,描写了在中国共产党的领导下,1930 年夏的湘鄂西革命根据地人民群众和地主湖霸、反动势力的殊死斗争。当湖北沔阳县委把赤卫队撤离后,当地白极会头子彭霸天在国民党部队的支持下企图卷土重来,赤卫队在乡党支部书记韩英和队长刘闯的率领下继续袭击敌人。刘闯有勇无谋,枪打密探而暴露目标。韩英在掩护队伍撤退中,与分队长王金标一同被捕。后来王金标叛变,韩英宁死不屈。敌人把韩英的母亲找来劝降，韩英母女互相勉励，坚贞不屈。敌人把叛徒王金标放回，想诱骗赤卫队进入伏击圈。此时彭霸天的副官表露了地下党员的真实身份，以自己的生命掩护韩英逃脱。韩英回到赤卫队枪毙了叛徒，配合红军作战，消灭了彭霸天。

　　电影是根据歌剧《洪湖赤卫队》改编的。歌剧《洪湖赤卫队》又是怎样被搬上银幕的呢？陈远发在《歌剧〈洪湖赤卫队〉上演前后》一文中回顾了《洪湖赤卫队》从创作到拍成电影的全过程。《洪湖赤卫队》的创作者是湖北省歌剧团以梅少山、杨会君、张敬安、欧阳谦叔、朱本和等人为骨干的集体创作组。他们于1951年随省文联主席郑思来洪湖参加轰轰烈烈的土地改革运动。他们是一批有抱负的青年，在深入群众、发动群众的过程中，主动而又广泛地搜集洪湖革命斗争故事和洪湖渔歌、民间小曲。其后，洪湖的常怀祖、夏志芳、廖才昭等一批文学爱好者在《湖北日报》《湖北文学》《布谷鸟》等报刊上发表了众多洪湖革命斗争故事和洪湖革命歌谣，为创作《洪湖赤卫队》奠定了良好的基础。1958年，湖北省歌剧团为创作《洪湖赤卫队》再次来洪湖实地采访，是年冬，完成歌剧剧本。1959年夏秋之交，《洪湖赤卫队》由省歌剧团在省委洪山礼堂首场公演。省委书记王任重、省长张体学以及三千多名观众观看了演出。首场演出非常成功。接着全体演职人员来到湘鄂西革命根据地——洪湖县（现洪湖市）演出。在表演中，演员人人精神抖擞，干劲倍增，场场精彩紧张，幕幕逼真动人。王玉珍（饰韩英）、夏奎斌（饰刘闯）、刘淑琪（饰韩母）、傅凌（饰秋菊）、陈金鹏（饰彭霸天）等主要演员像回到了自己的家乡一样。演出受到了老区人民的热烈欢迎和一致好评。1959年11月，省歌剧团赴首都北京，在北京剧场汇报演出《洪湖赤卫队》。董必武、贺龙、陈毅等中央领导同志观看了演出，并给予高度评价。演出结束时，中央首长走上舞台和他们一起合影留念，主演王玉珍欣喜之余，还从北京给洪湖县委寄来了一组中央领导同志和演员的合影照片。

　　1961年夏，文化部党组决定，由北京电影制片厂和湖北电影制片厂联合拍摄电影《洪湖赤卫队》。据朱安平在《电影〈洪湖赤卫队〉创作的前前后后》中考证：是周扬专门找到北影厂长汪洋，提出"这个歌剧很好，可以把它拍成电影"。谢添、陈方千也随之主动请战，说看了该剧之后觉得很好，希望由他们来导演这部影片，并说他们和剧团联系过，剧团方面也同意。厂领导研究后予以认可，并将谢添、陈方千作为导演首选，后经请示当时北影所属的北京市委文化主管部门，分管领导陈克寒等也都同意，就确定了下来。

汪洋亲自率谢添、陈方千等先后两度与剧团、湖北省委宣传部负责人，就电影改编、拍摄方针、要求以及时间、经费等，做了详尽沟通，确定由北影和武汉电影制片厂联合拍摄，武影派出导演徐枫及相关人员协作。因是歌剧改编成电影剧本，不仅编剧参与，作曲也要参与进来，后由梅少山、张敬安与陈方千共同执笔完成。同时明确电影不可能把舞台上的戏全部记录下来，主要的情节不变，但有些过场可能要删去，要割爱。有些舞台上不能表现的，在电影上还要把它增添上去。湖北省委希望能把这部影片拍成彩色影片，北影亦认为歌剧电影拍彩色好，征得北京市委文化主管部门同意，落实了片源，并将刚拍完《革命家庭》的著名摄影师钱江调来，以加强摄影力量。演员问题经反复磋商，双方达成共识，以舞台原班人马为主，按电影要求加以调整。汪洋曾认为饰演韩英的王玉珍唱得好，演得也很好，就是脸型差些，可能上银幕达不到预期的效果，提出让王玉珍唱，让成功饰演《青春之歌》中林道静而正走红的谢芳来演。北影艺术副厂长田方对此持不同看法，认为王玉珍的气质好，谢芳演这个角色不太合适。湖北省委宣传部领导也主张最好不要换人，因为王玉珍当初凭扎实的唱功与丰富的表演经验，成为四个主角竞演者中的佼佼者，一直在演这个戏，观众反映很好，脸型问题希望北影在化妆、摄影上想想办法。谢添同样希望仍由王玉珍来演，理由是"土生土长，原汁原味儿"，并保证"演出效果绝对没有问题"。也有一种说法：事情反映到周总理那里，周总理对此很是生气，他说："真是胡闹，演韩英是演英雄又不是演美人。"周总理"一锤定音"，韩英角色之争便由此告息。王玉珍感慨地说："没有周总理的关怀，就没有后来的王玉珍，也就没有大家看到的电影《洪湖赤卫队》。""我这一生最幸运的事就是演了一部好戏，演了一个英雄人物……"1959 年、1961 年，王玉珍分别在同名歌剧、电影《洪湖赤卫队》中成功地扮演了剧中的主要角色——韩英，成为几代人记忆中不可磨灭的经典形象。在王玉珍家客厅里的显眼处，挂着一张她和毛泽东主席、周恩来总理的合影，照片上年轻的王玉珍挽着毛主席，笑得格外灿烂。她至今还清楚记得当时的情景，是周总理促成了这次合影。那是王玉珍在北京出席第三届全国人大会议时，一天，周恩来向毛泽东介绍说，"这是韩英的扮演者王玉珍"。毛泽东得知她是湖北人时，用一口浓重湖南话对她说："咱们一个湖北一个湖南，还是半个同乡哩！"主席的话逗得王玉珍大笑了起来。毛泽东又幽默地说："这个孩子，好大的'哈哈'啊。"那时，在王玉珍眼里，毛主席就像个圣人一样，没想到他那么亲切、风趣，让她的紧张感一扫而光。合影的时候，她和湖北其他几个女代表竟然把毛泽东和周恩来挤到了边上。

在拍摄过程中，拍摄大军近百人，浩浩荡荡开进洪湖，安营扎寨。洪湖县委非常重视这次电影拍摄工作，召开专门会议，拟定具体方案，把做好思想政治工作、平衡工作和后勤保障工作有机结合起来。在拍摄外景的一个多月时间里，县委动员木船30多只，劳力300多人，以及大量枪支、马匹等，还有生活招待费，洪湖人民义务承担做了重大贡献。电影拍成后北影派专人将拷贝赠送洪湖。洪湖人民看后高度赞扬电影拍得好，演员演得好。

歌剧电影《洪湖赤卫队》最大特点是"歌曲"。几首歌曲几乎首首是经典，当然最为经典的还是《洪湖水浪打浪》。

视频：《洪湖赤卫队》插曲《洪湖水浪打浪》

这首歌连同片中的英雄人物韩英成为几代人心目中永恒的记忆。袁成亮在《歌剧〈洪湖赤卫队〉诞生记》一文中认为：作为歌剧，音乐创作至关重要。为了使这场反映洪湖革命斗争事迹的歌剧具有浓厚的地方特色，张敬安以湖北天沔花鼓戏以及天沔、潜江一带的民间音乐为歌剧音乐基调，创作了《洪湖水浪打浪》（重唱部分欧阳谦叔续写）、《没有眼泪，没有悲伤》、《看天下劳苦人民都解放》等脍炙人口的歌剧唱段。尤其是《洪湖水浪打浪》一经演出便不胫而走，成为人们喜爱的一首歌。在中国歌剧选曲中，也只有《白毛女》的《北风吹》和《江姐》的《红梅赞》能够与之相提并论。这首是张敬安根据洪湖当地的一首民歌"湘水谣"改编而成的，原句是"湘河水呀，黄呀么黄又黄……"不过，张敬安在改编时将原先音乐中所透出的浓浓的哀怨一扫而空，原本"年年洪水冲破堤"，变成了优美的"四季野鸭和菱藕"了。经过改编后的《洪湖水浪打浪》在悠长流畅的旋律起伏中透出浓郁的抒情气质，欢快而又富有激情，抒发了革命者对家乡的热爱和幸福生活的憧憬。这首歌与剧中千里洪湖荷花、芦苇和船帆的优美背景融为一体，柔美中显示出雄伟豪迈的气魄，别有一番情趣。也有研究者考证：周恩来就曾称赞它是"一首难得的革命的抒情歌曲"。1962年的一天，演出结束后，周恩来在人民大会堂湖北厅专门安排了一次接见和联欢活动。他与演员们一一握手，高度表扬了他们的演出水平。接着他转过身向湖北省省长张体学问道：《洪湖水，浪打浪》很好听，你会唱吗？"张体学不好意思地说："我喜欢听，但没学会唱。"周恩来开着玩笑说："那怎么行哩，大家都会唱，西哈努克亲王也会唱嘛，还是我教他唱会的呢！"张体学接过话说："我一定学会。还是你教我唱吧！"周恩来马上摇摇头说："不，不，在行家面前我不敢教，还是请韩英同志教你吧。"周恩来说着望了望在场的饰演剧中韩英的王玉珍。王玉珍笑着为张体学解围:"张省长早就会唱了!"周恩来哈哈大笑起来:"来!我们一起来唱。"在热烈的掌声中,乐队奏起音乐,周恩来和演员们一起放声唱起来:"洪湖水呀,浪呀嘛浪打浪啊……"歌剧《洪湖赤卫队》在怀仁堂演出后,周恩来对主题歌"洪湖水,浪打浪"给予了很高的评价。他曾亲口对王玉珍说:"我活了65岁,才找到这么好的一首革命的抒情歌曲。"这使王玉珍深受鼓舞。王玉珍说:"周总理到哪都爱唱这首歌,到莫斯科也在唱,听说在他弥留的时候,还让工作人员为他放这首歌曲,这让我铭记在心。"

1961年,电影《洪湖赤卫队》在全国一经公映,便受到了观众的热烈欢迎,在全国各大影院掀起了一股《洪湖赤卫队》热。1962年,电影《洪湖赤卫队》获得第一届电影百花奖最佳音乐奖。1976年,《洪湖赤卫队》首先解禁,许多电影院全天24小时放映,观众依然络绎不绝。1993年,歌剧《洪湖赤卫队》被评为"20世纪华人音乐经典",并被观众称为"20世纪华人经典歌剧"之一。

这一时期另一部脍炙人口的歌剧电影就是《红珊瑚》。

视频:《红珊瑚》(2分钟)

《红珊瑚》是由赵忠、单文、林荫梧、钟艺兵编剧,王少岩导演,晓军、周祖同等主演,八一电影制片厂于1961年拍摄的电影。影片讲述了新中国成立后,全国绝大部分海疆、岛屿于1950年均已解放。盘踞在珊瑚岛上的渔霸七奶奶做梦都盼着国军打回来。渔家女珊妹为救病重的父亲徐老大被迫租身前往牛头岱,途中不甘受欺凌的珊妹跳海逃走,巧遇已当上解放军的未婚夫阿青,她立志参加革命队伍,并陪侦察参谋王永刚重返珊瑚岛。上岛后,他们组织渔民积极开展反霸斗争,逼渔霸借粮,取消禁海令。麻副官与七奶奶密谋劫持岛上青壮年,王永刚抓获送信的孙富贵,让徐老大将情报送往大龙山找解放军,让其攻岛,以红灯为号。不料,关键时刻升灯的渔民被打伤,珊妹奋不顾身直奔红灯。

歌剧《红珊瑚》创作于20世纪60年代初,《红珊瑚》的突出成就之一,是它展现了人民解放军解放台州一江山岛和大陈岛的战斗故事。在中国处于60年初期经济困难的情况下,无疑对部队战士和广大人民群众都具有现实的教育意义。不仅增强了对帝国主义封锁和蒋介石国民党叫嚣"反攻大陆"的无比憎恨,同时激发了广大人民群众的战斗意志,鼓舞着我们加速祖国的社会主义建设的决心。张强在《新中国初期民族歌剧表演艺术研究

（1949—1966）》博士论文中认为：《红珊瑚》是一部以描写人民海军和海岛渔民对国民党匪军和封建渔霸的英勇斗争的歌剧，该剧集中反映了人民解放军海军部队解放沿海岛屿的英勇斗争及军民鱼水情、血肉相连的时代主题。《红珊瑚》是一部运用传统艺术表现较为成功的作品。其中较多地借鉴了传统戏曲的音调和表现手法，音乐素材主要吸取了南方及其他剧种的民间音乐，如河南豫剧等音调元素。悠长曲折、起伏变化的旋律线条赋予了舞台表演以强烈的歌唱性特点，尤其是以板腔体、歌谣体相结合的方式作为全剧音乐戏剧结构的主要框架——短小的抒情性唱段以歌谣体结构写成，篇幅长大、情感层次复杂的大段咏叹性唱段则借用戏曲板腔体的方式进行戏剧性展开；前者以"珊瑚颂"较有代表性，后者则以珊妹的唱段"海风阵阵愁煞人""渔家女要做好儿男"最为典型，也最为成功。应该说，《红珊瑚》在艺术表现形式上的最大特点就是它的统一性。从戏剧结构的设置到演员的演唱、表演及风格上的体现等方面都比较统一，也比较成熟。在这部歌剧中，合唱的运用也十分出色，它借鉴了戏曲中高腔的帮腔手法，与独唱配合得十分和谐、恰当，使戏剧气氛的增强和人物思想感情的挖掘等方面，都取得了一定的效果。这部歌剧的音乐创作无论是从戏剧结构还是音乐结构上达到了一定的高度，比起同一类型的其他歌剧作品来说前进了一大步。

马夫在《〈红珊瑚〉：从歌剧到电影创作点滴》回忆了2017年采访《红珊瑚》的唯一编剧钟艺兵。在与钟艺兵老师小叙中，话题自然离不开《红珊瑚》从歌剧到电影的创作过程。回忆起这个创作过程，钟艺兵老师说，当年，歌剧《红珊瑚》的创作完全从戏曲的路子大胆进行探索，但它毕竟是歌剧，不是戏曲。所以，这个创作自觉不自觉地走上了一条歌剧民族化的道路。而在作曲方面，作曲胡士平和王锡仁，一个去安徽，一个去河南，学黄梅戏、昆曲、川剧、河南坠子和河北梆子等。1960年，海政文工团的歌剧《红珊瑚》上演后，获得很大成功。第二年，八一电影制片厂把它拍成了电影。钟艺兵说：拍电影很难，完全写实不行，而完全写意也不行。所以，要做到虚实结合。这部影片在拍摄中做了许多大胆的尝试。在拍摄中，把过去舞台上用过的鼓风机吹动绸布筒的"绸海"搬上银幕。导演对这部影片的艺术处理也是着重写意，因而影片全部在摄影棚中拍摄，没有一个外景镜头。电影上映后获得一片好评。电影使这部歌剧的影响更大了。《红珊瑚》成了海政文工团的保留剧目。

电影歌剧《红珊瑚》的最大成就之一，就是主题曲《珊瑚颂》。

视频歌曲：《珊瑚颂》

作曲之一的胡士平写道："作为主题歌，它集中地体现了珊妹这个人物的精神面貌，而珊妹又是全剧的中心人物，她的形象也就具有了全剧性。正是这种全剧性的要求，在歌剧创作上，如果在歌剧的整体构思中已有了主题歌的设想，总是先写主题歌。但《珊瑚颂》则不是产生于全剧音乐创作之初，而是产生于全剧音乐完成之后，是倒过来的。因为1960年我和王锡仁同志写《红珊瑚》音乐的时候，还没有写主题歌的设想。"《珊瑚颂》的唱词采用了借物抒情，以物喻人的手法，借赞美红珊瑚来赞美渔家女儿珊妹。红珊瑚，生长在深海之中，形似树枝，骨质坚硬，颜色鲜丽，异常珍贵。歌词赞美它形态俏丽如"一树红花"，光彩炽热似"一团火焰"，品格刚毅，不怕风吹浪打，云遮雾盖。唱词句句写的是物，又句句写的是人，达到人、物合一，人、物一体的境界。唱词的文学性和可唱性都好，既简练，又丰富，既通俗，又高雅，不但容易唤起曲作者的创作欲望，而且为音乐定下了雅俗共赏的基调。其实，雅俗共赏不仅是主题歌，也是整部歌剧所追求的目标。直到今天，无论是音乐院系、戏剧系，还是60年代出生的人群，都会随着《红珊瑚》的旋律，哼唱《珊瑚颂》这首经典歌曲。

第二，军事题材影片创作呈现出新变化。这一时期编导者们突破了过去比较平面、雷同的模式，独辟蹊径，将摄像机的镜头延伸到了战争的不同侧面，力求用各种形式从各个角度来表现人民战争的伟大历程，塑造出更加真实丰满的革命英雄银幕形象。这一时期出现的优秀军事题材影片主要有：《东进序曲》《红日》《停战以后》《林海雪原》等。

视频：《东进序曲》（2分钟）

《东进序曲》是由顾宝章、所云平改编，华纯导演，李炎等主演，八一电影制片厂于1962年拍摄的电影。影片讲述了1940年，新四军组成挺进纵队，东进抗日。途中，在苏北桥头镇遭到国民党苏鲁皖部阻挠。苏鲁皖部副总指挥刘玉坤受顽固派蒋公任等人挑唆，执迷反共。挺进纵队政治部主任黄秉光奉命与苏鲁皖指挥部谈判，被对方扣留。与此同时，刘玉坤派兵袭击挺进纵队，遭惨败，第二纵队司令石中柱被俘。第一纵队司令周明哲不愿打内战，刘欲加罪于周，周率众起义，使新四军主力顺利过江。日伪密使汪光夏乘刘处于困境，诱逼刘降日反共。这时，躲避于他处的苏鲁皖总指挥刘世仪赶回，在共产党统一战线政策的影响下，同时也为保全自己的实力，向被囚禁的黄赔罪，表示愿停止内战，共同抗日。黄回到纵队，新四军继续东进。

《东进序曲》，根据同名话剧改编。电影剧本在改编拍摄的过程中还得到了周扬、夏衍、田汉、阳翰笙等文艺界领导、专家的关注，特别强调"谈判""舌战"的场面，其中夏衍还亲自逐字逐句地修改剧本。

胡兆才在《电影〈东进序曲〉的原型——叶飞指挥郭村战斗纪实》一文中介绍：1940 年 3 月，新四军半塔集保卫战胜利后，中共中央指示迅速打开苏北抗日局面，彻底孤立韩德勤，使苏北新四军化。为了便于挺进纵队开展工作，叶飞致电陈毅，提出挺纵向郭村转移的方案。郭村，是李明扬、李长江的活动地盘，为了打开苏北局面，陈毅曾两次进泰州拜访过二李。现在，叶飞提出向郭村转移，陈毅不得不第三次从苏南的溧阳水西村赶到泰州，与李明扬、李长江交涉。二李满口答应叶飞部队借住郭村的要求。叶飞部进驻郭村的消息很快传到韩德勤耳中，他震惊之余，急急从兴化赶到泰州，开作战会议，逼迫李明扬、李长江进攻郭村的新四军。李明扬态度暧昧，不表态，李长江却跃跃欲试地表示，要与新四军势不两立，发誓一定要将新四军赶出郭村。城府较深的李明扬不想得罪韩德勤，也不想阻止李长江，更不想向新四军动手，便借故离开了泰州推说到兴化办事，将部队交给了李长江，一走了之。韩德勤和李长江集中了 13 个团 1.3 万兵力，向郭村发起攻击，大有"踏平"郭村，"铲除"新四军之势，结果遭遇惨败。李昂、刘建山在《电影〈东进序曲〉幕后珍闻》一文中介绍说：1958 年，八一厂根据形势需要增加了对故事片的投入力度，并从全军各文工团选调优秀演员。参演过《智取华山》和《战斗里成长》的李炎，幸运地与田华、王心刚、王润身、张良等一起从沈阳军区抗敌文工团调入八一厂演员剧团。皮肤黝黑、小眼睛的李炎，因不符合当时"高鼻梁、大眼睛"的审美标准，剧团推荐他饰演《永不消逝的电波》中的男主角李侠，但导演王萍觉得他形象不理想没用他。为此，李炎曾一度陷入苦恼，对自己是否适合当一名演员产生了怀疑。直至 1961 年，八一厂拟将话剧《东进序曲》搬上银幕，李炎的演艺事业才峰回路转，在演员基本沿用原班人马的情况下，见解独到的导演华纯力排众议，决定由李炎扮演片中主角新四军政治部主任黄秉光。正式拍板前，李炎把自己关在屋子里，熟读了翔实的相关史料，对黄秉光原型做了充分的深入了解。李炎向导演华纯建议："面对顽敌蒋、汪之流的围攻，作为高级政治工作的干部，黄秉光有着精明敏锐的职业素养，在这场戏里，他要既能体现出我党不计前嫌、共同抗日的襟怀，同时又要能表现出他的善借矛盾、审时度势的谈判策略。"一番"试戏"后，华纯欣然拍板："你李炎就是黄秉光啦，只能演好不能演砸。"正是缘于这种刻苦钻研，使李炎所饰演的黄秉光在三面夹击中舌战群儒，机智勇敢而又潇洒自若的形象，巍然屹立在银幕之上。影片放映后，光辉的英雄形象得到了各界的一致肯定与赞扬，也为李炎赢得了接连不断的演出机会。《打击侵略者》《年青的一代》《峥嵘岁月》等影视作品，相继展示出李炎精湛的演技，塑造出诸多令人难忘的银幕形象。

其实，黄秉光的原型是陈同生。据尹家民在《戎马书生陈同生》一文中介绍：当郭村战斗一触即发之际，叶飞先找来特委副书记惠浴宇，想让他在开战前做最后一次争取和平的努力。但惠浴宇正害眼病，两眼红肿，叶飞改派陈同生去和改变了原本持中立立场的李明扬、李长江部谈判。叶飞对陈同生说，现在顽固派的刺刀逼到我们鼻子尖了，内战不利于抗战，我们不能让顽固派的阴谋得逞，你还是到泰州去谈判，将陈毅司令员给他们的电报转去，让苏北人民了解我们对内求团结、对外求抗战的诚意，即使谈不成，能多争取几天时间，对我们在政治上、军事上也是有益的。于是，挺进纵队政治部副主任陈同生以陈毅秘书长的名义到泰州去谈判。朱安平认为：剧本之所以反复修改，最为主要的问题，在于遇到历史真实与艺术创造之间的矛盾。对编演该剧各方面都很关心，但如何处理历史真实出现不同甚至相反的意见。最为典型的是主人公的塑造，话剧中名为陈秉光、电影中改为黄秉光，他在"出使江州""舌战群顽"场次中坚持立场、掌握政策、不偏不畏、气度凛然的表现，都是真人真事的实际情况，但是因为把他和虚构的人物如爱国军人周明哲，地下党员林毅，国民党苏鲁皖游击总指挥刘世仪、副总指挥刘玉昆，江苏省参议蒋公任，汪精卫代表汪光夏等摆在一起，形成制约关系，必然增加了不少虚构与强调成分。尤其是按照真人真事，黄秉光的谈判由于苏鲁皖部执意反共而未能成功，在戏剧处理上仅靠谈判这个情节，确实难以树立人物，因而虚构了"舌战"情节与场面。而且黄秉光自被顽固派软禁到获释，这一段时间里没有而且也不可能进行任何其他活动，为了力求人物贯串全剧不致中断，同时也为了揭露日特和汪奸在幕后的阴谋活动，剧作又虚构了"阴谋陷害"一场戏，使之与周明哲走向起义联系起来，这样黄秉光居于冲突中心，在舞台上出现的时间也增多了，达到了塑造一位我军高级干部英雄形象的目的。与之相关的还有蒋公任、汪光夏、九姨太以及段泽民几个反面人物的塑造，因涉及历史事实曾引起不小争议。影片的另一个争议是关于"东进"概念之争。孙明杰在《〈东进序曲〉主题历史背景辨误》一文中认为：关于江南新四军主力东进及序曲发生的时间可以做出如下判断：一是江南新四军主力东进的时间是在 1938 年 6 月和 7 月，即陈毅与张鼎丞分别率领新四军第一支队和第二支队由皖南挺进苏南的时间，而不是影片中所描述的新四军主力渡江北上后向黄桥方向的东进；二是新四军主力东进的序曲是 1938 年 4 月，即新四军先遣支队在支队司令员粟裕率领下从皖南歙县出发，向苏南挺进执行战略侦察任务，也不是影片中所描述的江州桥头之战（实为郭村之战）；三是就新四军主力发展完整战史来讲，影片中桥头之战所反映的郭村之战历史，仅是新四军贯彻中共中央发展华中战略过程中的一次经典战例而已，不是新四军东进的序曲。新四军的东进序曲，发生在苏南，这是陈毅同志对当年历史的正确评述。

影片上映后得到了观众好评，曾获总政治部颁发的"优秀影片奖"，但在"文革"中却被扣上"宣扬右倾投降主义路线""丑化人民军队"等一大堆莫须有的罪名，被禁锢十余年之久，直到粉碎"四人帮"后才重获公映。

第三，反映现实生活题材的影片也丰富多彩。1956 年"双百方针"提出后，电影创作出现的一个最显著的变化就是反映现实生活的影片大大增加，并且明显地取代了革命历史题材的传统优势地位，而一跃成为故事片创作的主要领域。

其一，农村题材影片的创新追求。

1961 年到 1963 年拍摄了十几部农村农业题材电影，其中优秀和比较优秀的《李双双》《枯木逢春》《槐树庄》《北大荒人》《北国江南》《两家人》《我们村里的年轻人（续集）》等。与 50 年代影片相比较，这些影片无论在反映和揭示生活的广度和深度，塑造鲜明、生动、丰满的银幕艺术形象，还是民族形式上和民族风格上的美学追求等方面，都表现出一种整体的创新探索的创作趋向，尤其是《李双双》《枯木逢春》。

视频《李双双》（2 分钟）

《李双双》是由李准的《李双双小传》改编，鲁韧导演，张瑞芳和仲星火主演，海燕电影制片厂于 1962 年拍摄的电影。影片讲述了李双双为人公正、正义感强，丈夫喜旺则胆小怕事，没有准主意。喜旺当记工员，双双鼓励他秉公办事。但他与别人工作时投机取巧，被双双揭发。李双双办事大公无私，被群众选为妇女队长。喜旺受人挑拨，又怕妻子当了妇女队长后更加管不住，便以离家要挟双双。双双心软了，但喜旺得寸进尺，提出约法三章，双双严词拒绝。喜旺真和金樵离家去搞运输。孙有夫妇瞒着女儿桂英为她在城里说了一门亲事，桂英却早与二春相爱，央求双双帮她回绝。孙有媳妇对双双破口大骂，喜旺正好撞到，认为双双管闲事太多，再度离家。秋收时节，孙庄生产队因正确地执行评工记分制度，社员生产积极性高涨，全庄喜获丰收。喜旺赶车回社，看到一片新气象，悔悟当初，放下架子回家与双双团聚。当夜，喜旺透露了金樵、孙有贪污运输费的事，他得意地表示自己没有参与。双双却批评他对坏现象袖手旁观，喜旺深感惭愧，于是到金樵家帮助他们认识错误。双双以为他又负气出走，知道真相后破涕为笑。从此以后，夫妻更加恩爱。

著名电影艺术家张瑞芳通过饰演李双双赢得了观众和专家们的盛誉。

视频：中国 22 大影星之一：张瑞芳（4 分钟）

吴志菲在《"永远的李双双"——张瑞芳》一文中写道："1918 年，张瑞芳出生在河北保定一个旧军官家庭，1929 年初，因家庭变故张瑞芳全家迁到北平。张瑞芳最初的演艺生涯是从话剧开始，那是 20 世纪的 30 年代在北京女一中（现北京市 161 中学）读高中的时候。张瑞芳回忆说："我们学校演话剧很有名。最开始演莫里哀的戏，我高二，演里头那个调皮捣蛋的侍女。这个戏在班上我们演过，可这次是全校组织一个戏剧研究社，所以外头请了人来指导。请了当时是艺术学院的一个学生来导演，那时才第一次知道还有导演这个职位。反正第一次规规矩矩排，本来就背了词上了台瞎走，后来我发现还不能瞎走，还得舞台调度、还得化妆。化妆本来就是画画，擦点儿口红就拉倒，这个还擦底彩，觉得挺稀罕挺新鲜的。"1935 年"一二·九"学生运动爆发以后，家里就经常会来一些神秘的"陌生人"，是张瑞芳的姐姐张楠带回家的"同学"——彭真、姚依林、蒋南翔、黄敬等等。当 17 岁的张瑞芳知道这些都是领导学生运动的北平地下党干部后，就怀着崇敬的心情，瞪着好奇的眼睛，透过自己卧室的纱窗看着他们一个个走进东边的屋子。一整天，那里悄无声息，但张瑞芳却能根据母亲守在门口义务做保安的行为判断出，对面那扇门里正在召开重要会议，正在从事神圣的事业。她感受到那里有一盏无形的灯，光芒一直射到她心里。这情景后来在张瑞芳和金焰、张翼、秦文等人一起主演的电影《母亲》中得到再现，张瑞芳扮演的正是为革命者"守门"的母亲。这部以张瑞芳母亲的革命经历为蓝本的电影，往往被人们忽略，但在张瑞芳心里，这是一部非常重要的作品。在母亲和姐姐的影响下，张瑞芳参加了由北平地下党领导的一个青年团体"中华民族解放先锋队"，投身于"抗日救亡"的洪流。

抗战爆发后，张瑞芳参加了以宣传抗日为宗旨的"北平学生战地移动剧团"，并随团到达西安，正要奔赴向往已久的延安时，领导让她去重庆。在重庆，张瑞芳先后和怒吼剧组、中国万岁剧团、中华剧艺社签约，主演了几十出话剧。中共南方局书记周恩来就关注并联系到了张瑞芳。张瑞芳对周恩来说："从小到大，无论在哪里，大家都对我很好。"周恩来笑了笑，说："大家都对你挺好，那是因为你对大家也一定不错。"周恩来鼓励她："多交朋友，向优秀的前辈学习，在演剧上精益求精，做共产党的好演员。"为了更有利于为党的文艺事业工作，周恩来亲自部署，让张瑞芳"淡出政治圈"，"隐蔽"下来。周恩来表示：他工作非常忙，所以可能做不到定时频繁地与她见面，但只要有必要，他会与她联系。于是，张瑞芳连党的组织生活也不参加，并对原来热心参与的一些事情故意表现出冷淡，心里则是又别扭又痛苦，还不能跟任何人说，只能靠频繁地演戏来充实自己，忘却隐瞒党员身份的不快。为更好地保护文艺界的地下党员。年轻的张瑞芳得知，感动得说不出话来。张瑞芳代表作叫《棠棣之花》。郭沫若编剧，她扮演酒家女春姑，用诗的语言传达出对美好生活的向往和对祖国的挚爱。《屈原》则是她的成名作，也出自郭沫若的手笔。24岁的她，演活了一个爱憎分明的婵娟。演出轰动山城。50岁的编剧郭沫若，面对此情此景诗兴大发，题七绝一首赠张瑞芳："凭空降谪一婵娟，笑貌声容栩栩传。赢得万千儿女泪，如君合在月中眠。"她接着又出演了曹禺《北京人》中的愫芳、巴金《家》中的瑞珏，都引起轰动。终于有一天，她与白杨、舒绣文、秦怡一起被誉为20世纪40年代中国话剧"四大名旦"。在重庆，张瑞芳还参演了孙瑜导演的电影《火的洗礼》，在上影厂期间，她参与主演了《三年》《母亲》《凤凰之歌》《三八河边》《聂耳》等一系列代表影片。

　　1952年公映的电影《南征北战》是张瑞芳比较满意的影片，尽管自己在其中的戏份很少。当年她接受《南征北战》中游击队长赵玉敏这一角色时，心里空荡荡的，有力不知往哪儿使。毕竟自己与角色的距离太遥远，那时候提倡体验生活，她与冯喆、铁牛等演员一起来到山东盖都、临沂老解放区，穿上老布衫，背上行李与当地乡民同吃同劳动八个多月。她曾回忆说："这部作品，即使用今天的眼光去审视，还是很完美。这是我生平第一次塑造劳动妇女形象，和过去演的角色完全决裂了"。1958年初，作家李准发表了短篇小说《李双双小传》。三年后，导演鲁韧带着李准的剧本来到河南林县要拍一个有点喜剧味道的农村戏。至于拍成什么样也没有个模子。那个时候剧本的名字叫《喜旺嫂子》，张瑞芳在剧中担任女主角。张瑞芳却从来没有演过泼辣爽朗的角色，为此编剧李准并没有看好她。为了能准确理解作家赋予李双双这一形象的内涵，张瑞芳找来了李准小说集，仔细揣摩。"我当时为了熟悉，一遍遍读，一遍遍看，一遍遍想，我就好像觉得演一个戏，觉得就跟谁谈恋爱似的，日夜都放不下。那个人物到底怎么生活，怎么走路，走路我也挺注意的……"李双双是个心直口快、大公无私的农村妇女，电影的风格定位为喜剧，如何让自己和角色融为一体，张瑞芳考虑在表演上适当夸张风趣一点，但是在拍摄期间，导演鲁韧却一直提心吊胆，提醒张瑞芳："不行，千万不要放得太开，弄不好会被戴上'丑化劳动人民'的帽子！"于是，张瑞芳表演时顾虑重重。万笑男在《"像李双双一样表演"——以张瑞芳为个案的研究（1960—1964）》一文中说：电影拍摄完成之后，主创人员担心像《李双双》这样一部电影，只讲了一个平平常常的农村妇女的故事，可能会挨批或者"下马"。果不其然，大约是因为拍摄时始终没完全放开，影响了张瑞芳的表演和电影的风格，领导和专家观看《李双双》后反应冷淡。他们一致认为："把《李双双》当喜剧看，双双'疯'得不够；当正剧看，又嫌双双太'疯'。"主管电影工作的夏衍和陈荒煤都对这部电影表示不满。夏衍在与《大众电影》编辑部工作人员见面时表示："《李双双》这部片子，我看不大会受群众欢迎。一部喜剧片，却搞得让人笑不起来，是糟蹋张瑞芳了。就不一定要多搞了，搞些图片介绍就可以了。"电影局局长陈荒煤是张瑞芳的妹夫，大概因为是亲戚关系，他表达得更为直接。在看完《李双双》之后，陈荒煤给张瑞芳写了一张条子，说："这么多年来你还没演过一个好戏呢。"这显然是对《李双双》这部影片和张瑞芳的表演都不满意。陈荒煤认为，张瑞芳在中华人民共和国成立以后总演一些像李双双这样没有深度的人物，表演上应该有的、更多更好的东西都没有表现出来。按照专家和领导的意见，《李双双》应该被"打入冷宫"。张瑞芳等人在拍摄过程中心里就没底，听了批评意见后非常认同，做好了电影"下马"的心理准备。然而出人意料的是，《李双双》上映之后受到全国各地观众的热烈欢迎，影片虽然印制了一千多个拷贝同时放映，仍然不能满足需求。在上海宝山人民公社放映时，社员们听说《李双双》下乡来了，立刻轰动起来，有的搭汽车来的，有的骑自行车来的，有全家乘船来的，更有徒步摸了十几里黑路来的。不光农村观众喜欢看《李双双》，城市观众也喜欢看《李双双》。在许多城市的影院前，观众排起了购票的长队，出现了多年未有的热烈场面。上海淮海影院一天加映七场，仍满足不了观众的需求，出现了一票难求的盛况。观众对《李双双》的热爱最终改变了相关领导和专家的态度。1962年11月18日,《人民日报》发表了著名影评人贾霁题为《新人物 新题材 新成就》的长篇影评。贾霁认为《李双双》是一部出色的作品,它"描写的农村人民公社的新人新事,是那样富有生活气息,富有新鲜感:特别是它所表现的我们同时代人的精神面貌、人物关系的变化和新人形象的成长,使人耳目一新,念念难忘"。

李准认为张瑞芳的表演淳朴、自然、本色,挥洒出了李双双的忘我劲。她的表演征服了观众,并因此荣膺"最佳女演员"的称号。优秀演员仲星火饰演的李双双丈夫孙喜旺准确抓住了这个人物特殊而矛盾的性格,并且以他特有的诙谐而有分寸的喜剧表演气质,生动自然地在银幕上塑造了一个活喜旺的形象,不仅加强了影片的喜剧效果,而且使这个有趣的人物与李双双一起,给观众留下了深刻的印象,并因此获得了最佳男配角。

视频:第二届"百花奖"颁奖大会

郭沫若又给张瑞芳题了一幅墨宝是:"天衣无缝气轩昂,集体精神赖发扬。三亿神州新姊妹,人人竞学李双双。"《当代中国电影》认为:《李双双》的创作是成功的。它不仅很好地继承了中国电影的现实主义传统,在真实地反映现实生活、大胆揭示生活矛盾的同时,塑造出鲜明、生动、具有典型意义的银幕形象,而且创造了一种新的农村片的风格,这是以轻喜剧的形式,在轻松活泼气氛中表现大量存在的人民内部矛盾,让观众在欣赏中获得深刻的教益。

其二,描写社会主义新人的影片独具特色。

视频:《北大荒人》(2分钟)

《北大荒人》是由崔嵬、陈怀皑导演,张平、崔嵬、于少康、袁枚主演,北京电影制片厂于1961年拍摄的电影。影片是继《老兵新传》之后又一部展示拓荒者的奉献之歌的好电影。赵国春撰写的《讴歌北大荒精神的老电影》一文介绍:电影《北大荒人》的创作者是范国栋。范国栋1935年生于北京,1951年毕业后参加中国人民解放军,1958年春天随10万转业官兵来到北大荒,在八五三农场四分场(雁窝岛)当农工和文化教员。后来,他随农场业余文工队的同志调到刚刚成立的铁道兵农垦局文工团。转业官兵艰苦奋斗的气魄、火热的生活使范国栋激动不已。由于局里要进行文艺会演,话剧队缺少合适的剧本,他决定把10万转业官兵创业的历程,和听说过的当年老铁道兵开发雁窝岛的动人事迹,再现在舞台上。范国栋当时凭着年轻人的一股子闯劲儿,一夜之间完成了独幕话剧《愿望》,在局第一届职工文艺会演中上演,反映不错。当时正在垦区检查工作的农垦部宣传处副处长皮以德看了戏很高兴，立即找到范国栋和话剧队的同志们，对大家讲："你们的戏演得不错，演员阵容也很强嘛！剧本写得也很风趣，只是反映的生活面太窄了：两个四川姑娘到北大荒来，一心想开拖拉机，结果分配她们去养小鸡，闹情绪，在大家的帮助下转变了，就这么一点子事。当然，作为一个独幕话剧也还可以了。我现在提个希望，希望你们写个大戏，大型话剧，写10万转业官兵进军北大荒！这是一件大事，在古今中外都算是个创举哩！全国人民的眼睛在看着我们，许多外国人也在注视着我们，那么多当兵的到北大荒搞啥子名堂？能不能站住脚？能不能打出粮食来？你们来北大荒一年了，用事实做了回答，这还不够，还要用一个戏来回答，在舞台上向全国人民汇报！这是个大题目，题目我出了，文章要靠你们来做，好不好？"大家不约而同地回答："好！"于是，范国栋开始了话剧《北大荒人》（原名《雁窝岛》）的创作。在写这部剧时，他"一边写一边淌泪，连稿纸都湿了"，大删大改了六次。著名剧作家吴祖光当时在八五三农场二分场六队参加劳动，农垦局就从"右派队"找来了吴祖光帮助改这部戏。他看完《北大荒人》的初稿后，提出了几条很好的建议。比如第一部中，党委书记高建民与战友之父黄志清和战友之女燕子相认一场是很感人的，吴祖光称之有戏，建议大做文章，可把燕子改为高的亲生女儿，抗日战争中失散，相见不相识，使之成为人物关系的一条主线贯穿全剧，不要一下子就认出来，要到最后戏的高潮时再相认，相认本身又是一个高潮。这本来是提高戏剧艺术的一个好主意，是行家里手的有识之见，可是这条建议在集体讨论时被否定了，有人说"搞不好会有'人性论''人情味'的危险"。当时范国栋看到吴祖光挂在嘴角的一丝苦笑，心里只有遗憾。虽然他脑中也有"怕"字，但修改剧本时，他还是采纳了吴祖光的一些建议。比如，第一幕，燕子过灯节点蜡烛的细节，对当场几个人物性格的刻画和舞台气氛的渲染都很生动。吴祖光当时笑着说："这可是有点人情味儿啊。"范国栋挤了挤眼说："这是无产阶级的人情味。"说罢二人都笑了起来。剧本几经修改，1960年8月，《北大荒人》在首都正式公演，立即引起轰动。演出后，中国戏剧家协会主席田汉在协会秘书长李超陪同下，走上舞台祝贺演出成功并与演员们合影留念。随后，李超对范国栋和团长说，田老很高兴，要谈谈这个戏，叫你们跟田老去听意见。他们就上了田老的汽车，来到西单曲园饭庄，跟着田老夫妇往里走，原来田老是请他们吃饭。田老一边吃饭一边谈意见，还向他们询问北大荒的生活情况和文艺活动开展的情况。之后，解放军总政治部肖华主任还为话剧团专门举行了一次招待宴会，欢迎北大荒的转业官兵代表回京为部队做汇报演出。当年7月,《北大荒人》的剧本在《剧本》杂志上发表。上海、天津和四川艺术剧院、甘肃话剧团、哈尔滨话剧院先后上演了《北大荒人》。王震指示:"要拍成电影,一部电影全国都能看到!"随即,北京电影制片厂把《北大荒人》列入拍摄计划,导演为崔嵬和陈怀皑。第二年3月,北京电影制片厂摄制组在著名导演崔嵬的带领下,到八五二、八五三农场拍景。

　　影片基本上按照同名话剧的路子进行改编,使之电影化,并突出了原剧中存在的两条路线即先进与保守之间的斗争。崔嵬主演剧中老猎人这一角色,著名演员张平扮演党委书记兼场长。其他演员(包括群众演员)大都由北大荒文工团演员担任,如于绍康演农场副场长这个重要角色,袁玫演老猎人的女儿小燕子。影片通过对雁窝岛的开发,展开了一波三折的矛盾冲突:即是否进岛开发、敢不敢进岛以及进岛后能否站住脚跟等一系列故事情节,塑造了一群复转官兵的大无畏精神和战胜万难的英雄气概。当然,影片也受时代的局限,残留着当年"大跃进"带来的痕迹。影片拍完后,迟迟未公映。原因在于,当时"大跃进"过去了,人们开始冷静下来,党中央开始纠正"左"的偏差,并制定了"调整、巩固、充实、提高"的八字方针。过了一些日子,影片做了某些处理。1963年春节,彩色故事片《北大荒人》在北京举行首映式后在全国放映。千里之外的祖国边陲虎林县(现虎林市),北大荒人按捺不住激动的心情,坐在电影院里观看这部电影。据说,电影拷贝是北京特意送来的。从此,黑土地上的人们有了一个风靡全国的称号——"北大荒人",这个称号一直延续至今。直到20世纪90年代,那些分布在全国各地的知青仍以拥有"北大荒人"的称号而自豪。

　　赵国春认为:《北大荒人》的艺术成就,还在于借助电影色彩的渲染和构图,第一次在全国广大观众面前展现了北大荒大自然的瑰丽与辽阔、大农业和农业机械化的威力,以及北疆军垦农场的社会习俗,使整个影片充溢着浓郁的地方特色、军垦特色和泥土气息。大批北大荒文工团演员塑造了自己熟悉的复转官兵形象,成功地展现了北大荒人的英雄气概。《北大荒人》不愧为一部"北大荒人编、北大荒人演、演北大荒人"的经典电影。

　　歌颂社会主义新人的影片还有《昆仑山上一棵草》《年轻的一代》等影片。

　　其三,喜剧片创作再度兴起。

　　1962年至1963年,中国生产了十几部喜剧片,形成了新中国成立以来的第二次戏剧创作高潮。从当时喜剧创作主体倾向看:分为歌颂主题喜剧和讽刺喜剧两种。所谓歌颂主题喜剧，一般不采用讽刺手段，而是偏重于用一系列误会、巧合等生活化喜剧情节和笑料，在幽默、轻快、诙谐的喜剧气氛中展现新的生活内容，歌颂社会主义制度下新的时代风貌和新的人际关系。主要有:《魔术师的奇遇》《大李、小李和老李》《锦上添花》和《哥俩好》等。

视频:《魔术师的奇遇》（2 分钟）

影片是由王炼、陈恭敏、桑弧编剧，桑弧导演，陈强、程之主演，天马电影制片厂于 1962 年拍摄的电影。影片讲述了 1937 年，魔术师陆幻奇与妻子在上海闵行一家戏院表演魔术，伪警察局长觊觎陆妻美色，诬指一把魔术手枪为"私藏军火"，陆妻被迫自杀。魔术师无奈，把尚在襁褓的儿子阿毛托给耍猴的老友王小六子，只身逃亡国外。25 年后，陆幻奇回国寻子访友。此时，王小六子已更名张金生，成为动物园的饲养主任；阿毛取名张志诚，任公共汽车售票员。陆幻奇到上海杂技团去找王小六子，恰巧乘的就是志诚服务的公共汽车，父子相逢却不相识。志诚在车上拾到陆幻奇遗忘的皮包，并发现包内有一把魔术手枪，即赶去杂技团送还失物。陆幻奇因这把魔术手枪联想到旧社会的遭遇，竟不敢认领，通过再三解释，他才放心。继而志诚热情地陪他出去打听、寻觅儿子，却一无所获。魔术师因国外演出合同关系，准备启程回去。临行前，他把魔术手枪送给志诚留念。一次，志诚把手枪给孩子甜甜玩耍，被王小六子看到，追问来源，方知手枪的主人正是阔别已久的老友。他随即带着志诚、甜甜去华侨饭店找陆幻奇，但陆已去火车站，匆忙中又走失了甜甜。他们赶往车站，火车已驶离站台，但陆幻奇并未走成，他发现迷路的甜甜，几经周折，终把甜甜送到王小六子工作的地方——动物园。于是，老友、父子、祖孙得庆团圆。

视频：中国 22 大影星之一：陈强（4 分钟）

60 年代讽刺喜剧主要有《护士日记》《女理发师》和《满意不满意》《抓壮丁》《72 家房客》等。

视频:《女理发师》（2 分钟）

《女理发师》是由钱鼎德、丁然改编，王丹凤、韩非、顾也鲁主演，天马电影制片厂于 1962 年拍摄的电影。影片讲述了因为丈夫贾主任反对，一心想做理发师的华家芳只能在家拿着鸡毛掸子练习理发技术，贾主任因工作要出差，华家芳抓住机会来到三八理发室成了 3 号理发师。不久，华家芳收到丈夫要回家的信，心猿意马理乱了某位顾客的头发，遭到抱怨。贾主任下火车与多年不见的朋友老赵叙旧，得知对方嫌弃其妻是餐馆服务员后，口不对心对他进行了一番狠狠的教育。贾主任慕名来到三八理发室，指定要有"三八红旗手"称号的 3 号理发师为他理发，华家芳伪装一番后无奈上阵。正在贾主任对华家芳的技术大加赞赏时，前来采访 3 号理发师的记者破门而入，贾主任才发现这位三八红旗手不是别人，正是自己的妻子华家芳。真相大白，贾主任当众十分狼狈，但看见大家赞美华家芳，他也很快调整了自己，向妻子露出真心赞同的笑容。

第二阶段：历史的曲折回旋（1964—1965 年）

视频：1962 年 9 月召开中共八届十中全会

《关于建国以来党的若干历史问题的决议》指出：八届十中全会对一些文艺作品、学术观点和文艺界学术界的一些代表人物进行了错误的、过火的政治批判，在对待知识分子问题、教育科学文化问题上发生了愈来愈严重的"左"的偏差，并且在后来发展成为"文化大革命"的导火线。当然，《决议》认为"这些错误当时还没有达到支配全局的程度"。在八届十中全会上，插手电影界的康生，借抓意识形态领域的阶级斗争为名，把李建彤的长篇小说《刘志丹》定性为替高岗翻案的"反党大毒草"，得出"利用小说反党是一大发明"的论断。

视频：李建彤与《刘志丹》

全会在揭发批判小说《刘志丹》的基础上，初步为这桩文字狱所罗列罪状的主要内容是：《刘志丹》小说是"伪造党史"。随即，该书的作者李建彤被开除党籍，监督劳动。

60 年代中期的"左"的思潮，对电影业产生了消极影响。"左"思潮一方面宣称大写 13 年（1949 年 10 月至 1963 年 1 月），另一方面将大批电影打成"大毒草"。1964 年 7 月，康生在全国京剧现代戏观摩演出大会总结会上，把《早春二月》《北国江南》《舞台姐妹》《逆风千里》和戏曲片《李慧娘》《谢瑶环》统统打成"大毒草"。

视频：《早春二月》（2 分钟）

《早春二月》是由谢铁骊编导，孙道临、谢芳、上官云珠、高博主演，北京电影制片厂于 1963 年拍摄的电影。影片是根据柔石的中篇小说《二月》改编的。影片讲述了 1926 年前后，处于彷徨状态中的知识青年肖涧秋来到浙东芙蓉镇，投奔老朋友陶慕侃，作为校长的陶慕侃欣然聘肖涧秋在自己的中学里教书。肖涧秋对本镇一个穷苦的寡妇文嫂很同情，并得知文嫂是他仰慕的烈士的遗孀，他不仅从经济上资助她，还让她的小女孩采莲去上学，每天亲自到桥头接送。陶慕侃的妹妹陶岚在爱慕肖涧秋，肖涧秋也很喜爱陶岚。后来，文嫂的小儿子病死，肖涧秋出于对极度悲痛和无所依托的文嫂的同情，为了彻底帮助她，决定娶她为妻，而放弃他与陶岚的爱情。这件事招来了非议和攻击，文嫂极度羞辱而自杀。肖涧秋也很受刺激，痛苦地思考着究竟应该怎么办。最后，他抱着"我们会有长长的未来的"的信心，毅然离开芙蓉镇，投身到时代的洪流中去。"我一踏进芙蓉镇，就像掉进了是非的旋涡，我几乎在这个旋涡里溺死，文嫂的自杀，王福生的退学，像两根铁棒猛击了我的头脑，使我晕眩，也使我清醒，从此，终止了我的徘徊，找到了一条该走的道路，我将投身到时代的洪流中去。"陶岚念完肖涧秋留给她的信，深受感染，也急急地向他追去。

视频：谢铁骊

影片《早春二月》是谢铁骊根据柔石的中篇小说《二月》改编的。谢铁骊后来回忆说："《早春二月》是我的第三部作品了。在做过《林家铺子》的副导演之后，我有机会执导了自己的第一部影片《无名岛》，紧接着就是《暴风骤雨》。当时这部影片是在 1961 年的新侨会议上放映，大家的反应都比较好，这个时候北影厂就好像奖励我似的，让我带着家属到北戴河疗养。以前我从来没有疗养过，也没有时间静下心来好好看看书，所以那次去北戴河我就带着一大摞书去看，多是一些五四以来的作品。看过许多作品后，非常欣赏柔石的《二月》，觉得可以拍成电影，对《二月》小引中的那些话印象非常深刻，尤其是那句'他仅是外来的一粒石子，所以轧了几下，发几声响，便被挤到女佛山——上海去了。他幸而还坚硬，没有变成润泽齿轮的油'。在柔石的《二月》中主人公的情感交流、发展是通过书信来表现的，这对于电影要用形象、动作来表现其实是个难题。但是我对萧涧秋这个人物很熟悉，我虽然没有经历过主人公所处的大革命时代，但是这个人物身上有我长兄的影子，所以萧涧秋的思想和情感很能够打动我。小说中陶岚的形象，我也能从我一位远房亲戚的身上找到感觉。选择这部小说，还有另外的原因，就是那些江南水乡小镇的风土人情，常使我想起家乡淮阴，回忆起少年时代的许多时光，所以我有很强烈的愿望想拍这部影片。"谢铁骊在改编过程中，曾经得到夏衍的支持与帮助，他亲自修改了一百多处，并将片名定为《早春二月》，亦预示了当时的时代如早春料峭的天气那样，寒意袭人。

薛潇悦在《从小说到电影:〈早春二月〉的政治内涵与精神困境》一文中认为:《早春二月》是一部重要的知识分子题材电影，改编自柔石的中篇小说

《二月》。柔石小说的主题是小资产阶级知识分子在个人主义与社会革命间的徘徊与抉择。电影则是在新的历史条件下探讨知识分子的思想改造问题。其中的爱情叙事隐含的政治与文化意义，是主人公形象的深刻与出彩之处。然而迫于当时特殊的政治环境，电影还未公开上映就遭到了挞伐，直到20世纪70年代末才有了被公正评判的可能。在现代化进程加快的新世纪，影片主人公精神家园的迷失、在传统与现代间徘徊的纠结，仍然能让很多人找到情感共鸣。在变化了的时代语境下，对《早春二月》或许可以做出更多超乎政治话语之外的新的阐释。胡静洁在《论〈早春二月〉的诗意美：从文学到电影》一文中认为：谢铁骊导演的电影《早春二月》改编自柔石的小说《二月》，其被誉为中国意境电影的经典之作。鲁迅曾评价柔石的小说为"优秀之作"，可见文学文本为电影剧本提供了优秀的蓝本。无论是小说《二月》，还是电影《早春二月》，都充满了浓郁的感伤情调和浪漫主义气息。但电影诗化的叙事方法决定了导演的叙事着眼点不在情节的曲折和故事的引人入胜上，而是放在东方文人感伤性诗情段落的呈现上，以给人一种缓慢而持久、唯美而悲伤的诗意美。也有评论称：肖涧秋这个徘徊者身上显然有左翼作家柔石的影子，因此编导者谢铁骊在五四以来的革命文学中选这部作品搬上银幕是很有意义的，在电影反映知识分子题材方面填补了一个空白。影片成功地塑造了具有人道主义精神的小资产阶级知识分子的形象，在1949—1966年的电影银幕上也是绝无仅有的。影片含蓄的韵味、精练的镜头以及丰富的细节描写，如肖涧秋两次弹琴、三次饮酒、七次过桥，都各有不同的具体规定情境，令观众如痴如醉。然而由于60年代初开始强调"以阶级斗争为纲"和"大写十三年"，描写20世纪30年代小资产阶级知识分子徘徊探索又充满人情味题材的电影，其命运可想而知。影片拍完不久就受到了前所未有的大批判，其罪名就是宣扬资产阶级人性论和阶级调和论。当然，这部影片在中共十一届三中全会之后已经得到彻底平反。

视频：《北国江南》（2分钟）

影片由阳翰笙编剧，沈浮导演，魏鹤龄、秦怡、王琪、李保罗主演，海燕电影制片厂于1963年拍摄的电影。影片讲述了塞北黄土屯农业社主任吴大成与妻子银花，组织社员打井抗旱，要把家乡建设成"塞外江南"。但混迹在群众中的反革命分子钱三泰暗中移动打井标石，使所打的井成了废井，银花受到刺激，双目失明。富裕中农董子章经不起暂时的考验，搞起投机生意。由大成和银花抚养长大的小旺，也在不良分子的引诱下离开黄土屯，到城里找工作。在党组织领导的关心帮助下，大成克服了急躁情绪，仔细分析情况，发动群众，揪出了隐藏的敌人钱三泰。小旺也回到了黄土屯，银花的眼睛经过治疗后也重见光明。经过这场阶级斗争，群众都擦亮了眼睛，又信心百倍地投入了改造自然的斗争，终于打出水井，干旱穷困的黄土屯由穷变富。

1964年7月初，《北国江南》在全国上映，7月29日即遭到康生的点名批判。康生指责银花双目失明和爱流眼泪是"人性论"、人情味。7月30日《人民日报》刊登了第一篇批判《北国江南》的文章，同时发表"编者按"称："这部影片在怎样反映时代精神、怎样正确反映阶级斗争、怎样塑造正面人物、怎样对待中间人物等一系列带有根本性的问题上，都存在着严重的错误。"这种批判已经完全脱离了影片的实际，纯粹是莫须有的借题发挥。其结果，阳翰笙编剧的《北国江南》，既是60年代初文艺政策调整的产物，随后又成了政治祭坛上的牺牲品。

阳翰笙是中国著名的编剧、戏剧家、作家，中国新文化运动先驱者之一。新中国成立后曾任中国文联副主席、党组书记等职。其实，阳翰笙在创作《北国江南》前显然是经过深思熟虑的，从《北国江南》创作前后他发表的一些讲话中可窥见他对创作的一些想法。1960年5月他在讨论电影《万紫千红总是春》座谈会上发言认为："影片写出了这许多不同经历，不同性格特点的人物，以及他们所进行的斗争。"在会上他呼吁要让电影"反映当代生活，从而影响和促进新生事物的发展"。1962年他在广州"全国话剧、歌剧、儿童剧创作座谈会上"的讲话中认为领导戏剧违背艺术规律这个问题上存在着十条框框，"有的领导要作家写他不熟悉的题材"，"三结合领导出思想，群众出生活，作家出技巧"，还有一个错误提法："要写尖端题材"。1963年7月阳翰笙在电影《甲午风云》座谈会上的发言中认为影片"主要成功之处是本质地反映了历史真实"。阳翰笙认为文学创作应该"本质地反映历史真实"，要写自己熟悉的题材，要塑造不同性格的人物。

那么《北国江南》是否达到了阳翰笙预想的要求呢？有研究者认为：阳翰笙显然陷入了两难之中。一方面他必须看重艺术规律，这是文学吸引读者（观众）的首要条件；另一方面，社会政治、文化对创作进行了种种规范和限制，这又限制了他艺术想象力的发挥。影片所展现的广大农民群众在县委书记张忠（影片中党的形象的代表）的带领下，努力建设着自己的国家。《北国江南》对于农民所表现出来的创造新生活的激情的由衷赞美，也更紧地贴近了当时的主流文化。《北国江南》通过伦理道德的描写，表现了人道主义的关爱。总体而言，影片是成功的。《当代中国电影》认为：受当时"以阶级斗争为纲"观点的影响，这部影片在创作上表现出在艺术与政治之间的徘徊摇摆，明显地暴露了创作者力图使作品成为反映农村阶级斗争和生产斗争的"教科书"的创作意图。

错误的批判，导致1964至1965年生产影片不断下降。1964年计划生产故事片45部，实际完成28部，1965年计划生产55部，但到1966年上半年，加上1964年延移的17部，实际只完成59部，其中舞台艺术片多达29部。

与此同时，"左"的思潮还是受到了广大文艺工作者坚决抵制，生产出了《白求恩大夫》《英雄儿女》《兵临城下》《独立大队》《小二黑结婚》《小铃铛》和反映现实主义题材的影片《青年鲁班》《天山的红花》《霓虹灯下的哨兵》。甚至到了1965年和1966年上半年，还生产出了《三进山城》《年青的一代》《烈火中永生》《苦菜花》《秘密图纸》《东方红》《大浪淘沙》《龙马精神》等影片。

视频：《烈火中永生》（2分钟）

《烈火中永生》是由周皓改编，水华导演，赵丹、于蓝、张平、项堃等主演，北京电影制片厂于1965年拍摄的电影。影片是周皓根据罗广斌、杨益言所著的红色经典小说《红岩》改编。对于小说《红岩》，几乎无人不晓。小说《红岩》是根据重庆解放前夕发生的一段真实的历史创作的，几乎每一个人物都有生活原型，出版后轰动一时。编导们准确地把握了反动派全局性毁灭的命运和在局部范围内的疯狂肆虐所形成的强烈对比的形势特点，产生了震撼人心的艺术力量。影片以许云峰、江姐的斗争活动为中心，表现出当时艰难的地下革命斗争和严酷的狱中斗争的情景，以及身陷囹圄的共产党人坚贞不屈的革命信念和献身精神。影片还以充满凝重、刚烈、昂然的格调，浮雕般地推出英雄群像：许云峰、江姐、华子良等英雄人物。

袁成亮在《电影〈烈火中永生〉诞生记》中介绍说：1961年底，电影演员于蓝因病住院时，偶然从《中国青年报》上看到了长篇小说《红岩》的连载，仅仅看了几期，她就被小说中的江姐、许云峰等英雄人物的革命斗争故事所深深吸引，并当场读给同室的病友听，病友们听了也感动不已。"这部小说写得这么好，应当将它搬上银幕才是。"想将这部小说搬上银幕的不止于蓝一人，曾任电影《革命家庭》副导演的欧阳红英以及著名导演水华先后给于蓝打来电话，邀请于蓝与自己合作将这部小说拍成电影。水华、于蓝、欧阳红英花了一年多时间，多次到北戴河、重庆、成都、贵州收集资料，并写下了 30 多万字的笔记，还采访了小说《红岩》的作者罗广斌、杨益言以及小说中原型及与原型接触过的许多人。但剧本并不如人意，在夏衍的帮助和修改下完成了剧本创作。水华看了夏衍写的本子后，大为赞赏，决定马上投拍。片中江姐一角不用说是由于蓝来出演了，至于影片的另一个重要角色许云峰，大家也一致主张由赵丹来饰演。当时，赵丹因刚刚拍完的《青山恋》被视为宣扬"资产阶级人性论""阶级调和论"而受到批判，情绪很低落，接到北影厂邀他北上拍《红岩》的电报后，大为振奋，立即启程北上。赵丹曾在一篇文章这样写道："他们来电邀我去拍《红岩》，这是同志们把我从痛苦的大海中拉上岸，是给予精神上莫大的支撑，于是我怀着感激之情，兴奋得立即答允了。"江姐、许云峰演员到位后，剧中其他人物的扮演者也都有了着落，其中，反派人物徐鹏飞由著名演员项堃扮演。

于蓝在饰演江姐的过程中很好地把握了角色的内心世界，在片中成功地塑造了一个成熟、勇敢、刚毅、机智的革命者形象。值得一提的是，影片中，江姐形象的光彩与丰满，不仅来自她的宁死不屈，也在于于蓝将女性的温和细腻融入人物的举手投足之中，使大家感受到了作为女性英雄人物温情的另一面。赵丹饰演的许云峰也同样给人印象深刻。赵丹曾在新疆坐过军阀盛世才的大牢，对于饰演许云峰这个角色有着较为深刻的体会。在拍摄前，他连续看了几个剧团改编演出的话剧《红岩》，对许云峰这个角色仔细揣摩。当时无论是小说，还是话剧，都将许云峰这个人物处理成"外向"的性格，在舞台上着力表现其机智、率真、热忱、平易的形象。但赵丹看后总觉得有些不对劲。经过一番考虑，他决定将许云峰这个角色的性格特征由"外向"变成"内向"，戏中着力表现其性情中坚毅、果敢、沉着的一面。事实证明，赵丹对许云峰性格的这一改造是很有见地的，它对塑造一个成熟的革命者形象起了很好的作用。赵丹拍戏很投入，在电影界有"戏痴"之称。为了使自己真正进入角色，他多次参观"渣滓洞""白公馆"，用心去体验英雄在敌人面前那种大无畏的精神。他在《许云峰形象的创造》一文中写道："当我每次听讲解员同志讲到江姐被特务残酷地用竹签子插进她的十个指头时，我的泪和恨凝结成一股誓为她报仇的意志；当又听到杨虎城将军一家大小惨遭杀害的情境：大儿子才十几岁，小儿子才七八岁，那些特务们，对着跪在地上向他们苦苦求饶的两个孩子，用尺把长的锋利匕首先朝一个孩子胸膛直戳到背后，再从一个小孩子的背后直穿到前胸膛，天呀！我实在受不住这种刺激了！我几乎疼得晕了过去！……记得在那些日子里，夜夜都被噩梦惊醒，我梦见自己又被关在新疆的监狱里，梦见了蛇，梦见火……久久失眠，不能复睡。"正是这种血与火的体验，使得赵丹的表演具有强烈的真实感和生活化，使影片中的许云峰既有内在的英雄气概，又有一种平易近人的亲切感。许多专家在评价他的角色时说：许云峰是赵丹所创作的银幕形象中最不"过火"、"舞台化"痕迹最少的一个角色。

《当代中国电影》认为：影片从小说中抽出许云峰和江姐两个主要人物，并围绕他们的活动和斗争，谱写了一曲革命先烈的悲壮颂歌。赵丹和于蓝演的许云峰和江姐，充满激情而又坚强深沉，表现了共产党人坚不可摧的革命意志和视死如归的英雄气概。影片完成于"文革"即将来临的1965年，也有评论认为：在拍摄英雄人物时，该片在影像与光影的运用上存在着意识形态化倾向，使英雄人物有"高大全"的感觉。例如：许云峰、江姐等革命者形象多使用全光，反面人物则多使用舞台式的脚光，并常常处于半明半暗的光影之中；在敌我双方的中、全景中，英雄人物大多占据高处和前景，获得视觉上的优势，在对切镜头中，英雄人物通常是低位仰角拍摄，反面人物多为平位拍摄，造成一高一低的视觉效果，等等。尽管如此，《烈火中永生》仍然是一部在观众中产生了广泛影响的影片。

以上是对60年代前期影片所做的一个粗浅分析。

二、1949—1966年红色经典电影总体分析

1949年新中国成立，无疑是中华民族历史上开启的一个伟大的、崭新的时代，整个时代精神积极、高亢、充满了把握现在与未来的气度与自信。而所有这一切都是浪漫主义必不可少的精神特质，为1949—1966年红色经典影片注入了新的活力。

探究1949—1966年红色经典影片的特征，呈现出以下特征：

第一，贯穿1949—1966年红色经典电影始终的，就是革命英雄主义和牺牲奉献精神。1949—1966年红色经典电影最为突出的特点之一，就是电影创作人员，通过银幕展示在中国共产党领导下中国人民英勇顽强、浴血奋战的伟大民族精神，表现了中华民族为建立理想社会制度不怕牺牲的崇高品质和一往无前奋斗精神，铸造了一座座革命英雄的丰碑。这些英雄人物诸如赵一曼、董存瑞、刘胡兰、江姐、许云峰、李向阳、刘洪、张嘎、海娃、狼牙山五壮士与八女投江的英雄群体等，在他们身上都蕴含的爱国主义、集体主义、

革命英雄主义精神，时至今日已经沉淀为社会主义核心价值观的重要组成部分，成为推进社会主义现代化强国建设的精神动力。

第二，描写中国共产党领导人民群众争取民族独立和人民解放的革命战争电影，是1949—1966年特别是50年代和60年代初期银幕形象的主旋律。诸如：描写大革命时期的红色经典电影主要有《燎原》《风暴》《大浪淘沙》等；描写十年内战时期的红色经典电影主要有《怒潮》《革命家庭》《青春之歌》《红旗谱》《红色娘子军》《洪湖赤卫队》《党的女儿》《红孩子》《聂耳》《风雪大别山》《万水千山》《金沙江畔》《冬梅》等；描写抗战时期的红色经典电影主要有《平原游击队》《铁道游击队》《赵一曼》《吕梁英雄》《新儿女英雄传》《中华女儿》《白毛女》《上饶集中营》《翠岗红旗》《小兵张嘎》《鸡毛信》《51号兵站》《东进序曲》《地道战》《地雷战》《苦菜花》《野火春风斗古城》《抓壮丁》《独立大队》《南海潮》《三进山城》《永不消逝的电波》《古刹钟声》《柳堡的故事》《扑不灭的火焰》《粮食》《冲破黎明前的黑暗》《战斗里成长》等；描写解放战争时期的红色经典电影主要有《停战以后》《钢铁战士》《暴风骤雨》《南征北战》《渡江侦察记》《刘胡兰》《董存瑞》《智取华山》《云雾山中》《烈火中永生》《红珊瑚》《林海雪原》《红日》《兵临城下》《黑山阻击战》《七天七夜》《沙漠追匪记》《战火中的青春》《英雄虎胆》《黎明的河边》等。有评论称：这一时期创作的影片中，尽管革命斗争异常残酷、尖锐，尽管黑暗势力还很强大，尽管主人公最后壮烈牺牲了，但这些影片并没有给观众带来恐惧和悲伤，而仍然极大地赋予了观众鼓舞与力量，究其原因就在于影片所内蕴的一种"明天必将会更美好"的浪漫主义豪情。

第三，随着社会主义建设的高歌猛进，着力塑造社会主义新人改天换地的影片逐渐取代红色革命记忆，成为50年代后期和60年代前中期红色经典影片的主旋律。这一时期创作的《女司机》《英雄司机》《十二次列车》《特快列车》《三年早知道》《女社长》《霓虹灯下的哨兵》《丰收之后》《祖国的花朵》《老兵新传》《北大荒人》《我们村里的年轻人》《李双双》《五朵金花》《今天我休息》《昆仑山上一棵草》《青年鲁班》《年青的一代》《枯木逢春》《汾水长流》《槐树庄》《上甘岭》《英雄儿女》《铁道卫士》《奇袭》《打击侵略者》《三八线上》《海鹰》《女篮五号》《锦上添花》《天山的红花》《哥俩好》《护士日记》《女理发师》《北国江南》《龙马精神》《红色背篓》等现实题材的影片里，尽管现实中仍然存在某些不尽如人意的问题与矛盾，但获得新生或翻身得解放的喜悦，仍然使得影片的主人公们克服了种种物质上的、观念上的障碍，取得了最后的成功，而他们在实践中所张扬的那种藐视一切困难的浪漫主义气概，无疑给观众留下了深刻的影响与感染力。

第四，受到当时形势与文艺政策的影响，一些电影在拍摄过程中采用公式化、概念化的艺术手法，忽视了文艺创作的规律，存在线索单一、情节简单、手法朴实、镜头变化较少、人物形象脸谱化等问题，有一些影片带有时代的局限性。但红色电影的影响力、主流价值、载体功能仍旧是非常明显的。夏衍在《中国大百科全书·电影》卷前言中说："1949年至1966年是中国人民电影的振兴时期。"

第五，少数民族题材电影和少年儿童题材电影色彩斑斓，呈现出前所未有的强劲势头。这一时期拍摄的《农奴》《天山的红花》《五朵金花》和《小兵张嘎》《鸡毛信》《红孩子》等影片，都是少数民族同胞和少年儿童非常喜爱的影片，成为当年文化匮乏年代的精神食粮。

第六，1949—1966年红色经典影片绝大多数是黑白影片。造成这种状况的最根本的原因就是新中国刚刚建立，拍摄费用奇缺所致。很多导演都要求演员做好充分的准备，尽量做到一次通过而不浪费胶片。

第七，1949—1966年红色经典影片还有一个特征就是：一部优秀影片往往都配有一首脍炙人口的优美插曲。例如：《洪湖赤卫队》中的《洪湖水，浪打浪》；《红色娘子军》中的《娘子军连歌》；《红珊瑚》中的《珊瑚颂》，《上甘岭》中的《我的祖国》；《英雄儿女》中的《英雄赞歌》；《我们村里的年轻人》中的《人说山西好风光》等。

第八，由官方牵头确定了1949年至1961年期间中国电影的22大影星。应该说评选电影明星不是新中国的首创，早在1933年2月，老上海《明星日报》就票选出"电影皇后"胡蝶。她因主演中国第一部有声电影《歌女红牡丹》而蜚声影坛，轰动国内外，一生中成功地饰演了中国不同阶层的各类女性形象，被誉为"中国的葛利泰·嘉宝"。1933年2月的《电声日报》选出"中国十大明星"，胡蝶再次荣膺"电影皇后"，阮玲玉紧随其后，年仅22岁的男演员金焰则当上了"电影皇帝"（金焰成名作是与阮玲玉合作的《野草闲花》）。

新中国之所以评选中国电影22大影星，其重要原因是基于：

第一，基于让中国出电影大师、出流派的考量。新中国成立初期，苏联电影风靡全国，苏联影星的大照片一般都被悬挂在电影院最显眼的地方：奥尔洛娃、玛卡洛娃、德鲁日尼科夫、克雷奇科夫、鲍里索夫、契尔柯夫、安德烈耶夫、斯米尔诺娃、吉洪诺夫、邦达尔丘克、达维多夫、拉诺伏伊、古尔琴科、玛列茨卡娅、拉德尼娜、卡道奇尼科夫、契尔卡索夫、斯特里然诺夫、伊兹维茨卡亚、谢尔盖·古尔佐、尤马托夫、阿列克谢。对此，周恩来曾经说过："中国的电影院挂外国明星的照片当然好，但为什么不能挂我们中国演员的照片呢？"周恩来的意图就是中国电影事业也要像苏联那样形成自己的大师和流派，进而推进新中国电影业。1961年，时任文化部副部长并且主抓电影工作的夏衍，依据周恩来的指示，开始亲自带领精兵强将，从《大众电影》"百花奖"的评选、投票开始，拉开了一年一度由全民参加评选优秀影片、演员和各类项目的帷幕。只有出电影大师、出流派，加大宣传力度，自下而上地扩大影响，才能使中国电影得到突飞猛进的发展。

第二，基于培养电影事业队伍，快出电影人才的考量。关于此点可从22大影星评审的标准中得到说明。根据中国电影局要求，各电影制片厂平衡老中青三代演员比例，考虑他们所演影片的影响力，最终综合评定了名单。具体是：

上海电影制片厂：赵丹、白杨、张瑞芳、上官云珠、孙道临、秦怡、王丹凤。其中赵丹（1915—1980）的代表作品主要有：《马路天使》《十字街头》《乌鸦与麻雀》《李时珍》《聂耳》《林则徐》《烈火中永生》；白杨（1920—1996）代表作品主要有：《十字街头》《八千里路云和月》《一江春水向东流》《祝福》《春满人间》《冬梅》《为了和平》；张瑞芳（1918—2012）代表作品主要有：《松花江上》《南征北战》《家》《母亲》《聂耳》《李双双》《万紫千红总是春》；上官云珠（1920—1968）代表作品主要有：《一江春水向东流》《太太万岁》《乌鸦与麻雀》《万家灯火》《早春二月》《舞台姐妹》《枯木逢春》《南岛风云》；孙道临（1921—2007）代表作品主要有：《乌鸦与麻雀》《渡江侦察记》《永不消逝的电波》《不夜城》《早春二月》《家》；秦怡（1922—）代表作品主要有：《遥远的爱》《铁道游击队》《女篮五号》《林则徐》《青春之歌》《北国江南》《马兰花开》；王丹凤（1924—2018）代表作品主要有：《家》《红楼梦》《护士日记》《女理发师》《桃花扇》。

北京电影制片厂：谢添、崔嵬、陈强、张平、于蓝、于洋、谢芳。其中：谢添（1914—2003）代表作品主要有：《新儿女英雄传》《林家铺子》《洪湖赤卫队》；崔嵬（1912—1979）代表作品主要有：《宋景诗》《海魂》《老兵新传》《青春之歌》《杨门女将》《红旗谱》《小兵张嘎》；陈强（1918—2012）代表作品主要有：《白毛女》《三年早知道》《红色娘子军》《魔术师的奇遇》《瞧这一家子》《二子开店》；张平（1917—1986）代表作品主要有：《钢铁战士》《风暴》《怒潮》《小兵张嘎》《停战以后》；于蓝（1921—2020）代表作品主要有：《革命家庭》《烈火中永生》《翠岗红旗》《龙须沟》《林家铺子》；于洋（1930—　）代表作品主要有：《青春之歌》《英雄虎胆》《大浪淘沙》《暴风骤雨》《水上春秋》《戴手铐的旅客》；谢芳（1935—　）代表作品主要有：《青春之歌》《早春二月》《舞台姐妹》《第二次握手》《泪痕》《李清照》。

长春电影制片厂：李亚林、张圆、庞学勤、金迪。其中：李亚林（1931—1988）代表作品主要有：《我们村里的年轻人》（上下集）和《虎穴追踪》《徐秋影案件》《烽火列车》《被爱情遗忘的角落》《井》；张圆（1926—2000）代表作品主要有：《祖国的花朵》《徐秋影案件》《沙漠里的战斗》《笑逐颜开》《地下尖兵》《十六号病房》；金迪（1933—2022）代表作品主要有：《花好月圆》《我们村里的年轻人》（上下集）、《大雁北飞》；庞学勤（1929—2015）代表作品主要有：《战火中的青春》《古刹钟声》《朝霞》《甲午风云》《兵临城下》。

八一电影制片厂：田华、王心刚、王晓棠。其中：田华（1928—　）代表作品主要有：《白毛女》《花好月圆》《党的女儿》《江山多娇》《夺印》《秘密图纸》《法庭内外》；王心刚（1932—　）代表作品主要有：《寂静的山林》《海鹰》《红色娘子军》《野火春风斗古城》《侦察兵》《知音》。王晓棠（1934—　）代表作品主要有：《神秘的旅伴》《边塞烽火》《野火春风斗古城》《英雄虎胆》《海鹰》。

上海戏剧学院实验话剧团：祝希娟（后来进了"上影"）。祝希娟（1938—　）代表作品主要有：《红色娘子军》《青山恋》《无影灯下颂银针》《啊！摇篮》《大雪冬至》。

其实，文化部评选的"新中国优秀电影演员"并没有后来俗称的"22大影星"之说。只是后来被热心的影迷朋友根据悬挂演员图片的人数，通俗、自然地传叫起来，而在民间慢慢地固定下来。

有研究者认为：从入选演员背景来看，突出了当时中国电影演员队伍的老、中、青的年龄构成。他们当中既有来自上海、新中国成立前就蜚声影坛的老牌明星，如上影的赵丹、白杨、张瑞芳、上官云珠、孙道临、秦怡、王丹凤、谢添，也有来自解放区的文艺工作者，如崔嵬、陈强、张平、田华、于蓝，还有新中国成立后成长起来的电影新秀，如谢芳、李亚林、张圆、庞学勤、金迪、王晓棠、祝希娟。从演员的成就上来看：有的是经过时间考验的表演大师，如赵丹、白杨、张瑞芳。有的是初出茅庐的新星，如谢芳、金迪、王晓棠、祝希娟等。像金迪，只演出了《我们村的年轻人》和《花好月圆》两部电影，祝希娟甚至只主演过那部全国人民家喻户晓的《红色娘子军》。从演员的类型和风格上看，22大明星丰富多彩。用现在的话说，他们当中有演技派，也有偶像派，有挑大梁的主角，也有善作绿叶的配角；有温文尔雅的小生，也有粗犷雄浑的武生；有幽默诙谐的喜剧明星，也有善演苦戏的悲剧演员。新中国22大明星的评选标准，明显是以新中国电影史作为主要参照的。

有研究者认为：新中国22大明星的人选，从艺术成就上来衡量，未必完全公正。老演员中起码金焰、石挥、蓝马、周璇、刘琼、张伐应占据一席之地。以祝希娟以一部《红色娘子军》当选为例，还有主演《董存瑞》《哥俩好》的张良，主演《五朵金花》《阿诗玛》的杨丽坤，主演《柳堡的故事》《霓虹灯下的哨兵》的陶玉玲，主演《永不消逝的电波》《苦菜花》《奇袭》的袁霞等都一一落选。就名额分配而言，上影和北影名额都是7个，作为新中国电影摇篮的长影却只有4个名额，至少《六号门》和《平原游击队》《独立大队》主演的郭振清，《地下尖兵》《徐秋影案件》《高歌猛进》《新局长到来之前》等多部影片的主演浦克，应该进入22大影星行列。还有主演《南征北战》《铁道游击队》《羊城暗哨》《沙漠追匪记》《金沙江畔》《桃花扇》的冯喆也没能入选。说到底，还是22大电影明星数量太少，一方面也说明我们的电影队伍人才济济。

以上对1949—1966年的电影事业特点做了一个粗浅的分析。

1966至1976年是"文化大革命"时期，《关于建国以来党的若干历史问题的决议》认为：历史已经判明，"文化大革命"是一场由领导者错误发动，被反革命集团利用，给党、国家和各族人民带来严重灾难的内乱。实践证明，"文化大革命"不是也不可能是任何意义上的革命或社会进步。习近平总书记在党史学习教育动员大会上明确指出："要坚持以我们党关于历史问题的两个决议和党中央有关精神为依据，准确把握党的历史发展的主题主线、主流本质，正确认识和科学评价党史上的重大事件、重要会议、重要人物。"评价"文革"中的中国电影事业，就必须从《决议》的认知出发，做到全面、客观、公正。众所周知，在10年"文革"中，林彪、江青两个反革命集团为了实现篡党夺权的目标，都将文艺界作为突破口，其结果正如《当代中国电影》所言"电影界受到的冲击最早，遭受的损失尤为惨重"。

十年"文革"中红色经典电影特点，大致呈现为以下几方面：

第一，电影数量锐减。从1967年至1969年3年中，除了少量纪录片外，竟没有一部故事片问世；1970年至1972年只有8部"样板戏"被搬上银幕；而1973至1976年共拍摄了76部故事片。其中1973年4部，1974年15部，1975年22部，1976年35部。

第二，"文革"头7年"样板戏"成为影坛唯一电影产品（样板戏是指"文革"时期被树立为"革命样板戏"的以戏剧为主的二十几个舞台艺术作品的俗称）。

第三，故事片拍摄一波三折。由于"文革"后期"四人帮"对文艺和电影继续进行更为严密的控制，以致8亿人看8个"样板戏"的局面毫无改观，引起人民群众的强烈不满。

第五讲 改革开放以来红色经典电影及其特征

    1976 年 10 月 6 日，中共中央政治局执行党和人民的意志，采取断然措施，一举粉碎"四人帮"。延续十年之久的"文化大革命"结束。1978 年 12 月 18 日至 22 日，中国共产党十一届三中全会在北京召开。全会标志着中国共产党重新确立了马克思主义的思想路线、政治路线和组织路线，实现了新中国成立以来党的历史上具有深远意义的伟大转折，开启了改革开放和社会主义现代化的伟大征程。随着改革开放的迅猛发展，中国电影事业也揭开了新的一页。

一、20 世纪 70 年代末至 80 年代红色经典电影及其特征

1. 电影的复苏

    从 1976 年 10 月至 1978 年 12 月中共十一届三中全会召开之前的两年，历史上称之为"徘徊时期"。这一时期，文化部电影局制定了《关于加强故事片创作生产及影片摄制的几项主要定额》《关于加强故事片成本管理的若干规定》《关于划分电影制片厂直接生产人员与非直接生产人员范围的规定》《关于整顿和加强电影制片厂企业管理的通知》等文件，使中国电影故事片生产走上了正轨。由于这一时期还没有彻底摆脱"以阶级斗争为纲"的口号和"三突出""高大全"的艺术创作模式，复苏时期的故事片仍然处于摸索和徘徊阶段。1977 年至 1978 年，全国共拍摄故事片 58 部。这一时期故事片创作的特点是：

    第一，政治上拨乱反正，体现在影片中就是揭批"四人帮"。由于"四人帮"刚刚被打倒，人们的思想因多年被"左"的思想所束缚，还没有得到真正解放，创作人员仍然心有余悸，致使一些表现阶级斗争和路线斗争的影片仍在拍摄，诸如 1977 年拍摄了《同志，感谢你》《希望》，1978 年拍摄了《南疆春早》等。与此同时，这一时期拍摄了一批揭批"四人帮"的电影。《十月

的风云》先声夺人。

视频：《十月的风云》（2分钟）

剧情：影片讲述的是毛泽东主席逝世后，"四人帮"乘机加紧其篡党夺权的活动。他们利用伪造的毛主席临终嘱咐"按既定方针办"，大造舆论，以便乱中夺权。"四人帮"余党、某市委副书记马冲，将矛头直指省委书记、军区政委徐健，并趁兵工厂党委书记何凡疗养期间，与假冒"记者"的张琳相勾结，下达"紧急任务"，私自命兵工厂生产机枪部件，企图发动武装叛乱。他们这一阴谋被老干部何凡识破。他返厂后，与"记者"奋力斗争，并向上级汇报了情况。

《十月的风云》是一部反映人民群众与"四人帮"展开殊死斗争的影片，它呼应了当时社会上广大群众强烈反对"四人帮"的真实心理，因此受到社会广泛好评。陆绍阳在《中国当代电影史——1977年以来》认为：实际上这部片子素材还是原来的，只是把"同走资派斗争"改成"同'四人帮'的斗争"，原来的正面人物改成反面人物，艺术价值不高。

其后，又有一批与"四人帮"做斗争的影片问世：

视频：《严峻的历程》《走在战争前面》《峥嵘岁月》《不平静的日子》《失去记忆的人》《风浪》《蓝色的海湾》（2分钟）

这几部影片主题一致，内容安排、情节构思、人物设置，甚至开头、结局、细节都十分相似。《中国青年报》曾召集业余影评人座谈这一现象，大家生动地描绘为："内容大同小异，模式化。看了开头就猜到结尾；看了这部，知道那部。影片的故事结构大体都是：老干部受打击，年轻人受蒙蔽，坏头头张牙舞爪，群众都有抵制等。"究其原因，评论家马德波认为：1.这种状况反映了当时的思想，当时，不仅创作思想，也包括政治思想，还处于半禁锢状态，主要是受到"凡是"派的禁锢。2.艺术作品贵在有独到之处，为此，作家对生活应有独到的观察，独立的判断，并以自己独特的风格反映出来。但是，长期以来在理论上和文艺领导上总要求作品反映"社会的本质"，写出"生活的主流"，不这样便是异端。而对于社会本质，按照同一种观点去认识，答案只有一个，所以总是相同的；对于生活的主流，做抽象的回答，也只能有一个共同的概念。3.在塑造人物形象的艺术手法上，虽然注意了避免"三突出"的荒谬做法，但却未能避免"文革"前就已普遍存在的反现实主义的夸张手法。例如，对英雄人物的精神境界极力"拔高"，对反面人物任意丑化。这种状况的改变应该是从中共十一届三中全会以后的1979年开始的。

第二，尝试塑造领袖形象。新中国成立 17 年来，由于种种原因，电影塑造领袖人物没有得到解决。"四人帮"垮台后，电影工作者开始突破这一禁忌。《大河奔流》中，毛泽东、周恩来的形象第一次出现在影片中。

视频：《大河奔流》（2 分钟）

《大河奔流》是根据李准的剧本改编，谢铁骊、陈怀皑导演，张瑞芳、陈强、于是之、王铁成、张金玲、王心刚、葛存壮、项堃主演，著名表演艺术家孙道临担当解说，北京电影制片厂于 1978 年拍摄的电影。影片讲述的是抗战期间的 1938 年，国民党蒋介石为了迟滞日军进攻，扒开了黄河花园口，使地主家的女长工李麦一家和村民们流离失所。后来，李麦在抗日宣传队员宋敏的启发教育下提高了觉悟，加入了党组织，与敌人做斗争。她当着外国记者的面，痛斥国民党消极抗日真反共、扒开花园口的罪行。抗日战争胜利后，李麦当上了区长，领导乡亲们重建家园，并亲自打死了前来侵犯的地主海螺子。新中国成立后，李麦决定为改变南粮北调做出贡献。她在县里提出修渠、引黄、治黄的建议，遭到以徐中玉为首的县委领导的反对。这时，党中央和毛主席发出了"一定要把黄河的事情办好"的伟大号召，毛主席亲自视察黄河，接见并鼓励了李麦。于是，李麦带领群众开始了大规模的治河和淤灌土地的工程，并与县长等人的错误思想和资本主义自发倾向进行了坚决斗争。1958 年，在黄河的一次特大洪峰来临时，周恩来亲临抗洪一线，人民群众深受鼓舞，李麦和群众团结奋战，战胜了特大洪峰。铁牛村迎来了一次特大丰收，为改变南粮北调做出了贡献。

谢铁骊、陈怀皑在《〈大河奔流〉导演的几点体会》介绍：影片《大河奔流》的产生从剧本创作到摄制完成，经历了困难和曲折的过程。1974 年北影请来了李准同志。剧本创作完成后，本应在 1975 年继《海霞》之后就投入拍摄，但由于"四人帮"围攻《海霞》，剥夺了创作人员继续拍片的权利，《大河奔流》也就被搁置起来了。直到打倒"四人帮"之后的 1977 年，才有可能使这部影片重新开始筹备。但是，当时北影某些人受"四人帮"极左思潮的严重影响，资产阶级帮派势力尚未肃清，对拍摄这部影片仍然存在着隐蔽曲折的干扰，只是在摄制组领导和广大群众团结坚持下，才使拍摄工作逐步开展起来。影片的编剧李准同志，长期生活在河南农村，"文化大革命"中又在周口地区（原黄泛区一带）插队落户近四年，深入地了解了该地区的历史和现实状况，对中华民族的伟大摇篮黄河及两岸中原大地的巨大变迁有了深切的感受。在黄泛区，他曾经为一百多户农民家庭写下了家史，从中吸取了大量丰富生动的创作素材，获得了真切的阶级感情的体验。这一切使他产生了《大河奔流》最初的创作设想。李准同志试图通过波澜壮阔的艺术画卷，展示黄河和她的子孙们在两个不同时代的不同命运；概括中国人民在中国共产党领导下的一段由苦难到解放的历史；歌颂人民群众可歌可泣的斗争精神，展示他们惊天动地的伟大创造力。由于作者有着深厚的生活根底、饱满的阶级感情和丰富的创作经验，他写下的《大河奔流》文学剧本，为影片的摄制提供了坚实的基础。

影片最突出成就之一，就是影片中首次出现了毛泽东和周恩来的形象。两位导演认为：在文学剧本第一稿中，并没有写进毛主席、周总理出现在黄河之滨的场面。当时也没有可能这样写、这样表现。打倒"四人帮"之后，我们产生了用艺术形象表现老一辈无产阶级革命家的强烈愿望，特别是为了深化影片主题的需要，提供了实现这个愿望的可能性。为了形象、生动地体现这个主题，我们根据历史事实，同作者共同协商，确定了毛主席、周总理形象在影片下集中出现的设想。李准同志访问了当年陪同主席、总理视察的黄委会主任王化云同志，得到许多宝贵的材料，才使银幕上出现了两位革命领袖的感人形象。我们认为，这是表现影片主题思想极为重要的一笔。有关主席出场的构思，我们运用了前后渲染、以虚代实的手法：事先，"治黄劳模大会"停止开会，李麦上堤；会见后，又回到会场，由李麦传达主席对治黄的指示精神以及对人民群众的关怀。我们认为，这种表现方法虽然是间接的，但对于深化主题和推动主人公的思想发展起了巨大的作用。周总理的出场，我们则根据实际情况，做了比较实的处理：从天空中出现直升机到大雨中向人民群众讲话，一共六七场戏。我们全力表现敬爱的周总理在面临巨大灾害的严重时刻，和黄河两岸人民同呼吸、共命运，亲临第一线指挥抗洪斗争的崇高品格；表现他从人民的最大利益出发，经过深入的调查研究，把革命气概同科学态度结合起来，鼓舞人民抗洪抢险，最后代表党中央做出不分洪的重大决策等一系列光辉业绩。这样处理完全符合历史真实。这对两个时代、两种社会制度对待黄河和人民群众命运的两种截然不同的态度，做了有力的对比，同时体现了人民同领袖血肉相连的关系。

第三，惊险反特故事片大幅上升。1977年共生产10多部故事片，反特片就有3部，1978年又拍摄了4部。主要有：

视频：《熊迹》《黑三角》《女交通员》《猎字"99"》《东港谍影》（2分钟）

陆绍阳在《中国当代电影史（1977年以来）》一书认为：作为这类影片，

它有自身创作规律，影片编剧才华主要体现在悬念的设计和破解上，让观众越难猜出是谁，谜底越晚揭开，影片就越成功。他认为《黑三角》，除了郎井田一开始就暴露了自己的特务身份外，特务头子猫头鹰和凌元扮演的"水鸭子"，都是到影片最后才露出庐山真面目，编导设置悬念还是相当老练的。惊险影片大幅上升的现象反映了创作人员力图跳出直接配合形势、单调划一的创作模式，追求题材和形式多样化的心愿。

对于徘徊时期拍摄的故事片，是从 10 年"文革"迈向新发展阶段的过渡。有评论认为：创作人员一方面渴望新生，另一方面还心有余悸，举步维艰，表现出一种腾飞前的踌躇与徘徊。我认为这一评论比较符合当时创作人员的心态。

2. 历史性的转折

1978 年 12 月召开的中共十一届三中全会，是新时期电影发生历史性重要转折的重要因素。这次会议明确提出"四个现代化"时期社会主义文艺的历史使命，明确了文艺与政治的关系，进一步调整了文艺政策。这一切为电影创作生产的健康发展提供了前所未有的良好的社会环境。与此同时，中共中央领导高度重视电影发展，中宣部部长胡耀邦要求电影要打翻身仗，建议讨论"如何把电影搞上去"，他还号召文艺工作者要解放思想，放手搞"百花齐放、百家争鸣"。中央的开放精神和民主态度，大大鼓舞了电影工作者的创作热情。1978 年 7 月 21 日《解放军报》刊出《要下大的力量，多出好的影片》的文章，次日《人民日报》也发表评论员文章《多出好影片》。

与此同时，1979 年电影局重点举措是：一是召开各种会议，要求进一步解放思想；二是以抓国庆 30 周年献礼片为重点，推动电影创作生产；三是改革和加强电影事业的管理工作，先后制定《电影剧本、影片审查试行办法》《优质影片生产奖励试行办法》《优秀电影创作奖暂行办法》《故事片各类稿酬试行办法》等。同时又成立了 5 个电影制片厂。这些举措对于 1979 年故事片的生产无疑起到了推动作用。电影局副局长张俊祥兴奋地说"已经到处可以闻到春天的气息了。"1979 年故事片生产的特点是：

第一，革命战争历史题材影片银幕形象真实化。有研究者认为：与过去战争题材影片相比，没有把表现的重点放在战争的成败上，而是把战争作为背景，把人置于前景，使战争中的人成为银幕的主人。这类影片比较典型的就是：《归心似箭》《从奴隶到将军》《吉鸿昌》和《小花》。

视频：《归心似箭》（2 分钟）

《归心似箭》是由李克异编剧，李俊导演，斯琴高娃、赵尔康主演，八一电影制片厂于 1979 年拍摄的电影。影片讲述了抗日战争时期的 1939 年冬，东北抗联某部连长魏得胜在一次激战中被敌俘去。他伺机从伪军哨所里逃出，心怀回到部队的念头一直往南走。从冬到春，魏得胜偶然遇见了离队的小徐子和淘金老汉齐大爷，他不得不暂时留下和齐大爷一伙淘金。共同的身世和遭遇使魏得胜和齐大爷结成了患难之交。由于叛徒小徐子的出卖，魏得胜落入日寇手中。他没有屈服于敌人的毒刑拷打和精神折磨，在下井背煤时趁机逃出虎穴。从夏天到秋天，魏得胜昼伏夜出继续南行，终于体力不支晕倒在密林深处的小溪边，被年轻妇女玉贞背回家中。在玉贞的精心照料和护理下，魏得胜的伤很快好起来。在这段不寻常的日子里，齐大爷的女儿玉贞和魏得胜建立了真挚的感情。最终，对革命事业的忠诚战胜了爱情，魏得胜冒着深秋的寒风，朝着南归大雁的方向，又踏上寻找部队的路途。

《当代中国电影》认为：影片通过主人公掉队后所经受的金钱、死亡和爱情的考验，表现了他刚毅坚定、百折不挠的献身精神，体现出人物的心灵美和革命理想。特别是魏得胜和玉贞之间的爱情，表现得质朴自然、含蓄深沉、真切感人。导演李俊把"三关"的重点放在"爱情关"上，他认为："第一，爱情和战争不是绝缘的；第二，写如何处理爱情与战争的关系；第三，爱情不准上银幕的法则如今也该休息了。"在这种明确思想的指导下，创作者成功地把握了英雄与爱情的关系，让爱情成为再现英雄本色的契机，并把对爱情的描写置于特定的环境之中，使之具有了独特的色彩，表达爱情的语言质朴动人，令人耳目一新。影片通过对细节的刻画，既表现出人物的性格特征，也体现了无法用语言表达的人物内心的感情波澜。在此基础上，影片歌颂了主人公的思归之心，揭示出人物的心灵之美和革命理想。该片着力追求朴素、自然、真实，使造型处理和表演风格和谐统一，豪放中不失细腻，委婉中但见生动。影片获得文化部优秀影片奖。

视频：《从奴隶到将军》《吉鸿昌》和《小花》（2 分钟）

《从奴隶到将军》是由梁信编剧，王炎导演，杨在葆、张金玲、冯淳超主演，上海电影制品厂于 1979 年拍摄的电影。影片塑造了一位身经百战、战死疆场的高级将领形象。饰演主人公罗霄的杨在葆，当时有人反对，说他的形象一点儿将军风度和气派都没有。杨在葆在"文革"前曾出演过电影《红日》中的石东根和《年青的一代》中的萧继业，非常出彩。导演王炎力排众议，他说他看到的将军都不摆架子。杨在葆精心演绎，将人物的成长过程刻画得很有层次感，再现了将军一生的戎马生涯。电影上映后，受到广大观众的好评，并荣获了文化部 1979 年最佳影片奖，杨在葆也凭借此片获得了文化部青年优秀创作奖。这是他艺术道路上的一次转折，标志着他的表演艺术进入了一个新的阶段。继《从奴隶到将军》之后，80 年代他陆续拍摄了《许茂和他的女儿们》《原野》《血，总是热的》《双雄会》《代理市长》等影片，饰演了一系列闪光的形象。因在影片《血，总是热的》中出色表演，成功塑造了改革者罗心刚的形象，于 1984 年荣获第四届中国电影金鸡奖和第七届大众电影百花奖最佳男演员双奖。辉煌的成就使杨在葆被誉为中国银幕"第一硬汉""中国高仓健"，2014 年 2 月荣获"德艺双馨终身成就奖"。

《吉鸿昌》是由陈立德编剧，李光惠、齐心家导演，达奇、白德彰主演，长春电影制片厂拍摄的电影。影片塑造了抗日民族英雄吉鸿昌从一个吃"糊涂饭"旧军人，成长为无产阶级先锋战士的故事。编剧陈立德曾创作描写叶挺独立团的长篇小说《前驱》，广受各方关注。影片最后荣获文化部优秀影片奖和第四届百花奖最佳故事片奖，陈立德获最佳编剧奖，主演达奇获文化部青年创作奖。

《小花》是由前涉编剧，张铮、黄健中导演，唐国强、陈冲、刘晓庆主演，北京电影制片厂于 1979 年拍摄的电影。与小说《桐柏英雄》相比，影片没有过多的渲染战争场景，而是重点描写了战争年代人与人的生离死别。《当代中国电影》对此评论道：把战争推到后景，把战争年代里的人民的生离死别作为主线，在人民革命的广阔背景上，淋漓尽致地抒发兄妹情、母女情，将一个描写具体战斗的小说片段改为一部动人的艺术抒情篇。《小花》艺术表现新颖，尤其得到青年观众的青睐，影片获得百花奖最佳故事片奖、文化部 1979 年优秀影片奖之优秀故事片奖。《小花》成就了 3 位明星：唐国强、陈冲、刘晓庆。

1979 年，因在《小花》中饰赵永生，唐国强获文化部 1979 年优秀青年创作奖、"电视十佳演员"、"首届全国百佳电视工作者"，获得"金鹰"最佳男主角和"飞天"优秀男演员提名。唐国强于 1985 年入北京电影学院表演专修班学习，后出演《今夜星光灿烂》《路漫漫》《高山下的花环》等。1988 年，参与拍摄《到莫斯科去》《三国演义》《雍正王朝》《开国领袖毛泽东》。1993 年，由八一电影制片厂转业到中国青年艺术剧院，1996 年入选"中华影星"，同年在电影《长征》中扮演毛泽东，得到了专家和观众的认可，并荣获中国电影华表奖最佳男主角。2002 年,凭借电视剧《长征》中毛泽东一角,唐国强获得了第二十届金鹰奖观众最喜爱男演员和最佳导演奖及第二十二届飞天奖优秀男演员和优秀导演奖。2010 年,主演献礼影片《建国大业》,饰演毛泽东。2013 年,主演电视剧《毛泽东》。2018 年主演革命历史剧《换了人间》等。

陈冲凭借电影《小花》中赵小花一角获 1980 年第 3 届大众电影百花奖最佳女演员奖和南斯拉夫电影节最佳女演员奖。

刘晓庆在《小花》中崭露头角。80 年代,因出演《瞧这一家子》和《芙蓉镇》《春桃》,先后获第 3 届大众电影百花奖最佳配角奖、第七届中国电影金鸡奖最佳女主角、第十届大众电影百花奖最佳女主角、第 12 届大众电影百花奖最佳女主角等多项奖励。

《当代中国电影》认为,以上几部影片在刻画人物形象和人物感情等方面所取得的成就表明:中国战争题材影片已经从军事学转向人学。这一重大变化的社会条件,是对人的价值的肯定,是对文艺创作中革命人道主义精神的肯定。这一转变,使电影进一步朝着深入揭示人的内心世界、真实反映客观生活的方向发展。

第二,悲剧意识的萌芽。1979 年,随着中共十一届三中全会的召开,揭批"四人帮"题材的影片改变了原来的创作思路。《中国当代电影发展史》写道:表现在揭批"四人帮"题材影片中的最大变化就是跳出了前几年这类题材影片的创作思路。这类影片除了在主题、内容上的拓展,其表现的人物也由写级别较高的干部转为写普通人。更值得一提的是,第二批影片在电影艺术手法上有较大的创新,无论是影片构思、结构、摄影手段与第一批写"四人帮"做斗争题材相比都有探索,使人耳目一新。这一类影片主要有:《苦恼人的笑》《枫》《苦难的心》《小街》《泪痕》《婚礼》《生活的颤音》等。

视频:《苦恼人的笑》(2 分钟)

《苦恼人的笑》是由杨延晋、薛婧编剧,杨延晋、邓一民导演,潘虹、李志舆主演,上海电影制片厂于 1979 年拍摄的电影。影片讲述了 1975 年冬,记者傅彬从"五七干校"(《中国共产党历史组织机构辞典》写道:"'文革'期间,以贯彻毛泽东'五七指示'为名,将党政机关干部、教育科研文艺单位人员下放到农村的非常态机构")调回报社。他面对充斥谎言的报纸,十分苦恼。一次,傅彬受命去采访医学院举行的"教授考试",他亲眼看到一位白发苍苍的老教授受主考人愚弄,错把肛门表放入口中,在考官们的笑骂声中,傅彬的心被震撼了。这样的报道怎么写？他去请教过去的老师——一位老记者。老师让他的老伴读鲁迅的《立论》，结论是难！傅彬茫然了，又寄希望于市委宋书记，想把真实情况告诉他，改变报道的口径，不料这一切都是宋书记所安排。不久，宋书记因车祸身受重伤，他却指定要考试"不及格"的老教授替他做手术。手术获得完满成功，可是宋书记不但不改变原来的安排，而要傅彬的报道立即见报。傅彬大彻大悟，挥笔揭露真相，但又受到妻子的阻止，怕他说真话遭殃，从而惹起一场家庭风波。傅彬把写好的文章烧掉，决定采取"不诚实"的态度，装病混病假，以逃避写报道。后来在宋书记的会客室里，傅彬看到被封锁的人民来信，信中饱含人民的怨恨。宋书记忽然出现在他面前，但他决不再软弱摇摆，喊出"你们必定垮台"的心声。傅彬终被送进囚车，但他已不再苦恼了。

有评论认为：《苦恼人的笑》意在打破传统结构形式，不以事件情节线的轴心，而把人物的心理和情绪作为影片发展的依据，用视听形象直观地表现主人公内心发生的联想、幻觉以及扭曲变形的情感反应。从《苦恼人的笑》开始，正如任仲伦在《新时期电影论》一文中所言："它所激发的不仅是一种政治激情，而且是一种内在的情感震荡。"

视频：《枫》《苦难的心》《小街》《泪痕》《婚礼》《春雨潇潇》《生活的颤音》（3分钟）

《枫》是由张一执导，徐枫、王尔利、涂中如、曾涛等主演，峨眉电影制片厂于1980年拍摄的电影。有评论认为：影片围绕一对情侣在"文革"武斗中的悲剧，揭示了那场史无前例的浩劫对青年人的毁灭性打击。影片从现实主义角度出发，再现了青年人心灵被蒙蔽、走入深渊的过程，突出了主人公的个性特征，真实地反映了当时年轻人的矛盾心理，用电影这一手段控诉那场悲剧，具有深度的反思精神。

《苦难的心》是由常甄华导演，由康泰、宋晓英、史可夫、任颐主演，长春电影制片厂于1979年拍摄的电影。影片描写1975年短暂的正常时期，"四人帮"势力如何将黑手伸进一家医院，在那里抓"反复辟"，迫害业务骨干及以科学为本的运作，通过著名心外科学专家罗秉真在"文革"中的不幸遭遇，反映了广大知识分子和人民群众同"四人帮"的不懈斗争。

《小街》是由徐银华编剧，杨延晋导演，张瑜、郭凯敏主演，上海电影制片厂于1981年拍摄的电影。影片讲述了在"文革"期间，青年工人小夏认识了因受迫害而女扮男装的少女小俞，二人在短暂的交往过程中产生真挚感情的故事。《新京报》记者张悦认为：该片摄影构图非常讲究，表现手法充满象征和隐喻的意味。最让人津津乐道的还是电影的叙事，开头是一个神秘客找到了一个好酷的作家，要讲自己的剧本，颇有悬疑和黑色电影的意味，而结尾竟然是像《罗拉快跑》那样的结局。有趣的是，有些"结局"被明确地表现成想象，而有些却会暂时被观众误以为真。但是，太多的旁白破坏了影片的节奏，而且那些生硬的语言也会让人哑然失笑。中国电影家协会会员汪岁寒认为：该片的导演是有才能的，他们敢于把结尾拍成三个，又把结论留给观众，尽管不够理想，但到底是在银幕上出现了一种新颖大胆的结构形式，这个形式以其艺术魅力将观众也拉入编导劳动中去，不能不说是一个妙笔。三个结尾的可贵之处就在于引起观众的思考，引起争论，该片的完整性就完整在"三个结尾＋观众的争论"。它启示人们去勇敢地探索电影诗的意境，并在这样优美的意境中展示了青年人和"十年浩劫"的斗争，人性、兽性矛盾，善和恶的冲突。

《泪痕》是由孙谦、马烽编剧，李文化导演，李仁堂、谢芳、杨威主演，北京电影制片厂于1979年拍摄的电影。影片讲述了"四人帮"被打倒后，新县委书记朱克实来到金县工作，在"揭批查"运动中遭到了"四人帮"余党县办公室主任张伟和县委副书记许飞雄等人的疯狂反扑与阻挠。通过深入细致的工作，朱克实了解到人们深深怀念被打成反革命而死去的老书记曹毅，他的妻子孔妮娜疯病多年，独生子被人收养，而且曹毅的自杀案有可疑之处。当查出曹毅是被张伟、许飞雄等人害死之时，张伟开枪自杀，冤案得以平反昭雪。孔妮娜也结束了5年装疯的痛苦生活，与儿子欢聚。《当代中国电影》认为：影片展现了严峻的现实矛盾，没有简单地把一位新上任的县委书记表现得能洞察一切，比别人高明，而是具体地揭示出他与暗藏的敌人作战的艰难，以及他以一颗赤诚的心启发人民将心中的悲苦倾吐出来，赢得人民信任而取得斗争胜利。

《婚礼》《春雨潇潇》《生活的颤音》3部电影都是以"四五运动"（是指1976年3月下旬到4月5日，在北京天安门广场发生的人民群众大规模悼念周恩来、反对"四人帮"、支持邓小平的事件，也被称作"天安门事件"）为背景的电影。它们虽从不同的角度切入，却表达了同样的主题：人心不可侮、人民不可欺。任何邪恶势力虽可得逞于一时，但最终必将招致失败的命运。

《中国当代电影发展史》认为：作为与"四人帮"做斗争题材的第二批影片，被称为"伤痕电影"。这些电影，一是除了在主题、内容上的拓展外，其表现的人物也由写级别较高的转为写普通人；二是在电影艺术手法上有较大的创新，无论是影片构思、结构、摄影手段与过去批判"四人帮"的影片相比，都有新的探索。

第三，革命历史题材影片的创新。在这类影片中，主有《曙光》和《赣水茫茫》。

视频：《曙光》（2 分钟）

《曙光》是由白桦、王蓓编剧，沈浮、天然导演，王天雷、达式常主演，上海电影制片厂于 1979 年拍摄的电影。影片讲述了贺龙同王明"左"倾路线斗争的故事。1930 年春，新任中央代表林寒等人来到洪湖革命根据地，他推行"左"倾路线，极力排斥坚持正确原则的贺龙同志。国民党军队趁机发动全面进攻，使根据地遭到沉重打击，贺龙在关键时刻赶回根据地，避免了全军覆灭。林寒的秘书蓝剑是隐藏在革命队伍中的内奸，保卫局长冯大坚发现革命队伍中有内奸，却被林寒污蔑，蓝剑趁机将他暗害，并取代了冯的位置。林寒一意孤行，使队伍发生严重损失后，还想陷害贺龙。贺龙带领部队奋勇抗敌，林寒等人却从中破坏。游击队员发现了蓝剑的真正身份并将他处死，林寒依然没有认识到自己犯下了严重错误。遵义会议召开，被诬陷的同志终于洗清冤屈，并在贺龙的带领下继续革命。

《当代中国电影》认为：在影片拍摄过程中，许多人为这样一部触犯禁区的影片担心，但老导演沈浮却极为坚决，宣称要"用电影这个武器形象地具体地鞭挞王明'左'倾机会主义"。在他的领导下，摄制组进行了大胆的艺术探索。他们实事求是地再现了中国共产党历史上用血肉铸成的惨痛教训，坚持把贺龙塑造成一个可亲可敬、有着自己独特个性的活生生的人。影片给观众留下了深刻的启示，该片 1979 年获文化部优秀影片奖。

第四，创新浪潮的兴起。1979 年电影创作的一个鲜明特征，就是创新浪潮的崛起。思想解放运动的潮流，冲开了长期关闭的艺术创新的大门。特别是部分中青年导演，努力学习国外电影语言表达方式，诸如"意识流""生活流""时空交错"等，在艺术创新过程中大胆进行创新的尝试，拍摄出许多优秀影片:《柳暗花明》《李四光》《她俩和他俩》《瞧这一家子》《小字辈》《甜蜜的事业》等。当然这一年的创作还是属于摸索阶段，在艺术创新上还亟待进一步提高。

3. 大胆开拓，勇于创新

80 年代的中国电影，一方面在探求自身道路上继续深入，另一方面则把重心转向了广阔的社会联系，从而进入第三个重大转折：从自身走向社会。80 年代生产的故事片不但以其新的影像风格改变了人民对电影的认识，而且以新的创作意识介入了当代生活的改革进程。80 年代中国电影的特点：

第一，坚持把握电影创作的正确方向。关于这一点，体现在对一些有争议电影的批评上。为了保证电影创作生产的健康发展，1980 年 1 月 23 日，中国戏剧家协会、中国作家协会、中国电影家协会联合主办的"剧本创作座谈会"在北京召开。

视频："剧本创作座谈会"（2 分钟）

从视频中可以看到出席这次会议的有：中央政治局委员、中宣部部长胡耀邦，电影、戏剧、文学界重要单位的主要领导如中国作家协会副主席贺敬之，中国文联主席周扬，中国文联副主席兼"影协"主席夏衍，中国作家协会副主席陈荒煤，中国戏剧家协会副主席张庚等。对于为什么要开这样一次会议，李镇在《乍暖还寒犹未定：1980 年"剧本创作座谈会"之观察》一文中写道：1979 年，为了搞活电影机制，激发各制片厂的积极性，改革措施迅速出炉，其中有两项举措的力度最大：一是 8 月 1 日，国务院颁布国发〔1979〕198 号文件，规定将电影发行利润的 80% 留给电影部门用来发展。12 月 15 日，文化部发出《电影剧本、电影审查试行办法》，试行"各类准备投入摄制的电影剧本，均由各电影制片厂负责审定"。也就是说，电影厂可以不通过电影局，自主决定投拍的剧本。相关部门不仅在制度上为电影创作开绿灯，主管领导们也频频发出鼓舞人心的讲话，号召大家解放思想，放下包袱，积极投身艺术创作。为了鼓足干劲，1979 年 5 月 3 日，胡耀邦在一次座谈会上向戏剧、电影界提出：从 1979 年至 80 年代末，争取"写三千部作品，古代一千部，近代一千部，现代一千部"，他认为平均每年不到三百部"不是高指标"。王阑西、陈播、张骏祥等在全国故事片厂编辑工作会议上都鼓励编剧大胆创作，并都给出了提高剧本稿酬的具体意见。务实的举措和领导的鼓舞很快得到了回报。在新中国成立 30 年的献礼片当中，出现了一些新气象，有些影片突破了"四人帮"设置的某些禁区。由于剧本审查下放到电影厂，创作队伍面对题材松绑，表现出空前的热情，剧作者们的胆子大起来。随着一些作品的出现，争议越来越频繁，比较激烈的争论发生在一些反映现实、干预生活的作品中。

1979 年下半年，三部新剧本成为争议的焦点，分别是王靖的电影剧本
《在社会的档案里》、李克威的电影剧本《女贼》和沙叶新的话剧剧本《假如
我是真的》。两部电影剧本都被制片厂看中，即将投拍，甚至在杂志上预告了
剧组的名单。讽刺喜剧《假如我是真的》原名《骗子》，是沙叶新在 1979 年
8 月根据真人真事改编而来，由上海人民艺术剧院在当年 8 月彩排完成，反
响很好。9 月 27 日，剧本在上海公开发售，十几分钟卖出去几百本，引起有
关部门警觉。不久，上海青年话剧院和杭州、福建、新疆、河南、云南的话
剧院团都准备排演《骗子》。中央戏剧学院导演进修班更是改变了原有的教学
计划，突击排演此剧。西安电影制片厂的导演吴天明、滕文骥也联系沙叶新，
要求把剧本改拍成电影。很多省的剧团都要求排演该剧。1979 年 11 月第四
次文代会召开期间，《骗子》等剧本受到高度关注。当月，上海市委下令暂停
《骗子》的演出。同时暂停的还有《在社会的档案里》和《女贼》的电影拍
摄。1980 年 1 月 14 日，文化部电影局发出《关于调查电影事业各类创作人
员情况》的通知，加强创作队伍管理。1 月 16 日，邓小平在一次讲话中提出：
"不再继续提文艺从属于政治这样的口号，因为这个口号容易成为对文艺横加
干涉的理论依据，长期的实践证明它对文艺的发展利少害多。但是，这当然
不是说文艺可以脱离政治。文艺是不可能脱离政治的。"这一论述也随即成为
几天后"剧本创作座谈会"理论基础之一。

有研究者认为：争论的焦点集中在"真实性"和"倾向性"问题上。周
扬提出本次座谈会的动因就是因为在一些作品中出现了"根本性的、倾向性
的重要问题"。贺敬之认为"写真实"不能否定倾向性和政治性，"倾向性，
或者说政治性，也就表现文艺的目的性，是文艺的一种重要的社会功能"。所
以"就我们文艺创作的总倾向来说，就作品表现的总趋势来说，要写出光明
面和阴暗面的斗争，写出光明战胜黑暗的必然性和现实性"。漠雁坚持文艺的
党性。他认为几部有争议的作品的作者"把支流当成了主流"，"不利于军政、
军民团结"，作品不但不真实和片面，而且还丑陋、不健康。与之正相反，吴
瑾瑜"从政治感情"上接受、欣赏和支持《假如我是真的》，认为作品把"对
党的爱，对党的忧虑，对干部作风整顿的期望，通过艺术形象传达出来了"，
让人看了之后觉得写得很深刻，感到党是有希望的。王春元认为，《在社会
的档案里》和《假如我是真的》的主人公"在物质生活上和精神生活上都反
映了破了产的小生产者并沦落为流氓无产者境地的畸形性格。他们实际上是
被传奇化了的自私自利的小市民"，"这种人实际上具有一种危害性极大的破

坏性性格"，对任何社会制度和社会秩序都不利。吴祖光不赞成王春元的观点，他认为《假如我是真的》反映了社会现实，主人公代表了一代最受迫害的青年人，所以是值得同情的。"这个剧本敢于揭露社会的阴暗面，勇敢地冲击封建伪善的特权阶层，这都值得钦佩，应当受到鼓励。"关于歌颂和暴露的问题。马德波认为："文艺的职能既有歌颂又有暴露"，一味粉饰太平，对国家的发展不但无益，反而有害。"爱听瞎话不爱听实话，给我们的教训太沉痛了。"陈荒煤认为：电影要考虑"社会效果"，"银幕上出现的电影都是哭哭啼啼、流氓、阿飞、小偷，这种局面"不好。对于剧本的题材问题，周扬、陈荒煤、夏衍的意见基本一致。周扬认为作者不能因为题材放开了，就对自己没要求。"题材要严，不是领导管得严，而是要作者对自己要求严格"，"选什么题材写，怎么写，就要多多考虑"。陈荒煤也认为题材"实际上不能说完全无禁区"，这个禁区"是由于作家的社会责任感，作家的政治倾向，作家的立场的限制"。夏衍说："题材没禁区不等于作家自己那里没禁区。"真实性问题是现实主义的基本原则和理论核心，也是新时期最重要的价值标准。在剧本创作座谈会上，对这个基本的问题也没有取得一致意见，比如陈荒煤提出"写真实、说真话"不是文艺的最高原则。一些代表还针对剧作讨论中一些基本概念进行了辨析。比如，程代熙认为《假如我是真的》中的主人公缺少鲜明的"典型性"，所以显得不真实。所谓"典型"，他借用恩格斯对黑格尔《精神现象学》中的术语"这一个"的解释："一是要反映出事物的整体，二是事物具有鲜明的个性特征。"程代熙认为剧本中没有反映产生骗子的社会背景，而仅仅"从琐碎的个人欲望中"为人物制造了行为动机，从此使人物缺乏最本质的特征。针对典型性的概念，陈涌的意见则很不同，他高度肯定《假如我是真的》《在社会的档案里》的典型价值，并且认为两部剧作艺术上有长处，"不少地方是写得深刻的"。陈涌引用马林科夫在苏联十九次党代会关于文艺问题的观点——"典型的东西不一定是普遍的东西"，"典型的东西，有时可能是少数"，"萌芽状态的暂时还是属于少数的事物，只要带规律性，都有典型性"。

多数发言者都谈到了作品的缺点。陈荒煤认为："把某种概念强加于作品中的人物，人为地创造悲剧情节"，没有按照艺术规律，显得不真实。王春元觉得部分剧本将批判的目标导向了对社会的谴责，是错误的。陈涌看出几部作品对干部的描写有片面性，"都是小丑，太简单了"。夏衍不赞成《在社会的档案里》投拍。他认为由于敌我矛盾仍然存在，不能在内部发生问题，"新船可以开快，破船可不行的"，"太快很危险"。吴祖光也不赞成投拍此片，理由是剧作的艺术性欠缺，"不仅是由于这个戏的细节有不真实的地方，有过分追求生理刺激的地方，还有不合乎逻辑的地方"。胡耀邦对三部剧本的意见是"改不好我赞成不演，暂时停演"。"演出单位和宣传部门，有意见也可以讲，真诚地、耐心地给作者以帮助。"胡耀邦关于开会讨论剧本创作问题的"目的和希望"是"不限于剧本创作的问题，而是能够对文艺创作上大家共同关心的一些重大问题，交流一下看法，在一些重大原则问题上统一思想"。他提出："文艺工作者要正确认识社会主义现实，文艺创作的题材无比宽阔，文艺作品要经得起历史的检验，为了适应时代的要求，我们要培养和锻炼一支敢想敢干、百折不挠的文艺创作大军。"

座谈会会后通报了《剧本座谈会情况简述》，成果大致可以总结为如下几条：一、关于三年来的文艺成就；二、关于几部有争议的作品；三、关于认识时代和文艺的任务；四、关于真实性和创作方法；五、关于文艺批评；六、关于学习和提高。《剧本座谈会情况简述》也对文艺作品的优劣总结出了一个基本的评判标准："在新的历史时期，检验一个文艺作品社会效果的好坏，主要看它是否有利于'四化'和'四个坚持'，是否有利于促进安定团结和生动活泼的政治局面。"这是改革开放以来在电影剧本创作方向上第一次认真的交锋。

第二，对历史的沉痛反思。所谓沉痛反思就是不仅仅局限于反思"文革"，而是把时间推移到新中国成立以来。《天云山传奇》就是对1957年"反右"斗争的反思。

视频：《天云山传奇》（2分钟）

摄制于1980年的电影《天云山传奇》，是根据鲁彦周的同名中篇小说改编，由谢晋执导，是我国第一部触及"反右斗争扩大化"题材的影片。影片讲述了1978年冬天，年轻姑娘周瑜贞向地委组织部副部长宋薇讲起她在天云山的奇遇。她去寻找20年前关于天云山区的规划书，却见到一个叫罗群的马车夫，是个至今没有平反的"右派分子""反党分子"。周瑜贞找到了曾在考察队工作现在是小学教师的冯晴岚，发现她是罗群的妻子，冯晴岚把罗群花了20多年心血写成的有关天云山改造和建设的资料手稿给了她。面对这部具有重大科学价值的手稿，周瑜贞不能平静，她开始了解罗群和他的申诉，她断定罗群是无辜的。周瑜贞问宋薇，像罗群这样的人为什么不能平反？听到罗群这个名字，宋薇内心一阵震颤，20年前的往事又出现眼前。1956年，宋薇和冯晴岚从学校毕业来到天云山综合考察队，考察队政委吴遥对年轻活泼的宋薇颇为动心，但不久他调走了，新来的年轻的政委罗群热情能干，和考察队员们打成一片。宋薇和罗群交往中建立了爱情。不久，宋薇被调往省委党校学习，与恋人暂时分了手。1957年"反右"时，吴遥突然来到党校，代表区党委找宋薇，宣布罗群是反党分子，要宋薇和他划清界限。宋薇内心很痛苦，但还是写了断绝关系的表态信。此后，在原特区书记的安排下，宋薇和吴遥结了婚，罗群被遣送农村监督劳动。这时，冯晴岚来到他的身旁，冯晴岚敬佩罗群，她坚信罗群不是反党反社会主义分子，她离开了喜爱的考察队工作，甘愿在天云山近处当一名小学教师，承担起照顾罗群的责任。在"文革"的艰难岁月里，他们结了婚。生活虽然清苦，却美满幸福，共同为事业奋斗不息。宋薇调看罗群的三次上诉材料，发现都被吴遥扣压，而罗群的一系列"罪行"，也都是吴遥一手诬陷所致，宋薇感到吃惊和愤怒。回想起她和吴遥的貌合神离的婚姻，她似乎明白了真相。宋薇亲自处理罗群的平反问题，却遭到吴遥的蛮横阻止，并重提两人20年前的关系。宋薇和周瑜贞相约去看望病重的冯晴岚，吴遥公开阻止，动手把宋薇打倒在地。宋薇清醒了，她要离开这个家，但终因体力不支，滚下了楼梯。宋薇住院期间，冯晴岚去世了，罗群的冤案得到平反，被任命为天云山特区党委书记。清明前夕，宋薇怀着复杂和愧疚的心情，来到天云山冯晴岚墓地。她发现罗群和周瑜贞并肩而立，心里明白了。她为死者献上了一束鲜花，也暗中向生者祝福。

影片导演谢晋在《心灵深处的呐喊——"天云山传奇"导演创作随想》一文中指出：我喜欢影片能拨动人的心弦，引起人们的思索。我希望文艺作品真正发挥艺术的力量，使它能够起到提高整个民族思想文化、道德水平的作用，起到提高广大人民思想境界和社会主义精神文明的作用。要实现这个目标，并不是轻而易举的，它不仅要担一定的"风险"，而且需要一种炽热的感情和勇敢、顽强的探索精神。作为以"反右"运动为背景的"尖端"题材，电影创作从来未触及过，有些人担心弄不好会违反政策，这也是可以理解的。但是，我们的影片既不是事件的记录，也不是运动的图解，它着重表现的是"反右"斗争扩大化所造成的后果。《天云山传奇》可以说是在有点人心惶惶的情况下拍摄的。在整个创作过程中，不光有来自外界的干扰，也有来自艺术创作人员中间的种种阻力。一部影片刚要上马，一听到什么"风声"，到处议论纷纷，这种现象，是一种不正常的精神状态。

如何通过艺术形象，特别是运用电影这个强有力的武器，揭露、鞭挞那些阴暗、丑恶的社会现象，呼唤、呐喊那些优良的传统和作风，以振奋我们民族的精神？影片《天云山传奇》，通过罗群、宋薇、冯晴岚、吴遥等4人20多年的不同遭遇和命运的变化来揭示主题，在一定程度上回答了当代人们所共同关心的问题。

朱安平在《电影〈天云山传奇〉的风风雨雨》中写道：面对《天云山传奇》拍摄出现的这些情况，谢晋深知归根结底还是长期动荡多变的政治气候影响所致，也是文艺创作尚未完全冲破极左路线藩篱的反映，要想不受任何干扰来进行艺术创作，似乎一下子还不大现实，关键在于怎么办。谢晋意识到，之所以来自外界的干扰会在创作人员中产生种种反应，主要在于这一题材的尖锐性与敏感性。为此，他专门组织大家认真学习邓小平讲话及中共十一届五中全会公报，又找了一些有关同志座谈，对"反右"斗争做了比较全面的了解，首先从思想上确立回顾、总结这一段历史的教训是十分必要的。对于1957年的"反右"斗争及其扩大化的错误，《关于建国以来党的若干历史问题的决议》写道："1957年的经济工作，由于认真执行党的八大的正确方针，是建国以来效果最好的年份之一。这一年在全党开展整风运动，发动群众向党提出批评建议，是发扬社会主义民主的正常步骤。在整风过程中，极少数资产阶级右派分子乘机鼓吹所谓'大鸣大放'，向党和新生的社会主义制度放肆地发动进攻，妄图取代共产党的领导，对这种进攻进行坚决的反击是完全正确和必要的。但是反右派斗争被严重地扩大化了，把一批知识分子、爱国人士和党内干部错划为'右派分子'，造成了不幸的后果。"1980年6月11日，中共中央批转的《中央统战部关于爱国人士中的右派复查问题的请示报告》中说，1957年"反右"斗争，全国共划了"右派"分子55万余人。"反右"斗争后，根据毛泽东的建议，1959年9月17日，中共中央下发了《关于摘掉确实悔改的右派分子的帽子的指示》，从1959年到1964年，全国曾经先后五批摘掉30余万人"右派"分子的帽子。1978年9月17日，中共中央做出关于全部摘掉"右派"分子帽子决定。中央在批转这一报告的通知中指出："按照实事求是、有错必纠的原则对被划为右派的人进行复查，把错划的改正过来，这是严肃处理历史遗留问题的一项重大政治措施。"反右"斗争的主要教训在于把大量的人民内部矛盾当作了敌我矛盾，以致造成扩大化的错误。"

与此同时，谢晋要求对照作品实际进行深入剖析，使大家清楚地看到，它既不是运动过程的记录，更不是运动评价的图解，着重表现的只是不正常的政治气候下的人，他们的命运、遭遇、道德、情操，影片中所有政治运动和政治事件只是作为背景而存在，它的历史反思的意旨，是通过人物心态的生动揭示、人物命运的具体描写，以及从人物关系的矛盾运动的轨迹中透露出来的。在对全体摄制人员进行统一动员和部署的"导演阐述"中，谢晋明确指出："采用把政治概念推到后景，把美好的情操推到前景的办法来突出主题。剧中的事发生在 1956 年到 1978 年，这是我们每个人都经历过的时代，剧中的生活也是我们都熟悉的，剧中的人物有些也是我们所见过的，有的是我们的同志、朋友，我们要通过具体的形象，更深一步地理解和认识那个时代。这个戏是个严肃的正剧，带有悲剧色彩，但不是悲剧。我们主观意图是希望用美好的情操鼓舞人心，使观众从中受到教育。"他还代表导演组满怀激情地寄语："文艺的作用千万不要简单化地、庸俗化地去理解……这部影片将来肯定会触动一些思想僵化的人，也可能会挨骂；但我们认为把剧中三个正面人物塑造好了，写出了他们很高的思想境界，使人们更加热爱社会主义、热爱党、热爱人民，追求新的生活，就能起到影响人们灵魂的作用。"正是在谢晋始终如一、信心百倍的带领下，充分调动起所有摄制人员的艺术创造力，在与形形色色的压力与各种各样的困难做坚忍执着的抗争、拼搏中，《天云山传奇》的拍摄圆满完成了。

这方面的影片还有《巴山夜雨》《被爱情遗忘的角落》《月亮湾的笑声》等。

视频：《巴山夜雨》（2 分钟）

《巴山夜雨》是由叶楠编剧，吴永刚、吴贻弓导演，李志舆、张瑜主演，上海电影制片厂于 1980 年拍摄的电影。影片围绕"文革"中遭到迫害的诗人秋石在被押解过程中发生的故事，在很短的时空里，反映了十年动乱中人民的遭遇和与"四人帮"所做的斗争。《当代中国电影》认为，《巴山夜雨》的成功得力于编导的艺术追求，也离不开演员的表演。《中国当代电影发展史》认为，从某种意义而言，《巴山夜雨》的反思更具内敛色彩，而使人心灵的悸动更为甚之。从表面看写的是在风雨如晦的年代，航行在川江一条轮船上的三等舱中不同职业、不同文化、不同年龄的人的相处与冲动，但实际上这个船舱是整个社会的缩影。影片的深刻之处在于：一是影片写同一条船的人们，他们都能以自己特有的方式去同情、关怀和帮助别人；二是影片借助主人公刘文英这个人物揭露了"文革"对人的精神的扭曲，又借她的觉醒，对这种精神扭曲做了沉重的思考。影片上映后获得了极大的成功，并于 1981 年获得第一届中国电影金鸡奖最佳故事片、最佳女主角等多项大奖。

视频：《被爱情遗忘的角落》（2分钟）

《被爱情遗忘的角落》是由张弦编剧，张其、李亚林导演，沈丹萍、贺小书、杨海莲主演，峨眉电影制片厂于1980年拍摄的电影。影片讲述的"角落"指的是一个偏远的山村，"爱情"在这里是个陌生的字眼。影片通过存妮、荒妹及母亲菱花两代人的爱情婚姻，反映出"文革"期间极左路线对广大农村的严重影响，深刻揭露了"四人帮"愚民政策不仅破坏了经济生产，而且促使封建思想泛滥，造成农民在物质和精神上的双重困难。

《当代中国电影》认为：《被爱情遗忘的角落》运用打破时空顺序的心理结构，以荒妹的成长为情节主线，把内涵丰富的存妮和小豹子的"贫困的爱情"分成几段，穿插于荒妹性格发展的过程中，又在荒妹被迫订婚时，倒叙出母亲当年争取婚姻自主的情景。把母亲的逼婚和她过去的抗婚相对照，大大拓展了影片主题思想的覆盖面。《中国当代电影发展史》也认为这是一部"反思片"，陆绍阳认为是"反思电影"。也有评论称之为有"里程碑"色彩的电影。该片于1982年获第2届中国电影金鸡奖最佳女配角和最佳编剧，2018年8月17日，该片被评为第一届中国双塔山爱情电影周改革开放40周年中国十大优秀爱情电影。

第三，对现实矛盾的大胆揭示。随着思想解放运动的步步深入，一批针砭时弊的作品迅速涌上银幕。许多电影艺术家以强烈的社会责任观，审慎思考人生。随着主题的深入，电影中的正面人物形象也发生了新的变化。有理想、有文化、善于独立思考、勇于坚持真理的人物，成为编导审美理想的直接体现者。

视频：《法庭内外》（2分钟）

影片是由宋日勋、陈敦德编剧，陆小雅、从连文导演，田华、陈佩斯主演，峨眉电影制片厂于1980年拍摄的电影。影片讲述了温泉市某区法庭宣判了一件交通肇事案：市革委会夏主任的司机许大槐酒后驾车，撞死女体操运动员姜燕燕。虽属过失犯罪，但肇事者主动投案，态度较好，免于刑事处分。人们对此判决愤愤不平，上告到市中级人民法院。法院女院长尚勤刚正不阿，执法如山，在她的领导下，案子重新调查。很快许大槐推翻了供词。在追查被告中，尚勤遇到了来自各方面的阻力和压力，以至卷入了一场法与权、法与情的斗争。最后终于查清这是一桩掩盖在"交通事故"假象下的强奸杀人案，真正的被告是夏主任的儿子夏欢。事后夏欢的母亲，市物资局副主任柳茹濂依仗丈夫的权势，用收买、拉拢、威胁、诱骗等手段，制造"替罪羊"，为儿子顶罪。在庄严的法庭上，尚勤宣布判处杀人犯夏欢死刑。

影片大胆揭示了社会主义法治与封建特权观念之间的矛盾。影片的中心事件是对一桩车祸肇事的审理。《当代中国电影》认为：编导把着眼点放在展现权与法、情与理的矛盾上，真实表现出女法官尚勤秉公执法时遇到的种种压力，她对老首长的儿子绳之以法时的痛苦心情以及在舆论压力下的犹豫和苦闷。影片塑造了尚勤这一勇于与封建特权思想斗争、刚直不阿的优秀法官形象，揭示出特权思想对社会主义事业和干部的腐蚀，明确提出了法法思想。影片不仅与吴永刚的《巴山夜雨》、谢晋的《天云山传奇》一同提名第一届金鸡奖最佳故事片，还获得了1980年文化部优秀故事片奖。

同一类影片中还有西安电影制片厂拍摄的《第十个弹孔》。

视频：《第十个弹孔》（2分钟）

影片是由从维熙、艾水编剧，艾水导演，曹会渠、陈立中、宝珣主演，西安电影制片厂于1980年拍摄的电影。影片讲述了滨江市公安局局长鲁泓在劳改队里苦度了十个春秋，复职后审理的第一个案子竟是他的独生儿子鲁小帆参与的炸桥案件。《当代中国电影》认为：影片抓住儿子犯法、老子执法这对矛盾，展现时代风云变幻和个人命运遭遇，刻画父子之间复杂而难言的思想感情，进而揭示十年"文革"对家庭和人性的摧残，特别是对青少年心灵的毒害。这部影片的基本矛盾是法与情的冲突。

《当代中国电影》认为：这两部影片在社会上产生了很大的反响。健全社会主义法治，实行在法律面前人人平等的原则，正是广大群众的强烈愿望。观众通过尚勤、鲁泓的形象，看到了秉公执法的楷模，受到了极大的鼓舞。

此外，还有反映现实生活矛盾但又启迪人们前进的勇气和信心的电影《邻居》。

视频：《邻居》（2分钟）

影片是由马林、朱枚、达江复编剧，郑洞天、徐谷明导演，王培、郑振瑶、冯汉元、李占文、许忠全主演，北京电影学院青年电影制片厂于1981年拍摄的电影。影片讲述了建工学院的一幢职工宿舍楼里，住着学院党委书记袁亦方、顾问刘力行、水暖工喜凤年、校医明大夫、助教冯卫东、讲师章炳华共六户人家。由于住房拥挤，又没有公共厨房，大家只能在狭小的楼道上烧饭。尽管如此，大家患难与共，邻里关系和睦。不久，袁书记分到了新居。经他向房管科吴科长争取，又分了一套房给他的老上级刘力行。其他几家住户希望能把袁亦方腾出的房子作为公共厨房,可是吴科长竟偷偷把房子分给了省委董部长的侄子。老刘得知此事主动提出不搬新居,换袁亦方腾出的房子给邻居们当厨房。一次,老刘在延安时代的老朋友——美国女记者艾格尼丝访华,袁亦方巧妙地让老刘在他的新居里接待客人,结果笑话百出,耿直的老刘索性陪他来到自己真正的家,参加了公共厨房的会餐,女记者拍下了会餐的照片。已调任市建委的袁亦方看到照片后认为丢了中国人的脸,便假借名义为领导干部盖高级住宅。明大夫的弟弟明玉朗写信给市委书记,揭发这一问题,竟受到打击报复。正生病住院的老刘得知后,溜出病房,找市委书记陈述意见。市委决定停建高级住宅,着重解决群众的住房问题。明玉朗也被建工学院录取为研究生。春天来临,公共厨房里又一次欢宴,庆祝几户人家乔迁。老刘因患癌症住在医院里,他托袁亦方捎给大家两只烤鸭和一封热情洋溢的信,邻居们无限惦念病中的老刘。

作家苏叔阳认为:"影片动人处之一:便是现实主义的艺术魅力。毋庸讳言,我们现今的居住条件,是不大可心可意的。在住房问题上,官僚主义的恶习,'关系学'的网罗,表现得非常突出。一个小小的有私心的房管干部,便犹如一方的神明、一处的霸主。因住房而引起的悲喜剧,俯拾即是。……这部影片既没有掩盖矛盾,又没有陷入悲观和牢骚,而是实事求是反映了生活的本来面貌和在困难生活中支撑着党、国家、民族自强不息的党的传统,民族的精神力量。这部影片以质朴自然的风格而打动人心,这在电影观念和美学观上,都为我们提供了很好的借鉴。影片所表现的美学观就是'美是生活'。不追求华丽和虚饰,而是挖掘质朴生活中的斗争和前进的力量,所以,那筒子楼过道的场面那样富于说服力和感染力,没有人以为那是杂乱与丑。追求外在与形式的美,雕琢有加,观众不以为美,不事铺排,力求真实,观众倒为之倾倒,这点辩证法使我深长而思。"

《当代中国电影》认为:影片成功塑造了中国共产党的基层干部老刘的艺术形象。这一典型的突破性意义在于,他从性质上区别于"高、大、全"式的英雄,他与人民有着休戚与共的血肉关系,人民给予他精神力量,他的言行代表人民利益。人民心中有老刘,老刘心中有人民。影片正是通过对这一血肉关系的形象化体现,表现了现实生活中的光明和希望。该片荣获第二届金鸡奖最佳故事片奖。

视频:《人到中年》(2分钟)

《人到中年》是由谌容根据自己同名小说改编,王启明、孙羽导演,潘虹、达式常主演，长春电影制片厂于 1982 年拍摄的电影。影片讲述了 1979 年秋，某医院中年眼科医生陆文婷，因心肌梗死急性发作，被送去抢救。眼科孙逸民主任记得，陆文婷医术精湛，全心全意为患者服务，但在医院工作 18 年仍是住院医生，月工资只有 56 元 5 角。陆文婷的爱人傅家杰是被她治愈的患者，从事金属力学的研究工作，两人婚后生活幸福美满，但繁重的工作和生活的重担却把陆文婷压垮了。她在发病那天上午连续做了三个手术，其中一个是焦成思副部长的白内障摘除手术。部长夫人秦波对既不是主任级大夫，又不是主治医生，更不是党员的陆文婷很不放心，却不知道"十年动乱"中正是陆文婷不畏红卫兵的威胁，为焦部长的另一只眼睛做的白内障摘除手术。陆文婷女儿生病，她却直到看完病人才赶到托儿所，看到高烧的女儿独自躺在床上，心中充满歉疚。经过抢救，陆文婷恢复知觉，她忏悔自己没有尽到妻子和母亲的责任，嘱咐丈夫照顾好孩子。傅家杰听了心如刀割。陆文婷的好友姜亚芬夫妇即将出国，在陆家举行的告别宴上，大家感慨中年人的甘苦。陆文婷在医院精心的治疗和护理下，逐渐恢复健康，医院专门派车将她送回家中。

　　谌容是位优秀的作家，她以敏锐的洞察力和深沉的笔调，创作了中篇小说《人到中年》。小说发表之后，在社会上引起了巨大反响。那时由于党的知识分子政策尚未完全落实，人们对小说涉及的一些问题褒贬不一，在报刊上展开了激烈的争论。肖尹宪在《长影摄制的〈人到中年〉的风风雨雨》一文，讲述了从小说到电影经历的曲折与复杂的过程。北影和上影都因为《人到中年》"调子太灰"而不敢投入拍摄；谌容说她很欣赏腾文骥，希望由西安厂来拍，但是西影领导当时尚未表态。长影的肖尹宪找到谌容说："如果长影领导表态了，能不能给长影？"而且肖尹宪立即给长影总编室主任请示，可否向谌容组稿（《人到中年》），总编室主任很坚决地说不行："这个小说调子那么灰，有人发表文章说它是反党反社会主义的大毒草，你抓它不是找枪口撞吗？"肖尹宪不死心，立即和导演孙羽与厂长苏云沟通："长影同意将小说《人到中年》拍成电影，只望将结尾搞得再昂扬一些。"对此，谌容的回信是："长影的热情与作风使我深受感动，拙作蒙贵厂厚爱，《人到中年》我不给贵厂又能给谁呢？"《人到中年》的摄制权终于花落长影。剧本修改完成了，厂里也通过了，谁也没想到，有的角色的演员却找不着了。陆文婷的角色太有诱惑力了，前后有多名演员前来试镜头：有刚刚演完《天云山传奇》正走红的施建岚，有很有名气的实力派演员郑振瑶。但因为不言自明的原因，她们抱着希望而来，又都带着遗憾而去。傅家杰的演员定下了达式常，他早早就来到了剧组，为了演这个角色，他辞掉了其他剧组的邀请，但是独角戏无法开拍。经过波折，影片最终在12月底完成拍摄。影片送审后，电影局便向长影发来了贺喜电报，高度评价电影《人到中年》是一部优秀影片，并责令长影一定要带着这部影片参加在上海召开的全同电影创作会议。在这次创作会议上，长影带去的是送审通过的没有加"光明尾巴"的标准拷贝。《人到中年》在锦江宾馆的礼堂里放映完毕，全场竟然长达两分钟之久鸦雀无声，继而便是暴风雨般的掌声。影协向参加创作会议的各厂代表团散发的1982年"金鸡奖"摸底问卷上，各厂代表几乎一致填上《人到中年》的名字。

电影《人到中年》不负众望，放映后广大观众反响非常热烈。影片获得了1982年度中国电影家协会"金鸡奖"、《大众电影》"百花奖"、文化部"优秀影片奖"，潘虹成为当年的"金鸡""百花"双影后。

第四，对青年问题的热切探讨。《当代中国电影》认为：80年代以来，故事片创作中的一个突出现象，是对青年题材的新的开拓，一大批描写青年生活的影片以崭新的思想内容和独特的艺术形式博得了社会的好评。如果说青年题材影片的主调，1981年是"报国豪情"，1982年是"凡人群像"，1983年则是"理想复归"。电影对当代青年风貌进行自觉探索，是以1981年问世的《沙鸥》为起点的。

视频：《沙鸥》（2分钟）

《沙鸥》是由张暖忻导演，常珊珊、郭碧川主演，北京电影学院青年电影制片厂于1981年拍摄的电影。影片讲述了南方某训练馆内，中国女子排球队正为参加粉碎"四人帮"后的第一次出国比赛加紧训练。女排队员沙鸥被告之腰部严重损伤，必须马上离队休养，并且她未被列入出国参赛名单中，但沙鸥仍执意要求坚持训练。沙鸥母亲从北京赶来劝她退出运动队并与在国家登山队当运动员的未婚夫沈大威早日成婚。沙鸥却在沈大威的支持下，与伤痛顽强搏斗、坚持刻苦训练。排球队获准沙鸥出国参赛，但由于中国队与世界排坛隔绝多年，技术欠佳，在决赛中失利。沙鸥在回国的轮船上将个人所得的银牌投进了大海。回北京后，沙鸥全力支持沈大威的登山事业，但沈大威却遭遇雪崩牺牲。双重打击使沙鸥无比痛苦，但她坚强地重新振作起精神，返队成为一名教练。数年以后，已经瘫痪的沙鸥在疗养院的电影里终于看到自己培养过的青年一代女排队员取得了胜利，她激动得流下热泪。

符鹏博士在《重评"沙鸥"及其论争》一文中的评论颇为深刻：1980年，

张暖忻与丈夫李陀合作完成剧本《飞吧，沙鸥》，开始准备拍摄。此时她已年届不惑，成了一位不再年轻的年轻导演。在"文革"结束新时期开始的历史转折阶段，如此迟来的艺术创作生命，是大多数作家和艺术家的共同经历。不过，这些作家和艺术家因为时代与际遇的差异，理解和把握过去历史经验的眼光也各不相同。尤为显著的是，"文革"期间的惨痛记忆，往往成为不少人情绪化激烈否定整个社会主义实践的内在因由。的确，这些创伤经验是我们重新反省历史的重要部分，但无法以偏概全地将之扩展为新中国成立后所有人的历史经验。与此相对的是，也有少数作家和艺术家力图将个人经验相对化，更为整体地正视社会主义经验的历史复杂性。从张暖忻早期电影《沙鸥》和《青春祭》来看，她正是以这种方式展开历史认知的尝试的。

视频：《青春祭》（2 分钟）

《青春祭》是由张暖忻执导，由李凤绪、冯远征等主演，北京电影学院青年电影制片厂于 1985 年拍摄的电影。影片根据张曼菱小说《有一个美丽的地方》改编，借用李纯的视角，反映了动乱年代里傣乡的民俗风情和傣族人民的热情善良。

符鹏认为：这两部电影都完成于 80 年代初期，激烈否定"文革"乃至整个社会主义经验，主导着当时的社会情绪。然而，张暖忻的叙事基调颇为平和沉稳，《沙鸥》没有染上当时"伤痕文学"过度的感伤主义情绪，《青春祭》也没有流于"寻根文学"偏执的文化主义态度，她所有的不满，仅止于对"文革"十年青春蹉跎的慨叹与省思。更进一步说，这两部电影在打开新的艺术表现空间的同时，也带入过去经验的关键方面。在《青春祭》中，张暖忻特别设置了女知青李纯自学成为赤脚医生的故事情节。这种设置，显然与她 1975 年作为副导演参与电影《春苗》的拍摄经历有关。对她而言，乡村赤脚医生制度，是理解和进入社会主义乡村经验的重要层面。而电影《沙鸥》奋斗奉献的主题，更是与她 1974 年作为副导演参与拍摄的电影《第二个春天》，以及 1978 年与李陀合作完成的剧本《苍茫大地》一脉相承。

张暖忻历史认知的尝试，并不止是表面的电影情节和主题的历史连带，而且为之投注理想主义的精神诉求。在新时期之初，张暖忻表现出的理想主义诉求并非个别的情感取向，而是包含着广泛的社会代表性，当时出现的大量文学和艺术作品都洋溢着这种理想主义精神。毫无疑问，这种主体精神是新中国成立后社会主义教育的直接后果。新中国成立之后，中国共产党开展的政治教育的核心，便是塑造广大人民以集体和国家利益为指归的远大理想。

这种理想主义的政治能量，经过"文革"十年的过度征用和普遍耗蚀，最终元气大伤，危机重重。然而，即便经此挫败，此前深入人心的理想主义，作为支配人们思考和行动的情感结构，依然在新时期之初余烬犹燃，未曾断绝。正是强烈的理想主义诉求，促使张暖忻选择当时备受关注的中国女排话题，作为剧本创作的对象。

80 年代初拍摄的青年题材片：《都市里的村庄》《逆光》《我在他们中间》《见习律师》《陌生的朋友》。

视频：《逆光》《我在他们中间》《见习律师》《陌生的朋友》（2 分钟）

《逆光》是由秦培春编剧，丁荫楠导演，郭凯敏、刘信义、史钟麒、施锡来、吴玉华、徐金金等主演，珠江电影制片厂于 1982 年拍摄的电影。影片讲述了 20 世纪 80 年代初，上海造船厂钳工廖星明与出身干部家庭的夏茵茵的爱情故事。该片于 1983 年获得第 23 届中国电影金鸡奖最佳摄影奖。《我在他们中间》是由于洪俊编剧，从连文、陆小雅导演，孙大鸣、刘国祥、赵雅珉主演，峨眉电影制片厂于 1982 年拍摄的电影。影片讲述了企业发展与个人感情纠葛的故事。《见习律师》是由韩小磊编剧，韩小磊导演，孙淳主演，北京电影学院青年电影制片厂于 1982 年拍摄的电影。这也是一部反思"文革"的电影。《陌生的朋友》是由李保元编剧，许雷导演，李羚 、张潮主演，北京电影制片厂于 1982 年拍摄的电影。

《当代中国电影》认为：这些影片大都采用散文式结构方法，时空转换灵活，现实气息浓烈，多层次、多角度地表现了当代青年的生活状态和精神追求。由于把人物活动置于复杂的人际关系和广阔的社会背景中，所以人物形象具有较强的生活实感。另一个特点是注重普通青年群像的塑造。但是，这批影片对生活素材的提炼概括显出不足，艺术上欠完整，缺乏震撼人心的力量。

1983 年拍摄的青年题材片在保持纪实风格的同时，大大增强了银幕的"亮度"。这一时期的影片有：《我们的田野》《十六号病房》《大桥下面》《青春万岁》《女大学生宿舍》《快乐的单身汉》等。

视频：《我们的田野》《十六号病房》《大桥下面》《青春万岁》《女大学生宿舍》《快乐的单身汉》（3 分钟）

《我们的田野》是由潘渊光、谢飞、晓剑编剧，谢飞导演，周里京、张静、雷汉、林芳兵、姬培杰主演，北京电影学院青年电影制片厂于 1983 年拍摄的电影。影片讲述了知识青年上山下乡的故事。《十六号病房》是根据短篇小说《遗忘在病床上的日记》改编，张圆导演，宋晓英、李羚主演，长春电影制片厂于1983年拍摄的电影。影片讲述了20世纪80年代，在某结核病医院的十六号病房里，住着三位同是知青而性格各异的女患者。后来身患绝症的乡村教师刘春桦住进来后，她积极乐观的精神感染了几位病友，大家重新看到了生命的希望。该片获1984年第四届中国电影金鸡奖最佳女配角奖、第七届电影百花奖最佳故事片奖，文化部1983年优秀影片二等奖。《大桥下面》是由白沉、凌奇伟、朱滇、郑炳辉编剧，白沉导演，龚雪、张铁林主演，上海电影制片厂于1984年拍摄的电影。影片讲述了个体户秦楠在修车匠高志华的帮助下，摆脱十年浩劫带来的心灵阴影，向世俗观念和命运挑战，追求幸福爱情、创造美好生活的故事。《青春万岁》是由张弦编剧，黄蜀芹导演，张闽、任冶湘、梁彦、郭凯敏、蔡国庆等主演，上海电影制片厂于1983年拍摄的电影。影片是根据王蒙的小说《青春万岁》改编，主要讲述了50年代初期北京一所中学高三学生精神面貌的故事。《女大学生宿舍》是由喻杉、梁延靖编剧，史蜀君导演，罗燕、徐娅主演，上海电影制片厂于1983年拍摄的电影。影片讲述了80年代初，某大学中文系205号女生宿舍，5个刚入校的学生的故事。《快乐的单身汉》是由宋崇导演，龚雪、刘信义、郑星、马晓伟主演，上海电影制片厂于1983年拍摄的电影。影片讲述了造船厂的青年工人们在夜校教员丁玉洁的帮助下，转变学习态度，努力创造美好未来的故事。

1984年拍摄的青年题材片的代表作是《人生》和《红衣少女》。

视频：《人生》（2分钟）

《人生》是由路遥根据同名小说亲自改编，吴天明导演，吴玉华、周里京主演，西安电影制片厂于1984年拍摄的电影。影片讲述了大西北粗粝广袤的土地上，仪表堂堂的高加林是这片黄土地上极其惹眼而又独树一帜的存在。他是镇上的老师，虽然兢兢业业教了三年书，但大队书记的儿子高中刚毕业就顶了他的位置，让加林愤愤不平。自古民不与官斗，在爹娘苦苦哀求之下，加林打消了告状的念头，心怀抑郁和愤懑的青年无奈回到田里耕作。在此期间，多亏了纯朴而美丽的姑娘刘巧珍给了他安慰。爱情的滋润让高加林重新找到前进的方向，他打理田间地头，业余时间从事写作。而就在此时，加林却意外得到了一个可以去县里工作的机会。人生和爱情面前，青年不得不做出抉择。

应该说电影《人生》的浪潮，更是把路遥的名气推到了一个前所未有的新高度。在当时，电影《人生》火爆的程度，不亚于现在任何一部超级大片，可谓万人空巷。而书中的"高加林""巧珍""黄亚萍"就成了那时候年轻人最主要的谈论对象。路遥也成了真正的"名人"。1985年,《人生》获得中国电影第五届金鸡奖的"最佳作品奖";在第8届的《大众电影》百花奖中获得了"最佳故事片奖""最佳女主角奖";1987年获得了中国电影评论学会和《文汇报》联合举办的新时期十年电影"最佳故事片奖",导演吴天明也获得"导演荣誉奖"。

《当代中国电影》认为:影片是一部通过农村青年高加林曲折坎坷的生活道路,向社会特别是向青年提出如何对待人生的问题。影片以高加林和刘巧珍的爱情悲剧为主线,揭示了改革开放初期农村现实关系和时代变革的必然趋势。《人生》的重要意义在于塑造了一个性格丰满的农村青年高加林的形象。高加林是一个自尊自信、有文化的青年,他向往现代文明,渴望发挥自己的聪明才智,而这种合理要求却和他生活于其中的封闭环境发生了尖锐的冲突。他连任3年的民办教师位置被大队长不爱笔墨的儿子用"合法手续"抢占。他叔叔归乡当地区劳动局局长的时机,使他得以进入县委。正当他在新闻事业中施展才华、崭露头角之际,又被纪委以杜绝"走后门"的合理要求退回了农村。高加林的命运沉浮充满了戏剧性的偶然,但又深刻反映了社会现实关系的某种必然。高加林的命运悲剧也是他的性格悲剧。他把自己对现代文明的追求和农民的位置,和养育他的黄土高原相对立,而以为脱离农村、打入城市才是唯一的出路。高加林的自身性格冲突是通过他和巧珍的爱情来展现的。他对没有文化的农村姑娘所给予的那种纯真而炽热的爱始终抱一种矛盾态度:一方面为之感动,一方面又感到精神上的不满足,所以他又接受了高中同学——一位颇有志向的县广播员黄亚萍的爱。他认为在个人前途和感情之间,应该牺牲后者。然而现实非但不容许她和黄亚萍最终结合,而且直接导致了他的归乡。影片没有把高加林的变异简单处理为爱情上的喜新厌旧,而强调这是一种理想的抉择,从而既表现了高加林在反抗旧的生活形式时所不能挣脱的自身局限性,又突出了社会现实关系和伦理观念亟待变革的迫切性。但由于影片在表现巧珍这个带有传统色彩的女性形象时流露出过多的钟爱,因而对高加林爱情悲剧的社会意义有所削弱。

视频:《红衣少女》(1分钟)

《红衣少女》是由陆小雅、铁凝编剧,陆小雅导演,邹倚天、罗燕主演,峨眉电影制片厂于1984年拍摄的电影。影片围绕普通高中女生安然的生活经历,展现了一个复杂的社会和一场深层次的思想冲突。该片于1985年获得第五届中国电影金鸡奖最佳故事片奖。

《当代中国电影》认为：从宏观上考察80年代的青年题材影片，一个重要的现象是人物由思想性向实践性的转化。作为最活跃、最敏感的社会力量，80年代青年的银幕形象，体现了"文革"后整个国家从思考到实践的发展过程。

第五，对变革现实的及时反映。中国80年代最突出的特点就是改革。从乡村改革到城市改革，时代把一大批锐意改革的先进分子推上了历史舞台，也把越来越多的富于使命感的艺术家们引向一个新的创作天地，即改革的主题。80年代初期第一批描写改革的影片为：《钟声》《当代人》《祸起萧墙》《赤橙黄绿青蓝紫》等。

视频：《钟声》《当代人》《祸起萧墙》《赤橙黄绿青蓝紫》（3分钟）

《钟声》是由马尔路、文彦导演，陈颖、高放主演，北京电影制片厂于1981年拍摄的电影。影片讲述了改革开放初期某市虹光汽轮电机厂经过改革，从一个落后企业变为先进典型的故事。《当代人》是由赵大年、边震遐编剧，黄蜀芹导演，张甲田、仲星火、张小磊主演，潇湘电影制片厂于1982年拍摄的电影。影片讲述了前进拖拉机厂因产品积压而进行改革，最终使企业摆脱了困境的故事。《祸起萧墙》是由叶丹、祝鸿生编剧，傅敬恭导演，吴喜千、严翔主演，上海电影制片厂于1982年拍摄的电影。影片讲述了某省电业局进行改革的故事。《赤橙黄绿青蓝紫》是由李玲修根据蒋子龙的同名小说改编，姜树森导演，方舒、张甲田、朱德承、姜黎黎主演，长春电影制片厂于1982年拍摄的电影。影片讲述了某市第五钢铁厂运输队改革经营管理方面的故事。

第二批描写改革的影片为：《血，总是热的》《在被告后面》《代理市长》《最后的选择》《不该发生的故事》《花园街五号》《锅碗瓢盆交响曲》《咱们的牛百岁》《人生没有单行道》《二十年后再相会》等。

视频：《不该发生的故事》（2分钟）

《不该发生的故事》是由万捷、乔迈根据真实的故事编剧，张辉导演，王润身、石荣、林强主演，长春电影制片厂于1982年拍摄的电影。影片讲述了1979年初冬，中共十一届三中全会后，农村开始实行家庭联产承包责任制。东北明月沟生产队在自愿组织作业组时，发生了一件不该发生的事。以新队长韩喜柱和老庄稼把式王老蔫为首的两个作业组，都不愿接纳村里的党员，使党员们受到强烈的震动。事后，党员们进行了反思，不觉伤心落泪。由于十年动乱，党的威信遭到破坏，党员素质有所下降，村里的党员也受到影响：

有的以小康之乐取代党员应追求的奋斗目标；有的陷入家务琐事而无所作为；有的自恃根红苗正，盲目骄傲；有的爱吹、爱说、不爱干；有的则周身充满商人气息。在党小组会上，党员们通过批评和自我批评，认识到不是群众不要党员，而是党员自己脱离群众。于是村里党员成立起一个被群众称为"党组"的作业组，决心以实际行动改变党员形象。春天，天气干旱，渠水不够，几个作业组为争水发生争执。"党组"自己动手清理一眼废井，将渠水让给其他两组，使群众感动。不久，秧苗急需追肥，而化肥一时又供不应求。"党组"领头人梁财召开"党组"会议，提议将"党组"仅有的三吨化肥一分为三，分给其他两组，保证秧苗生长。此事在群众中反响强烈。秋后，三个作业组都获得丰收。当队里重新划分作业组时，"党组"被解散，群众争着要党员参加自己的组，结束了原本不该发生的故事。

《当代中国电影》认为：影片以几名党员改变作风、重新赢得群众信任的圆满结局做出解答，但这样的解答似乎不足以应付复杂的事态。从这个意义上讲，影片对问题的提出是尖锐的，而解决的方式却是简单的。在艺术表现上影片对党员由愤怒震惊，深思痛悔，继而发愤图强、洗刷污垢的思想和行为过程略显粗糙。创作者的激情犹如瀑布飞驰而下，以致来不及精雕细刻，但其思想内容的敏锐和大胆，却使人不能不刮目相看。该片1983年文化部优秀影片二等奖，1984年获第四届中国电影金鸡奖特别奖，第七届电影中国电影百花奖最佳故事片奖。

视频：《血，总是热的》《在被告后面》《代理市长》《最后的选择》《花园街五号》《锅碗瓢盆交响曲》《咱们的牛百岁》《人生没有单行道》《二十年后再相会》（5分钟）

《在被告后面》是由李平分、史超编剧，常彦导演，廖有梁、周正、施锡来、庞敏主演，长春电影制片厂于1983年拍摄的电影。影片讲述了一个有能力、有魄力的企业家，对党的事业忠心耿耿，坚决抵制不正之风的决心和勇气，对改变社会的不良风气起着积极的促进作用。《最后的选择》是由宋崇导演，李炎、方瑞、谭非翎、向梅、祁明远主演，上海电影制片厂于1983年拍摄的电影。影片讲述了省委书记陈春柱即将离休，一封匿名信使他来到清川市。围绕改革的问题，市委副书记徐枫和书记魏振国之间展开了一场激烈的斗争。陈春柱在这场严肃的斗争中，进行调查研究，了解了问题真相，终于在市委领导班子人选问题上果断地做出了最后的选择。《花园街五号》是由李玲修编剧，姜树森、赵实导演，李默然、庞学勤、方舒主演，长春电影制片厂于 1984 年拍摄的电影。影片通过一幢古老的俄罗斯式建筑花园街五号几代主人所经历的时代兴衰、家庭变迁，富于象征意味地揭示出改革的历史意义。《锅碗瓢盆交响曲》是由滕文骥根据蒋子龙的同名小说改编，滕文骥导演，孙淳、殷亭如、陈烨、翟俊杰主演，西安电影制片厂于 1983 年拍摄的电影。影片讲述了主人公牛宏善，一名善于思考、勇于进取、锐意改革、敢作敢为的当代青年的感情与工作历程。也有评论认为：蒋子龙的中篇小说《锅碗瓢盆交响曲》获得了热情、持久的关注，很多论者从不同角度赞扬了这部小说的成就。而滕文骥根据同名小说改编的电影则经受了很多争议，不少人认为这部影片所表达的情绪、美学与"哲思"脱离了影片中的生活内容。

《当代中国电影》认为：以上影片所反映的，都是改革开放初期的主要矛盾。它们说明：体制的缺陷必然导致官僚主义，滋生不正之风，破坏党群关系，阻碍改革进行。这些影片着力塑造处于痛苦和抗争之中的人物典型，正是要昭示不可逆转的历史潮流：改革势在必行，改革才有希望。改革题材影片的出现，促进了现实题材创作的繁荣。它们在社会上引起强烈反响，并再一次证明：重大主题的现实题材创作既有特殊的难度，又有其他题材所难以企及的巨大影响。从发展的前景看，它必将是最活跃的领域。

80 年代后期，红色经典电影中革命历史题材的还有《巍巍昆仑》《开国大典》等。

视频：《巍巍昆仑》《开国大典》（2 分钟）

《巍巍昆仑》是由东生编剧，景慕逵、郝光导演，刘怀正、郭法曾、路希主演，八一电影制片厂于 1988 年拍摄的电影。影片讲述了 1947 年毛泽东带领中共中央机关与敌人在陕北转战，以及各解放区战场在中央军委指导下击破敌人进攻的战争场景，表现了统帅的雄才大略。

王亨念在《聚焦辐射，散点透视——评〈巍巍昆仑〉的结构艺术》中指出："历史巨片《巍巍昆仑》再现了中国近代史上两种命运的生死决战，有相当的思想深度，有丰满的艺术形象，气势恢宏，令人震撼。究其原因，精当的艺术结构便是它成功的妙诀之一。"

视频：《开国大典》（2 分钟）

《开国大典》是由张天民、张笑天、刘星、郭晨编剧，李前宽、肖桂云导演，古月、孙飞虎、黄凯、邵宏来、刘怀正主演，长春电影制片厂于 1989 年拍摄的电影。影片讲述了举世闻名的辽沈、淮海、平津三大战役胜利后，国共两党及其军队之间的较量。经过渡江战役和南京政府覆亡，中国共产党召开政协会议，于 10 月 1 日在天安门上举行开国大典，毛泽东宣告新中国成立。

陆建华认为：影片在表现真实历史的基础上熔铸进作者对历史的思考；以人为尺度努力塑造真实生动的人物形象；视角新颖，匠心独运，畅写历史的诗情。该片于 1990 年获得第 10 届中国电影金鸡奖最佳故事片、最佳导演等多项大奖。

二、20 世纪 90 年代以来红色经典电影及其特征

进入 90 年代，由于受到国内外各种挑战因素的影响，虽然这一时期也涌现了一批具有国际影响的艺术电影和年轻电影人创作的具有艺术与社会价值的独立电影，但从整体上看，这一阶段电影的生产力在下降，生产关系急需调整，不仅造成观众对电影的关注下滑，电影在 80 年代的风光不再，而且与新中国成立 17 年时期的红色经典电影相比，80 年代至 90 年代，红色经典电影锐减，而媚俗电影则充斥中国电影市场。造成这种现象的原因是什么？这一时期红色经典电影命运如何？都为大家所关注。

1. 80—90 年代初红色经典电影低迷原因分析

20 世纪 90 年代初，郭运生写了一篇《时代呼唤主旋律——漫评电影〈焦裕禄〉兼论中国电影的新走向》的文章，讲述了 80 年代至 90 年代电影界的一个现象：1982 年，电影《少林寺》开武打片之先河，跟着各种各样、花样翻新的武打片纷纷出笼，一时间银幕为武打片所垄断。时间一长，观众却不再买账，于是"武打热"暂告一段落。此后又出现了"探索片热"，尽管有的探索片拷贝征订数为零，尽管有些导演埋怨观众艺术欣赏品位低，声称其影片是为下个世纪人看的，尽管有的影片"墙里开花墙外香"，不惜在外国人面前出乖露丑，却也不得不在一片吵嚷声中迅速降温退潮。1988 年面对不景气的影坛，有人大声疾呼，要振兴电影，提高票房价值，必须上娱乐片，以满足观众胃口。然而观众还是娱乐不起来，于是，"拳头加枕头"，甚至凶杀、迷信、色情等低级庸俗的东西充斥银幕，为正直的人们所唾弃。尽管在这各种"热"中也曾有过一些艺术品位较高的影片，赢得过一些观众，但真正具有号召力的却寥寥无几，以致观众人数以亿人次递减，影坛一片萧条、窘迫。究其原因，最根本的一条就是，我们的电影艺术家没有能够设身处地地为观众着想，艺术触觉反应迟钝，不能很好地把握时代的脉搏，忘却了文艺为社会主义服务、为人民服务的根本宗旨。有些人受资产阶级自由化思潮的影响，

闭门造车，靠想当然找感觉"玩电影"，成为新的"精神贵族"，离社会主义现实要求越来越远。实践证明，那些假、丑、恶的东西是永远无缘与广大人民群众相谋面的。习近平也强调：改革开放以来，我国文艺创作迎来了新的春天，产生了大量脍炙人口的优秀作品。同时，也不能否认，在文艺创作方面，也存在着有数量缺质量、有"高原"缺"高峰"的现象，存在着抄袭模仿、千篇一律的问题，存在着机械化生产、快餐式消费的问题。在有些作品中，有的调侃崇高、扭曲经典、颠覆历史、丑化人民群众和英雄人物；有的是非不分、善恶不辨、以丑为美，过度渲染社会阴暗面；有的搜奇猎艳、一味媚俗、低级趣味，把作品当作追逐利益的"摇钱树"，当作感官刺激的"摇头丸"；有的胡编乱写、粗制滥造、牵强附会，制造了一些文化"垃圾"；有的追求奢华、过度包装、炫富摆阔，形式大于内容；还有的热衷于所谓"为艺术而艺术"，只写一己悲欢、杯水风波、脱离大众、脱离现实。

对于这种现象有人把它归结为：红色经典影片遭遇"去政治化"。什么叫"去政治化"？

张卫军在其《"去政治化"时代中国电影批评中的政治——对90年代以来电影批评思潮的一次考察》的博士论文中认为："去政治化"这一表述中的"政治"，不是通常意义上的权力关系和权力斗争，因为这种关系和斗争是永远不会从政治生活中"去"掉的，它是指立足不同政治价值观差异的斗争以及通过这种斗争建构起的政治主体性。因此，所谓"去政治化"，则是指解构和取消这种政治价值观差异性，进而否定政治主体的主体性。从某种意义上讲，"去政治化"就是"去革命性""去阶级性"。在中国语境下这些话语往往是与传统社会主义政治相关的阶级和革命话语，以及民族主义话语，这种"去政治化"可以视为对之前过于政治化倾向的一种反动，即不再让阶级斗争路线、民族、革命话语垄断思想和艺术领域。文章认为：中国的"主旋律"电影是一种直接宣示自己的意识形态身份的电影，这使它很容易成为意识形态批评的标靶。有研究者认为：80年代"主旋律"核心是爱国主义、集体主义与社会主义。90年代则是"时代精神、社会本质和社会本质的某些方面"。邓光辉认为：当代主流意识形态、外来意识形态、本土差异性意义形态的三方力量的意识形态主导权争夺战，是"主旋律"历史性出场的深层背景。

张卫军列举了评论家尹鸿的观点说明90年代主旋律电影是怎样遭遇"去政治化"的。

尹鸿认为："主旋律"电影一个重要表现题材是中国革命历史，如90年代出现的表现"三大战役"的系列影片，这些电影的一个重要策略是将虚构的历史客观化，"采用了全知、全局式的非限制性客观视点"，通过这样的视点处理，"隐蔽了那种包含明显政治评价和道德评价的主观虚构立场"，让"历史仿佛'客观'地呈现在观影者面前"。

张卫军认为：尹鸿这里对"主旋律"的评论，显然体现出当代新历史主义对历史的一种普遍看法，即历史叙事和文学叙事相类似，都是"虚构"的"主观性"的，不承认有客观的历史表述的存在。从意识形态批评的角度来说，引入新历史主义的视野，尹鸿有效地解构了这些"主旋律"革命历史片自诩的"客观性"，从而将其还原为一种带有明显政治立场的意识形态表达。这里可以看出意识形态批评的一个有效策略就是对意识形态操作的"逆推"或反转。这些"主旋律"电影所做的工作是试图将"主观虚构的立场"客观化，而意识形态批评所做的工作与之相反，它通过揭破这种"客观化"的虚假性，将"主旋律"电影中以"客观"面目呈现的历史再度主观化，将其还原为意识形态。

主旋律电影的第二个策略是"政治伦理化"，这一策略最早并不是针对90年代主旋律电影的概括，而是来自汪晖对80年代谢晋电影模式的概括，尹鸿借用了这一说法并将其挪用到对90年代"主旋律"电影策略的命名上。在他看来，这些电影无不沿袭了这样的套路，即"用道德批判代替现实批判，用对道德秩序的重建来代替社会秩序的重建"，但从"主旋律"电影的社会效应和观众反馈来看，这样的"重建"往往是失败的，现实伦理和政治之间的巨大裂缝并没有得到缝合。当然，这不仅仅是"主旋律"电影本身的问题，更是现实政治的问题，"对这一裂缝的弥补，也许并不仅仅是或者主要不是电影本文自身的叙事能力所能承担的"。显然，尹鸿的论述再次体现出意识形态批评通过对"逆推"或反转策略的熟练运用，达到对现实意识形态解构的成功效果。它通过"逆推"，以"伦理政治化"应对"政治伦理化"，将这些电影"政治伦理化"遮蔽的政治再度彰显，这些电影中的伦理问题重新被还原为政治问题，甚至也不仅仅限于电影中的"政治"，其批评的矛头直指现实政治本身，呈现现实政治本身存在巨大的难以修补的"裂缝"，表现出比西方意识形态批评的先辈们更为激进的政治立场。

在"去政治化"思潮影响下，90年代以来的女性主义电影批评同样致力于消解马克思主义政治学的阶级与革命的主题，以性别问题取代阶级问题，女性主义电影批评以对"17年"革命电影的批评在中国发轫，他们关注的重点不再仅仅是吴琼花们从南霸天的水牢中被"解救"这一令人振奋的情节，而是关注她们被什么性别的人解救，并从解救者的性别是男性引申出女性并没有真正被解放的结论；同样，对于吴琼花们的革命，他们不再仅仅关注革命本身对女性解放的价值，而是将眼光放到参加革命的吴琼花们男性化的服饰装扮，并从这些细节中指认出革命对女性性别独特性的抹杀。总体而言，女性主义批评极大丰富了中国电影批评的场域，其新颖独特的电影阅读方式令人看到了电影批评所具有的无限可能性。与此同时，这一批评思潮的鲜明个性特征在于，它极为强调男性对女性的压迫并将其凌驾于阶级压迫之上，由此展开对中国革命话语中的男权主义倾向的激烈批判，从而表现出明显的"去政治化"特征。

再有吴天明导演的电影《人生》也同样遭遇批评，他们将《人生》与《红与黑》进行比较，分析高加林和于连两人性格、人生道路的相似性及结局的差异性。同时，在80年代的启蒙思潮的观照下，《人生》被许多论者纳入"现代—传统""文明—愚昧"二元对抗的话语体系，高加林被视为反抗落后的农业文化传统的代表，他的悲剧是先进文明追求者经常遭遇到的悲剧。这一评价思路在相当一段时间仍然得到延续。黄式宪认为："高加林所迈出的人生脚印，恰恰显示了当时农村年轻一代向城市拓进的最初潮声。他无疑是一个带有时代变革印记的农村新人"，"它体现了新一代年轻农家子弟的现代性生活抉择，显然是具有一定的历史进步意义的"。在"现代性"的进步主义逻辑下，高加林与"不思变迁、安于'血缘和地缘'的巧珍的离异，则应被视为是具有某种历史的合理性的"。他指出高加林向城市开拓的失败并不能掩盖历史发展的必然趋势，在他失败的身影背后，是更多新的"高加林"们"踩着高加林的历史足迹而迈出了新的步履"。这样的解读其实忽略了《人生》包含的另外一个维度，即对现代性及其所代表的这种历史必然性的反思性维度——我们从《人生》中能够清晰感受到路遥或吴天明对高加林的道德批评立场，即是这一反思性维度存在的证明。

红色经典电影之所以遭遇"去政治化"，真正的原因在于：

第一，受到世界社会主义低潮的影响。80年代末90年代初，随着苏联解体、东欧剧变，社会主义在世界范围内的实践陷入低潮。冷战结束后，世界开始走向多极化，经济全球化进程加快，周边一些国家呈现强劲发展势头。而我国社会主义事业发展面临巨大的困难和压力。经过治理整顿，我国经济走出了低谷，但经济运行中存在的深层次问题尚未得到根本解决。世界社会主义发生的严重曲折对我国也产生一定的负面影响,有人对社会主义前途缺乏信心,也有人对改革开放产生怀疑,提出姓"社"还是姓"资"的疑问;特别是 1989 年政治风波后,意识形态领域的混乱状态还没有清除。能否坚持党的基本路线不动摇,抓住机遇、加快发展,把改革开放和现代化建设继续推向前进,成为中国共产党人必须回答和解决的重大课题。基于此,习近平指出:"改革开放以来,我国经济发展很快,人民生活水平提高也很快。同时,我国社会正处在思想大活跃、观念大碰撞、文化大交融的时代,出现了不少问题。其中比较突出的一个问题就是一些人价值观缺失,观念没有善恶,行为没有底线,什么违反党纪国法的事情都敢干,什么缺德的勾当都敢做,没有国家观念、集体观念、家庭观念,不讲对错,不问是非,不知美丑,不辨香臭,浑浑噩噩,穷奢极欲。现在社会上出现的种种问题病根都在这里。"与此同时,电视等媒体的崛起和中国加入 WTO,也给传统电影带来了强烈冲击。电影生产的萎缩,市场走向衰微,给 90 年代电影事业提出了进一步改革的时代课题。

第二,受到历史虚无主义思潮的影响。近年来历史虚无主义思潮沉渣泛起。这股思潮打着"还原历史""重新评价""重塑价值"和"历史反思"的旗号,有选择地否定近代以来某个阶段的一切革命;揪住党在历史上所犯的一些错误不放,否定中国共产党领导的新民主主义革命,否定社会主义建设成就,并以各种方式歪曲和诋毁党和国家领导人的形象;主张中国应该走资本主义道路,实行"全盘西化"。这一错误思潮必然影响到电影艺术界。"去政治化"就是受到历史虚无主义思潮的影响的突出表现。

历史虚无主义还诋毁英雄人物,试图通过多种手法解构英雄、瓦解人心。一是品行要求双标化。历史虚无主义时而用圣人的标准要求英雄,时而用庸人的眼光来揣测和质疑他们。二是恶搞英雄人物。还有人通过质疑雷锋事迹以及雷锋日记的真实性,进而质疑雷锋精神。三是是非判断颠倒化。历史虚无主义否定近代以来中华儿女追求独立抵御外侮的反侵略战争,否定中国人民顺应生产力发展要求而做出的伟大变革,极力贬损英雄,大肆歌颂和美化那些伤害民族感情、损害国家利益和开历史倒车的各类反面人物及其丑恶行径。这些现象在当时一些影片中也有所表现。

正是基于此,中共十八大以来,以习近平同志为核心的党中央旗帜鲜明地反对历史虚无主义。习近平总书记曾经尖锐地指出:"国内外敌对势力往往就是拿中国革命史、新中国历史来做文章,竭尽攻击、丑化、污蔑之能事,根本目的就是要搞乱人心,煽动推翻中国共产党的领导和我国社会主义制度。"面对否定领袖、诋毁英雄、歪曲历史的历史虚无主义,应该旗帜鲜明地加以反对和批驳,而不能只做"理性"的旁观者,听之任之。

第三,是一些创作人员与发行人员背离了"为什么人"这一社会主义文艺的根本原则。习近平说:社会主义文艺,从本质上讲,就是人民的文艺。毛泽东同志在延安文艺座谈会上指出:"为什么人的问题,是一个根本的问题,原则的问题。"邓小平同志说:"我们的文艺属于人民","人民是文艺工作者的母亲"。江泽民同志要求广大文艺工作者"在人民的历史创造中进行艺术的创造,在人民的进步中造就艺术的进步"。胡锦涛同志强调:"只有把人民放在心中最高位置,永远同人民在一起,坚持以人民为中心的创作导向,艺术之树才能常青。"习近平强调:"文艺不能在市场经济大潮中迷失方向,不能在为什么人的问题上发生偏差,否则文艺就没有生命力。"习近平同几位艺术家交谈过,问当前文艺最突出的问题是什么,他们不约而同地说了两个字:浮躁。一些人觉得,为一部作品反复打磨,不能及时兑换成实用价值,或者说不能及时兑换成人民币,不值得,也不划算。这样的态度,不仅会误导创作,而且会使低俗作品大行其道,造成劣币驱逐良币现象。人类文艺发展史表明,急功近利,竭泽而渔,粗制滥造,不仅是对文艺的一种伤害,也是对社会精神生活的一种伤害。低俗不是通俗,欲望不代表希望,单纯感官娱乐不等于精神快乐。文艺要赢得人民认可,花拳绣腿不行,投机取巧不行,沽名钓誉不行,自我炒作不行,"大花轿,人抬人"也不行。

总之,文艺是铸造灵魂的工程,文艺工作者是灵魂的工程师。好的文艺作品就应该像蓝天上的阳光、春季里的清风一样,能够启迪思想、温润心灵、陶冶人生,能够扫除颓废萎靡之风。

2.90年代红色经典电影的探索与转型

探究90年代红色经典电影生产特点,主要表现为:

第一,"九五"规划使"主旋律"电影成为国产故事片的大亮点。主旋律影片就是红色经典影片。进入90年代后,随着国家整体的改革进程推向深入,中国电影创作的格局和走向也在发生深刻变化,"主旋律"电影成为国产故事片的最大亮点。尤其是1996年3月,全国电影工作会议在长沙召开,决定实施"9550"工程(即"九五"期间,推出50部优秀影片,每年10部),出台了扶持电影生产的政策。广大电影工作者思想进一步解放,责任进一步增强，视野进一步开阔，更加自觉地关注时代的发展、社会的变革和群众的生活，艺术质量和艺术形式都有了新的突破和提高。基于中央决策与电影人的共同努力，90年代涌现出的许多优秀红色经典影片，主要有：

视频：《开天辟地》（2分钟）

《开天辟地》是由黄亚洲、汪天云编剧，李歇浦导演，孙继堂、邵宏来、王瑛、佟瑞欣、龚立群、夏正兴等主演，上海电影制片厂于1991年拍摄的电影。1921年中国共产党的成立是开天辟地的大事，该片是为纪念中国共产党成立70周年而拍摄。影片讲述了1919年巴黎和会中国外交失败的消息传到国内，引发了轰轰烈烈的五四运动；讲述了陈独秀创办《新青年》和"南陈北李"相约建党；讲述了毛泽东等13位代表的齐聚上海和嘉兴南湖，召开中国共产党一大，宣告党的成立的历史画卷。

1989年年底上海电影制片厂确定拍摄重大题材故事片《开天辟地》上下集，作为向中国共产党建党70周年献礼片。李歇浦奉命担任导演，负责筹备工作。当时中共上海市委副书记陈至立主抓《开天辟地》，她主持讨论剧本的会议。李歇浦发言说："《开天辟地》是第一部描写中国共产党成立的历史巨片，艺术风格是史诗式、全景式和纪实性的风格。这部影片的认识价值最重要就是要还原历史，刻画出真实的人物感情。陈独秀是共产党的主要缔造者，是一个有血有肉的人物；毛泽东是一个有着强烈忧患意识的革命青年，具有大无畏气节，是成长中的年轻人。《开天辟地》要做到历史真实和艺术性的交相辉映，这样影片才有感染力。"的确，这部电影史诗化全方位地展现了中国共产党建党的伟大历史事件，以恢宏磅礴的气势、丰富深邃的内涵，描绘了一幅绚丽的历史画卷，是新中国银幕上第一次展现七十年前创建中国共产党的雄伟画卷。晓华在《于历史的大潮中展示历史的必然——评电影〈开天辟地〉》一文中认为，影片把中国共产党的建立放在中国整个民主革命的历史过程中来描写，反映中国共产党成立的社会历史根源，揭示中国共产党成立的历史必然性；把中国共产党的成立放在五四运动的历史大潮中来描写，反映中国共产党成立的思想基础和阶级基础，揭示中国共产党成立、中国选择马克思主义的历史必然性。这样一部政治性很强的影片，却丝毫没有给人以枯燥乏味和政治说教的感觉，相反觉得真实可信，感人肺腑，这不能不归功于影片艺术上的成功。首先，影片忠实历史，摈弃了脸谱化、概念化的倾向。其次，塑造了一批栩栩如生、有血有肉的领袖群像。陈独秀、李大钊、毛泽东等共产党的早期先驱，他们虽然都是站在时代大潮风口浪尖的弄潮儿，但影片并没有将他们写成不食人间烟火的神仙，而是一个个感情丰富、性格各异、充满生气的活生生的血肉之躯。第三，影片的结尾自然，简洁，意蕴深长。该片于1992年获得第12届中国电影金鸡奖评委会特别奖和最佳编剧。

视频：《秋收起义》（2分钟）

《秋收起义》是由周康渝编剧、导演，王霙、刘法鲁、李永田、王茜、姚刚主演，潇湘电影制片厂1993年拍摄的电影。影片根据秋收起义的史实创作，成功地刻画了革命初期的毛泽东形象，再现了他在决定中国历史命运的危急关头，没有执行中央关于攻打长沙的命令，毅然带着队伍历尽艰险奔上井冈山，建立起革命根据地，开创农村包围城市的革命新道路的伟大征程，充分表现出毛泽东所特有的雄才大略、伟人风采。《秋收起义》获1993年中宣部"五个一工程奖"、第二届湖南省文学艺术节优秀成果特别奖等奖项。

安希民在《英武儒雅　恰到好处——评〈秋收起义〉中王霙饰演的毛泽东》认为："影片《秋收起义》获得了巨大成功，而成功的重要因素则是由于王霙的表演。在银幕上塑造领袖形象难，塑造青年时期的领袖形象尤难。古月、张克瑶以他们酷似的相貌、惟妙惟肖的湘音，把中、老年毛泽东几乎模仿到了以假乱真的地步。而王霙此次也不负众望，愣把距离我们当今时代较远的青年毛泽东演得生动感人、活灵活现。如果说古月、张克瑶演出了中、老年毛泽东的豪壮、沉稳，那么王霙则演出了青年毛泽东的英武与儒雅。王霙的聪明之处就在于他把毛泽东的英武之气与儒雅风范匹配精当，巧妙融合，交相辉映，英气中含儒雅，儒雅中显英气，增强了人物性格内在蕴藏的不可抗御的力量，使青年毛泽东直观的形象达到了浑然天成的立体复合感。"

视频：《重庆谈判》（2分钟）

《重庆谈判》是由张笑天编剧，李前宽、肖桂云、张夷飞导演，古月、黄凯、李法增、孙飞虎主演，长春电影制片厂于1993年拍摄的电影。影片讲述了1945年抗战胜利之后，中共中央主席毛泽东等中共领导人为了国家和民族的和平、民主、团结，到重庆与国民党进行谈判的故事。该片于1994年获第十四届中国电影金鸡奖最佳美术奖，第十七届百花奖最佳影片奖。葛阿冈在《谈毛泽东的艺术形象塑造——兼评电影〈重庆谈判〉》一文中认为：近几年影视界最突出的艺术成就之一，即塑造了一系列不同时期的毛泽东的艺术形象，但在创作实践上大多囿于表现毛泽东在中国革命中的丰功伟绩和把伟人生活化的框子里。从不同侧面浓墨重彩刻画了毛泽东的丰功伟绩和凡人的情感与生活，这是必要的，但我觉得完整的毛泽东形象，应是普通人的情感与伟大者的思想的有机统一。可喜的是，电影《重庆谈判》在毛泽东形象塑造上已廓除了平民化、庸俗化、程式化的属性，导演把着力点用在展现毛泽东独特卓越的个性世界——即伟大的政治家的非凡气质、卓越智慧、英雄本色，影片由此对观众形成一种新鲜的艺术征服力量，使观众"发现"的惊喜和期待中寻找到强烈的共鸣点。艺术家政治智慧的觉醒赋予了毛泽东艺术形象以伟大政治家的独特"神韵"。

《重庆谈判》的题材决定了影片必然把国共两党的政治领袖置于面对面的政治交锋中，毛泽东高大的政治形象正是与蒋介石在政治智慧上直接较量中树立起来的。

视频：《国歌》（2 分钟）

电影《国歌》是由吴子牛导演，何政军、陈坤主演，潇湘电影制片厂于1999年拍摄的电影。影片讲述了1931年"九一八事变"，东北三省沦陷了，正在上海积极从事抗日戏剧活动的田汉结识了东北流亡学生齐白山等人，并与这些热血青年成了朋友，共同投身抗日救亡运动。"一·二八"淞沪战争期间，田汉深感戏剧舞台不足以表现抗战，在夏衍的号召下，田汉等人毅然拿起摄影机，以电影武器，创作了一系列爱国影片，同时他创作的爱国歌曲也不断问世。当他的朋友齐白山与义勇军伙伴相继为国捐躯的消息传来后，田汉在悲愤中为影片《风云儿女》写下了主题歌《义勇军进行曲》，鼓舞中国人民进行反侵略战争。这就是传唱至今的中华人民共和国国歌。有评论认为：该片是共和国成立以来我国第一部全面表现《义勇军进行曲》诞生前后那一段历史的影片，刻画了中华民族"最危险的时候"，以田汉、聂耳为代表的一批民族精英与无数普通的中华儿女如何用无比的爱国热情与民族责任感、自己的聪明智慧与血肉之躯筑成中华民族"新的长城"的故事。江正楚在《民族的心声 永恒的战歌——评电影〈国歌〉》中写道：新中国成立50周年大庆之际，潇湘人献上了一份厚礼《国歌》。这是一部气势恢宏、震撼人心的影片。每当唱起中华人民共和国国歌的时候，我们的心中，就有一种庄严肃穆、自豪奋勇的精神油然而生。想象中硝烟弥漫的战场，前仆后继的身影，惊天动地的悲歌，在亿万冒着敌人炮火前进的队伍中，田汉和聂耳，有如两颗璀璨的明星冉冉升起……电影《国歌》以生动的艺术形象，把我们的想象变成了现实，将《义勇军进行曲》诞生的故事，栩栩如生地展现在人们的眼前。影片再现了一幅悲壮的历史画卷，表达出鲜明的时代主题。

视频：《周恩来》（2 分钟）

《周恩来》是由宋家玲、刘斯民编剧，丁荫楠导演，王铁成、郑小娟、张克瑶、全解放、郭法曾、卢奇主演，广西电影制片厂于 1992 年拍摄的电影。影片讲述了"文革"时期，周恩来转移贺龙，保护陈毅，制止鞍钢停产，他竭尽全力护卫一代英才，维系国家机器的正常运转；震惊世界的"9·13"事件发生了，林彪反革命集团星夜叛逃国外，周恩来得到毛泽东的支持，力挽狂澜，稳定局势，出色地指挥了这场斗争。周恩来主持中央工作，经济秩序开始恢复。厄运却又一次降临到周恩来头上，他患了不治之症——癌，"四人帮"恰又掀起"倒周"浪潮，周恩来以 70 高龄的带病之躯进行最后一搏。在这场事关民族命运的大搏斗中，周恩来时时刻刻都流露出对人民的深厚挚爱之情。他回顾战争年代里那些非同寻常的经历，他尽自己的力量把一切该做的、能做的都做了，他的人格焕发出一种特殊的魅力。

李博在《王铁成难忘"邓妈妈"》一文中介绍了周恩来的扮演者王铁成的经历：在 1979 年第四次全国文代会召开时，著名表演艺术家王铁成的生活与工作刚刚经历了翻天覆地的变化。1976 年 1 月 8 日，全国人民敬爱的周恩来总理去世，引发举国悲痛。当时年近 40 岁的王铁成还是中国儿童艺术剧院的一个"待分配演员"，他所饰演的角色用朋友的话来说，"不是匪兵甲就是国军乙"。当时除了王铁成自己，几乎谁都不会相信，他会成为扮演周恩来总理的演员。怀着对周总理的崇敬之情，王铁成萌发了扮演总理的愿望。他偷偷地在家里试妆，搜集有关周恩来的一切资料，仔细揣摩周总理的每一句话、每一个动作，力求达到从形似到神似。1977 年，王铁成终于得到机会，在话剧《转折》中饰演周恩来，这也是我国舞台上第一次出现周总理的形象。这台剧目的成功演出，拉开了王铁成饰演周总理艺术生涯的序幕，也成为他表演事业的转折点。1978 年，应著名导演谢铁骊邀请，王铁成在电影《大河奔流》中饰演周恩来，首次在大银幕上塑造周总理形象。在第四次全国文代会召开期间，王铁成和另外几位扮演周总理的演员一起应邓颖超的邀请去周总理家做客。王铁成至今仍清晰地记得，自己得知受邀时激动的心情。"我们都是演过周总理的演员，但谁都没去过周总理家，也没跟邓妈妈近距离接触过。能在全国文代会期间得到这样的机会，我们个个激动得夜不能寐。"为了不耽误代表们开会，邓颖超特意选定了休会的星期天进行这次会客。王铁成走进西花厅后，激动之余，发现周总理家简朴实用中透露出庄严与正气。"邓妈妈极为平易近人，用真心与诚意对待我们，还要亲自为我们倒茶。我们赶忙拦住她，说'邓妈妈，我们自己来！'"当时的情景，王铁成仍历历在目。邓颖超亲和而伟大的人格魅力，也令王铁成感动至今。邓颖超问起几位演员的工作和创作情况，并向大家提出建议。"恩来和我都是党员，我们一生的坚持，就是为人民服务。你们演恩来，也要突出这一点，要以为人民服务为宗旨。"她还说，演周总理要注意内在的精神——眼睛很重要，"恩来的眼睛很大，确实有神采。还有，他走路比较快，快而坚稳。"王铁成听过之后，顿觉豁然开朗。"这是我思索了两年多时间都还没有解决的难题：如何通过走路表现周总理的内在气质？"在此之前，王铁成在演周总理走路时，总觉得少了些什么。"听了邓妈妈的话，我才意识到走路只快不行，还要坚、还要稳，要快而坚稳。更重要的是，还要下功夫提高内在修养，没有内在精神，是怎样也演不好周总理的光辉形象的。"

视频：《横空出世》（2分钟）

《横空出世》是由陈国星、彭继超编剧，陈国星导演，李雪健、李幼斌、高明、陈瑾主演，北京电影制片厂于1999年拍摄的电影。影片讲述了新中国成立后，为了有效捍卫国家主权和安全，在极端困苦的条件下，在茫茫戈壁制造原子弹的故事。影片的可贵之处如有评论认为：这部主旋律影片，再不是主题先行，观念图解，它反映的60年代我国第一次发射原子弹的重大历史事件，再没有像过去那样不断渲染领导的丰功伟绩，而是写出了科学家和普通战士的伟大贡献，尤其表现了尊重知识尊重知识分子的现代精神。该片获第20届中国电影金鸡奖最佳故事片奖、最佳导演奖、女配角奖、最佳摄影、录音、美术等多项大奖，获第五届中国长春电影节最佳华语故事片等多项大奖。

东北电力大学建筑工程学院张学亮在《永远唱响爱国主义教育的主旋律——赏析电影〈横空出世〉的艺术魅力》一文中指出："以新中国研发原子弹为背景的电影《横空出世》成功地塑造了一批科学工作者和军人充满正能量的人物群体形象，并通过这个群体中的每一位代表人物向人们传递着满满的爱国主义情怀，其中所蕴含的责任担当的意识、艰苦奋斗的精神、不畏困难的品格，更是我们在实现中华民族伟大复兴的中国梦中，应当传承和弘扬的重要的民族优秀精神品质。以《横空出世》这样的唱响爱国主义主旋律的文艺作品来影响和教育当代大学生，无疑会收到良好的正效应。"影片《横空出世》所带给我们的启示是深刻的，这些英雄群体所展现出的爱国情怀是我们世世代代必须传承和弘扬的民族之魂。影片的教育意义是巨大的，影片的引领作用是积极的。一个民族的不断进步，一个国家的繁荣富强，需要的是一代又一代人的不懈努力，需要时刻以强大的精神力量来推动，影片《横空出世》所展现出来的爱国精神正是时代所需要的强大力量。

第二，对于改革开放初期农村的法律意识进行了探索。无论是法律还是社会的追求，指向都是公平与正义。法律作为一种制度构建，对正义的追求应当尽可能与普遍大多数人的正义观相吻合，如此才能发挥其应当具有的机能构建。电影《秋菊打官司》对当时农村的法律意识进行了探讨。

视频：《秋菊打官司》（2分钟）

《秋菊打官司》是由刘恒改编陈源斌小说《万家诉讼》，张艺谋导演，巩俐、雷恪生、刘佩琦主演，银都机构有限公司、北京电影学院青年电影制片厂于1992年拍摄的电影。影片讲述了在中国西北一个小山村，秋菊的丈夫王庆来与村长发生了争执，被村长踢中要害。秋菊怀着身孕去找村长说理，村长不肯认错。秋菊又到乡政府告状，村长答应赔偿秋菊家的经济损失。村长把钱扔在地上，受辱的秋菊没有捡钱，而又一次踏上了漫漫的告状路途。秋菊先后到了县公安局和市里，最后决定向人民法院起诉。除夕之夜，秋菊难产。在村长和村民的帮助下，连夜踏雪冒寒送秋菊上医院。秋菊顺利地产下了一个男婴，秋菊与家人对村长感激万分，官司也不再提了。可当秋菊家庆贺孩子满月时，传来市法院的判决，村长被拘留。望着远处警车扬起的烟尘，秋菊感到深深的茫然和失落。

左登艳在《法律视角下电影〈秋菊打官司〉中的现实问题分析》一文中认为：电影中秋菊的困惑来源于我国乡土生活习惯与制定法律之间的割裂和冲突。现实生活里的乡村人们要面子、脾气犟，同时质朴善良，所以秋菊在写告状材料的时候选择"活告"；村长在秋菊难产时卖力帮忙；秋菊从始至终都没想让抓人……然而，法律有张严肃的脸，一旦进入法律设定的程序，乡土里的情理便都被排斥在外，所以在秋菊和村长已经和解，众人兴高采烈吃满月酒时，村长被抓走。电影中的秋菊生活在20世纪80年代的农村，那时候农民想要富裕，更多是依靠土地，所以秋菊一家是种辣子地的，并且因此和村长发生冲突，最后才发生了一系列秋菊如何"讨个说法"的故事。故事的结局：秋菊从始至终都没要到她所要的所谓"说法"，国家法律能给她的说法和她想要的说法完全不是一回事，这才导致了最终故事的悲剧。这是个彻彻底底的悲剧，是现实生活的悲剧，也是法律的悲剧。也有评论认为：《秋菊打官司》是一部关于现实农村生活的影片，围绕农妇秋菊想要讨一个说法而展开，着重刻画了她不断奔波的过程，对农村生活状态和人物关系以及伦理进行了真实的表现，简单直接地表达了人对自我权益的觉醒。影片拍摄手法朴实，并有一些偷拍的实际生活场景，给予影片无比强烈的真实感，并且把秋菊坚强、朴实的个性表现得淋漓尽致。巩俐在张艺谋这部纪实风格的作品中，将秋菊这位性格执拗的农妇演绎得十分到位。影片借一个"民告官"的故事，赞颂了农村女性的自尊、自强、自信以及法治观念的觉醒。张艺谋的影片有一种看不见的形式与隐匿的"乡村情结"，他无疑是具有独创性的电影导演，而《秋菊打官司》的风格样式也同样具备了新颖别致的特性。片中秋菊持之以恒的告状之路给观众上了堂法制教育课，对中国发展过程中的一些问题进行剖析，具有很重要的现实意义。该片曾荣获第四十九届威尼斯电影节最高荣誉金狮奖、最佳女主角奖（巩俐），第十六届百花奖最佳故事片奖，金鸡奖最佳故事片、最佳女主角，第十二届香港电影金像奖最佳华语片奖、伏尔比杯最佳女演员等奖项。

第三，重塑英雄形象。每个时代有每个时代的英雄。90 年代以来中国的英雄特点表现为"平民化了的英雄"，或英雄的平民化。这类影片中最早最有代表性的影片是《焦裕禄》。

视频：《焦裕禄》（2 分钟）

《焦裕禄》是由王义华编剧，王冀邢导演，李雪健、李仁堂、张英主演，峨眉电影制片厂于 1990 年拍摄的电影。

影片讲述了共产党员焦裕禄带领群众治理风沙、水涝、盐碱等"三害"，积劳成疾的故事。郭云生认为：虽然焦裕禄的光辉事迹，早在多年前就曾家喻户晓，但作为艺术形象被搬上银幕还是第一次。对于该片能否吸引住 90 年代的广大观众，王冀邢胸有成竹，他认为："中国人很讲'德'，有正义感"，有良心，对于表现宝贵的民魂的艺术形象，是会得到认同的。"影片中焦裕禄大公无私，为革命、为人民鞠躬尽瘁，死而后已的感人事迹，在人民群众心目中竖起了共产党人不朽的丰碑，激起了亿万观众心灵上强烈的共鸣。在改革开放的新时期里，我们的党和国家正经受着前所未有的新考验，"人们呼吁着密切联系群众，关心群众疾苦的人民公仆，人们期望着焦裕禄精神，人们需要激励斗志的精神食粮"。正是这巨大的时代感召力，使得影片的编导不受娱乐片大潮的诱惑，独辟蹊径，勇敢地发掘，在短短两个月的时间内成功地完成拍摄，给羊年新春的影坛送来第一股春风。从以上分析可以看出，我们的电影艺术家要勇于正视我国的改革热潮，真正投身于人民大众之中去。有人曾劝谢晋拍让 500 万人欣赏的高层次电影，但他"还是选择了一亿观众"，"我总感到真正搞艺术的不能像墙里的花，只是孤芳自赏"。反过来，像前个时期，只做浪尖人物，随波逐流，淡忘作为艺术工作者应有的社会责任感，甚至把"玩文学""玩电影""表现自我"和图解"社会主义异化"当成时髦，把艺术生产完全商品化，单纯追求经济价值和感官刺激，贬低文艺作品的认识和教化功能，必然要污染社会，污染人们的灵魂，也必将为历史和人民所不齿。该片 1991 年获第十一届中国电影金鸡奖最佳故事片奖，最佳男主角奖（李雪健），第十四届电影百花奖最佳故事片奖、最佳男演员奖（李雪健），广播电影电视部 1989—1990 年优秀影片奖。

习近平在中共十八大后的第一本专题著作集就是《做焦裕禄式的县委书记》，足见焦裕禄在总书记心中的特殊地位。在 2014 年，党的群众路线教育实践活动中，习近平选择河南兰考作为自己的联系点。焦裕禄精神犹如一座丰碑巍巍矗立。总书记说："我们这一代人都深受焦裕禄精神的影响，是在焦裕禄事迹教育下成长的。我后来无论是上山下乡、上大学、参军入伍，还是做领导工作，焦裕禄同志的形象一直在我心中。"他深情地吟诵了自己以前写的一首词《念奴娇·追思焦裕禄》："魂飞万里，盼归来……思君夜夜，肝胆长如洗。"习近平曾说："焦裕禄精神仍然是我们现在需要弘扬、需要秉承的一种精神，因为它体现了共产党人的精神，体现了我们党的宗旨。"2015 年 1 月，习近平总书记在同中央党校县委书记研修班学员座谈时强调："县级政权所承担的责任越来越大，起着重要作用。焦裕禄同志以自己的实际行动塑造了一个优秀共产党员和优秀县委书记的光辉形象。做县委书记就要做焦裕禄式的县委书记，始终做到心中有党、心中有民、心中有责、心中有戒。"

值得庆幸的是，一批新创作的表现重大革命历史题材和社会主义时代精神、塑造老一辈无产阶级革命家形象和社会主义新人形象的主旋律作品相继问世。

视频：《离开雷锋的日子》（2 分钟）

《离开雷锋的日子》是由王兴东编剧，雷献禾、康宁导演，刘佩琦、宋春丽、吴军、方子哥主演，北京电影学院青年电影制片厂、北京紫禁城影业公司于 1996 年拍摄的电影。影片讲述了乔安山和雷锋是最亲密的好战友，岂料他们在执行一次任务时，乔安山倒车时不慎将电灯柱碰倒，砸在了在车尾指挥的雷锋身上，雷锋因此离世，之后乔安山后悔不已。影片采用了四段故事，且每段故事都有起承转合，每段结局都推向高潮。世间很多创造是出于偶然。

有人评论这部电影是"集锦式"结构。

雷锋怎么才活了 22 岁，他的生命是怎么结束的？这是大多数人的疑问。全国政协委员、中国电影文学学会会长、该影片编剧王兴东写道："我从戴红领巾到戴红领章，经历了社会学雷锋的全过程。直到 1995 年有一天，我看到报纸上的一则消息，介绍了一个叫乔安山的人，1962 年 8 月 15 日他与雷锋最后一次出车执行任务，他在倒车时，意外撞倒一个晒衣服的柞木桩子，打在了指挥倒车的雷锋的太阳穴处，雷锋经抢救无效牺牲了。一个与雷锋的死因有关的人物戏剧性地出现了，我立即意识到这个'意外事故'，就是戏剧要找的'焦点事件'。一位把雷锋撞倒的人，他怎么面对铺天盖地的学雷锋活动？这就是雷锋牺牲的真相吗？那他为什么沉默了这么多年，这些年他都在干什么？编剧的创作本能让我发现这个戏剧的核心：意外地伤害了不该伤害的人。乔安山，这个与雷锋真实死因有关的人物，像谜一样地吸引我。那时我在长影做编剧，当我到辽宁省铁岭市找到了 56 岁的已下岗在家三年的乔安山，看到他家境拮据，住在一座很旧的宿舍楼的三楼，一间半房。家里主要经济来源是靠老伴和他每天在农贸市场里卖茶叶、糖果。当他知道我采访的目的，十分警惕，害怕拍了电影，人们都知道雷锋是他撞死的，在这个城里怕呆不住了，想拒绝我。我在请他吃饭时，慢慢聊起雷锋牺牲的往事，犹如打开一把长锈的锁。他顾虑太多，不愿讲，让他放心的办法只有一个：电影拍成后请他去审查，他不满意不能通过。于是他相信我了，倾心而谈。"

"人说学雷锋是傻子，写雷锋更是傻子。让人受教育，谁会去看雷锋的电影呀？能上座能赚钱吗？""八一厂拍过两部《雷锋》的电影了，你还啃别人的剩馒头？"写不写的矛盾一直在纠缠着我，写雷锋精神的电影到底有没有观众想看？这实质上是人们今天还赞成不赞成学雷锋的疑问。在新旧时代交替时，大部分人的人生观价值观都会产生巨大的碰撞与转变。电影作品的创新，不在于它的创造形式和表现手段，最重要的通过新的人物传达出新的思想的价值观来，这才是真正影响观众灵魂的东西。怎么写才能突破，如何编才能创新？正面写雷锋注定是没有出路的，因为八一厂以前拍摄的《雷锋》《雷锋之歌》电影，编剧丁洪、陆柱国、王德英、靳洪、白劳等都是我熟知的前辈，将雷锋的故事写得很透，已成经典之作。而单纯写雷锋之死也是没戏的，要想写好这个剧本，以侧面进攻代替正面表现，只有从乔安山这个人物角度去写，才能做到"人无我有，人有我优"。

如何看待雷锋精神？作为这部电影的编剧，王兴东说：目睹一部电影历经十五个春秋，当今市场经济环境下，要不要学习雷锋的精神？这个从人性本质提炼的话题，依然拨动人们思考的神经。当剧组请来乔安山审看影片时，他边看边流泪，影片放映结束已满面是泪，握着我和导演雷献禾的手说："你们了却我的一块心病，我对班长有了一个交待，现在的人，不相信雷锋精神，你们让班长的精神回家了！"

王兴东认为：评价一部作品的权威，不是那些深居高校出口便是引经据典的学者们，也不是那些毫无创作实践却鄙视主旋律的教授们。时间有量，群众有尺，市场有秤，这部电影十年之后还有人看，说明当年下的功夫没成为时间的垃圾。雷锋不是英雄，是中华民族传统文化孕育的一位道德的模范。改革开放以来，民主、效率、创新、人道、人权等现代理念，逐渐被中国人所熟悉，中国人的精神面貌发生了深刻的变化。但是，在经济蓬勃发展的同时，出现了精神萎缩，道德溃疡，诚信缺失，只讲金钱、不讲良心，只讲利益、不讲主义等种种问题，中华民族长期筑起的仁义道德的长堤出现了裂痕。"孩子被轧要不要救""老人跌倒要不要扶""餐桌地沟油""染色馒头"，甚至学术作伪，医药造假，官场冒出的"失责污染案""受贿腐败案"，种种弊端拷问着我们全社会的道德良知。世风日下，道德沦丧，人们自然会怀念对待同志像春天般温暖、对工作像夏天般火热、为人民做好事甘当傻子的雷锋了！不是这部电影赶在点子上了，而是一切艺术的本性都是惩恶扬善。雷锋是社会主义精神文明建设奠定在我们心灵家园里的第一块基石。党的十七届六中全会明确决定："深入开展学雷锋活动，采取措施推动学习活动常态化。深化政风、行风建设，开展道德领域突出问题专项教育和治理，坚决反对拜金主义、享乐主义、极端个人主义，坚决纠正以权谋私、造假欺诈、见利忘义、损人利己的歪风邪气。"这部电影描写了一个普通的人物，聚焦在一个普遍的问题，表达了一个普世的道理，才有了一个普及的效果。

《人民日报》发表评论认为：该片的编导们没有简单地公式化地展示乔安山所做的一件又一件好事，而是把主人公置于起伏跌宕、尖锐复杂的矛盾冲突之中。影片以乔安山的回忆作为贯穿线，比较尖锐地触及在以经济建设为中心的现代社会生活里，对于人们的道德状况的关注。在片中由乔安山折射出来的雷锋精神，其巨大的道德力量，能激起观众的道德感，使观众不知不觉地置身于影片的特定情境，从而肯定该片的艺术价值。

影片获得巨大成功，获得第15届中国电影金鸡奖、最佳男主角奖、最佳编剧奖、最佳故事片奖（提名），第20届大众电影百花奖最佳故事片奖、最佳女配角奖。

视频:《蒋筑英》《孔繁森》《凤凰琴》（2分钟）

《蒋筑英》是由王兴东编剧，宋江波导演，巍子、奚美娟主演，长春电影制片厂于1992年拍摄的电影。影片讲述了为光学事业献身的长春光机所副研究员蒋筑英短暂却光彩绚烂的人生故事。梁向东认为：蒋筑英是知识分子的优秀代表，是我们时代的英雄，但他又是那么默默无闻。他没有振聋发聩的豪言，没有惊天动地的壮举，有的只是对党对祖国的无私奉献，对光学事业的忘我追求，对名利的淡泊超脱，对同志、学生的真诚坦荡。这是一种多么宝贵的精神风貌。如何展现这种风貌呢？电影编导选准细节为突破口，通过诸如物体、环境甚至音响等细节，真切、细腻而自然地展示了蒋筑英的精神境界与感情天地。

《孔繁森》是由王兴东编剧，陈国星导演，高明、王兴东、曲云主演，北京电影制片厂于1996年拍摄的电影。影片讲述了孔繁森三入西藏带头留在西藏阿里地区工作、以身殉职的故事。导演陈国星认为：孔繁森的人生是成功的，电影则要靠艺术创造来产生美学价值。在反腐倡廉的时代，孔繁森是那种被人们呼唤出的好人，深受各民族爱戴的好干部。他具有共产党人理想的人格，对党的事业忠诚，对未来有坚定的信念，对人民群众怀有真实深厚的感情。

《凤凰琴》是由卜炎贵、桔生、刘醒龙编剧，何群导演，李保田、巨雪、王学圻、修宗迪主演，天津电影制片厂、潇湘电影制片厂于1994年拍摄的电影。影片改编自刘醒龙的同名小说，讲述了高考落榜青年张英子到界岭小学当代课老师，被山区艰苦的教学条件所震惊，目睹以余校长为代表的民办教师在恶劣条件下坚持教学的感人事迹。刘丽娟认为：影片关注到农村民办教师生存状况，他们的形象不像同题材影片中单一的高大，在影片中他们是立体的、多面的，他们能够固守清贫，同时也希望改变苦难的生活，他们人格高尚但有时也弄虚作假，影片在歌颂他们的同时把教师"丑"的一面裸露出来。影片正是在真实的冲突中反映了山区民办教师，在极为困难的情况下，为不让山区儿童失学，默默地做出了难以想象的努力和牺牲，从而歌颂了乡村教师热爱祖国，对教育事业无私奉献的精神。该片于1994年获得第14届中国电影金鸡奖最佳故事片、最佳男主角和最佳编剧。

1993年恰逢毛泽东100周年诞辰，电影界还拍摄了《毛泽东和他的儿子》《毛泽东的故事》《毛岸英》《杨开慧》等影片，满足人民"寻找毛泽东"的期待。

第四，反腐倡廉成为红色经典电影的重要内容之一。中共十一届三中全会以来，随着市场经济的搞活，党内腐败也开始滋生。邓小平等中央领导同志认为：精神上的堕落是腐败现象滋生的重要因素，因而强调反腐倡廉建设。基于此，改革开放初期，1979年拍摄了《神圣的使命》，1980年拍摄了《第十个弹孔》《法庭内外》，将反对"四人帮"与反腐倡廉建设进行了有机结合。80年代中期以后，一些干部利用手中权力，谋求私利，腐败现象比以往任何时候都要严重。掌权者从政治上搞腐败转向经济上搞腐败，尤其是80年代末更是变本加厉。《中国当代电影发展史》认为：我国电影工作者敏锐发现了这点，1989年创作了《阿罗汉神兽》，1994年创作了《天网》，1996年创作了《撼天雷》。

视频：《阿罗汉神兽》《天网》《撼天雷》（2分钟）

《阿罗汉神兽》是由于力、刘欣编剧，刘欣导演，刘文治、傅忠贵主演，珠江电影制片厂于1989年拍摄的电影。影片讲述了程海清担任五星级宾馆海湾宾馆的总经理，是全国知名的改革家，但各级纪检委接到多份群众举报，揭发他存在勾结外商、骗取国家资财、索贿受贿等犯罪违纪行为。

《天网》是由谢铁骊、邱中义导演，孙飞鹏、王夫棠、董骥主演，北京电影制片厂、南京电影制片厂于1994年拍摄的电影。影片讲述了80年代初，一个偏远山区小县城新到任的县委书记秦裕民发现了一桩奇案：花岭村会计李荣才因揭发支书贾仁贵，反被诬陷贪污而被开除，一家三口到处上访，一告告了20年，问题没有解决，致使老伴疯了，儿子跑了，流浪街头乞讨为生。秦裕民对此百思不解、义愤填膺，立即组织调查组进驻花岭村。经调查，贾仁贵在经济上有严重的亏空，在村里横行霸道，鱼肉百姓。但调查工作遭遇了各种阻力，县委书记力排众议，最终将犯罪分子绳之以法，为李荣才彻底平反。

《撼天雷》是由杨利民、王立纯编剧，周炜导演，栾福仁、杜雨露主演，长春电影制片厂于1996年拍摄的电影。影片讲述了古平县受自然条件的影响，干旱，贫穷。清正廉明的县反贪局局长安福年接到一封群众来信，举报修建古平中学教学楼中存在的严重问题。

《中国当代电影发展史》认为：尽管三部影片题材各异，剧中人物的身份不同，但却有共同的特点：一是敢于描写腐败现象的触目惊心；二是敢于描写斗争的尖锐性。

在反腐倡廉的影片中，还有三部很有特色的影片：

视频:《女大学生之死》《留村察看》《被告山杠爷》(2分钟)

《女大学生之死》是由史蜀君编剧、导演，沈畅、翟乃社、任伟、陆玲主演，上海电影制片厂于1992年拍摄的电影。影片讲述了医学院一名女学生轻度烫伤，因医院的不负责，将这位风华正茂的姑娘送进了地狱。《中国当代电影发展史》认为："这无疑是一部反对不正之风，呼吁正义、人性与人道的影片。""这部影片把草菅人命的恶劣品质与推诿责任的不正之风，作为一个社会群体中的不良存在来反对，染有这些坏东西的并非一定是掌权者，也有可能是普通人。这便使影片的主题别有一层含义。"

《留村察看》是由王兴东、王浙滨编剧，王兴东、雷献禾导演，贾凤森、魏子、沈丹萍主演，长春电影制片厂于1994年拍摄的电影。影片讲述了林泉县县长简正来因妻子受贿案的牵连，受到免职留党察看一年的处分。他自愿到蛤蟆川乡哑巴村从头做起，为村民解决贫困问题。彭加瑾在《看影片"留村察看"》一文中认为："从艺术创作的角度看，影片真正的独特性与创造性，并不在题材触及的社会问题，而是在'情景戏剧'的类型中，刻画了一位在困境、逆境中能再度崛起的共产党人形象，是在'弘扬主旋律'的作品中，融进了壮美的人生化的内容。"

《被告山杠爷》是由范元、毕必成编剧，范元导演，李仁堂、董丹军、毕夫、张一梅主演，峨眉电影制片厂于1994年拍摄的电影。影片讲述了群山环抱中的堆堆坪是个模范村，山杠爷是村党支部书记，他全心全意为村民办好事，威望极高，深得村民的拥戴，但因为他的过激行为致使村妇自杀触犯了法律被逮捕。《中国当代电影发展史》认为："这部影片的可贵之处在于，编导者借这个'好人犯法'的故事，从更深层次上让我们思考：伦理道德与法制的关系，传统观念与现代社会的关系，新的价值体系的建立问题。山杠爷固然没有腐化及个人品质上的不正之风，但在行使权力中，却有着更为严重的不正之风。这种为堆堆坪村容忍、理解甚至赞赏的'不正之风'，恰恰是实现一个现代化社会最需要致力解决的障碍。"该片于1995年获得第十五届中国电影金鸡奖最佳故事片、最佳男主角等多项大奖。

对于90年代中国主旋律电影，刘抒鹃在《新中国成立70年主旋律电影发展回眸——壮丽70年 奋斗新时代》一文中做如下评价："随着国家整体的改革进程推向深入，中国电影创作的格局和走向也在发生深刻变化，'主旋律'电影成为国产故事片的最大亮点，如雨后春笋般大量出现，给人们带来了深远影响，即使在今天，不少作品依然被视为难以超越的经典。"

三、21世纪初与新时代红色经典电影特点

唱响主旋律、弘扬正能量，始终是中国电影的重要使命。进入新世纪，特别是进入新时代，电影界围绕党和国家工作大局和重要时间节点、重点主旋律影片开拓了创作新境界。

第一，新世纪初，电影改革坚持"三贴近"（贴近实际，贴近生活，贴近群众）创作原则和"三性统一"（思想性、艺术性、观赏性）的创作标准，创作了一批具有强烈的艺术感染力和社会影响力的主旋律影片。进入21世纪，是中国电影强劲复苏与重构阶段。

其一，为迎接加入 WTO 后外国电影的严峻挑战，在经历了电影市场的短暂困难之后，中国电影顺应时代的要求，步入了产业化改革的历史进程。电影院线制、股份制改革全面推进，电影市场进一步开放和规范，数字化技术创新步伐加快，城乡电影的设施设备条件逐步改善，国际合作日益密切，电影产业走上了良性循环的发展轨道。

其二，进入新世纪，在全球一体化浪潮的冲击之下，文化已不仅仅是属于意识形态领域的产物，电影的商业特性和在宣传国家意识方面的重要作用再一次凸显出来，中共中央做出了"深化文化体制改革，加快文化事业产业发展"的重要部署，政府主管部门开始大力推进中国电影的产业化改革。中共十七大又旗帜鲜明地提出了"掀起社会文化建设新高潮""推动社会主义文化大繁荣大发展""提升国家文化软实力"等重要决策。

其三，中国电影工作者深入学习中国特色社会主义理论，坚持"三贴近"创作原则和"三性统一"的创作标准，积极面向市场，主动迎接挑战，促进电影创作的不断繁荣和电影产业政策的不断完善。创作者观念的改变，就为发展中的中国电影产业增添了无穷动力与坚实基础，极大地激发和解放了电影生产力。一批适应市场需求、具有国际竞争力的多样化、类型化影片，我们称之为"国产大片"，占据了中国电影市场的主导地位。

基于形势、政策与观念的调整与改变，新世纪初期中国电影的产量在这期间逐年稳步上升，故事片从年产100部左右达到2018年的902部，已经从电影大国走向电影强国。国内市场的票房成绩屡创新高，2018年中国电影票房接近610亿，同比增长9.1%。电影再度成了引领社会风尚和塑造时代风气

的重要文化产物，受到社会各界的广泛关注与普遍赞誉。在激烈的市场竞争中连续多年保持了对进口影片的市场优势，为中国电影开辟了繁荣兴旺、可持续发展的新局面。这期间涌现出的主旋律电影主要有：《集结号》《建国大业》《风声》《十月围城》《唐山大地震》《建党伟业》《太行山上》《天安门》《集结号》《八月一日》《风起云涌》《沂蒙六姐妹》《高考1977》《张思德》《郑培民》《袁隆平》《任长霞》《铁人》《邓稼先》《杨善洲》《郭明义》《我的法兰西岁月》《鲁迅》《可爱的中国》《第一书记》《惊涛骇浪》《惊心动魄》《惊天动地》《云水谣》《飞天》《千里走单骑》《可可西里》《冲出亚马逊》《沉默的远山》《天狗》《一轮明月》《暖春》《美丽的大脚》《大河》《突发事件》《我的左手》等。

视频：《建国大业》（2分钟）

《建国大业》是由王兴东、陈宝光编剧，韩三平、黄建新导演，唐国强、张国立、许晴等主演，博纳影业集团、中国电影集团公司于2009年拍摄的电影。影片讲述了从抗日战争结束到1949年中华人民共和国成立前夕发生的一系列故事。

《建国大业》编剧王兴东谈到创作剧本的初衷：早在2006年春天，我就向北京市政协表达过写一写创建人民政协过程的愿望，一些委员也常常谈起召开政协第一届全体会议所经历的艰难曲折。围绕中国人民政治协商会议第一届全体会议，国共两党展开了大联合与大阻截、大团结与大暗杀的激烈冲突和生死较量。看起来仅是开一个会，然而这是决定中国命运的大会，因此始终笼罩着惊险搏斗，这就为创作一部思想性、艺术性、观赏性相统一的电影提供了客观保证。王兴东还认为："主旋律影片要获得成功，不但要遵循艺术规律，还必须尊重市场规律，两者缺一不可。"导演韩三平做客凤凰卫视《名人面对面》时，就这部影片发表了看法：认为上这个题材最有信心，是因为这个题材它本身对观众的吸引力。"我个人觉得1945年到1949年这是中华民族历史上最波澜壮阔和风云际会的年代，第二次世界大战以后，人类向何处去，而且有一个非常严峻的现实是什么呢，恰恰是工业发达的资本主义国家，带来的人类浩劫是无与伦比的，你看三个国家，日本法西斯，德国法西斯，意大利法西斯，那都是工业非常发达的国家，所以我觉得《建国大业》，第一个，它是一个非常波澜壮阔的时代，有非常多的震惊中外的事件，在这些事件中也有林林总总的风云人物、风流人物、英雄人物，所以我觉得这是它题材决定的。在这个基础上，我们选择了一种观众最喜闻乐见的方式，用一批非常优秀的演员来演。""观众喜欢看的电影类型是很多的，观众本人不会排斥某一种特定类型，但是我们不能故步自封，把某种特定类型的影片做得僵硬和模式化，这是我在《建国大业》中获得的最大心得。""作为电影来说，让观众觉得好看是它最根本的生命力。"影片上映以后，导演黄建新到北京大学进行放映宣传活动。电影结束后，激动的北大学子们将黄建新团团围住。"孩子们告诉我，影片中信仰的力量深深打动了他们。"黄建新回忆："比如说毛主席阅兵那场戏，刘烨站在主席面前用嘶哑的嗓音报告，是崇高的信仰让一个平凡的士兵和领袖实现了沟通。这让我发现，今天的几代人在信仰上也是可以沟通的。""我们认识到拍电影不是拍宣传片，不是为一个政策，为一个事件去做宣传，我们是写在历史的进程中这些重要人物心理的过程，精神的过程，他们的精神对全民族的影响。"黄建新认为，过去的主旋律影片创作由于掌握资料不足，往往将领袖人物的性格模式化，让观众难以接近。为了改变这种情况，《建国大业》剧组在拍摄之前做了充分的准备。"我们看了很多传记，发现原来我们的领袖都有常态情感，他们发火，他们笑，他们欢乐……其实这些情感是最容易跟老百姓沟通的。"

来自新华网的评论是：从弘扬主旋律的角度看，这样一部政治性极强的影片获得如此广泛关注和传播，宣传效果也十分突出。讲政治和赚钞票在这部片子身上实现了理想的结合。来自《国际先驱导报》的评论是：这部电影摆脱了对蒋介石的丑化，较能符合当时蒋介石在抗战后人格的形象。来自《新闻晨报》的评论是：《建国大业》的发行和宣传又有市场化运作，因为有明星的号召力，加之宣传到位，所以拷贝投放数量史无前例，志在必得要创中国影史上的国产片票房新纪录。来自人民网的评论是：《建国大业》继承了主旋律电影的基本的传统和叙述模式，但更重要的是它借鉴了好莱坞类型片的一些经验，在满足观众的欣赏和消费方面做了大量的工作。

正是按照电影艺术与市场的双重规律来创作，使《建国大业》成为双重意义上的真正的主流电影。据人民网《〈建国大业〉：一部主旋律电影的教科书》一文介绍：电影《建国大业》上映以来，中国电影集团公司发行分公司做了详细的市场调研，调查结果显示：《建国大业》自2009年9月16日上映以来，截至10月23日，已取得4.1亿元的票房成绩，创下了国产电影票房的最高纪录。观众认为这部影片优秀的占62.39%，优良的占32.21；在选择影片最吸引人的因素时，60周年献礼影片和超豪华明星阵容并列第一，电影剧情战争场面分列第二、第三；在对于是否推荐给其他人来观看这个问题上，有 96% 的观众选择推荐给其他人，形成了口口相传的传播效应。更让中影集团发行分公司总经理许兵欣慰的是，在用一句话来概括《建国大业》的时候，以往的观众在这个题目上全都是空白，但这次调研中，几乎每个观众都把这项填得很满。"所以我印象最深的是，有的观众写了'毛主席最伟大'，有的写了'中国来之不易'，有的写的是'没想到战争这么艰苦'，这些都让我们非常感动。"对大多数中国电影观众来说，主旋律影片往往容易让人产生距离感，但自《建国大业》上映以来，全国各地电影院都积极排期放映，即使一些商业片都难以触及的二、三线城市电影院，也都将该片安排在最好的放映场次，每天保持 70 万到 90 万的票房收入。国庆长假期间，尽管有《风声》同台竞争，但已经上映半个月的《建国大业》仍然后劲十足。2010 年，该片获得第 30 届大众电影百花奖最佳故事片奖。

视频：《建党伟业》（2 分钟）

《建党伟业》是由郭俊立、黄欣、董哲编剧，韩三平、黄建新导演，刘烨、冯远征、张嘉益、陈坤、马少骅等主演，中国电影集团公司 2010 年拍摄的电影。本片是为庆祝中国共产党建党九十周年而制作的献礼影片。与《开天辟地》从巴黎和会中国外交失败开始有别，该片从 1911 年辛亥革命爆发开始一直叙述至 1921 年中国共产党第一次全国代表大会召开为止，共 10 年间中国所发生的一系列重大历史事件，大体上由民初动乱、五四运动及中共建党三部分剧情组成。

中国电影集团公司副总经理史东明被称为"金牌策划人"。他说：2009年 8 月，《建国大业》还未放映，中影高层就商议拍摄当时还被称为《建党大业》的电影。作为总策划，史东明说自己更多的是对剧本的重点把关。我个人比较坚持的是这还是一个政治片，故事体例要发挥《建国大业》的风格，展现的是波澜壮阔的故事和背景，而不是一个小故事和几个人物，这个观点也是很多人都坚持的。

导演韩三平谈到为什么创作《建党伟业》时说：我记得我是 2009 年 9 月10 日在重庆提出这个想法的（拍摄《建党伟业》），当时《建国大业》还没有在全国放映，但试映的效果不错。我当时一提出《建党伟业》的设想，就得到了黄建新导演和年轻编剧们的一致同意。当时拍《建国大业》是交给我们的一个任务，甚至可以说是临时交给我们的任务，而《建党伟业》是我们主动提出要拍的。其实说实话这个话说出来，可能人家都不一定相信，确实是那段历史、那些人物、那个时代从情感上打动了我，这是一种真情实感的流露，不是说哪个领导、哪个上级机关让我来拍。对我和黄导个人来讲，这是一种信仰。我们都是有着 40 年以上党龄的老共产党员，40 年前我们加入中国共产党时是宣了誓的，这是对共产主义的信仰，是对自己的诺言。多年以来，我们一直恪守着这个诺言，这是我们的热情所在，我表达这种热情的方式，就是《建党伟业》这部电影。电影是综合艺术，评论一部电影，首先要说的是好不好看。没有精神力量不行，仅有精神力量也不行。黄建新导演说过的一句话我很同意，他说最好看的就是历史事件，它的真实感是编剧编不出来的，而这种真实性本身就很动人。所以我们采用了三大段落，用事件把故事结构起来，既突出历史的纵深感，也印证了毛泽东说过的一句话：历史选择了中国共产党，人民选择了中国共产党。

来自人民网的评论是：电影用蒙太奇的手法，再现了那段风雨飘摇的历史，重温了老一辈革命先烈们为了解救人民于水火之中，为了拯救危难中的国家和民族，历尽千难万险和不懈抗争，终于创建了中国共产党的艰辛历程，对我们这些出生在新社会、沐浴在党恩下的年轻人，是一次很好的爱国主义教育。来自中国新闻网的评论是：《建党伟业》全景式地讲述辛亥革命、护国战争、五四运动等历史事件，准确地呈现中国共产党诞生的历史背景。来自腾讯网的评论是：与《开天辟地》相比，20 年后的《建党伟业》则呈现出一幅完全不同的面貌。除去电影产业本身的技术因素之外，在视野上、理念上的开放和进步让《建党伟业》更具可看性，以及更丰富的内涵。

周晏在《电影〈建党伟业〉的审美思想表现及意义》一文中认为：《建党伟业》作为一部献给党九十华诞的贺岁片，取得的成绩无疑是喜人的，在群星璀璨中用一种朴素的渲染让人们在审视历史中坚定自己的信念。《建党伟业》在重大历史的艺术表现、审美思想的吻合、审美方式的探索等方面都做了明显的努力，其艺术实现的方式对于今后的电影表现具有鉴戒意义。"不仅给观众以视觉和听觉的审美享受，而且还具有一定的代偿和宣泄功能，可使观众的某种愿望得以满足和压抑的情感得以宣泄。"创作者对这一功能的实现，是基于与电影的艺术性、思想性等紧密相连的关系出发的。这是一种非常有效的审美教育形式，在重温那段历史的过程中，我们切身感受到了那些仁人志士的牺牲精神和革命精神，同时也激发了在现在社会环境下，作为祖国一分子的我们应该怎么做的积极思考。时值中国共产党成立一百周年之际，腾讯影业文化传播有限公司、上海电影（集团）有限公司、上海三次元影业，又从"横截面"视角切入拍摄了《1921》，展现了中国共产党成立这一世纪伟业。《建党伟业》的票房远超《建国大业》。

视频:《张思德》2分钟

《张思德》是由刘恒编剧,尹力导演,吴军、唐国强主演,中影集团、北京紫禁城影业公司、北京市委宣传部于2004年拍摄的电影。影片讲述了抗日战争后期的延安,正处在热火朝天的大生产运动中,毛泽东的勤务兵张思德为人憨厚朴实,工作任劳任怨,从不计较个人的得失,一心一意为着革命的利益和解放全中国的伟大事业而默默地奉献。为解决中央机关冬季取暖问题,1944年他带领一班人到安塞县烧木炭。在一次烧炭中炭窑突然崩塌,张思德不幸牺牲。毛泽东主席在他的追悼会上深情地说:我们队伍里到处是这样的人,普通、平常,像清凉山上的草一样,我们不注意到他们,往往也听不到他们的声音,可正是这些人支撑了我们的事业。毛主席的这篇讲演发表时以《为人民服务》为题,这篇文章也成为共产党人行为准则和毛泽东思想的具体体现。

刘庆邦在《刘恒写作喜欢封闭自己 写王进喜张思德比照父亲》一文中写道:"电影《集结号》《张思德》,电视连续剧《贫嘴张大民的幸福生活》,话剧《窝头会馆》,歌剧《山村女教师》……这些由刘恒担纲编剧的艺术精品,带给观众太多的泪水和笑声。2009年,刘恒被评为全国第四届专业技术杰出人才。刘恒创作《张思德》的电影剧本时,我曾替刘恒发愁,也替刘恒担心,要把一点有限的人物历史资料编成一部几万字的电影剧本,谈何容易!事实表明,我的担心是多余的。《张思德》的故事情感饱满,人物形象的塑造堪称完美。影片一经放映,不知感动得多少人流下了眼泪。把《张思德》写得这样好,刘恒的情感动力和情感资源何在?刘恒给出的答案是:'我写王进喜、张思德,我就比着我父亲写,用不着找别人。张思德跟我父亲极其相似。'我不止一次听刘恒说过,在写张思德时,他心里一直想的是他去世的父亲。通过写张思德,等于把对父亲的怀念之情找到了一个表达的出口,同时也是在内心深处为父亲树碑立传。"也有评论认为:《张思德》是立足小人物拍摄出的一部颇具大片风度而又细腻感人的主旋律电影。它在创作技术与剧情情绪两个方面处理得相得益彰。出色的视听语言应用,实现了影片的大气的艺术追求,黑白灰的影调充分地体现了时代生活的质感,同时在时间短任务重的情况下,选择黑白影调也是导演的明智之举;影片大量采用了移动摄影,增加了画面的动感,真实展现了延安学习生产的场面,充分表现人物所处的时代环境,一种延安精神风貌也自然而生。在精心安排的移摄中,观众一方面得到愉悦的视觉感受，另一方面有身临其中的情感的认同感，伴随画面，深沉、内敛、细腻的音响效果更带给观众全方位的感受；细微处显大义的情节安排，以情动人，感人至深，电影完全从细节入手，在张思德和保育院的孩子、和战友、和领袖毛主席各种关系中，让观众看到了一个普通战士的一生。《张思德》的大片风度不是来源于宏大叙事的角度，相反这部电影真诚讲述了一个普通的革命战士的淳朴。

刘抒鹃认为：这个时期拍摄的影片以贴近现实生活、弘扬时代主旋律为己任，以赢得市场、赢得观众为目标，具有强烈的艺术感染力和社会影响力，力求达到社会效益和经济效益的双赢效果。

第二，新时代主旋律电影走出国门，创造"世界新景观"。中共十八大以来，国产电影在唱响新时代主旋律的同时，也在贴近当下主流观众审美方面做出了探索与努力。刘抒鹃认为："新主流电影"的概念应运而生。尤其是在与美国好莱坞为代表的进口电影的正面较量中，国产电影创作生产格局更加丰富完善，电影故事更加多姿多彩。这些影片在题材选择上不仅做到了对历史的回眸与审视，也有对当下生活的观照，例如重述红色经典的《智取威虎山》，全方位展现中国改革开放和社会主义现代化建设上取得历史性成就的《厉害了，我的国》，彰显国家力量的《红海行动》《湄公河行动》，激发起广大群众的爱党、爱国热情和民族自豪感的《战狼》系列，深入思考生态文明的《狼图腾》，励志创业的《中国合伙人》，充满人文关怀的《滚蛋吧！肿瘤君》《我不是药神》，以及《钱学森》《兰辉》《邹碧华》《信仰者》《幸福马上来》《黄大年》《龙之战》《老阿姨》《我是医生》《十八洞村》等影片，都可以被看作主旋律创作在近些年的新开拓，对"类型电影"这一概念的精确落实，用世界性的语言叙述中国故事，在中国故事里创造"世界新景观"。2017年，在第五届中英电影节上，中国影片《湄公河行动》《战狼2》分别获得两项大奖，成为本次电影节的最大赢家。其中《湄公河行动》获得最佳影片奖，该片主演之一张涵予获得最佳男主角奖。他在接受新华社记者采访时表示，《湄公河行动》和《战狼2》的成功充分表明，主旋律商业大片也能在市场上取得成功，走出国门，影响世界。

新中国成立17年时期在"二为"和百花齐放方针之下的主旋律电影被称为"工农兵电影"或"红色电影"，1987年3月召开的"全国故事片创作会议"上，提出了"突出主旋律、坚持多样化"的电影发展方向。这也是"主旋律电影"概念首次被提及。所谓主旋律电影，是指在政府部门的指导下，以弘扬国家主流意识为目的，选材多以革命题材和历史题材为主，能够与普通观众生活贴近的弘扬主流价值观，讴歌人性、人生的影片。南方日报提出：与传统的国产主旋律影片相比，新主流电影有何不同？清华大学影视传播研究中心主任尹鸿认为：有一段时间，我们总觉得主旋律电影没有主流市场，主流市场的电影又没有体现主旋律，两者之间产生了脱节。而从《智取威虎山》《湄公河行动》《无问西东》到《战狼》系列和《厉害了，我的国》，我们慢慢发现，主旋律电影可以实现主流价值和主流市场之间的融合。在我看来，新主流电影有两个特点：一是既能够被大众认知，为大众所共享，但是又表达了主流价值；二是在创作上采用了类型化叙事，制作水平也有所提升。中国艺术研究院影视所副所长赵卫防认为：新主流电影是由传统主旋律电影进行美学升级而成。新主流电影延续了主旋律电影中以爱国主义、英雄主义、集体主义为主导的主流价值观，更对其进行了深化和拓展；在人物塑造上实现了立体化，体现了人性的丰富性；在具体表现手法上引入类型元素。此外，相较而言，新主流电影尤为注重叙事性，无论《红海行动》还是《智取威虎山》，它们的叙事都能围绕一个简单但特别清晰的主线来展开，而副线较为复杂，副线下又设置了非常密集的具体细节来支撑。这使得每个细节都有戏剧小高潮。

对于主旋律电影走向国际问题，博纳影业集团有限公司创始人、董事长兼总裁于冬在接受新华社记者专访时表示，博纳影业坚持国产电影主旋律、商业大片的运作，创造了市场的新潮流。他说，希望中国人在自己的荧幕上能够看到中国的英雄、中国的故事和跟中国人情感息息相关的现实题材。曾任上海国际电影节金爵奖主竞赛单元评委会主席的中国导演黄建新在接受专访时谈到中国电影走向国际时称：国际化不是一个单纯电影的问题。如果我们国家经济强大，文化也强大了，而且我们的文化具有世界属性，具有人类都能接受的条件，你自然就国际化。张艺谋说得很对，你把自己做好了、做大了就自然有了，你追是追不着它的。我们说奥斯卡，最早的时候，其实它不是一个国际电影节，只是美国自己国内的一个评奖，只设一个外语片奖，结果变成全世界影响最大的奖项，是因为经济强大了，它的电影文化在世界上占据的位置特别重要，自然就形成了影响力。很多人就到美国去学习，很多欧洲学电影的人、韩国学电影的人，都在美国学或者在英国学、在英语区学。所以，电影真的不是这么简单的一个事，它基于我们整体的发展，它就自然强大。我们也不用一味地去追，因为追了后你可能丢了自己的特点，反而不行了。记者问：中国主旋律题材将来国际化，尤其是故事上突破有可能吗？黄建新认为：我们说的主旋律电影在国际上就叫主流价值电影，任何的商业电影都是主流价值观，正义一定战胜邪恶。如果正义战胜不了邪恶，那就是文艺片了。还有一部分电影是探索人类认知价值的复杂电影，那是人类认识重要的一部分，所以这两个是互做补充的。山东艺术学院副教授陈凌在接受采访时谈道，主旋律电影之所以能够被大家所认同，能够实现其市场价值，其实基于两点：一是在内容上，现在的主旋律电影艺术性与政治性更为和谐地融合了，使得主旋律的价值观传播更易于受众接受。优质的审美体验，制造出更多话题甚至流行元素。形式上的多样化体现出更丰富的艺术创意，并让更多明星有机会成为"主流文化＋潮流文化"结合的话题人物。二是主旋律电影更深层次的内涵是一种为国家代言的文化现象，在观看的过程中，观众与创作团队进行了情感共建，这种体验过程是其他题材影视作品很难做到的。博纳影业董事长于冬曾说，很多电影人一提主旋律就谈虎色变，以为主旋律就是要绕开市场走。其实主旋律就是弘扬正气，这与商业毫不矛盾，反而应该成为商业大片的主流，具备很高的观赏性，与好莱坞的《拯救大兵瑞恩》等作品平起平坐。

第三，新时代电影题材类型丰富、风格形式多样、个性特征鲜明、诗意化风格化呈现的献礼影片。刘抒鹃认为：这一时期主旋律影片既有"重工业"标杆之作《战狼2》《空天猎》，也有诗意与现实并存的中小成本影片《十八洞村》《家园》《守边人》《你若安好》《南哥》，以及少数民族电影《塔克拉玛干的鼓声》等，这些影片代表了中国电影大小并重的多样化、多品种、多类型的良性生态格局，代表了电影创作坚持以人民为中心、服务人民的根本方向，深入生活扎根人民，坚持价值导向文化引领，弘扬社会主义核心价值观，实现中国文化的创造性转化、创新性发展与电影化呈现。再比如纪念中国人民抗日战争暨世界反法西斯战争胜利70周年重点影片《百团大战》，纪念红军长征胜利80周年重点影片《勇士》，纪念建军90周年影片《建军大业》《血战湘江》，纪念改革开放40周年重点献礼影片《春天的马拉松》《照相师》等等，豪情抒写十八大以来党中央治国理政新理念新思想新战略所取得的巨大成就，在坚持思想性、创新理念、大胆突破的同时，着力提升艺术品质和观赏性，更加贴近观众。为了不断推出讴歌党、讴歌祖国、讴歌人民、讴歌英雄的精品力作，近年来，影视界作者还创作出《李保国》《春天的马拉松》《照相师》《大路朝天》《厉害了，我的国》等一大批电影作品，用现实主义精神和浪漫主义情怀观照新时代中国经济建设、社会发展、文化发展的火热现实，以及各行各业的先进模范故事，千家万户的喜怒哀乐生活，获得了业界口碑与市场成绩的双赢。

第四，主旋律影片"进社区、进校园、进工地"，使广大人民群众能够享有到平等的文化权益。21世纪以来，影院建设方兴未艾，全国城市影院从2002年1400余块银幕，迅猛增长到2008年的超过4000块银幕。2018年全国银幕总数已突破6万块，稳居世界电影银幕数量首位。在2012年银幕数仅有13118块，短短几年时间，银幕数增长了4倍有余。截至2018年底，全国共拥有银幕数60079块，较2017年增加9303块，同比增速18.3%，增速比2017年放缓了5个百分点。整体看来，2018年我国电影银幕终端仍维持较快扩张。在公共服务领域，我们一直高度重视电影文化在社会主义先进文化建设中的重要作用，采取多种手段、积极争取优惠扶持政策，大力提高电影公共文化服务的能力。首先，在财政部、发改委等部门的支持下，"农村电影放映工程"取得了长足进步，把农村电影纳入市场经济条件下的电影公共服务体系，成为中国电影改革发展的重要内容。按照中央确立的"市场运作、企业经营、政府购买、群众受惠"的新思路，各地在科技创新、体制创新、机制创新、管理创新上大胆实践，已经探索出一条符合中国国情、具有中国特色的农村电影发展道路。据统计，2008年中央财政向农村电影放映工程投入2亿元设备资金和3.3亿元农村公益放映场次补贴，全国农村已拥有数字院线150条，各级财政和院线公司已购买数字放映设备10320套，加上原有的16毫米放映队，全年总计为农民放映电影700多万场，观众达16亿多人次。其后将更多的资金投向农村电影市场，实现每个自然村每月放映一部电影的目标。同时，我们还积极利用电影数字放映技术，开展多种主题放映活动，推动优秀国产影片"进社区、进校园、进工地"，使广大人民群众能够享有平等的文化权益。

纵观改革开放以来中国电影业的发展和红色经典影片的重大进展，这些成绩的取得，中国电影局负责人认为主要是基于：其一，明确思想，指明方向，坚持走有中国特色的社会主义电影发展道路；其二，尊重知识，尊重人才，尊重劳动，尊重创造；其三，扶持事业，推动产业；其四，创造良好和谐的文化环境。

经过70年的风风雨雨，中国电影特别是主旋律电影取得了辉煌的成就。中国电影局负责人总结了8条：一是必须始终坚持高举旗帜、围绕大局，走中国特色社会主义电影发展道路；二是必须始终坚持面向基层、服务大众，把满足人民群众日益增长的精神文化需求作为电影工作的出发点和落脚点；三是必须始终坚持解放思想、改革创新，把解放和发展电影生产力作为第一要务；四是必须始终坚持"三贴近"原则，把繁荣创作、提高质量作为电影发展的永恒主题；五是必须始终坚持科技进步、科技创新，充分发挥数字化对电影发展的引领作用；六是必须始终坚持立足中国、面向世界，充分提升中国电影的国际竞争力和影响力；七是必须始终坚持依法行政、科学管理，营造良好的电影发展环境；八是必须始终坚持尊重知识、尊重人才，充分发挥优秀人才对电影发展的支撑作用。

最后，我用习近平在中共十九大报告中的一段话作为这一讲的结尾："社会主义文艺是人民的文艺，必须坚持以人民为中心的创作导向，在深入生活、扎根人民中进行无愧于时代的文艺创造。要繁荣文艺创作，坚持思想精深、艺术精湛、制作精良相统一，加强现实题材创作，不断推出讴歌党、讴歌祖国、讴歌人民、讴歌英雄的精品力作。发扬学术民主、艺术民主，提升文艺原创力，推动文艺创新。倡导讲品位、讲格调、讲责任，抵制低俗、庸俗、媚俗。加强文艺队伍建设，造就一大批德艺双馨名家大师，培育一大批高水平创作人才。"

第六讲　军事题材红色经典电影特点

从中国共产党成立到1949年新中国成立，是中国共产党领导中国人民进行新民主主义革命时期。经过28年艰苦卓绝的武装斗争，中国人民战胜了日本侵略者，打败了国民党800万军队，创建了新中国。新中国成立后中国人民解放军又经历了追歼国民党军队残敌和抗美援朝战争，反映在电影领域中，描写革命战争题材的影片始终展现出勃勃生机。

一、1949—1966年的军事题材电影

在1949—1966年中，共拍摄了603部影片，反映中国共产党领导人民革命斗争的影片大约占了一半。这一时期军事题材的影片呈现的特点是：

第一，与改革开放时期的战争题材影片相比，这一时期影片具有很强的政治性。《中国当代电影发展史》认为：1949—1966年中国军事电影从一开始就有很强的政治属性。这有着历史的原因。革命文艺必须服务于反帝反封建斗争的需要，是历史使命，文艺"为政治服务，为工农兵服务"的方向，统领着17年中国电影，"政治标准第一，艺术标准第二"的原则决定着创作和评论的主导倾向，军事电影也不例外。1949—1966年的中国军事电影呈现着很强的现实和历史生活风貌；艺术形态在很大程度上适应着绝大多数观众的欣赏习惯，因而有广泛的群众性。

第二，有场面恢宏、气势磅礴的战争描写。1949—1966年中这类影片中最为突出的是《南征北战》。

视频《南征北战》（2分钟）

《南征北战》是由沈西蒙、沈默君、顾宝璋编剧，成荫、汤晓丹导演，陈戈、冯喆、张瑞芳、项堃主演，上海电影制片厂于1952年拍摄的电影。这部影片是直接反映毛泽东军事思想的影片。影片讲述了解放战争初期，华东野战军在山东地区与敌人经过多次激战，彻底粉碎了蒋介石军队对山东解放区

的重点进攻。1947 年冬，国民党反动派集结优势装备和优势兵力对华东解放区发动重点进攻，中国人民解放军华东部队在粟裕将军的指挥下，取得了苏中七战七捷的胜利。为了在运动中歼灭敌人的有生力量，华中与华东两支野战军合并后，展开了"大踏步的后退"。对这一举动，起初有些战士一时想不通。某师一团一营高营长率领的部队，转移到山东沂蒙山区的桃村待命。为了平抚安定战士和老乡们的情绪，高营长和村长赵玉敏分别将上级的作战意图进行传达和解释说明。国民党军队对我军的后退错误地理解为败退，便集中了 30 万人马，从三面向我军合围，企图与我军展开决战。我军在桃村前面的大沙河阻击敌人，战斗持续了 6 昼夜，然后向凤凰山转移，围歼凤凰山已经被我军包围的敌军李军长所属的七个师。高营长奉命在摩天岭阻击前来增援的敌军张军长的部队。凤凰山战斗结束后，高营长又奉命担任包歼援敌的前锋，敌军退守大沙河南岸负隅顽抗，高营长便抄小路偷渡大沙河，切断敌军退路，后敌人又想炸掉大沙河上游的水坝，用洪水阻止我军过河。赵玉敏带领游击队剪断水坝上的炸药导火线，保全了水坝，也保住了下游人民的生命财产，使敌人的狠毒阴谋未能得逞。我军渡过大沙河，歼灭了顽敌，敌方张军长及其参谋长均束手就擒。

　　影片《南征北战》以生动的艺术形象、丰富的战斗生活内容，表现了人民解放军在敌强我弱的形势下，正确运用毛泽东运动战的战略思想，消灭敌人取得胜利的过程。《当代中国电影》认为：《南征北战》在战争场面的气势、战役的规模、表现战略决策和军事思想等方面，都达到了一个新水平。导演显示了善于处理大战役、大场面和大题材的才能，把一个庞大繁杂的战争题材表现得流畅明快。同时，影片还尝试运用对比蒙太奇的手法，力求对解放军指战员和敌军将领在决战中的心理活动加以表现和对照，取得一定的成功。与同时期其他战争题材影片相比，都是空前的，堪称新中国电影史上第一部具有战争史诗韵味的影片。应该说《南征北战》是新中国银幕史上不朽的战争史诗，大量的经典段落和台词，特别是演员陈戈扮演的师长在影片最后的演说，至今让我们难以忘怀。

　　视频：陈戈演说

　　"在西北战场上、东北战场上、华北的战场上、晋冀鲁豫的战场上，在全国各个战场上，都连续地取得了很大的胜利。同志们！我们所以获得胜利，主要的是我们忠实地执行了毛主席的战略方针。当敌人向我们全面进攻的时候，如果我们不暂时地放弃一些地方，大踏步地后退，那我们就不可能有今天的大踏步前进，这就是我们毛主席战略思想的伟大胜利！""同志们！我们坚决执行毛主席和上级的指示，时时刻刻注意团结广大的人民，严守纪律，英勇作战，我们就一定能够取得解放战争的胜利，消灭蒋介石匪帮，把美帝国主义赶出中国去，在我们自己的国土上建立起人民的政权。现在，蒋管区的人民也在开展反内战、反饥饿的运动，游击战争在敌人的后方更猛烈地开展起来了，敌人的重点进攻就要被粉碎，我们对蒋介石匪帮举行大反攻的局面，已经到来了！"

导演在拍抢占摩天岭、凤凰山总攻两场大戏时，在当时技术条件很差的情况下，空间纵深镜头运用得相当成功，体现在画面上的战争气势十分壮观，是新中国电影表现战争大场面的经典段落。

第三，表现为既有战争片直接描写，也包括间接表现战争题材、军人、民兵、游击队及与军队相关内容的影片。这类题材影片包括战役战斗片、民兵生活片、边防片、海战片、空战片、军营生活片、战俘片、转业军人片、军事科技生活片等等。这一时期拍摄的影片主要有：

一是描写国民革命时期的影片，主要有：

视频：《风暴》《大浪淘沙》（30 秒）

二是描写 10 年内战时期的影片，主要有：

视频：《党的女儿》《红色娘子军》《洪湖赤卫队》《怒潮》《万水千山》《金沙江畔》《突破乌江》《暴风雨中的雄鹰》《红孩子》《红霞》等（3 分）

三是描写抗战时期的影片，主要有：

视频：《平原游击队》《铁道游击队》《地道战》《地雷战》《狼牙山五壮士》《野火春风斗古城》《苦菜花》《赵一曼》《回民支队》《东进序曲》《新儿女英雄传》《扑不灭的火焰》《三进山城》《冲破黎明前的黑暗》《椰林曲》《南岛风云》《粮食》《鸡毛信》《小兵张嘎》《抓壮丁》等（4 分）

这一时期影响力最大的是两个"游击队"和"地道""地雷"，几乎到了家喻户晓的程度，李向阳和刘洪、高传宝成了当时年轻人的偶像。特别是《野火春风斗古城》，两位 22 大影星主演了这部电影。

视频：《野火春风斗古城》（2 分钟）

《野火春风斗古城》是由李英儒、李天、严寄洲编剧，严寄洲导演，王心刚、王晓棠等主演，八一电影制片厂于 1963 年拍摄的电影。电影是根据李英儒的同名小说改编的。关于这部小说的主题思想，李英儒曾说："我以野火喻作敌人的凶焰，以春风比作党的力量，任你敌人的凶焰再高，烧不尽中国人民革命的有生力量。"在小说的创作中，李英儒借鉴传统小说的写作手法，并将革命现实主义与浪漫主义紧紧地结合在一起，以自身的战斗经验为素材，通过 24 个章节描写了一个惊心动魄，富有魅力的地下斗争传奇。

影片讲述了主人公杨晓冬是一位优秀地下党员，也是影片中着力刻画的英雄人物。1942 年日军开始疯狂地反扫荡，杨晓冬被派往当时已由日伪统治的古城保定开展地下工作。他不顾危险只身一人深入龙潭虎穴，迅速与地下党员金环、银环取得联系。为了能在古城中立住脚跟，他辗转从高自萍那里取得了暂住证并成功发展了韩燕来、小燕等一批革命地下党同志。这些地下党员都具有一颗强烈的爱国之心和敢于冒险的精神，不顾生命危险与敌人斗智斗勇。在经过一系列危险复杂的地下斗争之后，杨晓冬终于带领他们成功争取了伪团长关敬陶起义，一举夺下河北古城。小说中的每一章节都充满着传奇色彩，尤其是"夜会吴赞东""智斗蓝毛""逼关起义""反抢粮"等惊险紧张的情节集中刻画了以杨晓冬为代表的地下党员的英雄群像。

1949—1966 年电影审美，就有"男看王心刚，女看王晓棠"的说法。杨晓冬的扮演者王心刚是 22 大影星之一。他 1932 年 1 月 1 日出生于辽宁大连，1956 年首次参演故事片《寂静的山林》，从此开始演艺生涯，其代表作为：《红色娘子军》《野火春风斗古城》《海鹰》《知音》《伤逝》等经典影片。曾荣获亚洲演艺名人"中国电影终身成就大奖"、中国电影表演男艺术家、"新中国 22 大电影明星"之一。2020 年 9 月，获新时代国际电影节新中国成立 70 周年全国十佳电影男演员奖。2021 年 5 月 21 日，获第 30 届华鼎奖中国共产党成立 100 周年全国优秀电影男演员提名。

视频：22 大影星之一王心刚（3 分钟）

电影中最大亮点应该是女主人公金环和银环的扮演者王晓棠。

视频：22 大影星之一王晓棠（3 分钟）

1934 年 1 月，王晓棠出生在河南省开封市。1955—1982 年，她主演了多部电影。代表作品有《野火春风斗古城》《海鹰》《神秘的旅伴》《英雄虎胆》等。1982—2001 年，她导演了电影《翔》和《芬芳誓言》等。她曾经荣获第 11 届卡罗维·发利国际电影节青年演员奖、中国电影世纪奖女演员奖、《大众电影》百花奖的最佳影片奖和中国电影金鸡奖最佳编剧奖以及华表奖评委会奖、意大利"第三个千年国际奖"、中国电影表演学会终身成就奖。2005 年，她被评选为"国家有突出贡献的电影艺术家"和"中国电影百年百名优秀演员"。2020 年 9 月，获得新时代国际电影节新中国成立 70 周年全国十佳电影女演员奖。2021 年 5 月 21 日，获第 30 届华鼎奖中国共产党成立 100 周年全国优秀电影女演员提名。

四是描写解放战争时期题材的影片，主要有：

视频：《红日》《渡江侦察记》《暴风骤雨》《钢铁战士》《停战以后》《五更寒》《黑山阻击战》《兵临城下》《战斗力成长》《红色的种子》《战火中的青春》《海上神鹰》《林海雪原》《地下尖兵》《地下航线》《黎明河边》《海魂》《战上海》《怒海轻骑》《赤峰号》《长虹号起义》《沙家店粮站》《湖上斗争》《董存瑞》《逆风千里》《独立大队》等（4 分）

五是描写新中国成立前后剿匪斗争的影片，主要有：

视频：《英雄虎胆》《智取华山》《云雾山中》《海鹰》《边寨烽火》《英雄岛》《沙漠追匪记》《霓虹灯下的哨兵》《沙漠里的战斗》《青云曲》《山间铃响马帮来》《神秘的旅伴》等（3 分）

第四，献礼影片独具特色。1958 年下半年，中共中央决定由周恩来和邓小平等人主持，在经济建设和文化领域组织一批重点项目，向国庆 10 周年献礼。当时中央给电影局下达的指标是生产 7 部有较高思想和艺术水平的彩色故事片。由于当时处在"大跃进"之中，文化部和电影局又层层加码，将 7 部提升为 23 部，后经周恩来指导，形成了 1959 年 5 月 3 日《文化艺术工作两条腿走路的问题》的讲话，使得电影高指标有所回调。在 1959 年献礼片中，关于战争的描写独具特色，这些影片是：

视频：《万水千山》《战火中的青春》《海鹰》《战上海》（2 分）

《万水千山》是由孙谦、成荫编剧，成荫、华纯导演，黄凯、蓝马、李萌、陈惠良、梁玉儒等主演，八一电影制片厂、北京电影制片厂于 1959 年拍摄的电影。影片讲述了中国工农红军第一方面军某部前卫营克服重重险阻，最终胜利完成了两万五千里长征的故事。孟犁野认为：原话剧上演后反响颇大。但由于历史条件的局限，它没有也不可能从宏观视角把握长征的大局，只是从一个小的角度、小的侧面（一个营），有限度地反映了红军长征中表现出来的英勇无畏的精神。影片《万水千山》总体上也没有突破这个"以小见大"的格局，但在许多方面有所拓展。影片在艺术风格上弱化了原作的戏剧性，在一定程度上增强了以表达长征过程及人物情感为主的史诗性。在艺术上的主要不足表现为，在电影化与戏剧化的融合上还有一些不和谐之处。

视频：《长征》（2 分钟）

1996 年，电影《长征》是由王朝柱、黎汝清、翟俊杰编剧，翟俊杰导演、唐国强、李琳、马晓伟等人主演，广西电影制片厂于1996年拍摄的电影。这部影片是继《万水千山》《突破乌江》《金沙江畔》《赣水茫茫》《大渡河》《四渡赤水》《草地》《马蹄声碎》之后的一部较之以往规模最大的描写长征题材的影片。《中国当代电影发展史》认为：我们"从中不仅看到银幕上尚未表现过的真实的战争场面、红军将士艰难无比的跋涉和巨大牺牲，还能看到党中央是怎样战胜错误路线确立毛泽东的正确路线的领导。长征能够得到如此表现缘于新的历史条件的创设，其中现代意识的灌注更显现着创作者的一种自觉和责任感"。后来描写长征的还有《彝海结盟》《遵义会议》《血战湘江》等。

《战火中的青春》是由陆柱国、王炎编剧，王炎导演，庞学勤、王苏娅、林农主演，长春电影制片厂于1959年摄制的电影。影片根据陆柱国小说《踏平东海万顷浪》改编，讲述了1947年在解放战争的一次战斗中，女扮男装的解放军副排长高山和排长雷振林革命友谊的现代花木兰的故事。片中虽然高度淡化了男女爱情变现，但庞学勤饰演的雷振林、王苏娅饰演的高山之间的战斗生活经历，那种在战火岁月中流溢出来的美好微妙的青春感觉始终感动着后人，使人们时时怀念起逝去的"流金"岁月。

视频：22大影星之一庞学勤（3分）

庞学勤，1929年出生于江苏省，15岁投身革命，参加过淮海战役，后毕业于北京电影学院表演系。他的代表作主要有：《战火中的青春》《甲午风云》《兵临城下》《古刹钟声》《独立大队》《花园街五号》等。"新中国22大明星"之一、第23届中国金鸡百花电影节终身成就奖，2015年10月12日凌晨，庞学勤在珠海与世长辞，享年86岁。

对于庞学勤辞世，儿子庞好在接受《新京报》采访时表示：自己最喜欢父亲的作品还是《战火中的青春》，"如果是形象帅那还是《兵临城下》"。庞好说父亲总爱说自己是一个兵，当兵、演兵、爱兵，兵的本色是他人生的重要底色。有研究者考证：庞学勤银幕生涯中最难忘的大概就是拍《战火中的青春》。那是1958年，庞学勤正在拍严恭导演的电影《朝霞》。那天，大家都在长影的大食堂吃饭。王炎导演走过来说："庞学勤，我给你看个本子。""什么本子？"其实在一个厂里谁要上什么戏大家都知道。《战火中的青春》的编剧是八一厂的陆柱国，描写女扮男装的副排长高山和排长雷振林在战火中的革命情、同志情和朦朦胧胧的恋情的故事。过两三天，又是吃饭时，王炎又端着碗来了："你看你喜欢哪个角色啊？"庞学勤说："我喜欢连长。""你这是真话还是假话？"王炎问。"真话呀。""那个排长怎么样？就是男主角。"庞学勤说："剧本里描写的形象和我差距太远了。大光头，胖乎乎的。""你不要管那个描写，就说你喜欢不喜欢吧。"庞学勤说当然喜欢。王炎又问："你想不想演？""当然想演，而且自信能演好，"庞学勤答道。名单报到厂里时，厂长亚玛却不同意了。"这个庞学勤演《三家巷》合适，是个革命知识分子的样儿。演《古刹钟声》挺好。你这个雷振林让他演，不是糟践这个同志吗？"王炎说我就看中他最好。"好在哪里？"亚玛是 32 年的老干部，导演们都怕他。王炎却不怕，因为他是"三八式"的。"一、它有爱情戏。二、庞学勤傲，而雷振林恰是这样的人。"讲到这，庞老忍不住大笑："我年轻时是傲，而且是看不出来的那种傲气。这是我一辈子的缺点了。老战友都说：'老庞挺好，就是脱离群众，太清高'。"拍这两部戏，正是中国搞"大跃进"的时候，拍电影也是力争多快好省。结果，这边摄影棚是《朝霞》，连拍 12 个小时。那边摄影棚是《战火中的青春》，也是 12 小时。这边的戏结束，大家说："再见，明天见！"庞学勤却再见不了。结果有一天，《朝霞》全剧组找人，男主角不见了。怎么回事？原来那天拍完《战火中的青春》，庞学勤到服装库换戏装。换完服装一看，还有两个多小时，正好可以睡一觉。已经两个多月没正经睡觉了，都是在现场抽空打盹。这一觉可想而知会睡到何种程度，把庞学勤家的门都快敲烂了。"庞学勤哪去了？"全组 70 多号人四处搜寻，结果第二天还是《战火》组的人发现了："哎呀老庞，你在这儿啊，全厂都开了锅啦。"著名演员金山说："我太喜欢这个戏了。为什么？我们这些人一生追求的是人物性格化，但实际上都是剧情化。可你这个戏，跟谁打仗？国民党又是谁？都不清楚。就是展现两个青年人的性格和命运的过程。"确实，在这部戏中，550 个镜头里，535 个都是男女主人公的。

对于《战火中的青春》的艺术成就，孟犁野认为：一是传奇性与真实性的结合；二是性格美与含蓄美的融合。影片在编、导、演等方面均有不凡的表现。编剧的艺术尤其值得称道。影片的不足是：美工的某些方面还显得粗糙，人工痕迹较为明显。

《海鹰》是由陆柱国、张逸民编剧，严寄洲导演，王心刚、王晓棠、张勇手、刘江等主演，八一电影制片厂于 1959 年拍摄的电影。影片讲述了新中国成立后国民党军队不断骚扰大陆沿海地区，人民解放军发动了震惊中外的"金门炮战"。其后，解放军某鱼雷快艇部队中队长兼"九〇九"号艇艇长张敏接受了一个艰巨的作战任务。他带领快艇中队，进驻到远离大陆的一块小岛礁

"鬼屿"设伏，待机打击在台湾海峡制造紧张局势的国民党海军舰队。

《海洋世界》记者王宏升、李莉，采访了《海鹰》导演严寄洲。《海鹰》是一部 50 年代末期对当时的青年以至于今天的青年人颇具影响和感染力的名片。至今，影片中"909 号"艇"人在艇在"的英勇团结的战斗精神仍在感召着人们，许多镜头人们依然记忆犹新。当记者把读者和自己的感受讲给严老听时，严老谦虚地一笑说，《海鹰》之所以为人们欢迎，首先是真事，它再现了当时我们鱼雷快艇部队反击海峡那边的挑衅，以小艇斗大舰的真实海战。再有，就是全摄制组对海军生活能深入部队，到海上去体验，熟悉水兵生活，才能拍出真正的《海鹰》。《海鹰》可说是一部完全的海洋影片，整个拍摄过程都是在海上进行，不是上艇就是上岛，要不人就泡在海水里。如果说我作为该片导演能够把握海洋的艺术魅力的话，全得益于有前两次的沿海之行。他告诉我们饰演男主角的王心刚会开舰艇。不过开的时候，得有人看着他，"驾龄"太短，舰艇不那么稳当听话哟。

有评论认为：影片围绕发生在祖国沿海的一场惊心动魄的海战，展现了我海军战士的英勇无畏，讴歌了他们昂扬的斗志和壮烈的牺牲精神。片中既有艰险、残酷的战斗场面，又通过我军战士浴血奋战的英雄本色渲染出一种革命乐观主义氛围，其间精彩的特技手法，构造出一个个紧张激烈、扣人心弦的海战场景，真实感人，引人入胜。该片为当时的国庆十周年献礼影片之一。

《战上海》是由群立编剧，王冰导演，胡晓光、张良、王润身、刘季云等主演，八一电影制片厂于 1959 年拍摄的电影。影片讲述了 1949 年 5 月，中国人民解放军第三野战军以雷霆万钧之势解放上海的故事。这次战役有力粉碎了国民党负隅顽抗，企图"划江而治"的图谋。孟犁野认为《战上海》是继 1952 年《南征北战》之后的又一部带有史诗因素的战争片。影片的事件比较复杂，人物也较多，战争场面也有一定的规模，所以不易驾驭。但编导能在纷繁的头绪中，抓住了敌我双方高级指挥员之间的斗智，作为叙事的主线，把解放军下级官兵的英勇气概、地下党和工人群众的配合、蒋帮特务的暗杀破坏等，有机地连接到这条主线上，形成了一个网状结构，较好地完成了宏大叙事与个人叙事的结合。的确，《战上海》标志着革命战争历史题材影片在17 年的逐步成熟。影片中特别值得关注的是敌军长刘义形象。编导者对这个敌军非嫡系将领复杂的心态给予了细致的刻画，使之成为 17 年军事电影画廊中少有的真实的敌人高级将领形象之一。然而，作为攻打上海的高级指挥员粟裕将军，1977年6月11日对这部片子发表了中肯的评说："现在大家都很希望能看到一部描写解放上海的好片子，我作为解放上海指挥员也有同样的心情。"他觉得，这部电影是有缺憾的，没能准确地把当时的情况反映出来。后来电影《大战宁沪杭》再现了当年上海战役的全貌。

第四，抗美援朝影片更具震撼力。1950年10月至1953年7月27日所进行的抗美援朝战争，是中国战争史上的奇观，牵动着每一个中国人的神经。在这场战争中涌现出了许多英雄人物，诸如黄继光、杨根思、邱少云等。为了表现最可爱的人和这场壮丽的战争，慰藉壮烈牺牲的有血有肉的中国军人，50—60年代电影界拍摄了很多部描写抗美援朝的影片：《斩断魔爪》《上甘岭》《英雄儿女》《打击侵略者》《三八线上》《奇袭》《铁道卫士》《烽火列车》《英雄坦克手》《长空比翼》《前方来信》。在这些电影中，《上甘岭》和《英雄儿女》最令人难以忘怀。

视频：《上甘岭》（2分钟）

《上甘岭》是由林杉、曹欣、沙蒙、肖矛编剧，沙蒙、林杉导演，高宝成、徐林格、刘玉茹等主演，长春电影制片厂于1956年拍摄的电影。影片改编自电影文学剧本《二十四天》，讲述了1952年10月14日至11月25日中国人民志愿军和以美国为首的"联合国军"在上甘岭及其附近地区展开的一场战役。在上甘岭战役中，志愿军某部八连，在连长张忠发的率领下，坚守阵地，与敌人浴血奋战，最终取得胜利的故事。王梦悦在《电影"上甘岭"诞生的台前幕后》一文中认为：故事片《上甘岭》是第一部表现抗美援朝战争题材的电影。影片成功再现了志愿军战士的英勇形象，将战争的残酷场面真实地展现在人们的面前，影响和教育了几代人。其中的插曲《我的祖国》更是脍炙人口，半个多世纪以来久唱不衰，成为电影音乐中的艺术精品。文中记述了《上甘岭》的酝酿始自剧本执笔者林杉1953年的一次朝鲜之行。1953年10月，朝鲜战争停战协定刚刚签订完毕，时任中央电影局艺委会秘书长的林杉，以电影工作者代表的身份，随同以贺龙为首的第三届祖国赴朝慰问团到了朝鲜。在两个多月的慰问活动中，直接触动林杉创作电影《上甘岭》念头的，是他参观了一个纪念志愿军出国作战3周年的展览。在展出中，当参观者拥挤到一座标有"上甘岭战役规模与作战情况"的模型前面时，林杉身边站着的一名双颊鲜红、约有十八九岁的青年战士，以自己的亲身经历，用动人而朴素的语言，向参观者介绍战友们如何在非常困难的条件下，坚持坑道斗争，终于使举世闻名的上甘岭战役取得了最后胜利……此时，林杉觉得全身的血液沸腾起来，心头顿时涌动起了要在银幕上展现他们英雄风采的强烈冲动。不久，林杉回到北京。这时恰好东北电影制片厂（长春电影制片厂前身）的导演沙蒙也来到北京。沙蒙听完林杉朝鲜之行的讲述之后，异常激动地说："真是惊天地泣鬼神呀！"然后又非常坚定地说："走，到朝鲜去，必须拍摄《上甘岭》！"1954年的初春，林杉与沙蒙便以志愿军战士的身份，开始了将近200天的"战地生活"。到1955年初夏，他们完成了该片电影文学剧本的创作，暂定名为《24天》，后来更名为《上甘岭》。

影片公映后，观众反映极为强烈，社会各界交口称赞，好评如潮，它是一部佳作，把战争题材影片创作推向了一个新的高峰，不愧为一部气壮山河的英雄诗篇。《当代中国电影》认为：《上甘岭》是新中国成立以来第一部表现抗美援朝战争的影片。比之以惊险情节为主的战争影片，它无论在思想的深刻性还是刻画人物形象的鲜明性方面，都有了更成功的经验。孟犁野认为：本片在取材上的特点是"以小见大"；影片展示了惨烈的战争场面与塑造了动人的艺术形象。《上甘岭》在人物塑造上的成功说明，一些有作为的电影艺术家，日益从模式化的桎梏中挣脱出来了，这是当时文艺界思想解放的成果之一。

电影《上甘岭》固然因为该战役之残酷闻名于世，但最令人深刻记忆的还是那首脍炙人口的歌曲《我的祖国》。

视频：插曲《我的祖国》

王梦悦写道：在中国电影插曲中很少有像《我的祖国》这首歌曲那样至今还为人们广泛传唱不已。说来这首动听的歌曲还是刘炽被沙蒙逼出来的。或许是期望太高的缘故，当年影片《上甘岭》拍完时，影片的插曲却还没个着落。这可急坏了导演沙蒙。情急之下，他与林彬、曹辛合几个同事费了好几个晚上写了一首名为《我的祖国》的歌词："祖国啊，我的母亲！您的儿女，离开了您温暖的怀抱，战斗在朝鲜战场上。在我们的身后，有强大的祖国。"歌词写好后，沙蒙找到了他延安时的老战友、曾创作歌剧《白毛女》的作曲家刘炽，说："这是我们为影片《上甘岭》写的歌词，你为它谱个曲子吧。我希望这支歌随电影的演出传遍全国，而且家喻户晓，妇孺皆知，经久不衰。过了若干年，这电影不演了，只要唱起这支歌，就会联想起影片中动人的场面，就会怀念起那些可歌可泣的志愿军英雄们！……"然而，刘炽读了歌词后却连连摇头。他对沙蒙说："这首歌词意思虽然不错，但没有韵律，不但谱难写，而且即便写了，也难于流行。我看这样吧，歌词我请乔羽来写。"乔羽接手《上甘岭》插曲任务后，立即投入了创作。然而，当他提起笔来，却又有些犯难了。这部影片是描写战斗的，按常理歌词也应按这个调子写得雄壮些。但他又觉得这样显得缺少什么似的。多年以后，他在谈到这首歌创作时说："当时我觉得上甘岭影片的歌词若要按战斗的调子写，感到有点'靠'，就像舞台演出，红色背景、演员着红装一样，颜色太靠，没有反差、对比，效果也出不来。"

"怎么办？难道就没有别的办法了吗？"乔羽苦苦地思索着，一个稿子出来了，但马上又被自己否定了。如此来来去去，转眼十来天过去了，却依然没有写出中意的歌词来。正当他为此感到苦恼时，直到突然有一天，他从记忆中长江两岸美丽的江南风光中找到了如释重负的创作灵感。

视频：乔羽回忆创作《我的祖国》时的情景

乔羽："在感到自己创作思维几乎枯竭时，我忽然想起了为创作《红孩子》的电影剧本去中央苏区渡江时的情景。我是喝黄河水长大的，那是我第一次看到长江，那是多么大的场面啊！长江很阔，我们乘的渡轮要两个小时才能到对岸。长江水很清，江上有许多帆船，那船上的帆很白，和'泥糊涂场'般黄河完全是两样子的。过了长江，一眼望去，漫天遍野，到处都是一片碧绿的水稻田，这也是我第一次看到水稻长得是什么样子的。当时有三种感觉是我以前从未感受到的。第一是颜色：北方的色调是黄的，往南逐渐变绿，长江两岸的绿真是美极了。我自小读过不知多少描写江南的诗文，但从未想到江南的绿会这么可人。第二是听觉：就像在不同的城市、乡村，生活产生的声音会不同，我发现长江两岸的天籁（自然的声音）也很不一样，那种感觉真是妙不可言。第三是味觉：一个地方有一个地方的味道，北方是北方的味儿，南方是南方的味儿，南方空气里的那种特别的味道真是太强烈了。那时我年轻，才20多岁，对这一切都感到特别的新鲜。那种新鲜感直到现在只要一想起来就会荡漾在我的心里。当时我就想：何不把我的这种感觉这些写出来呢？别人听了想必一定也会感到很新鲜的。"

第一段歌词带有沉思的意境，表现志愿军战士对祖国和故乡的怀念。第二段表现战士们建设故乡的美好回忆，充满了幸福感。第三段词将战士们从回忆拉回到现实，用比喻的手法，把志愿军战士热爱祖国和保卫和平的意愿十分强烈地表达了出来。整个歌词以最朴实无华的语言、最真挚深沉的情感表达了中华儿女歌颂自己"美丽、英雄、强大"祖国的真实心声。后来在谈及《我的祖国》创作体验时，乔羽感慨地说："文学艺术创作不应该完全被时空限制住。我用很抒情的调子写这首歌曲，是为了表现在面对强敌、很严酷的战争面前，我们战士的镇定、乐观、从容，有广阔的胸襟。我想告诉人们：他们是在这样的一种精神状态下战斗的，他们能赢得这场战争不是仅凭血气之勇。""这首歌词距上甘岭的气氛有些远，从表面上看也没有太强的政治性，大家能接受么？"尽管乔羽很满意自己写的这首歌，但由于是应命之作，他心里总有些不踏实。他怀着忐忑不安的心情将稿子交给了前来催稿的沙蒙。沙蒙拿着稿子竟然一声不吭地足足看了半个小时后，突然一拍大腿，大声叫道："行了，就它了！"第二天，沙蒙又拿着稿子来找乔羽："大家看了你写的歌词都认为写得很好，就是觉得'一条大河波浪宽'这句写得有点小气。为什么不写成'万里长江波浪宽'或者'长江万里波浪宽'，这不就更有气势吗？"乔羽思考片刻说："用'万里长江''长江万里'也可以，气势也大。但长江虽长，在全国的范围内还算少数。没有见过长江的人也有很多。这样写可能会让那些不在长江边上的人从心理上产生距离，失去了亲切感。而且从对祖国的体会来说，不管你是哪里的人，家门口总会有一条河，河上发生的事情与生命息息相关，寄托着你的喜怒哀乐。只要一想起家，就会想起这条河。我想还是用一条大河更好些……"

对于一首歌来说，歌词写得好就等于成功了一半。当刘炽看到《我的祖国》歌词时，便一下子被歌词中所描绘的诗意境界所打动了。他决心尽自己最大努力把这首歌曲谱好。这首歌应当是属于全中国人民的，它的曲调也应当是全中国人民所喜爱的。他要为这首歌谱上全国人民喜爱的曲子。于是，刘炽找来解放以来人民群众最喜欢的十首歌曲，为了分析把握这十首歌曲的旋律，把自己关在屋子里一遍又一遍地反复唱着这十首歌，唱累了就用笛子吹，整整一个星期，足不出户。经过反复吟唱，他终于捕捉到了根据《小放牛》改写的《卢沟问答》中的头两句旋律。他把这两句略改动，作为新歌的引子。引子一打开，创作的灵感便接踵而至，很快，一首优美旋律的歌曲《我的祖国》便诞生了。这首歌采用F大调，4/4拍，它由主部和副歌两部分组成，前奏和过门用的是副歌后两句的曲调。主部和副歌共有三段歌词，主部先由女声合唱，反复时由女声领唱，曲调极其优美、婉转、亲切感人，前三个乐句拉得较宽，最后一个乐句把两句歌词连在一起，显得紧凑，推出一个小小的高潮，全曲主歌意境深沉，由合唱队伴唱副歌，曲调宏伟、壮丽，但又不失轻快感。歌曲完成后，沙蒙又找来郭兰英演唱录音，中央人民广播电台闻讯马上拿了去作为非电影插曲播了出去，并立即在听众中引起了强烈反响,以至电影《上甘岭》还未播映,人们就会哼唱了。1956年电影《上甘岭》播映后,这首歌更是乘着电影的翅膀响遍了全国城乡,成为各类文艺演出的必唱曲目。

视频:《英雄儿女》(2分钟)

《英雄儿女》是由毛峰、武兆堤改编自著名作家巴金的小说《团圆》,武兆堤导演,刘世龙、刘尚娴、田方主演,长春电影制片厂于1964年拍摄的电影。影片讲述了抗美援朝时期,志愿军战士王成壮烈牺牲后,他的妹妹王芳在政委王文清的帮助下坚持战斗,最终和养父王复标,亲生父亲王文清在朝鲜战场上团圆的故事。

中国艺术研究院电影电视研究所所长、研究员丁亚平在中国人民志愿军出国作战70周年之际,为《光明日报》撰写了《"英雄儿女":银幕内外永不枯竭的精神力量》一文,文中说:当我们谈及志愿军出国作战的历史,便自然会想起曾经风靡全国、家喻户晓的电影作品《英雄儿女》。无论是主人公王成的英雄形象,还是那一句"为了胜利,向我开炮"的经典台词,抑或是在当时广为传唱的电影插曲《英雄赞歌》,都为一代中国人留下了深刻的时代记忆,让那份炽热的革命精神与爱国情怀伴随影像流传至今。在当下重新述说这部电影幕后的故事,人们依然能够感受到影片散发的不朽艺术魅力。张琳在《电影"英雄儿女"背后的传奇》中写道:1962年时任文化部副部长的夏衍同志,在1962年第一期《上海文学》杂志上,看到了巴金写的中篇小说《团圆》,深受感动,立即指示由长春电影制片厂拍成电影,并作为文化部的年度重点影片。长影经研究决定,将这一重大任务交给了刚从美国回国不久的著名导演武兆堤。武兆堤又想到了他在抗大时期的同学、时任中国人民解放军总政治部副主任傅钟的秘书兼总政治部文化部部长毛烽。经过28个日日夜夜的奋斗,夏衍指示文化部电影局的领导重点拍这部影片,胶片要用从英国进口的。

据丁亚平记载:影片摄制完成后,导演武兆堤带着样片赴北京放映,罗瑞卿、萧劲光、杨成武、许世友、傅钟、魏传统等众多将军参加观看,在纷纷表示肯定的同时,建议将片名"团圆"改为"英雄儿女"。片中勇士王成的事迹和他"为了胜利,向我开炮!"这样一句根据朝鲜战场上真实的人和事写就的电影台词,震撼了全场的观者。从"他乡遇故知""团圆"到"英雄儿女",作品名字的改变表现了创作视角发生了位移,从另一种历史叙事维度,表现了英雄主义情怀和人道主义精神的主题。影片于1965年元旦正式上映，立即引起巨大轰动。其成功说明，一部电影要受到观众欢迎，成为经典，需要有积极的创作基调，强大的文化魅力和艺术表现力，能与观众进行情感互动。

另据陆正伟在《电影"英雄儿女"背后的故事》记载：电影《英雄儿女》上映后，好评如潮。没过多久，周总理在给中国作协党组书记（代）刘白羽电话中说："作家一定要到火热的生活中去。这事，你跟总政商量一下。请巴金带个头，他抗美援朝，深入生活很好嘛，写出《英雄儿女》那样好的作品。"《英雄儿女》是一部再现历史、歌颂正义的影片，同时，它也是倡导和平、弘扬爱国主义精神的影片，影片所展现的故事是伟大的中国共产党爱国主义和国际精神的缩影，其所展现的思想文化和价值观涵盖了多方面的内容。影片故事内容虽然比较简单，但是故事中质朴的情感，却引发了无数受众的情感共鸣。电影《英雄儿女》百看不厌的另一个原因就是有一首传唱至今的主题歌——《英雄赞歌》。丁亚平也认为：由公木作词、刘炽作曲、张映哲演唱的歌曲《英雄赞歌》在影片中多次出现。20 世纪 80 年代末，我曾听刘炽讲起那段创作往事。他虽然年龄大了，却依然热情活泼，像个孩子。《英雄赞歌》自然、有力，激情澎湃，在某种程度上也表现出像刘炽一样的革命文艺家的高尚情操和纯粹精神。这首颂赞英雄的歌曲与那段"向我开炮"的情节融为一体，被观众广为传颂，激励着一代又一代人，为《英雄儿女》的艺术底板增添了更为立体写意的色彩。

视频：《英雄赞歌》（原版）

大气磅礴、豪迈的歌词，很容易就将人们引入了相应的情境中，人们好像一下子被带到了硝烟弥漫的战场。的确，这首歌曲所带给观众的艺术感染力是形象而生动的，很容易引起观众情感上的共鸣。

二、改革开放以来军事题材的电影

随着改革开放的深入，中国电影事业色彩纷呈，军事题材电影的特点变现为：

第一，传承与创新并存。这一时期拍摄的军事题材电影从题材到形式都表现出传承与创新并存的特点。这一时期拍摄的影片主要有：《曙光》《归心似箭》《啊，摇篮》《从奴隶到将军》《风雨下钟山》《四渡赤水》《赣水茫茫》《贺龙军长》《吉鸿昌》《小花》《傲蕾·一兰》《蒙根花》《济南战役》《解放石家庄》《今夜星光灿烂》《高山下的花环》《山重水复》《梅岭星火》《陈赓脱险》《将军与孤女》《咱们的退伍兵》等。其中,《解放石家庄》和《小花》是这一特点的突出代表。

第二,重大军事题材影片有重大突破。1986年国家电影局提出重大历史题材创作生产的5年规划,为建军60周年、三大战役胜利40周年和建党70周年创作出一批纪念碑式的献礼影片。1987年,电影局提出"突出主旋律,坚持多样化"的口号。同年9月,广电部与财政部联合发出《关于设立摄制重大题材故事片资助基金的联合通知》,明确提出:"重大题材是指重大革命历史题材和重大现实题材。重大革命历史题材故事片,是指以1840年鸦片战争以来,特别是1921年中国共产党成立以来的重大革命斗争题材的故事片,重大现实题材故事影片,是指新中国成立后社会主义革命、建设和改革中的重大事件为题材的故事影片。""每部重大革命历史题材影片耗资超过200万元,重大现实题材影片耗资超过150万元以上的部分予以资助(在上述限额以内的数额由摄制单位投资)。但资助最高额一般不超过摄制成本的50%(如某部重大革命历史影片摄制成本为500万元,需要资助300万元,其摄制成本的50%为250万元,即一般只能资助250万元)。个别成本过大的可以适当提高。经管委会审定的摄制成本预算在拍摄过程中,要严格执行。"此决定一出,重大历史题材故事片拍摄取得了重大突破。80年代以来拍摄的重大历史题材故事片主要有:《西安事变》《南昌起义》《大决战(三部曲)》《大转折(三部曲)》《大进军(三部曲)》《长征》《巍巍昆仑》《毛泽东在1925》《秋收起义》《百色起义》《平江起义》《建军大业》《八月一日》《井冈山》《遵义会议》《风雨下钟山》《黄桥决战》《血战湘江》《古田军号》《长津湖》等。

视频:《南昌起义》(2分钟)

《南昌起义》是由李洪辛、吴安萍、徐海秋、周大功编剧,汤晓丹导演,孔祥玉、高长利、刘怀正、李显刚主演,上海电影制片厂于1980年拍摄的电影。影片讲述了1927年蒋介石发动"四一二"反革命政变后,国民党领袖汪精卫于1927年6月突然下令北伐军撤兵河南,回师武汉。蒋介石派人拉拢独立第十五师师长贺龙,遭到贺的拒绝。因中共中央负责人陈独秀对汪精卫抱有幻想,致使中国共产党领导的工农运动与革命武装处于危险之中。中国共产党利用汪精卫"东征讨蒋",命令愿意跟党走的贺龙和叶挺的部队从九江下南昌,参加中国共产党领导的南昌起义。

参与《南昌起义》拍摄的老战士熊传伟,回忆1980年参与拍摄官兵真枪实弹拍摄《南昌起义》时说：拍摄电影所用的武器都是真的，不过都是空包弹，射击在战士的身上一般不会出现受伤的情况，但是那枪声、炮火是实实在在的。"夜间拍摄的时候，在八一起义纪念馆及其周边，展开了起义军与国民党反动派的一场激烈战斗。当时，国民党反动派在八一馆周边用机枪对起义指挥部猛烈射击，起义军奋起还击。现场枪声大作，火炮轰隆，馆舍周边一片火海，硝烟久久未能散去。"熊传伟说，整个拍摄现场仿佛真实战场，看着一个个战士倒下，犹如战争年代般惨烈，让人无不动容；这一场战斗，终将国民党反动派歼灭，取得了保卫指挥部的重大胜利，当时参与群演的战士们每一个都是完全融入，情绪激昂，"奋勇杀敌"。思忖在《大气磅礴的史诗式影片——评〈南昌起义〉》一文中认为："《南昌起义》之结构如此宏大，出场的历史人物如此众多，历史画面如此壮阔，历史真实和艺术虚构的结合达到如此的和谐，在我有限的记忆中，还想不起有几多部来。"《南昌起义》的难能可贵处，就在于做到历史巨流与生活微澜的浑然一体，人物描写与史实演绎的交相辉映，确是一部大气磅礴的史诗式的好作品。

视频：《大决战（三部曲）》《大转折》《大进军》（3分钟）

《大决战（三部曲）》：《辽沈战役》《淮海战役》《平津战役》，是由史超、李平分、王俊编剧，李俊总导演，杨光远、蔡继渭、韦廉、景慕逵、翟俊杰等导演，古月、苏林、马绍信、赵恒多、卢奇、郭法曾、路希等主演，八一电影制片厂于1991年拍摄的电影。影片以史诗般宏伟的气魄艺术地再现了中国解放战争中两大军事集团3次决定性的战役。有评论认为：《大决战（三部曲）》的创作者在双方统帅部门的战略方针、作战计划、战役指挥上完全忠实于历史史实；在细节描写上、战争场面上以及人物形象的塑造上进行适度的渲染、铺衬，因而使银幕形象在巨大的、真实的历史背景上显得更加丰满、生动，具有较强的感染力。

为了把三大战役搬上银幕，八一电影制片厂历时五年，耗资一亿，拍摄完成电影《大决战》。该片公映后，获得上至中央领导，下至普通百姓的普遍欢迎，在海外也产生了良好的反响。邓小平曾满意地说："片子拍得很好，我每年都要看一遍。"袁成亮在《电影〈大决战〉诞生记》中全方位记录了影片创作与拍摄的过程。把三大战役拍成电影，八一电影制片厂早有构想。1986年1月，时任中共中央总书记的胡耀邦指示将三大战役拍成故事片。中央军委经过研究，决定将这一任务交给八一电影制片厂，《大决战》的拍摄开始启动。文章认为影片拍摄成功与否，剧本质量是关键。八一厂为此立下了"剧本不好不拍"的原则，并于 1986 年 2 月成立了三大战役剧本创作组，由王军、史超、李平分别负责辽沈战役、平津战役、淮海战役三部分影片剧本的创作。为了写好剧本，《大决战》创作组查阅了包括当事人回忆录在内的大量资料，采访了战役参加者和有关人士 300 余人，还实地考察了三大战役旧战场。时任中央军委副主席的杨尚昆和总政治部主任杨白冰对《大决战》剧本的创作很重视，多次召见主创人员就剧本创作事宜进行研究讨论。杨尚昆对大家说："《大决战》拿出来就一定能站住脚，剧本不好不拍，要改就改剧本，不能在将来拍成的影片上改。拍摄的第二个关键是演员选择和定位。毛泽东、邓小平的扮演者由古月、卢奇饰演，周恩来由苏林饰演，蒋介石由赵恒多饰演，林彪由马绍信饰演。对于林彪定位有争论：当时有人担心片中反映林彪这个人会有麻烦，主张剧中不写林彪。还有人主张，如果写林彪的话就把他写成反面人物。杨尚昆得知这一情况后，特别就林彪角色问题做了重要表态。他说："剧中要有林彪，如果不写林彪，那当年东北战场的仗是谁打的？而且写林彪一定要实事求是，不能因为他后来不好，就把这个人写成从头至尾都坏。"杨尚昆的这一表态对于剧本真实地反映林彪、反映三大战役起到了非常重要的作用。第三个关键是拍摄。剧本定稿以后，《大决战》进入了紧张的筹拍阶段，八一厂研究决定由李俊出任总导演，杨庆卫为总制片主任，同时还确定由杨光远、蔡继渭、韦廉分别负责辽沈战役、淮海战役、平津战役的具体导演工作。如何从整体上把握影片的拍摄风格对于影片的成功与否至为重要。作为总导演的李俊对此有着清醒的认识，他对摄制组说："《大决战》是完整的一部电影，虽包括三个战役，但三个战役构思在大决战一部影片里。各战役的导演要有总体意识，把握总体风格，完成总体构思。除此之外，又要突出自己的特点，展示自己的风格。为了使摄制组充分把握影片拍摄要点，1989 年底，李俊还率杨光远、蔡继渭、韦廉三个分导演走访了作为平津战役总前委之一的聂荣臻元帅。聂帅向李俊一行详细介绍了三大战役的一些情况，尤其对平津战役讲得更为详细，包括如何争取傅作义，如何保护古都等。聂帅详细的讲解对《大决战》的拍摄起了很大的指导作用。在李俊的统筹指导下，电影《大决战》所包含的三大战役在全局上浑然天成，但涉及每场战役却又有着各自不同的特点。辽沈战役和淮海战役是以打为主，一仗一仗地打，一地一地地夺。而平津战役则是有打有谈，军事较量和政治交锋交错，互为制约，尤其在情节推动上特别注意对战略方针的全局把握，并巧妙地避开了前两部已经充分表现的尸横遍野、悲壮惨烈的战斗场面，独辟蹊径地将重点放在战略部署及和平谈判方面，从而使观众能够相当直观地领略以毛泽东为首的老一辈革命家卓越的军事指挥艺术和巧妙的斗争策略。

《大决战》之所以拍得既有气势，又能令人回味不已，场景营造在其中所起的作用是不言而喻的。为了营造壮观的战争场面，《大决战》参拍人员数量在军事体裁片中也是史无前例的，仅是八一厂1000多职工中就有近800人参与了拍摄。至于所用各项物资也堪称军事片之最。从下列统计即可一目了然：TNT炸药160吨，解放军棉衣5823套，国民党棉衣4331套，血浆100公斤。可炸汽车100辆，真坦克50辆，空炮弹170多万发，真炮弹1万多发，药品仓库20间，药品120吨，老式电话100部。影片在全国上映后，同样获得了观众的热烈欢迎。1992年1月，《大决战》荣获第12届中国电影金鸡奖最佳故事片、最佳导演、最佳美术、最佳剪辑、最佳道具和最佳烟火等6项大奖。同年，该片还获得第15届《大众电影》百花奖最佳故事片奖。同年2月，《大决战》又荣获解放军文艺大奖和国家广播电影电视部优秀影片奖。总政还给《大决战》摄制组记一等功。《大决战》不仅在内地产生轰动效应，在香港地区以及美国、日本等都产生了良好的反响。香港《文汇报》《大公报》等多家报纸对此做了报道，称赞《大决战》"艺术感染力大，是部好电影"。

《大转折》分为上集《大转折之鏖战鲁西南》和下集《大转折之挺进大别山》两集，是由韦廉导演，卢奇、傅学诚、古月、孙飞虎、孙维民、路希、吴竞主演，八一电影制片厂于1996年拍摄的电影。影片描述了1947年中国革命处于危急关头，为粉碎国民党军队对陕北和山东解放区的重点进攻，扭转战局，刘邓大军南渡黄河，挺进大别山，在极为艰难的战争环境中，实现了中央的战略意图，使解放战争形势发生了根本性转折，人民解放军提前进入战略进攻阶段的故事。

《大进军》是八一电影制片厂继《大决战》与《大转折》之后拍摄的4部电影：《解放大西北》《南线大追歼》《席卷大西南》《大战宁沪杭》，分别于1996、1997、1998、1999年上映。《大进军——解放大西北》是由李平分、宋绍明编剧，韦林玉导演，古月、傅英等主演的电影。影片讲述了三大战役后，西北野战军总司令彭德怀遵照毛主席和朱总司令发出向全国进军的命令，率军解放荒凉贫穷的大西北的战争史实，特别是对兰州战役行了全景式的描写。《南线大追歼》是由赵继烈、珈鹤导演，马绍信、田景山等主演的电影。影片讲述了1949年4月，中国人民解放军第四野战军及第二野战军一部，对盘踞在湖南、广东、广西等地的以白崇禧桂系军队为主的国民党军发起了全面大追歼。《席卷大西南》是由陆柱国编剧,杨光远导演,傅学诚、卢奇、徐光明、王凤滨、高长利、古月、赵恒多、刘怀正等主演的电影。影片讲述了1949年11月,中国人民解放军第二野战军在第一、第四野战军配合下,向西南地区进军。半年之内共歼灭国民党军90余万人,彻底粉碎了国民党军依托西南一隅待机反攻的企图,这部影片表现的就是伟大的历史行动。《大战宁沪杭》是由李平分、韦廉、宋国勋编剧,韦廉、石伟、小江导演,古月、孙飞虎、卢奇主演的电影。影片着重表现了渡江战役和上海战役两大战役。影片以恢宏的气势再现了渡江战役万船竞发的浩大场面。在上海战役中,为了避免对城区造成严重破坏,解放军成功将国民党军主力调出城区,并在城区作战中不使用重武器。在老电影《战上海》中着重描绘的四川路桥战斗也在这里出现。

视频:《建军大业》(2分钟)

《建军大业》是由韩三平、黄欣、董哲、赵宁宇编剧,刘伟强导演,刘烨、朱亚文、黄志忠等主演,中国电影集团公司、博纳影业集团股份有限公司于2017年拍摄的电影。影片讲述了中国第一次大革命失败后,中国共产党为了挽救革命失败,探索革命新道路所进行的第一次有力的武装反抗斗争。

《建军大业》是电影"建国三部曲"中的第三部,前作《建国大业》在2009年上映,是庆祝中华人民共和国成立60周年的献礼作品,《建党伟业》于2011年上映,是为庆祝中国共产党建党90周年而制作的献礼影片。2017年时值人民解放军建军90周年,为了再现革命先辈的建军艰难史,《建军大业》应时而生。

许波在《气势磅礴 厚重坚实 青春激荡 制作精良——评影片〈建军大业〉》一文中认为:2007年,由八一电影制片厂拍摄,宋业明、董亚春执导的影片《八月一日》作为建军八十周年献礼影片隆重上映。这是继《南昌起义》之后又一部反映南昌起义的电影作品,也体现出新世纪电影人对南昌起义的更深入思考。该片以丰富的历史资料和广阔的视野,艺术地再现南昌起义的来龙去脉,充分展现中国共产党人创建革命武装的艰难历程。由中国电影股份有限公司联合博纳影业、南昌电视台、八一电影制片厂等单位共同打造的影片《建军大业》,作为迎接建军90周年、落实习近平总书记在文艺工作座谈会上重要讲话精神的重点影片,以更为宏大的视角,全面而艺术地再现了1927年第一次国内革命战争失败后,毛泽东、周恩来、朱德等老一辈无产阶级革命家为挽救革命,于8月1日在江西南昌举行武装起义,打响武装反抗国民党反动派的第一枪，创建中国共产党领导下的人民军队的故事。影片气势磅礴、厚重坚实、场面宏大、制作精良，洋溢着青春的激情和大无畏的革命精神。新华网评认为：影片生动还原历史的同时，热血激燃的战争场面也激动人心，另外片中演员的表现也得到观众的强烈认可，尤其青年演员被赞"一次演技的飞跃"。人民网评认为：影片通过众多的故事线索交代纷繁复杂的历史经络，但同时叙述又相对集中，通过具体的情境展现历史的主体进程。具体来说，主要通过三大段落贯穿整个故事，主线的贯穿使得这部电影具有了高度整体性。影片坚持叙事的真实，同时又不乏高度风格化和类型化的艺术手法，具有强烈的视觉冲击力。2018年，该片获得第34届大众电影百花奖优秀故事片奖；同年，该片获得第17届中国电影华表奖优秀故事片奖。

视频：《红海行动》（2分钟）

《红海行动》是由冯骥编剧，林超贤导演，张译、黄景瑜、海清、杜江、蒋璐霞等主演，博纳影业集团股份有限公司、中国人民解放军海政电视艺术中心等于2018年拍摄的电影。影片讲述了索马里海域外，中国商船遭遇劫持，船员全数沦为阶下囚，蛟龙突击队沉着应对，潜入商船进行突袭，成功解救全部人质。返航途中，非洲北部伊维亚共和国政局动荡，恐怖组织连同叛军攻入首都，当地华侨面临危险，海军战舰接到上级命令改变航向，前往执行撤侨任务。蛟龙突击队八人，整装待发。时间紧迫，在"撤侨遇袭可反击，相反则必须避免交火，以免引起外交冲突"的大原则下，海军战舰及蛟龙突击队深入伊维亚，在恶劣的环境下，借助海陆等多种装备，成功转移等候在码头的中国侨民，并在激烈的遭遇战之后，营救了被恐怖分子追击的中国领事馆巴士。然而事情尚未完结，就在掩护华侨撤离之际，蛟龙突击队收到中国人质被恐怖分子劫持的消息。众人深感责任重大，义无反顾地再度展开营救行动。前方路途险恶，蛟龙突击队即将遭遇的，远不止人质营救那么简单，恐怖分子的惊天阴谋即将浮出水面。

马志波在《主旋律电影与国家形象建构的新突破——以〈红海行动〉为例》一文中认为：2018年春节档，无疑会在中国电影史上留下浓墨重彩的一笔。据"中国电影观众满意度调查"显示：整体档期满意度得分83.4分，为历届春节档最高分，其中，《红海行动》以86.9分居于榜首。在票房方面，《红海行动》低开高走，谱写出了明显的逆袭曲线。在首日排片占比仅有11%的情况下，完全凭借影片品质收获口碑第一和票房第二，成为当年春节档的"现象级作品"。从表面上看，《红海行动》的成功主要缘于上映之后持续发酵的好评，国防部、共青团中央的官方力推，几位重量级电影导演的极力推荐，以及众多明星的倾力热捧。但实际上，自 2014 年以来，徐克导演的《智取威虎山》、林超贤导演的《湄公河行动》、吴京导演的《战狼 2》等带有主旋律色彩的战争（动作）影片无不获得了票房和口碑的双重丰收，说明《红海行动》受到如此青睐并非个案或偶然情况，其背后有着广泛的接受心理和强大的接受语境。2018 年 5 月 6 日，《红海行动》获得第 25 届北京大学生电影节最佳影片。2018 年 9 月 8 日，影片获得第 14 届长春电影节最佳故事片奖，蒋璐霞凭借《红海行动》获得最佳女配角。11 月 10 日，获第 34 届大众电影百花奖最佳影片奖，林超贤凭借该片获得最佳导演，杜江和蒋璐霞分别收获最佳男配角和最佳女配角，王雨甜收获最佳新人奖。12 月 8 日，林超贤凭借《红海行动》获第 17 届中国电影华表奖优秀导演奖，影片获得优秀故事片奖。

视频：《长津湖》（2 分钟）

《长津湖》是由兰晓龙、黄建新编剧，陈凯歌、徐克、林超贤导演，吴京、易烊千玺、段奕宏、朱亚文、李晨主演，博纳影业于 2021 年拍摄的电影。影片讲述了在抗美援朝战争第二次战役中，中国人民志愿军第 9 兵团将美军精锐部队分割包围于长津湖地区，歼敌 1.3 万余人，扭转了战场态势。电影《长津湖》以长津湖战役为背景，讲述了志愿军在极寒严酷环境下坚守阵地奋勇杀敌，为长津湖战役胜利做出重要贡献的感人故事。

总制片人于冬表示：电影《长津湖》是博纳影业在中国共产党成立一百周年之际，为全国人民献上的一份厚礼，同时也是一项非常重要艰巨的使命与任务。"从一开始就知道这部电影不好拍，必须要集齐'高手'来共同打造，于是找来了陈凯歌、徐克和林超贤三位导演。他们不是各自拍独立的故事，而是在一起共同打造一个完整的故事。这个过程中他们要不断地磨合剧本以及各种细节，一起沟通配合来完成每一场戏，就像打仗一样。"《长津湖》是在疫情的大背景下完成拍摄的，于冬表示，即便在没有疫情的情况下，完成这样一部大体量的电影，都是非常不容易的，更何况在疫情的影响下，要克服很多方面的困难，并且三位导演合力完成一部电影，要求摄影、美术、美学风格的高度统一和高度的默契，"无论投资规模，还是制作规模，《长津湖》都创了中国电影的很多项纪录"。总监制、编剧黄建新透露：电影《长津湖》前期的工作人员多达 7000 人，每个人在片场都是带着"战斗精神"在工作，"三位导演一见面就讨论沟通拍摄的事，工作人员和演员也都时刻保持着战斗状态，这种氛围是在别的戏里看不到的。因为我们大家都知道，这是一部展现我们中华民族精神的电影"。陈凯歌表示：拍摄这部影片的过程，同时也是在不断学习和提升自己的过程，"我们对抗美援朝战争的认识，是随着拍摄不断深化的，为什么要打这场战争？为什么非打不可？为什么要打一场必胜的战争？拍完这部电影的时候，答案就很清楚了，中华人民共和国成立以来的和平生活告诉了我们，这场战争的重要性。能有幸把这样一段历史呈现在大银幕上，是一件光荣的事情"。

第三，著名小说改编电影的军事题材影片仍占有一席之地。这类作品主要有：《烈火金刚》《敌后武工队》《平原枪声》等。

第四，带有娱乐性军旅片。80年代中后期开始，弘扬主流意识形态，从"娱乐性"中寻求市场效益，探索艺术新面貌，开拓题材领域等电影面貌依然交相辉映。这类影片主要有：《巧奔妙逃》《骑士的荣誉》《黄河绝恋》《喋血嘉陵江》《喋血黑谷》《第九死亡营》《一个和八个》《弹道无痕》《士兵的荣誉》《遥望查里拉》《炮兵少校》《冲天飞豹》《闪电行动》《中国霸王花》《冲出亚马逊》《干杯！女兵》《智取威虎山》等。

总之，改革开放以来中国军事题材的红色经典影片不仅弘扬了主旋律，而且进一步提升了审美价值和商业价值。特别是《长津湖》的上映，不仅具有良好的社会效益，而且经济效益特别突出。截至2021年11月5日，《长津湖》票房已经突破55.39亿，暂列中国电影史第二位。

纵观新中国军事电影走过的70年的曲折历程，从一开始就显现着鲜明的时代特征。特别是17年拍摄的许多军事影片，形成了一批久映不衰的红色经典。改革开放以来特别是新时代以来拍摄的战争题材的军事题材影片，所占比例没有17年时那么高，但就其题材和质量以及国际国内影响而言，都远胜于17年时期。相信未来的军事题材电影创作会更加努力追求和达到思想性、娱乐性、艺术性的和谐统一。

第七讲　红色经典电影中的反特片

红色经典电影中的反特片，不仅给当时的人们留下了不可磨灭的影响，而且至今还让人们难以忘怀，因此，在整个红色经典电影中绝对占有一席之地。反特片又称公安片或惊险片。之所以不用公安片、惊险片，是因为公安片、惊险片的涵盖比反特片要宽泛。反特片主要表现新中国成立初期以美国为首的西方颠覆势力和国民党特务人员的破坏和暗杀活动，以及公安人员和人民群众同这些破坏势力进行的斗争。反特片在新中国整个电影中创作得不多，据统计：1949年至1966年，共陆续推出30余部反特片。尽管数量不多，但其内容和样式的新颖，给人民群众留下了非常深刻的印象。

一、五六十年代创作的红色经典反特片

在新中国70多年发展的历史长河中，反特片在整个电影发展史上，这一时期创作的反特片是最多的。透视新中国成立后反特片的内容，主要是来自境外或埋伏在境内的美蒋特务同新生人民政权的斗争，表现形式就是企图颠覆和破坏与保卫新生人民政权的斗争。这一时期创作的影片有：《无形的战线》《内蒙人民的胜利》《草原上的人们》《斩断魔爪》《天罗地网》《国庆十点钟》《虎穴追踪》《谁是凶手》《寂静的山林》《羊城暗哨》《徐秋影案件》《前哨》《铁道卫士》《跟踪追击》《南海的早晨》《秘密图纸》《冰山上的来客》《徐秋影案件》等。

视频：《无形的战线》（2分钟）

《无形的战线》是由伊明编剧，伊明导演，张平、吕班、张琪、姚向黎、罗泰主演，东北电影制片厂于1949年拍摄的电影。影片讲述了东北解放后，境外派来的女特务利用招工机会潜入橡胶厂，纵火烧毁运往前线的轮胎；但经过工厂干部的循循善诱，女特务认清形势，主动向公安机关坦白，最终公安机关将潜伏的特务组织一网打尽。《无形的战线》是新中国成立后的第一

部反特片。影片一上映，就受到了观众的热烈欢迎和积极评价。公安部1950年3月9日在北京饭店向电影局"东影"赠送锦旗："奖给东北电影制片厂的《无形的战线》，通过电影艺术，揭穿反动派的阴谋破坏，教育人民提高警惕，保卫国家政权，保卫经济建设。"《人民日报》发表文章《〈无形的战线〉有高度的教育意义》。《中国当代电影发展史》认为：《无形的战线》的出现对新中国公安片确立了初步的模式：鲜明的意识形态性；新生政权和颠覆势力的冲突；正面人物在审美格调上的高昂、明朗；反面人物在演员的选择和灯光造型方面的妖魔化；道高一尺，魔高一丈的正邪较量。影片的开头和结尾都引用了毛泽东在中共七届二中全会上的讲话："在拿枪的敌人被消灭以后，不拿枪的敌人依然存在，他们必然地要和我们作拼死的斗争，我们决不可以轻视这些敌人。如果我们现在不是这样地提出问题和认识问题，我们就要犯极大的错误。"由此可见，《无形的战线》作为一个新的片种，其重要意义还表达了中国革命斗争模式的改变。

孟犁野在《新中国电影艺术（1949—1959）》一书中认为：这是一部电影感比较强的作品。首先是影片的叙事比较生动流畅；其次是集编剧导演于一身的伊明，能以比较丰富、流畅的电影语言，将源于生活，但又经过集中概括而编成的文学剧本，较熟练地转化为银幕形象。此片在镜头与镜头、段落与段落、场面与场面之间的衔接也比较顺畅自如。作为新中国第一部带有惊险色彩的反特片，影片的节奏，从总的方面来看，是成功的。当然由于人物对话偏多，有拖沓之感，编导者搞惊险片的类型意识，还处在"朦胧状态"。影片也受到来自中央电影局艺术委员会分管艺术创作的领导陈波儿的批评，她在肯定了此片"编剧技术的特长表现在简洁，导演的才能表现在'蒙太奇'的运用自如"的同时，指责这部影片"在内容方面，编导思想表现着非阶级观点的偏爱，这种失去阶级观点偏爱就是造成此片原则性的缺点的最基本的因素"。所谓"非阶级观点"就是"放弃了对敌人应有之暴露"。这篇由讲话整理而成的影评文章，其美学观念在当时很具代表性，反映了当时的主流批评观。由于影评作者当时在电影界具有很高的威望，因此对此片的看法长期留于这种评判。孟犁野认为之一观点"是值得研究的"。

视频：《内蒙人民的胜利》（2分钟）

《内蒙人民的胜利》（原名《内蒙春光》）是由王震之编剧，于学伟导演，于村、白大方、恩和森、方化等主演，东北电影制片厂于1950年拍摄的电影。影片讲述了美蒋特务化装潜入内蒙古某旗，勾结蒙奸进行阴谋活动，党派孟赫巴特尔及苏和到该旗进行建立人民政权的活动。内蒙古牧民顿得布摆脱了狭隘的民族主义思想，和苏和一起联手消灭了来犯的国民党军队，顿得布最终成长为一名革命战士。

视频：《斩断魔爪》（2分钟）

《斩断魔爪》是由赵明编剧，沈浮导演，陶金、凌之浩、韩非、孙白群、胡思庆、张伐、高博、冯奇、李纬、秦文等主演，上海电影制片厂于1954年拍摄的电影。影片讲述了抗美援朝时期，美蒋为窃取我军工情报，派遣特务白秉忠冒充军工厂总工程师周昌民的侄儿，最后公安人员将特务们绳之以法的故事。据朱安平在《〈斩断魔爪〉呼唤警惕》一文中考证：该剧是擅长公安反特影片创作的著名编剧赵明的处女作。他时任公安部宣传室副主任，俄文和英文皆通。赵明于1951年3月5日开始动笔，花了两个多礼拜时间写出了初稿，取名为《罪恶的黑手》。在文化部会同公安部专门召开的剧本座谈会上，《罪恶的黑手》引发了较大的争议，直到公安部部长罗瑞卿发言才打破僵持。他说："这个剧本确实存在许多问题，但是也不无可取之处。现在正是抗美援朝时期，国内阶级敌人与国外阶级敌人相呼应，正在蠢蠢欲动。我们需要教育广大干部和群众，提高革命警惕性。请大家多给出出主意，想想办法，帮助作者把这个剧本修改好。"接着他又提出了一些具体建议，如群众检举、控诉要写一下；写公安人员，一方面要防止模仿福尔摩斯，另一方面也要写得很巧妙，在敌人想不到，我们也想不到的关节上打击敌人；公安人员要讲求技巧，不然就是没有文化的军队，而没有文化的军队是打不赢敌人的。文化部党组书记兼副部长周扬随后发言，肯定了这个剧本有修改的基础，也指出剧本存在的主要问题，并提出了一些修改意见。他说："就现有人物加强和群众的联系，加强正面人物的作用，两个青年谈恋爱要写得朴素一点，不要叫观众感到酸。搞一个出奇制胜的场面。"最后是文化部部长茅盾发言，提出："应加强公安人员的描写，加强群众力量的表现，再集中一下人物的描写，把小市民的趣味去掉。"经过五稿修改，剧本名称由《罪恶的黑手》改为《斩断魔爪》。

影片摄制完成在全国上映后，各地报刊纷纷以"提高革命警惕性，保卫经济建设""敌人并没有昏睡，我们要加倍警惕"为题加以评述，后来又在苏联等国家先后映出，火红一时。

视频：《天罗地网》（2分钟）

《天罗地网》是由石方禹编剧，顾而已导演，陈天国、中叔皇、李农等主演，上海电影制片厂于 1955 年拍摄的电影。影片讲述了 1951 年美蒋派出第七号特务郭浩，潜入我东南沿海某城市，进行骚扰活动。我公安人员化装打入敌人内部，将其全歼。

据《中国的"查尔斯·劳顿"——顾而已》介绍：导演顾而已出生在江苏南通一个富裕的、文化气息浓厚的大家庭，是影星、导演、电影艺术家。1930 年，顾而已考入上海大同中学，参与组织大同剧社。1931 年 2 月，郑君里和赵铭彝赴南通指导成立剧联的南通分盟，小小剧社集体加入了南通分盟。次年，顾而已加入中国共产主义青年团。1933 年，由于小小剧社排演的《放下你的鞭子》《乱钟》《五奎桥》等一系列宣传抗日爱国、揭露黑暗现实的进步话剧被禁，顾而已返回了上海，很快便投入如火如荼的左翼戏剧运动中。1935 年，顾而已加入了上海业余剧人协会和中国左翼戏剧家联盟。上海业余剧人协会由剧联领导，汇聚了当时话剧界许多一流的人才。同年 11 月，他出演《钦差大臣》，以夸张又恰如其分的表演将一个昏庸贪婪的市长演得惟妙惟肖，被认为是"最能演戏的演员"，从而一举成名，蜚声舞台。1936 年，他在上海新华影业公司的影片《狂欢之夜》（由《钦差大臣》改编）中，再度成功扮演"市长"这一角色。这第一次的"触电"扩大了影响，使其进入知名演员的行列。此后，顾而已加入了新华影业公司，成为职业电影演员。他先后参演了新华影业的四部影片《小孤女》《青年进行曲》《长恨歌》与《貂蝉》。其中，他在《貂蝉》里饰演的董卓一角，在观众中反响很大，被誉为"中国的查尔斯·劳顿（美国好莱坞著名性格演员）"。1937 年，他与近百名影剧界知名演员联手演出了充满激情的三幕话剧《保卫卢沟桥》。随后他加入上海救亡演剧三队，投身于抗日救亡的洪流，在武汉、重庆、成都等地，演出了《塞上风云》《民族万岁》《故乡》等剧。同时，他又参加了中央电影摄影场拍摄的影片《中华儿女》和《长空万里》。1942 年，为了打破反动派的文化压制，顾而已加入了中华剧艺社，在患有腿疾的情况下，坚持完成了长达五个半小时的五幕话剧《大地回春》。抗战后期，他在郭沫若编剧的《屈原》中饰楚怀王。由于长期以来刻苦学习前辈演员的表演技艺，加上注意从查尔斯·劳顿等外国演员身上汲取粗犷质朴的表演特色，顾而已成功地将"楚怀王"演出了自己的风格，也标志着其在艺术上的成熟。这一角色博得普遍好评，被郭沫若认为"具有气吞山河的气势"。抗战胜利后，顾而已参演了《黄金潮》和《清明前后》，加入了中共南方局领导的中国艺术剧社，并担任经理部部长。不久，他回到上海，签约为中央电影摄影场的演员，并编写了揭露国民党接收大员巧取豪夺行径的《衣锦荣归》，随后又参加了《幸福狂想曲》的拍摄。

1947 年冬，国民党政府加紧了对内地进步文艺工作者的迫害，顾而已等人在香港永华影片公司导演卜万苍的邀请下，南下拍戏。在拍摄《国魂》的过程中，他发现了公司老板和四大家族与国民党反动派的密切关系，便萌生了脱离的想法。他后来去香港创业，1951 年 3 月，在夏衍、袁牧之的号召下，顾而已等为了摆脱香港当局对进步电影工作者的迫害，将"大光明"迁回上海。迁回上海后的第一部影片是《和平鸽》，反映了我国医务工作者抗美援朝的故事。第二部影片是《方珍珠》，描写被蹂躏、被迫害的曲艺演员翻身解放的故事。1951 年底，上海将包括"大光明"在内的八家私营电影公司纳入国营性质的"上海联合电影制片厂"，顾而已正式成为国营上海电影制片厂专职导演。此后，他先后联合或单独执导了故事片《天罗地网》（1955）《春天来了》（1956）、《消防之歌》（1958）、《地下航线》（1959）、《燎原》（1962）等；戏曲艺术片有黄梅戏《天仙配》（1955）和《槐荫记》（1963）、沪剧《罗汉钱》（1957）和《星星之火》（1959）。其中，《天仙配》上映后反映甚佳，荣获文化部 1949—1955 年优秀舞台艺术片二等奖；《燎原》则是我国六十年代最具影响的优秀故事片之一。影片《燎原》，应该是顾而已导演生涯中最有价值的一部戏了。那时，三年困难时期的影响尚未消除，人民群众生活极端困难。顾而已来到安源煤矿深入生活、拍摄外景，不仅下到矿井深处仔细观察矿工劳作的情景，还访问了很多参加过安源煤矿大罢工的老工人，并找来了党史和工人运动史料十分认真地阅读。顾而已一向热衷于进步电影事业，并具有高度的艺术修养。他善演悲剧，也善于演正剧，导、演兼长，是难得的艺术人才。他所饰演的角色大多数粗犷善良、纯朴真诚。他在表演中善于做"大块文章"，讲究一气呵成、浑然一体，具有独特的表演风格。

视频：《神秘的旅伴》（2 分钟）

《神秘的旅伴》是由林农根据白桦短篇小说《一个无铃的马帮》改编，林农、朱文顺导演，印质明、刘增庆、王晓棠、田烈主演，长春电影制片厂于 1955 年拍摄的电影。影片讲述了新中国成立初期边境地区的复杂局面，以及边防军指战员和少数民族人民携手同德、与敌特分子做斗争、保卫边疆的故事。有研究者认为：影片情节曲折，具有较强的故事性；导演手法质朴清新；所展现的少数民族和边地的风俗人情，也为观众增添了观赏趣味。朱安平撰写了《"旅伴"较量"神秘"征途》一文写道：就在上影厂的《山间铃响马帮来》拍摄之际，长影厂也把目光投向白桦的另一篇小说《一个无铃的马帮》，并于 1955 年改编摄制为《神秘的旅伴》，像这样出自同一作家，同样题材的作品接踵再现于银幕，在新中国电影史上绝无仅有。同为从特有的马帮运输切入边防斗争生活，《山间铃响马帮来》更多侧重于表现党和政府帮助兄弟民族重建美好家园。原小说在描写解放军工作队开展经营贸易取得边寨群众信任和爱戴的同时，也设计了肃清残匪及暗藏敌特的斗争，但后者仅是辅助，因此它并非纯粹意义上的反特惊险类型作品。到了《一个无铃的马帮》，白桦有意识地关注边防反特斗争作为情节主线加以深入表现。出现于其中的故事载体虽仍是马帮运输，但在整个旅途中，敌我双方的"马帮"，我方两名乔装打扮的侦查人员与雇了一个彝族小姑娘的两名伪装成商人的匪徒斗智斗勇，最终将敌特连人带物一网打尽。小说在充满惊险色彩的描述中，充分展示了边防斗争的尖锐、复杂与艰巨，紧紧抓住了广大读者，成为当时惊险侦破小说的代表作。促使长影改编拍摄《一个无铃的马帮》的直接动因是此时惊险样式影片的创作受到重视并开始兴盛。当时，政务院专门做出《关于加强电影制片工作的决定》，重提电影在文化中的"娱乐作用"，强调在题材选择上应扩大范围，同时注意载体和形式的多样性，创作环境相对宽松，加之《侦查员的功勋》《山中防哨》等苏联影片及东欧惊险样式影片被介绍进来，上映后深受广大观众喜爱。再者军事题材的惊险影片《智取华山》率先亮相，中央电影局艺术委员会及时组织展开讨论，印发推动了各电影厂竞逐惊险样式的热潮。在这一背景下，长影同时迅速上马了两部此类影片《平原游击队》和《神秘的旅伴》。

影片导演林农是四川南充人，1938 年到延安，进抗日军政大学预科学习，后转入鲁迅艺术学院戏剧系。新中国成立后调入长春电影制片厂，在影片《卫国保家》《上饶集中营》中担任副导演。1953 年首次独立执导舞台艺术片《小姑贤》。后执导了《神秘的旅伴》《党的女儿》《甲午风云》《兵临城下》等优秀影片。70 年代后改编、导演了《艳阳天》《金光大道》等影片。1980 年与王亚彪联合导演的《大渡河》，是较早塑造老一代革命领袖的影片。

孟犁野在《50 年代公安题材电影创作回顾》中认为影片在艺术上有以下几个特点：第一，外松内紧的心理节奏与斗争方式。有些惊险片主要是对敌双方公开的对垒与拼杀，既斗智又斗勇。而这部反特惊险片除结尾部分有点"开打"外，主要是暗中较量，以斗智为主。这就给本片的人物刻画、情节安排与艺术情调、韵律带来一些新的特色。第二，情节单纯而曲折有致。影片人物不多，情节也比较单纯，但并不使人感到单调，而是悬念迭出，曲折有致，这是编导的高明之处。比如，敌特魏福、肖五过检查站时，当检查员将"探条"插入藏有电台的盐巴袋时，不仅敌特惊恐异常，观众也将为一场似乎不可避免的搏斗厮杀而担心不已，但这强烈的悬念，以魏福暗示肖五寻衅打架，迅速转移检查员的注意力而消解；敌特暂时得逞了，说明来者不善，为冯廷贵的出场做了铺垫——道高一尺，魔高一丈。第三，浓郁的民族风情与新奇的爱情表达方式。这部影片之所以能吸引人，不仅在于它充分发挥了惊险片的审美特性，保持了情节的惊险张力，还在于它展示了祖国南疆地区的自然风光，瑶族、彝族的民情风俗，小黎英与朱林生之间真挚的爱情的萌生与那独特的表达爱情方式。

视频：《虎穴追踪》（2 分钟）

《虎穴追踪》是由王应慈、任桂林、王玉堂编剧，黄粲导演，印质明、李景波、赵联、刘增庆、李雨农主演，长春电影制片厂于 1956 年拍摄的电影。影片讲述了解放初期，潜伏在某城市的特务崔希正，伪装成万隆山货栈的经理，指挥城里潜伏特务进行抢劫破坏活动，并派女特务打进工商界。为了获取崔希正掌握的潜伏特务名册，公安局派侦察员李永和设法打入其内部，并取得了崔的信任，找到了特务名册。当特务们在地下室开会时，被我公安人员一网打尽。

石家庄人民警察博物馆顾问潘卫忠在《侦察英雄王应慈与〈虎穴追踪〉》一文中回忆：《虎穴追踪》一经播出，便引起强烈反响。影片真实反映了解放初期国内外反动势力妄图破坏新生政权的情况，客观、真实地描写了公安机关侦察员在隐蔽战线的斗争，他们面对美蒋特务的潜伏破坏活动，打入敌特内部与敌人斗智斗勇，不惜以生命为代价保卫新生政权。电影中的人物真实可信，侦察人员朴实无华、大无畏的精神打动了亿万观众。在那激情燃烧的20 世纪 50 年代，人们特别喜欢这类反特电影，也叫肃反电影。《虎穴追踪》就是其中之一，播出后立即受到人们的追捧，因为作者长期战斗在石家庄，剧本形成也与石家庄有关，更引起了石家庄市民的兴趣，一时间成了大家的谈资。作者王应慈和第二作者任桂林，都是石家庄解放时的进城干部，共同经历了初创城市人民政权的艰辛历程。1954 年，王应慈由归绥市（今呼和浩特）调到华北行政委员会公安局任办公室主任，在京时他遇到了当年在石家庄文化局工作的老同志任桂林，此时的任桂林已调到华北行政委员会，做文联领导工作。他知道王应慈在公安战线上的传奇经历，就建议王应慈搞点电影剧本创作，歌颂我公安干警的英雄事迹。当时我国肃反斗争的成功事迹，中央也要求在电影文学、戏剧上充分反映出来。在任桂林的推荐帮助下，从未搞过文学创作的王应慈，基于多年隐蔽工作的切身体验和对公安事业的热爱，接受了这一任务，他凭借领导指挥石家庄和归绥两市公安隐蔽战线上反特斗争的亲身经历，写出了电影剧本《虎穴追踪》。《虎穴追踪》电影之所以取得成功，王应慈的人生经历比电影本身更精彩、更曲折，更加跌宕起伏，更具传奇色彩。王应慈，又名王兆贤，1913 年出生于陕西省华县一个农民家庭。1932 年春，他在西安参加了中共地下党组织，1933 年加入中国共产党，这一时期他在西安从事地下工作，曾在"西安事变"中打入国民党西北军做"兵运"工作，1939 奔赴延安"抗大"学习，后到中央社会部工作，1940 年受中社部派遣奔赴抗战前线晋察冀边区社会部。从此，他在晋察冀边区社会部许建国部长的领导下开始了近 10 年的情报、侦察、公安保卫工作。1942 年春，他受命到石门外围的正定县创建"石门情报站"，开展对日伪的地下斗争，他领导的情侦组织卓有成效地侦察搜集了许多重要情报，为我晋察冀边区粉碎日寇进攻，打击侵略者发挥了重要作用。1947 年 11 月 12 日，我党领导的人民军队攻克了华北重镇石家庄，解放当日王应慈就带领公安先遣人员冒着敌人的枪炮和解放军同步进城，迅速占领国民党旧警察局。从此，他与这座城市同呼吸共命运，度过了近两年血与火的洗礼，为保卫这座城市、建设这座城市做出了突出的贡献，受到了石家庄人民的衷心爱戴。1949 年 7 月，在石家庄市第一届人民代表大会上，时任公安局局长的王应慈被各界代表推举为市政府委员候选人，在选举大会上大兴纱厂女工自发组成的啦啦队喊出了"王应慈真勇敢，防奸防特有经验，大家都选他一票，保障全市的安全"的响亮助选口号，这是对他领导下的公安工作的高度认可，以无记名投票方式，他高票当选为政府委员。1949 年 9 月，他从石家庄市公安局局长任上，奉命带领石家庄市公安局部分干警奔赴和平解放后的归绥市出任首任公安局局长。王应慈根据自己长期从事情报侦察工作的经历，特别是共和国成立前夕，他在石家庄公安局领导指挥隐蔽战线对敌斗争的惊险曲折斗争实践和取得的战果为主线，完成了反特电影剧本《虎穴追踪》。这部电影接地气、动人心，其中有相当一部分内容是他 1947 年 11 月至 1949 年 9 月在石家庄市公安局工作这一特殊历史时期对敌斗争的写照。

孟犁野认为《虎穴追踪》是一部在结构形态上类似于《羊城暗哨》的影片，但在许多方面又有它独具的特色。从情调上说，如果《羊城暗哨》具有某些南粤的柔情风韵，而《虎穴追踪》则呈现着一种粗犷的北国豪情。主要人物李永和有一种江湖豪侠气，同《羊城暗哨》中王练的精细文雅形成鲜明的对比，反映了这个时期惊险片创作的多姿多彩。《虎穴追踪》有较强的观赏性、娱乐性。《中国当代电影发展史》认为：《虎穴追踪》是一部有着粗犷的北国豪情的影片；这是一部极具观赏性的"卧底片"。

视频：《国庆十点钟》（2分钟）

《国庆十点钟》是由吴天根据陆石、文达的短篇小说《双铃马蹄表》改编，吴天导演，印质明、赵联、赵子岳、浦克等主演，长春电影制片厂于1956年拍摄的电影。影片讲述了1953年国庆节前夕，在西北地区一个省会交际处的门口，一群少先队员捡到一封匿名信，收信人是张大力和平小海。当时，几个特务企图在国庆节十点钟制造一起爆炸案，最终在司机平小海和公安局侦查员联合下，揭穿了他们的阴谋，并将他们抓获。

20世纪50年代初，作家陆石、文达创作了一部反特小说《双铃马蹄表》，非常受读者欢迎。乌日恒在《深度解析〈国庆十点钟〉背后故事》一文中写道：1951年8月18日，《人民日报》发表了《北京市军事管制委员会军法处判处美国特务间谍阴谋武装暴乱，主犯李安东、山口隆一判处死刑，昨已执行枪决》的消息。李安东、山口隆一间谍案的原委是：1950年9月18日，新中国成立后的第二个国庆日已经临近。北京市公安局侦讯处截获了日本间谍山口隆一从北京寄往日本东京都的一封厚厚的航空信件，内装十封信。信件的内容是以英文拼成日文音，用英文打字机打印的。在这些信件中，有一张射击天安门的草图稿，草图上绘有华表、金水桥、天安门城楼。两条又黑又粗的抛物线，指向两个目标，一条指向天安门城楼顶部中央，旁边用日文写着："从日本买来的消防压水机，能超过这个屋顶。"另一条指向天安门主席台最中间的一个人。射击草图让侦讯处处长狄飞大为吃惊：这真是试验消防灭火压水机的草图吗？他很快将此事报告给北京市公安局领导和公安部。时任公安部政治保卫局调研处处长的李广祥很快做出判断："我看这张图是把天安门作为炮击目标。我在军事大学学过炮，即使最小的六零迫击炮，它的最大射程也可以达到3500米。山口隆一住在甘雨胡同，离天安门虽远，但直线距离也没有超过2000米，天安门仍在有效射程之内，后果不堪设想啊！"日本人山口隆一是美国战略情报处成员，与他合谋策划天安门炮击事件的意大利人李安东，于1948年开始接受美国驻华使馆武官处武官、美国中央情报局间谍包瑞德部署的情报任务。包瑞德是一个中国通，抗日战争后期曾率美军观察组访问延安，与毛泽东、周恩来、朱德、叶剑英都有过交往。开国大典举行时，美国驻北平领事馆虽已关闭，但尚未撤离。包瑞德借助领事馆紧邻天安门广场之便，站在房顶拍摄大典的全过程。显然，包瑞德拍照是假，搜集情报是真……为了确保新中国第二个国庆节的绝对安全，周恩来总理批准对李安东、山口隆一等人实施逮捕。侦查员在李安东住所里搜出手枪 1 支、子弹 235 发、相关间谍活动来往函电等 525 件、氰化钾毒药两包、六零迫击炮一门……几乎同时，另一队侦查员在山口隆一家中搜出了天安门射击草图一张，以及各类间谍活动相关资料千余件。虽然这个阴谋没有得逞，仍然震惊了全国和世界。1956 年，长春电影制片厂决定以特务李安东事件为原型，以作家陆石、文达创作的反特小说《双铃马蹄表》为蓝本，拍摄一部侦破片。

影片很明显地受到了希区柯克的悬疑惊险片的创作样式影响，在故事上导演使用了好莱坞商业电影中最常用的"最后一分钟营救"的叙事技巧，特务阴谋和炸弹危机一直牵动着观众的内心，如希区柯克所说：定时炸弹在桌下而人物不知情，观众捏把汗，让故事变得悬念重重一波三折。乌日恒认为：电影有一个标准的悬疑片开场，背景是国庆节前夕，城市里宁静祥和中却暗流涌动，一个神秘男人留下的一封匿名信预示了危机的来临。而在随后的故事推进中，除了负责调查案件的公安人员顾群外，电影还设计了司机平小海和司机赵师傅一家人的剧情支线，两线并行，层层深入揭开案件真相和背后的阴谋。本片的另一大看点是洋溢着鲜明的时代气息，50 年代的青年男女的爱情是如此含蓄，所有年轻人都朝气蓬勃，在各自领域里积极为祖国建设添砖加瓦，就连司机们都要时刻考虑怎样在驾驶中省油，让人感叹那个年代的民众的朴实观念。电影的缺陷在于剧本放在今天来看，有些过于简单。片中的很多细节都是通过演员台词来交代，生怕观众看不明白，人物塑造也是非黑即白的，角色高度脸谱化，好人坏人其实一眼就能看出来。

孟犁野认为：《国庆十点钟》还不能说是一部艺术上成熟的反特惊险片；影片故事情节复杂，头绪繁多，改编电影难度较大；当时敌特形象脸谱化，一眼可识破的通病在此片中尚未克服。

视频：《寂静的山林》（2 分钟）

《寂静的山林》是由赵明编剧，朱文顺导演，王心刚、浦克、白玫主演，长春电影制片厂于 1957 年拍摄的电影。影片讲述了新中国成立初期，美国间谍组织派遣女特务李文英，借还乡照顾子女为掩护，从香港潜入东北，组织力量迎接美国空投特务。我侦查人员史永光得知敌人阴谋后，冒充跑行商的冯广发，通过李文英，深入香港敌人巢穴，经历多重考验，博得上司孙威廉和美特皮斯利的信任，从而掌握了敌人的全部阴谋。最后，冯广发利用空投任务，配合公安部队和民兵，让在山林里的女特务和她的丈夫孙威廉等伞特全部落网，还活捉了美国间谍上校皮斯利，从而彻底摧毁了敌人的全盘空投计划。

《寂静的山林》源于一个真实的案件：1954年11月24日，《人民日报》刊登了一则消息：中华人民共和国最高人民法院军事审判庭于11月23日对美国间谍唐奈、费克图等人做出刑事判决，依法判处被告人约翰·托马斯·唐奈无期徒刑，判处被告人理查德·乔治·费克图有期徒刑20年。这起被破获的间谍大案，在三年后被长春电影制片厂搬上银幕，这就是著名反特题材影片《寂静的山林》。王肖鑫在《老电影〈寂静的山林〉与真实的间谍案》一文中考证：1952年9月29日，一个身穿志愿军军装、携带手枪的陌生人走进吉林省安图县二道白公安派出所。他对公安人员说，他叫李军英，是美国派到中国空投到长白山区的间谍，代号5774，他是主动前来向公安机关自首的。后来事态的发展证明，李军英参加的只是美国中央情报局对中国东北渗透的一个行动中的一个步骤。他的自首，让一个轰动一时的间谍大案浮出了水面。李军英的自首让当地公安立即展开行动，已经空降的特务先后落网，公安人员通过对被俘的特务做工作，决定设一个局，以空投需要增援的名义向在日本遥控的美国中央情报局间谍约翰·托马斯·唐奈发消息，要求派飞机前来接应。1952年11月29日深夜，长白山密林深处，一个空降场地悄悄地布置完毕。整个空降场地完全按照美国中央情报局的要求安排妥当，包括信号火堆、送人上飞机的架子及指示灯，还有导航器等等。场地中央坐着5名特务（实际为公安人员假扮）。此外，还有隐藏在场地周围的防空火力。深夜11时，一架美制C47运输机如约而至。——这也是电影《寂静的山林》的最高潮，人民军队的空军战斗机呼啸冲出，在C47飞机上的王心刚则亮出身份制服驾机的美国中情局间谍。——而在现实中，几发高射炮弹直接轰中了间谍飞机的机尾，飞机当场被击落，两名美国飞行员被打死。被击落的飞机在落地时撞上大树断成两截，把两名中央情报局特工直接甩出机舱，这两人随后就被现场的我公安人员抓获。由于美国拒绝承认这两人是间谍，因此唐奈与费克图一直被关押在中国。在监狱里两人的待遇不错，有机会参观中国的一些建设，还能与家人通信，中国红十字会还四次安排唐奈的母亲从美国来探监。一直到1972年美国总统尼克松访华，美方承认两人在中国犯罪，并要求中能够宽大处理，唐奈与费克图两人相继被减刑并提前释放。

　　朱安平在《〈寂静的山林〉坚守家园》一文中考证：作为影片《寂静的山林》的主体内容，则是与"自由中国运动"间谍组织关联的"长春 11 号案"。1952 年 5 月 31 日，长春市公安局接到东北公安部所发绝密通报：有着美国"自由中国运动"组织和台湾"内政部调查局"双重间谍身份的岳一峰、吴文蘅将潜回大陆。经查，岳一峰乃老牌特务郭长升的化名，辽宁省义县人，时年 52 岁，吴文蘅则是他的姘头，吉林省吉林市人，时年 41 岁。当即立为"11 号专案"，确定"长期打算，内线侦查""诱敌深入，张网以待"。6 月 25 日，我获得重要情报，吴文蘅在香港九龙给大伯哥发来信件，称欲回乡探亲，请帮她办理入境证。此时，其大伯哥唐玉权已经去世，唐家大院里有两间空房要出租，我公安机关遂派遣"308"号侦查员以租房名义搬入，装作经商失败的样子，并对吴文蘅与前夫所生的两个儿子多方关照，得到唐家信任，帮助他们为吴文蘅办理了入境证，由此在她到来后成了"朋友"，顺利摸清其目的：一是要在东北建立敌特组织；二是收集抗美援朝军事情报；三是建立长白山反革命基地；四是为郭长升来长春做准备。吴文蘅经过多次摸底考察后，请"308"号侦查员去四平、沈阳、哈尔滨、吉林、锦州等地联络郭、吴的旧关系，还要他到市内党政机关和企事业单位通过熟人收集情报，见他表现积极很为满意。"308"号侦查员趁机介绍有写作特长的"141"号、以跑行商为业的"513"号特情员，相继打入敌特组织，被吴分别委任为秘书和交通，掌握综合情报、密写、联络等事务。至此，其一切行踪与活动均为我公安机关掌控，真正成了瓮中之鳖。自以为站稳脚跟的吴文蘅，选中"513"号"特情员"担任"信使"，穿梭往来于内地与香港之间，报告吴在长春的活动情况，称已经打下基础，急盼派人去领导，请求空投物资支持。"513"号特情员几番深入龙潭虎穴，与特务分子斗智斗勇，历经被带至日本横滨设有录音装置的黑室，受到美国中央情报局特务迪夫严格的审讯式盘问，被带至茅崎"自由中国运动"总部，接受美国职业特工的"测谎仪"考验，通过所谓"甄审"，不仅成功将郭长升诱入境内，更获取了大量第一手敌特情报资料，为彻底摧毁这一特务组织，甚至为一个较长时期的反特斗争立下了功劳。当他第四次去香港返回后，证实美国"自由中国运动"组织已撤销，其成员交由台湾"大陆工作处"领导，一直处于精心策划状态之中的东北空投计划遂胎死腹中，东北公安部决定收网，长春市公安局奉命于 1954 年 12 月 28 日，将郭长升、吴文蘅依法逮捕，其在东北各地发展的特务和去港交通站点，也由各地公安机关一举摧毁，长春市中级人民法院依法判处郭死刑，缓期二年执行，吴有期徒刑 12 年。这起新中国成立初期轰动长春市的间谍特务大案，至此尘埃落定。据朱安平介绍：长春市公安局破获"11 号案"后，向曾成功创作反特片《斩断魔爪》、已调任公安部宣传室副主任的赵明做了推荐。赵明觉得这是个很好的创作题材，有人物，有情节，活动场面由国内到国外，场景广阔，过程完整，可以用来充分揭露美帝国主义侵略我国的罪恶意图，配合正在全国展开的肃清暗藏反革命分子运动。在取得长春电影制片厂方面同意后，即于 1956 年 4 月赴长春进行电影剧本《寂静的山林》的创作。赵明写出剧本初稿后，经长影和公安部领导审查通过，交由曾拍摄过著名反特影片《神秘的旅伴》（与林农合作）的资深导演朱文顺筹备拍摄。朱文顺接手后，专程赴京与赵明见面，听取创作经过介绍，还曾随之到监狱提审有关案犯，根据长影艺委会讨论意见，针对原稿存在的篇幅过长、事件过多、主要人物不突出等问题，动手做了修改，于 1956 年 10 月与赵明共同定稿，遂启动摄制组投入拍摄。因影片是第一次在银幕上出现我公安人员单枪匹马与国内外间谍特务对阵，影片公映后各方面反响热烈，不仅在国内出现争看热潮，还出口至一些社会主义国家。曾有苏联专家向时任公安部部长罗瑞卿询问："影片反映是否是真事？"罗瑞卿回答说："这是艺术作品，既是真实的，又包含着虚构。"

视频：《羊城暗哨》（2 分钟）

《羊城暗哨》是由广东著名剧作家陈残云根据新中国成立初期"广州第一大案"的真实事件和另一敌特案件综合改编而成，卢珏导演，冯喆、宏霞、于飞、狄梵、梁明、夏天主演，上海海燕电影制片厂于 1957 年拍摄的电影。影片讲述了侦查员王炼接受任务，冒充一个被捕后因重伤而死去的潜入特务 209，打入特务组织，与女特务八姑假做夫妻。私人诊所陈医生由于过去历史不光彩，其弱点被敌人利用，无奈之下服毒自杀，后被救起，在公安人员的帮助下，他克服糊涂思想，协助破案。得知敌特要劫持客轮去香港，王练随八姑上了船，这时，真正的"梅姨"出现了，她竟是八姑家的用人刘妈。影片的结局自然是特务的阴谋不仅没有得逞，而且被一网打尽。

可以说，《羊城暗哨》把反特影片的艺术水准提到了一个新的高度，堪称 50 年代反特题材电影的精品。孟犁野在《50 年代公安题材电影创作回顾》一文中认为：《羊城暗哨》在创作上的突破，主要表现为它在人物塑造、文化内涵的拓展、悬念的强化、时代环境氛围的营造等方面。较此前的同类作品，确有长足的进步。他认为影片有两大突破：第一，塑造了一批性格丰富并具有时代感的人物形象。不满足于仅仅编织紧张的情节，而首先着眼并追求塑造人物形象，是中国惊险片创作的一大特色，也是一条宝贵的经验。《羊城暗哨》在这方面的成就突出。首先是主要人物侦察员王练的形象颇为感人。为了搞清敌特的阴谋，他冒充入境敌特，打入敌圈。敌人对他进行了多次严酷的生死考验。影片刻画成功的第二个人物是陈柏之医生。这是一个内心充满矛盾的人物。他曾在国民党军队中当过军医，但1949年后并不反共，同时又未交代自己的那段历史，与政府有疏离，只愿以自己的一技之长"凭本事吃饭"。这个人物成为双方争夺的一个焦点。由老演员韩涛扮演的陈医生，准确而又细致地体现了人物复杂的内心世界。第三个给观众留下较深印象的人物是女特工八姑。这个人物不只是一个我们在某些文艺作品中常见的那种卖弄风骚、企图以自己的色相猎取情报的政治或经济斗争的工具与符号，而同时也在相当程度上揭示了她作为一个失败、没落阶级的女人的苦恼、绝望与挣扎的心情，触及了此类人物的生存状态，同样具有一定的思想深度。作为敌特形象，《羊城暗哨》塑造最成功的也许是梅姨这一人物。她在影片中露面不多，但颇有艺术光彩。第二，不断强化的悬念。《羊城暗哨》的悬念层出不穷，它自始至终都能保持观众的兴趣与满足他们的好奇心理。其中最具艺术匠心，最吸引人关注的悬念是"到底谁是梅姨"影片编导让我们跟随侦察员王练探险般地越过了五道神秘的门才看到她的真面目。揭露梅姨的过程，大体上也就是影片情节展开的过程。它给人以曲径通幽的审美感受，艺术处理十分成功。该片还被译成5国语言在全球放映，无疑是新中国反特片的最高成就与里程碑式作品，其中"王练"成了中国电影史上最具光彩的公安人员形象之一。

视频：《铁道卫士》（2分钟）

《铁道卫士》是由沈阳铁路公安局集体编剧，方荧、陈治洪、王文林导演，印质明、宋雪娟、周文彬、叶琳琅、方化等主演，长春电影制片厂于1960年拍摄的电影。《铁道卫士》，顾名思义，是一部以铁路战线上公安人员与敌特进行殊死斗争的一部反特片。许多重要情节发生在铁路或与此关联的地方，赋予它以独有的特色，引起了观众的兴趣。如从境外潜入的特务马小飞与原先就暗藏下来的女特务王曼莉接头的场合，是在列车（餐厅）上；老工人赵师傅冒着死亡的危险排除敌特安放的炸弹，是在铁轨上；马小飞在伺机作案，被民兵驱赶的场地，是在长岭隧道洞口……尤其在"最后一分钟营救"的高潮场面——高健乘吉普车追赶已被敌特马小飞装上定时炸弹，且正在奔驰中的列车时，更显示出这场惊心动魄的斗争的独特魅力，在视觉上给观众带来了一种新鲜的审美感受。这是其他反特片所缺少的。

影片是根据两个真实的案件改编的,以铁路为依托而设计情节,是本片的一个明显特色。都东东在《告诉您一个真实的〈铁道卫士〉》和《再现真实版〈铁道卫士〉的风采》文章中介绍:铁路的斗争形势更复杂,像电影《铁道卫士》中的在铁路当调度的顾野平、在车站当工人的徐福祥和在餐车当主任的女特务王蔓莉等人,确有其人其事。《铁道卫士》影片只不过取材于沈铁公安处侦办的两起特务案件。1950年2月13日,沈铁公安机关与长春市公安局配合,侦破一起国民党中统特务于志样潜伏小组案,逮捕了在铁路内部的成员刘某等4人,粉碎了该敌特组织企图炸毁毛主席访问苏联所乘专列的阴谋。7月18日,某车站助理站长李某(系国民党区党部执委),极端仇视共产党和人民政权,利用职务之便,连续制造四起破坏事故。经沈铁公安机关侦查破获了此案,李某被东北军事法庭判处死刑。"在新中国成立后所摄制的反特题材电影中,《铁道卫士》可以算得上是整体成就突出的一部作品。不仅如此,这部电影还是同类影片中出现最早的一部,而且电影剧本也是依照真实事件,并由公安人员自己写的。无论什么时候看这部电影,都会使人有真实和震撼之感。"这是很多年后,艺术家们在一起研讨《铁道卫士》的创作艺术成就时,所留下的经典评语。人们或许不知道,当年在围绕电影《铁道卫士》创作的问题上曾有过两种不同的意见,并由于争论激烈,险些使这部好作品付诸东流。1954年,沈阳铁路公安处的一名民警提出了要写一个以反敌特为主题的故事的建议。此建议一出,立即引发"冲突"。一方持反对态度,理由是"铁路里面有特务搞破坏,这的确是事实,但绝对不能说出去,否则,人们会说铁路坏人太多,影响不好"。而另一方面则持赞成态度,理由是"用事实教育和警示人们,使大家提高警惕,防止敌人搞破坏活动"。最后,问题被反映到了公安部。经过认真研究后,公安部领导决定先由沈阳铁路公安处拿出一个初稿,看了之后再定夺。接到创作任务后,沈阳铁路公安处高度重视,还为此专门召开了党委会,决定由政治处主任刘新春具体负责抓这项工作,并从处机关和安东等公安分处抽调"笔墨剑客",组成写作班子。其中,在沈阳铁路公安处工作的陈治洪、王文林和从安东公安分处调来的马家骧等同志为执笔人。1956年底,沈阳铁路公安处完成了电影剧本的创作,随后在《电影文学》《北方文学》等刊物上发表或转载,收到了良好的社会效果,中宣部和文化部因此决定将剧本拍成电影。1958年,电影由长春电影制片厂开始拍摄,选定了沈阳和安东两个车站、与沈安铁路相连的凤(凰城)上(河口)铁路线、鸭绿江大桥和沈阳市的中街、中山公园及本溪市南芬地区等地点为外景拍摄地。历时两年，电影《铁道卫士》完成摄制，周恩来总理亲自审阅。电影一上映，就引起轰动，并成为一部受群众欢迎、经久不衰的经典之作。

　　视频：《冰山上的来客》（2分钟）

　　《冰山上的来客》是由白辛编剧，赵心水导演，梁音、谷毓英、阿布都力密提主演，长春电影制片厂于1963年拍摄的电影。影片讲述了边疆战士和杨排长一起与特务假古兰丹姆斗智斗勇，最终阿米尔和真古兰丹姆得以重逢的故事。这是一部反特惊险片，可圈可点之处颇多。袁成亮在《花儿为什么这样红——电影〈冰山上的来客〉诞生记》一文中写道：电影《冰山上的来客》是根据赫哲族编剧乌·白辛同名小说改编的。这部小说在出版之初便以其浓郁的民族风情和曲折的故事情节获得了读者的好评。长春电影制片厂决定将其搬上银幕，但由于种种原因，此次拍摄最终以失败告终。但长影厂并没有就此放弃这部难得的好戏。经过一番努力，1963年，长春电影制片厂经过研究决定，再次投拍《冰山上的来客》。由于这部片子题材比较敏感，再加上前次拍摄的失败，许多导演都不敢接下这个"烫手的山芋"。厂领导几经考虑，决定将这个任务交给当时并不出名的导演赵心水。据袁成亮考证：剧本定稿后，赵心水带着摄制组在新疆选演员。影片中的女主角就是赵心水在一个偶然的机会发现的。当时，赵心水在大街上转悠了十来天，就是没有找到中意的"古兰丹姆"。有一次，他去医院看病取药时，在过道里遇见一个姑娘，不由得眼一亮。这姑娘的长相、身材和气质，尤其是她那双又大又黑充满柔情的眼睛，正是他想象中的"古兰丹姆"。于是，赵心水大步追上去堵住了姑娘的去路。害羞的姑娘急忙用纱巾遮住脸就要跑开。赵心水生怕她走掉，连忙说："你不要害怕，我是拍电影的，来新疆物色演员，你的长相很适合我们的一个角色，你愿不愿意试试！"姑娘听了，连忙摆摆手说："不行不行，我怎么会演电影呢，我还在上学呢。""没关系，你可以先试试，不行，再回来，行吗？"赵心水不甘心地说。姑娘眨了眨大眼睛想了想，说"行！"这个姑娘就是当时还在财经学校读书的阿依夏木。那年，她才15岁。她跟着赵心水来到剧组，化了妆，只试了几个镜头就让剧组的人高兴得跳起来："太棒了，就是她了！"与寻找"古兰丹姆"相比，在戏中扮演"阿米尔"的小伙子阿木都力力提着实让赵心水导演费了好大的劲儿。阿木都力力提是赵心水在球场上找到的。当时，23岁的他是新疆排球队中的"二传手"。当赵心水提出要调阿木都力力提拍电影时，教练死活不同意，说："阿木都力力提球打得很好，球队离不开他，你们要拍戏就让另一名队员塔依尔代他去吧。"但赵心水却执意要将阿木都力力提"挖走"，他于是向当时新疆维吾尔自治区主席赛福鼎求助。赛福鼎亲自出面找到体育领导，说："长影要拍电影，要谁给谁！"赵心水这才如愿以偿。《花儿为什么这样红》与影片的主题相互映照，成为新中国成立后影片插曲的经典之作。然而，就是这样一首好歌在当时却差点被有关方面从影片中删除。当年由赵心水修改后的剧本《冰山上的来客》送到电影局审查时，电影局领导提出了两点修改意见：一是一班长不能死；二是主题歌《花儿为什么这样红》内容"不健康"，必须拿掉。这两个地方正是剧本出彩之处，个性极强的赵心水哪里肯接受，为这事他和领导吵开了。领导说："你这样会犯错误的。"赵心水哭着说："你就让我犯一次错误吧！"吵的结果，领导最终没能说服倔强的赵心水。正是赵心水的执着使《花儿为什么这样红》在影片中得以保留，并在影片公映后引起了巨大的反响。对此，朱安平以《〈冰山上的来客〉"错误"成"亮点"》为题，认为：作为主题歌的《花儿为什么这样红》，则是赵心水致力音画结合、以情动人的倾心之举。它在影片中先后3次出现，以音乐参与叙事的独特方式，在"象征着纯洁友谊和爱情"的同时，勾起并诠释爱情与政治的关联，将尖锐复杂的反特斗争与曲折感人的爱情遭遇，生动而有机地串联起来，产生动人心弦的艺术魅力。赵心水对影片的创新能够成功，得益于摄影、美工、音乐等主创人员的通力协作，实地采景精心还原，高超的拍摄技巧叠加以假乱真的搭景仿制，营造出壮观与抒情交融的复合影调，严肃的敌我斗争、军民对匪特的仇恨，乃至激烈枪战，与冰山雪峰、乌云风暴等大自然的奇峻景象，与对认干亲、弹琴起舞、婚礼叼羊赛马、燃举酥油火把等塔吉克族特有的民情风俗描绘交相辉映，取得虚实相生、相得益彰的良好效果。

视频：《秘密图纸》（2分钟）

《秘密图纸》是由史超、郑洪、郝光编剧，郝光导演，田华、王心刚、邢吉田、师伟、刘季云、李壬林主演，八一电影制片厂于1965年拍摄的电影。影片讲述了科学工作者李化思想麻痹，不遵守制度，随身带着秘密图纸外出开会。不料，在火车站将装有秘密图纸的公文包丢失了，公安机关围绕着丢失的公文包展开侦破工作，最后将特务一网打尽。

孟犁野在《六十年代公安题材电影创作回顾》一文中认为《秘密图纸》有三大特征：第一，强大的明星阵容。如田华饰演石云、王心刚饰演陈亮、邢吉田饰演丁局长、师伟饰演方丽、刘季云饰演古仲儒、李壬林饰演叶长谦等。这些为当时观众所熟悉甚至仰慕的影星加盟创作，尤其是此前以演善良质朴的农村姑娘取胜的田华，在此片中出演主角；以演纯情少女出名的师伟扮演女特务方丽，都成为当时观众瞩目的焦点，具有较强的吸引力。第二，在强调依靠广大群众、做艰苦细致的调查研究工作的同时，编导有意将"推理"样式融入反特片的创作之中。反特片的主要叙事特点是：案件的进展，主要依靠一步一个脚印地、踏踏实实地调查研究，层层递进，最后水落石出。在《秘密图纸》中，使用了推理手法。这就是：当石云和局长发现特务方丽还在活动的时候，他们顿时悟到，在叶长谦和方丽的背后，还可能潜伏着更狡猾的头目。通过再次审讯叶长谦，终于得知，这个头目叫"王先生"。第三，《秘密图纸》以女性作为新中国反特片的主要正面人物，这可以说是第一部（《无形的战线》中的女主角虽然也是女性，但她属于反派人物）。田华一改以往憨厚善良的农村妇女形象，根据此片角色的要求，以冷静、敏锐、干练的新姿态出现，使观众眼睛一亮。但她有时也不失女性的细心与耐力，从而成功地塑造了一个理想性与真实性相结合的女公安干警形象。彭耀春在《〈秘密图纸〉对中国反特影片的突破和转变》一文认为：《秘密图纸》将反特片反特的主体从部队转向公安机关，公安机关的侦查破案得到正面具体的展示。这一转向起源于《秘密图纸》的编剧史超的三个选择：第一选择是他选择反特片；第二个选择"能否找到一些既有部队参与又有地方公安介入的案例"；第三个选择"要把这一'情报战'作为未来剧本的中心内容"。影片的另一突出贡献是将反特片的反特过程、方式，或核心情节从冒名顶替"打入"敌内、里应外合全歼敌匪，转向寻找蛛丝马迹，顺藤摸瓜，发现真凶。

这一时期还拍摄了《跟踪追击》《南海的早晨》《激战前夜》《前哨》等反特片。

五六十年代反特影片多的原因主要是三条：

第一，基于揭发美国在新中国成立之初不断派特务进行破坏的罪行。新中国成立之初，美国曾经探讨"谁丢失了中国"的同时，对中国实行政治孤立、经济禁运和军事封锁，企图将新中国扼杀在摇篮之中。随着麦卡锡时代疯狂迫害共产党的同时，美国中情局与台湾国民党当局联手，不断派遣特务到中国大陆进行破坏。1950年发生的李安东与山口隆一预备国庆节炮轰天安门事件就是美国情报部门策划的。再有《寂静的山林》也是根据美国情报部门到中国进行破坏的真实事件拍摄的。

第二，基于新中国成立后国民党蒋介石不断派遣和暗藏在大陆的特务疯狂暗杀活动。特务们进行种种破坏活动，如炸毁工矿、铁路、桥梁，烧毁仓库，抢劫物资，杀害干部，妄图颠覆新生的人民政权。

视频：《我们走在大路上》第二集《敢教日月换新天》（1分钟）

1949年12月初，毛泽东访问苏联。潜伏在北京的特务向台湾"国防部保密局"总台发密码电报，急报毛泽东行踪。我军截获了这个密码电报，随即机关展开了缜密的侦察。1950年2月26日早晨，在南池子瓷器库南岔7号院，侦察员敲开潜伏特务计兆祥的家门。在这里起获了电台、密码本和美制手枪。与此同时，还在北京、天津逮捕了同案犯十余人。这是新中国成立后破获的第一个潜伏特务大案。特别是在朝鲜战争爆发后，他们认为"第三次世界大战即将爆发"，蒋介石"即将反攻大陆"。因此，反革命气焰更加嚣张。据统计，从1950年春天到秋天的半年多时间内，新解放地区就有4万多干部和群众积极分子遭到反革命分子的杀害。为了巩固新生的人民政权，稳定社会生活秩序，1950年3月，中共中央发出《关于镇压反革命活动的指示》，各地开始对从事反革命破坏活动的各类反革命分子严加清查。同年10月，鉴于朝鲜战争爆发后，美国把战火烧到中国的大门口，国内反革命分子的气焰更加嚣张，加紧进行破坏活动，中共中央再次发出《关于镇压反革命活动的指示》，强调"必须镇压一切反革命活动，严厉惩罚一切勾结帝国主义，背叛祖国，反对人民民主事业的国民党反革命战争罪犯和其他怙恶不悛的反革命首要分子"，必须对于一切"继续进行反革命活动"的分子，"予以严厉制裁"。

第三，基于新中国成立之初的社会主要矛盾所决定的。新中国成立之初，中国社会的主要矛盾还是中国社会大众同帝国主义和国民党残余势力的矛盾。由于中国共产党人清除了半殖民地半封建社会的一切污泥浊水，中国社会呈现出一派欣欣向荣的景象，人民内部矛盾不是很突出，突出的则是国民党特务的破坏新生人民政权的活动，引起人民的极大义愤。

当然，50年代初期的反特片也与苏联和东欧惊险式电影在中国的放映获得人民群众的好评相关，例如苏联惊险片《永远的秘密》。正是在这样的社会背景下，反特片应运而生。如何评价五六十年代红色经典反特影片？《中国当代电影发展史》写道："以'惊险'为主要样式的反特片，经过17年的实践探索，基本形成了一种成熟的反特片模式：强烈的意识形态，以揭露、批判美蒋特务对新生政权的破坏颠覆为政治指向，宣扬红色政权的牢不可破。

为保持银幕的纯洁性，对敌对势力的丑恶现象和犯罪过程点到为止，不做渲染。以英雄化和妖魔化的方式塑造正反人物。正面人物通常政治过硬、品质高尚、性格沉稳、智勇双全，带有美化色彩。反面人物通常在外貌上、品质上，甚至智力上被丑化（其中的女特务是个例外，她们是被一种外美内丑的造型法塑造的：花旗袍、烫头发、高跟鞋、面容妖艳，说话温婉）。侦查员无论是卧底还是办案，都有人民群众的参与，充分表现了当时政府'专业与群众相结合'的路线和政策。在风格样式上清一色采用正剧类型。"

二、改革开放以来拍摄的公安片与反特片

改革开放之初，电影界拍摄了一些独特的公安片，主要有：《神圣的使命》《405 谋杀案》《戴手铐的旅客》《幽灵》等。

视频：《神圣的使命》《405 谋杀案》《戴手铐的旅客》《幽灵》（2 分钟）

在这些公安片中，对手的身份已经发生了变化，是共产党内部另一政治阵营的人。尽管这类影片内容发生了变化，但表现形式还是反特片的结构样式。很显然，这类创作是为了配合"文革"结束后对"四人帮"清算和对"文革"进行反思的形势需要。与此同时，中国银幕也出现了少量的反特片：

视频：《暗礁》《熊迹》《东港谍影》《蓝天防线》《猎字"99"》《东方剑》《波斯猫在行动》（2 分钟）

《暗礁》讲述了台湾当局派遣的两名空投特务，欲炸毁"友谊号"轮船，破坏中国与友好国家的友谊的故事；《熊迹》讲述了 1971 年"九一三"事件后，外国特务盗取我战备工程地貌图，窃听了战备工作会议内容的故事；《东港谍影》讲述的是 1976 年初秋，某船厂的新型军舰"东港"号图纸遭苏联特务盗窃的故事；《蓝天防线》讲述的是国民党准备在我国庆之际进行空袭，以破坏我与第三世界的外国朋友和台湾籍的旅外同胞的聚会；《猎字"99"》讲述的是特务盗取了猎字"99 号"的心脏分机图纸的故事；《东方剑》讲述的是敌特设立海上情报据点，窃听我海军研制新型潜艇"凯旋"号军事会议的故事；《波斯猫在行动》讲述的是上海解放初期，不甘心失败的国民党余部企图暗杀陈毅市长的故事。

上述反特片与《秘密图纸》有相当的雷同之处，在这批影片中，《黑三角》无论从艺术质量还是观赏性都给观众留下了深刻印象。

视频:《黑三角》(2 分钟)

《黑三角》是由李英杰编剧,刘春霖、陈方千导演,张平、雷鸣、刘佳、凌元主演,北京电影制片厂于 1977 年拍摄的电影。影片讲述了我国北方某城,敌特窃取我"110 号人防工程机密"后,迅速将其转移并通知了国外特务机关。这一密码恰好被我公安机关截获,侦察科长石岩等人投入战斗。特务邢祥取走两把奇特的小钥匙后,在列车上被人击毙,钥匙被拿走。石岩等人顺着钥匙的线索,找到了配钥匙的于秋兰。石岩等人通过细致的调查,查清于秋兰是个无辜的受害者,而她的母亲于黄氏才是埋藏很深、阴险狡猾的特务。公安机关又决定以石岩的照片换境外取货人郎井田的照片,抢先拿到了取货用的信物。郎井田在得知信物已被取走后,决定和货主猫头鹰直接见面。石岩、郎井田、猫头鹰同时来到接头地点,由于郎井田没有接头信物,猫头鹰不肯将货交出。乘二人正在狗咬狗之时,石岩拿到了藏有"110 机密"的铜蛤蟆,迅速将他二人抓获,机智地使猫头鹰自己打开了铜蛤蟆,顺利地拿到了"110 机密"。

改革开放时期拍摄的反特和公安故事片,虽然从大的模式来说,是 17 年电影的继续,但改革开放后的时代变迁与国际形势的深刻变化,西方和港台电影的引进,或多或少地影响了它的形态。改革开放后反特片中的反面人物变得更加愚蠢。所以有评论说:"无论是《黑三角》《暗礁》,还是《熊迹》《猎字"99"》《东港谍影》,惊险之处并不多,原因何在呢?除开不够真实外,最关键的便是观众并不替正面人物担心",因为"这些影片把公安人员写得料事如神"。到后来,反特片进入沉寂,直到 90 年代后才又有了新的尝试,拍摄了《圣保罗医院之谜》《十字架下的魔影》。进入 21 世纪后,反特电影越来越少,加之作者这方面了解太少,故不做介绍。

第八讲　农村题材的红色经典电影

在新中国电影史上，农村题材的红色经典影片占有相当的比重。作为中国社会政治和经济建设的主要阵地，农村从来都是历史风云变幻的晴雨表，而用以表现农民情感生活、社会问题和文化特征的"农村电影"，也始终体现出中国电影创作的时代主潮。

一、1949—1966 年农村题材的红色经典电影

1. 描写土地改革影片具有震撼力

新中国成立之初，中国共产党在农村工作的中心就是开展土地改革与农业合作化。因此，在文化和宣传阵线，电影被视为意识形态强有力的工具备受重视，农村电影也得以大量生产出来，积极配合党的宣传工作。

新中国成立前后，中国共产党在东北解放区和新解放区开展了轰轰烈烈的土地改革运动，这是中华民族历史上前所未有的社会革命运动。太平天国的《天朝田亩制度》没能使农民真正获得赖以生存的土地；孙中山先生虽然提出了"平均地权""土地国有"，后来发展成为"耕者有其田"的主张，但它没有来得及付诸实践；国民党蒋介石在大陆统治 22 年，根本不敢去触动他们赖以生存的地主土地所有制。得不到占中国人口 80% 农民的支持，所以丢掉了大陆执政权。只有中国共产党的土地改革才真正使农民几千年的梦想得到了实现。

视频：中国共产党开展的土地改革（1 分钟）

电影人站在历史的潮头拍摄了描写土地改革的影片主要有：

视频：《土地》（2 分钟）

《土地》是由梅白、水华、李冰、郭小川编剧，水华导演，里坡、裴然、胡朋主演，东北电影制片厂于 1954 年拍摄的电影。影片讲述了 1930 年秋天，伟大土地革命运动震动了这个偏远的乡村——竹林乡。党员谢友生，领导当

地贫苦农民举着红旗，打土豪、分田地，建立了革命政权，后因革命失败，土改成果流失。20年以后，在毛主席领导下，他们同地主阶级展开激烈斗争，并开展了轰轰烈烈的土地改革。

这一时期对中国土地改革进行全方位描述，并带有里程碑色彩的当属周立波的《暴风骤雨》。

视频：《暴风骤雨》（2分钟）

《暴风骤雨》是由林蓝改编，谢铁骊导演，于洋、高保成、鲁非、李百万、赵子岳、刘季云、葛存壮主演，北京电影制片厂于1961年拍摄的电影。影片讲述了1946年，萧祥奉命率一支农村土改工作队到东北某解放区元茂屯进行土地改革，土改工作遇到了很大的阻力和困难。周立波的《暴风骤雨》是中国文学史上一部反映土改革命斗争的文学作品，也是周立波最为成功的作品之一。

据杜亚萍在《〈暴风骤雨〉：从小说到电影的叙事策略》一文中写道：《暴风骤雨》出版发行后，土改工作队员人手一本，一度成为土改工作的必备参考书。作为毛泽东《在延安文艺座谈会上的讲话》精神的实践楷模以及文艺为工农兵服务的贯彻典范，《暴风骤雨》是作家周立波在革命文学道路上的里程碑，奠定了其在文学史上的重要地位。1949年6月，东北地区将《暴风骤雨》作为优秀文学作品推荐给中华全国文学工作者第一次代表大会。1951年底，荣获苏联斯大林文学奖。随后，英法俄和苏联各少数民族将《暴风骤雨》译为本民族文字在世界各地广泛传播。1959年，周立波的夫人林蓝同志将其改编为电影剧本，并于1961年由谢铁骊任总导演，北京电影制片厂摄制为故事影片，在全国引起轰动。杜亚萍认为：探索电影《暴风骤雨》的特点是：第一，导演和主演几乎都有土改的经历。谢铁骊回忆说：抗日战争时期，他跟随部队参加土地革命，50年代，带领表演艺术研究所的学员去湖北汉阳地区亲身参与土改工作，从访贫问苦，扎根串联，到动员贫下中农分土地、分浮财，斗地主恶霸等等，他有着丰富的实际体验经历。电影《暴风骤雨》的演员阵容十分强大，主要演员都是来自北影厂的精英。在电影中参加过土改的不只有导演谢铁骊，主要职员和绝大多数的演员如于洋（饰萧队长）、鲁非（饰白玉山）、高保成（饰赵玉林）、葛存壮（饰刘胜，作者周立波是他的原型）等等，他们自身的土改经历使得他们对影片中的情形相当熟悉。于洋回忆说："亚布里横道河子，在东北牡丹江一带是小说所描写的大的社会背景以及影片拍摄的主要外景地，就是我当年参加土改的区域。因此在阅读小说时，脑海中经常浮现当年土改的情景。而这种生活经验让我对饰演好肖队长充满了信心，谢铁骊了解我，连一张试装照都没拍，就定下了我演肖队长。"饰演赵玉林的高保成，记忆中年少时的贫苦生活使他找到了和赵玉林神魂相通之处，每一句台词、每一滴眼泪，分明都是他自己的真情流露。第二，从小说《暴风骤雨》到电影《暴风骤雨》，叙述者的叙述风格总体基调一致，电影叙述者承袭了小说叙述者的风格，呈现出写实的艺术特色。老一辈的精英演员用自身真切的体验，用最真实的情感对小说的人物进行了具象化阐释。于洋在回忆自己的表演生涯时，影片《暴风骤雨》被列为重要作品之一："我的表演就是从人情人性上着手，从小处着手，从细节把握入手，通过点滴的小动作，使人信服。"在影片中有一个情节，萧队长去老田头家看望老田头夫妇，在马厩里老田头从嘴边取下烟袋递给萧队长，萧队长马上接过来叼在嘴里。虽然动作很小，但传递了一种信息"不会因为你是穷人就嫌你嘴脏"。影片《暴风骤雨》中，音乐也起到了刻画人物形象的作用。正是这一风格的承袭造就了《暴风骤雨》的非凡成就。土改这一历史事件被小说和电影分别运用文本语言和镜头语言记录下来，既具备了崇高的艺术价值又产生了深远的史学意义。李军在《土改中的身体叙事——解读根据同名小说改编电影〈暴风骤雨〉》一文中认为：根据同名小说改编的电影《暴风骤雨》重构了土改的发生过程与意义，它一方面强化了小说原著的翻身主题，另一方面则进一步弱化了原著中主要人物的日常性生活内容。男性身体既是发动土改的动力之源，也是土改运动的执行者与献祭者；女性身体是土改的拯救对象。他／她们共同参与了革命经典叙事的建构，成为承载革命意识形态的化身。

2. 描写农业合作化影片令人难忘

1953 年，中共中央公布了党在过渡时期总路线（即"一化三改"）。

视频：党在过渡时期总路线公布（1 分钟）

如何看待这条总路线？过去有争论，1981 年召开的中共十一届六中全会，通过《关于建国以来党的若干历史问题的决议》。《决议》认为："在过渡时期中，我们党创造性地开辟了一条适合中国特点的社会主义改造的道路。"历史证明，党提出的过渡时期总路线是完全正确的。过渡时期总路线的重要内容之一，就是开展农业合作化。如何评价中国农业合作化运动，如何评价毛泽东在农业合作化运动中的地位，是近年来史学界争论的焦点之一。在农业合作化运动的评价上，主要有两种观点：一种是《关于建国以来党的若干历史问题的决议》(简称《决议》)对农业合作化运动的评价,认为农业合作化运动的大方向是正确的,反映了历史发展的必然性,但也存在着缺点和偏差。另一种观点则是全面否定农业合作化运动,认为这一运动"搞早了""搞糟了""搞快了""搞错了"。后一种观点显然是历史虚无主义的观点。把个体农业经济改造成为集体经济,这在中华民族历史上是破天荒的第一次。为了表现这一农村发生的伟大变革,电影人拍摄了相当一批关于农业合作化的电影。

视频:《农家乐》《辽远的乡村》《卫国保家》《春风吹到诺敏河》《人往高处走》《不能走那条路》《夏天的故事》《水乡的春天》《闽江橘子红》《马》《关不住》《妈妈要我出嫁》《春天来了》《小白旗》《落水记》《洞箫横吹》《女社长》《三年早知道》《并肩前进》《伤疤的故事》《三八河边》《三个战友》《汾水长流》《两家人》《凤凰之歌》等(4 分钟)

上述影片比较真实地再现了农业合作化道路的艰难。在拍摄的关于合作化的影片中,最突出的当属《槐树庄》与《花好月圆》。

视频:《槐树庄》(2 分钟)

《槐树庄》是由胡克改编,王苹导演,胡朋、孔芮、葛振邦、车毅主演,八一电影制片厂于 1962 年拍摄的电影。影片以当年的土地改革和农村合作化运动作为背景,讲述了 1947 年东北农村槐树庄的共产党员郭大娘,带领贫农团的积极分子,展开轰轰烈烈的土改运动。从小被郭大娘奶大的地主崔老昆的儿子崔治国成了国家干部,不满郭大娘对其父的清算斗争,企图压制土改,遭到了郭大娘等人的坚决斗争。6 年后,在开展合作化运动中,老党员刘老成满足单干,不愿走合作化道路,中农李满仓只顾个人发家致富,两条路线斗争日渐激烈。郭大娘顶着儿子在朝鲜牺牲的悲痛,用实际行动影响教育周围的群众。1957 年整风开始后,不少坏人在村里煽阴风、点鬼火,唯恐天下不乱。但这并不能阻止合作化的前进,槐树庄在上级党和郭大娘的正确领导下,人们经受了这场阶级斗争的考验,分清了敌我,认清了是非。1958年,在"总路线""人民公社""大跃进"这"三面红旗"的照耀下,槐树庄建立起人民公社。坚决走合作化道路的郭大娘,得到了党和人民的关怀与爱护。影片通过槐树庄的政治风云变幻,体现了中国农村从土地改革到人民公社成立这一历史阶段的几次重大变革,并以郭大娘这样一个女共产党员为中心,多层次地展示了中国农民的不同思想风貌和错综复杂的人际关系。

电影《槐树庄》是根据胡可创作的同名剧本改编的。胡可与影片中女主人公郭大娘的扮演者胡朋是一对伉俪。电影《槐树庄》曾经引发极大的争论,争论的焦点是政治与艺术的关系问题，是如何看待"歌颂"与"暴露"的问题，是如何评价受"左"的影响下创作的作品问题。对于如何评价《槐树庄》？朱安平撰写了《〈槐树庄〉的是是非非》，秦刚撰写了《精神的解脱之路——谈胡可与他的〈槐树庄〉》，舒云撰写了《〈槐树庄〉的幕后新闻》。笔者结合胡可当年撰写的《〈槐树庄〉创作始末》，做了点滴梳理：

第一，《槐树庄》的原型是依照"子弟兵的母亲"戎冠秀的思想品质和言谈风貌来摹写，但也并不全是戎冠秀的经历。1944年胡可就认识戎冠秀，在1944年晋察冀根据地召开英模大会上，有一位穿着带补丁的粗布棉袄的老大娘的发言吸引了每一个到会的人。她站在讲台上，像拉家常那样叙述了自己在这场反"扫荡"中间掩护八路军病号和抢救八路军伤员的经过。她就是后来闻名全国的"子弟兵的母亲"戎冠秀。当时领导决定以戎冠秀的事迹为内容编为话剧上演，并确定胡可承担编剧任务，由胡朋来扮演剧中戎冠秀一角。组织上并让他们俩在"群英会"结束后陪伴戎冠秀返回她的家乡下盘松村，并在那里继续进行访问以补充材料。据胡可、胡朋女儿回忆：回到村子当天，母亲胡朋就跟戎冠秀像母女般住在了一起，父亲则开始了对戎冠秀一家人和周围人们的紧张的访问，并在小油灯前开始了《戎冠秀》剧本的创作。在共同完成创作任务的过程中，他们有了更多表达感情的机会。当然也有传说，是戎妈妈为他们挑明了"灯芯"。1958年9月，胡可被分配到石家庄军分区工作，11月份军分区领导就让他写一个戏，放一颗"卫星"，以向次年的国庆十周年献礼。从胡可个人的角度来说，他并不想在短期内进行任何作品的写作；因为，在创作上，他一直强调对生活的体验，"如果不了解生活，就只能'闭门造车'"。在他看来，"缺乏生活，是作者最苦恼的事"。故而，他希望在对农村生活进一步熟悉一年半载后才开始进行创作；但既是领导安排的"任务"，而且是国庆十周年这样的盛大节日，时间也很急迫，他也就不敢推辞和怠慢。一直以来，胡可也有按照戎冠秀的光荣事迹和人物形象为原形进行"新的写作"的意图。而农村中的人文生态，胡可也是很熟悉的。土地革命过程中，他亲力亲为，恪尽职守，很多现象和人物都曾见识。当戏剧创作需要生活的履历与体验时，这些人物也就逐渐在胡可的脑海中清晰地呈现了出来，也构成了剧本所需要的人物关系图谱。与此同时，胡可在进城后不多的几次下乡中，见到过的农村轰轰烈烈、热火朝天的农业革命生活景象，也一一在他的脑海中浮现出来。这些已过去的革命经历，便成为他"构思这部作品时比较可以信赖的一部分生活材料"。

第二，《槐树庄》一剧的创作并非如后来所受到的谴责那样，是"主题先行"，是"流行政治概念的翻版"，是"政治概念的图解"。因为，在创作之前，胡可首先想到的是那些他曾经熟悉的人物，而不是先确立主题并把相应的人物进行符号化安插、对座；而且，写人物一直以来都是他强调和突出的创作取向，"剧本不但要描写事件，也要描写人物"；相反，"不去考虑各种登场人物的性格，不想通过人物的精神品质来感染观众的做法，所谓只写事件不写人物的做法，今天说来是早已为大家所不取的了"。这是他一直秉承的创作态度。我们也能从他的其他剧作得到印证。"好的前提就等于一个剧本的微型提纲。"有了熟悉的人物，需要的是确定主题和如何结构的问题。对前者来说，因胡可的文艺观念孕育成长于延安一脉，深受毛泽东《在延安文艺座谈会上的讲话》的训导和哺育，对"政治标准第一，艺术标准第二"可算是熟谙于胸，他对此也一直深信不疑。他一方面相信文艺具有阶级性，另一方面是阶级斗争是构成生活的全部内容，只有阶级斗争才体现着生活。他说过，"我们所说的生活，主要是指的群众的火热的斗争，而不是什么'到处有生活'"，无论是思想上、政治上、经济上的。并认为，这样的斗争"往往通过运动的形式集中地表现出来，土改、诉苦、整风、抗美援朝、农业合作化、三反、肃反、反右斗争等等"。概括地说，胡可所理解的生活，都表现为政治生活；而文艺首先表现的是政治的正确性和方向性，因而，阶级斗争便成为胡可的新作所要表现的主题和现实中的人物戎冠秀采取的行动。对于结构，胡可想到，戎冠秀多年来在农村一直坚持着革命斗争，在各种革命运动中，尽管遇到了各种困难，但革命意志坚贞不移，并有着继续进行下去的坚定信念。于是，他采取了以时间的发展为线索，以一种自由开阔的史诗般的而非用西方"三一律"来结构情景、剧情，因而，土地改革、合作化运动、反"右"、"大跃进"、人民公社等典型性的时代政治生活和历史阶段便成为胡可塑造剧中人物郭大娘这一人物形象发展的选择和生活的剖面，而这些生活内容的不变中心便是阶级斗争。

第三，当年话剧《槐树庄》受到特别的好评。原初的剧名定为《纸船明烛》，后改为《岁月如流》，几个参考的剧名《故乡见闻录》《故乡人物志》《乡村纪事》均未被采纳。在争论不休中，军区司令杨勇说，就叫《槐树庄》吧。于是《槐树庄》剧的命名从此便被确定了下来并得以沿用。1959年6、7月，在北京举行的中国人民解放军第二届文艺会演中，《槐树庄》先声夺人，演出获得了巨大成功，各路媒体如《解放军报》《人民日报》《文汇报》《中国青年报》《戏剧报》《光明日报》《文艺报》《解放军文艺》《文学知识》《北京晚报》《新民晚报》等纷纷以"毛主席革命路线的颂歌""公社的前途万丈光芒""农村集体化的绚丽图卷""新农村的历史画卷"等为题争相做评论或报道，都给予了《槐树庄》积极的评价和高度的肯定，众口同音地认为《槐树庄》一剧是"话剧舞台上的新成就""新突破"。戏剧界的重要人物如田汉、陈白尘、阳翰笙、欧阳予倩、张庚、黄佐临等分别从主题思想、艺术表现、创作经验总结、观后感等方面对《槐树庄》做了肯定。上海、湖南、四川、山西等省、市的话剧团还先后搬演了《槐》剧，同样产生了强烈的影响。1959 年庆祝中华人民共和国成立十周年献礼剧目中，话剧《槐树庄》公演。阳翰笙当时对剧本的评论是："《槐树庄》是一个好戏，我很喜欢。这个戏反映了我们农村 10 年来的尖锐的阶级斗争，好像编年史一样地描绘了 10 年中我国农村的根本性的变化：土地改革，合作化，大鸣大放，社会主义大辩论，人民公社的建立。可以说，10 年来农村中的大斗争，大运动，大事件，社会主义革命和社会主义建设都反映了。作者阶级立场非常坚定，阶级路线也划得很明确，很清楚。使人可以看出，我国农村的面貌，在党的领导下，这 10 年来起了多么深刻的根本性的变化。"

　　第四，电影《槐树庄》上映也曾经大获好评。1960 年初，总政文化部要胡可把《槐树庄》改编为电影文学剧本。交稿 3 个月后，胡可发现与原剧本改动非常大，提出质疑。拍摄过《柳堡的故事》《永不消逝的电波》的八一电影制片厂女导演王苹做了调整。她用流畅、简练而又节奏鲜明的镜头语言，努力配合剧作的意图，把这个年头较长、事件复杂、人物众多的题材处理得繁简相宜、起伏跌宕、线索明确。影片中的几个时期的转化衔接自然连贯、许多场面和镜头的构思设计也十分精彩，如土改胜利后李老康换地标、合作化初期郭大娘等人拉犁、地主崔老昆在拖拉机的轰鸣声中死去等，以极为洗练的语言表达了丰富的内容，造成了强烈的银幕效果。即使在这样一个以事件为主近似演绎历史的题材中，王苹仍然保持了自己善于刻画人物、富于抒情气息的委婉深厚的导演风格，同时也显示出她勇于探索新路子的创新勇气。她的这种精神和富有魅力的导演艺术功力，受到了观众和专家们的一致好评，并因此荣获了第二届百花奖的最佳导演奖。以饰演农村妇女著称的电影演员胡朋，她曾经出演过电影《白毛女》中大春妈、《钢铁战士》中的母亲、《土地》中的母亲、《深山里的菊花》中的母亲、《回民支队》里绝食而死的马本斋母亲、《烈火中永生》中的双枪老太婆等。在《槐树庄》中她饰演女主角郭大娘。她所饰演郭大娘，外貌温和内心刚强，有着一种沉稳、从容和自信的内在气质。

电影《槐树庄》上演，与话剧一样，也产生了强烈的社会反响。在上演不到两年的时间内，各种评论、报道共计 29 篇。电影《槐树庄》上演时，恰逢八届十中全会刚刚结束不久，毛泽东在会上批评了"黑暗风""单干风""翻案风"，坚决维护"总路线""大跃进""人民公社"这"三面红旗"，并提出"千万不要忘记阶级斗争"的口号。在这样的政治氛围中，电影《槐树庄》因对"三面红旗"具有隐喻性的歌颂，因而，显得格外显目，极为受到重视。1962 年，胡可因创作《槐树庄》这一话剧本和改编电影文学剧本被北京军区政治部授予"文艺作品奖"；1963 年，又被总政治部授予"优秀创作奖"。

第五，"文革"中不幸与有幸。"文革"开始后，文艺思想上的清理让《槐树庄》一度成为批判的对象。1967 年初，《槐树庄》原来的演出单位——"战友文工团"认为，《槐》剧中的郭大娘在新中国成立前是阶级敌人——崔治国的奶妈，属于"人性论"；李老康畏惧地主是作者刻意歪曲、丑化贫下中农的形象；刘老成不参加合作社是"歪曲共产党员的形象"。郭大娘的扮演者胡朋也被扣上"反动权威"的帽子，靠边站了。但因为它歌颂了"三面红旗"，倡导了阶级斗争，"大方向是正确的"，已属于可以利用的"社会财富"，于是决定将《槐》剧进行改编，结果后来的剧本被改得面目全非。有幸的是胡可在"文革"期间免遭大批判。

第六，"文革"后《槐树庄》遭批判。在"文革"后的反思中，《槐树庄》遭到了社会的批判。阿尧在《对〈槐树庄〉的再评价》一文中认为，剧中的郭大娘十一年的革命斗争行动的目的和动机是缺乏说服力的，而真正的动机则是作者胡可编造了一个"空洞的概念"；崔志国则在遭遇一次批判后，还看不到政治形势，不断地站错立场，直到被打成"右派"，这样的人物塑造，"根据只能是：反动血统论"。他从戏剧结构分析出发，认为《槐树庄》"为了迎合政治斗争的需要，任意拉长戏的时间跨度来编戏，是行不通，不足为法的"。其结论是，这"绝不是'史诗式'作品，只能是历史概念的图解"。许公炳则对阿尧的观点做了针锋相对的诘问，认为作者通过纷繁错综的生活现象，"真实地具体地深刻地反映了生活中间最本质的东西，表现了现实生活中最根本的矛盾和这种矛盾的各方面的运动形态"。即使剧中宣传了当时的政策思想，但政策思想的传达是与日常生活的真实描写有机结合起来的，人物形象并不是政治号令的传声筒。双方的交锋，各有其合理性，各自采取对自己观点有说服力的论据进行论述。前者更多地从政治与艺术的关系来看，并未对胡可一直以来的创作观念和《槐树庄》创作前后做完整的考查，而后者则从生活与作品中的人物关系论述，缺乏了对作者在创作过程中所表现出的惯性思维进行考量的论辩。二者论辩的立足点不在同一个层面，他们的论说都未点击到《槐树庄》对"三面红旗"歌颂这一核心和本质问题，因而，批与驳都缺乏了洞悉《槐树庄》在社会历史面上的真正深度。但这样你来我往的激烈的批判与论争，在社会话语倾盆如泻地对过去进行清理时，《槐树庄》这一受制于时代并打上了强烈时代烙印的产物，即使有歌颂它所生产时代的隐喻，本也是无可厚非应予理解的，但作为自己的代表作却因历史的转折意外地遭到批判确已导致胡可精神上的苦闷。

第七，新世纪胡可重新审视《槐树庄》。胡可在一次发言中说："我们这一代人，是在毛泽东同志《在延安文艺座谈会上的讲话》精神下哺育成长起来的，《讲话》精神的精髓，已经融会到了我们的骨子里，变成了我们自觉的追求，比如深入生活，面向工农兵，为政治服务等等。当然，现在看来，我们的一些观念比较陈旧，甚至不符合艺术创作的规律，这些我们都能意识到，但却很难改变了，这是我们这一代人的局限。"胡可和胡朋的女儿胡健回忆说："父亲重新审视《槐树庄》是在20多年后。1981年，党的十一届六中全会《关于建国以来若干历史问题的决议》公布。由此，从历史的曲折到创作的得失，父亲有了进一步的认识，文艺创作不能等同于政策宣传。2007年，中国出版集团出版的《中国话剧百年剧作选》收入了他3部话剧作品：《战斗里成长》《战线南移》及独幕剧《喜相逢》，没有《槐树庄》。"有人说这是胡可的"反思"。然而在中国文联出版的《胡可剧作选》中，胡可亲手把《槐树庄》收录其中。女儿回忆说："他是把它当作一份史料收入的，不忍割舍。""父亲的心情我理解，他是忠诚的，是紧跟着党一辈子的作家，他的一切都来源于对党的信任。"

笔者认为：一是习近平总书记认为毛泽东同志在延安文艺座谈会上的讲话解决了文艺"为什么人的问题"，这是一个"根本的问题，原则的问题"。因为，社会主义文艺，从本质上讲就是人民的文艺。在今天同样需要"坚持以人民为中心的创作导向"。二是按照2014年10月15日习近平在文艺工作座谈会上的讲话中，强调一部好的作品，应该是经得起人民评价、专家评价、市场检验的作品，应该是把社会效益放在首位，同时也应该是社会效益和经济效益相统一的作品。同社会效益相比，经济效益是第二位的。这就解决了政治和艺术的关系问题。习近平告诫：文艺不能当市场的奴隶，不要沾满了铜臭气。三是根据《历史决议》的观点，必须承认电影《槐树庄》如作者所言有其历史的局限性。

《当代中国电影》认为："由于剧作者试图在一部影片的容量中，集中概括中国农村由新民主主义阶段到社会主义阶段的历史发展进程，其视点就难免被那些阶段性的重大事件所吸引，剧作构思上也就不可避免地出现概念化的叙述乃至演绎这些事件和斗争的缺陷。因此，虽然摄制时做了很多的弥补，整部影片的结构仍然显得比较粗浅生硬，许多必要的情节未能深入展开，人物性格也缺乏个性特点。"总之，《槐树庄》是一部在新中国成立后17年中产生过重大影响的影片。

视频：《汾水长流》（2 分钟）

《汾水长流》是由胡正、沙蒙编剧，沙蒙、傅杰导演，高宝成、张平、王志刚、李壬林主演，北京电影制片厂于1963年拍摄的电影。影片讲述了1954年的农业合作化初期，在晋中平原，位于汾河岸边的杏园堡农业合作社刚一成立，就遇到了一系列严重困难：霜冻、天旱、春荒缺粮……为了战胜困难，杏园堡村年轻的党支部书记郭春海，与乡长兼农业合作社社长徐明礼一起，坚定不移地走社会主义道路，坚决依靠广大贫下中农，千方百计地同困难和各种干扰做斗争。

杨绪全、史方在《喜看故事影片〈汾水长流〉重映》一文中指出：影片通过晋中平原汾河岸畔的杏园堡农业合作社，在防霜、抗旱、解决春荒缺粮和扩社等问题上所展开的两种思想、两条道路、两条路线的斗争，形象地反映了1954年前后，在党和毛主席的领导下，蓬勃开展的农业社会主义改造，是亿万农民的迫切要求和唯一正确的出路。影片紧紧地围绕中国农村社会主义和资本主义两条道路斗争的这一根本问题，在广阔的社会背景上，坚持运用革命现实主义和革命浪漫主义相结合的创作方法，再现了当时农业合作化运动中两个阶级、两条道路的决战，反映了农村社会主义革命的历史进程和翻天覆地的变化，塑造了王连生、郭春海这样一些坚持走社会主义道路的典型形象，热情地歌颂了农业合作化运动的伟大胜利，形象地表明了"广大农民是愿意在党的领导下逐步地走上社会主义道路的，党是能够领导农民走社会主义道路的"这一光辉的思想。整个影片反映了鲜明的时代精神，洋溢着浓厚的生活气息和地方色彩。人物个性鲜明，语言纯朴真挚，情节生动细腻。实事求是地讲，60年代拍摄的影片，特别是在1962年重提阶级斗争的大背景下，尽管讲的是合作化时期的故事，但编导者很难摆脱时代烙印的阴影。

3. 反映农民伦理与革命叙事和浪漫主义相结合的影片更具特色

新中国成立初期，农村不仅成为开展政治改革、经济生产的广阔天地，同时也是标志社会发展和精神面貌的主要领域，在这一阶段电影被视为意识形态有力的工具而备受重视，农村电影也得以大量生产出来。60年代，在"为亿万农民服务"文化方针的指导下，创作者们经过长期深入的农村生活，所拍摄的电影更加真诚可信，洋溢着时代的热情，并塑造了一系列生动、丰满、平实的农村人物形象，形成相对完整的民族风格和美学追求，在叙事和影像创新方面都具有重要的开拓意义。可以说这一时期农村电影创作者们，背负着政治宣传和艺术追求的双重使命，它的特点表现为：

第一，历史道德劝喻与革命叙事相结合。《中国电影发展史》认为："在旧时代与新社会交替的更大历史时期，个人的情感和命运都会被纳入政治话语中叙事，人与人之间的关系也更多地呈现为不同阶级之间的关系，在农村电影的叙事流程中，激烈的戏剧冲突和曲折的情节发展最终都会在社会政治层面找到对应。"反映历史道德劝喻与革命叙事相结合特点的影片主要有《李双双》《枯木逢春》《北国江南》等。《李双双》是对新生社会的现实进行了适度的讽喻，这种讽喻在作品中主要以生活化和戏剧性方式加以阐述，同时，通过对新旧两种矛盾的对比和解决，展现了贫下中农在人民公社化道路上的思想变化和进步。电影《北国江南》不仅展现了社会主义建设过程中的阶级斗争，同时也强调了党和政府对个人觉悟提高的关键作用。电影《枯木逢春》在当时轰动一时。

视频：《枯木逢春》（2分钟）

《枯木逢春》是由王炼、郑君里根据同名小说改编，郑君里导演，上官云珠、尤佳、徐志骅、高重实主演，海燕电影制片厂于1961年拍摄的电影。影片讲述了新中国成立前，从小失去爹娘的苦妹子做了方妈妈的童养媳。为躲避血吸虫病，苦妹子与未婚夫方冬哥及方妈妈，逃离江西老家，路上走散，苦妹子嫁了人，方老爹死于血吸虫病，苦妹子也染病。新中国成立后，苦妹子与方妈妈一家巧遇，最终苦妹子治好了病，还同方冬哥结了婚，过上了幸福生活。

《当代中国电影》认为：影片《枯木逢春》是一部艺术形式和艺术风格上颇有追求的影片，苦妹子是一个集中概括了无数血吸虫病患者命运的典型形象。影片通过苦妹子的命运，热情歌颂了社会主义制度的无比优越，歌颂了新社会的幸福生活。电影编剧王练本人就是一个血吸虫病患者，他是怀着对社会主义制度的无限感激之情创作出这个剧本的。影片画面结构严密，蒙太奇构思新颖、独到，叙述流畅、热情、细致，充满了乐观向上的基调和浓郁的抒情意味。影片生动展现了在人民政府的关怀下，江南农村彻底消灭了血吸虫病这一"震惊世界的奇迹"。

1958年7月1日，当毛泽东主席得知江西省余江县消灭了血吸虫病后，他激动不已，彻夜难眠，感慨和热忱化作了七律两首《送瘟神》：其一："绿水青山枉自多，华佗无奈小虫何。千村薜荔人遗矢，万户萧疏鬼唱歌。坐地日行八万里，巡天遥看一千河。牛郎欲问瘟神事，一样悲欢逐逝波。"其二："春风杨柳万千条，六亿神州尽舜尧。红雨随心翻作浪，青山着意化为桥。天连五岭银锄落，地动三河铁臂摇。借问瘟君欲何往，纸船明烛照天烧。"有评论认为：一个小小的血吸虫的肆虐，深深刺痛了一颗伟大的心。一个残暴的瘟君的覆灭，大大激发了一份磅礴的情。两首诗闪射出了灿烂的艺术光辉，让我们从中深刻感受到一个无产阶级革命家的赤诚之心和爱国爱民之情。

这一时期拍摄的电影《夺印》，当时既产生了相当大的影响力，又存在极大的争议。

视频：《夺印》（2分钟）

《夺印》是由王鸿、丁毅根据李亚如、王鸿、汪复昌、谈暄的同名扬剧改编，王少岩导演，李炎、田华、高加林、刘季云主演，八一电影制片于1963年拍摄的电影。影片讲述了1960年春天，苏北里下河地区小陈庄生产大队领导权被反革命分子陈景宜篡夺，大队长陈广清做了敌人的一把挡风遮日的"大红伞"，结果别的大队热火朝天搞生产，小陈庄却冷冷清清，人心涣散。公社党委调红旗大队的党支部书记何文进到小陈庄生产大队当党支书，何文进的到来使陈景宜十分震惊。阴险的陈景宜为了挤走何文进，使出用"分稻种"来划分敌我阵营的办法，并设鸿门宴促何文进上钩，何文进并不上他的圈套。他充分展开调查研究，当知道陈有才家生活困难，便带救济粮送上门，发现了陈景宜也让人送粮拉拢陈有才的鬼祟行为。共产党员胡素芳清查保管员账目，遭敌人诬陷，大队长陈广清敌友不分，被陈景宜利用。经何文进苦口婆心做工作，受蒙蔽的陈有才擦亮了眼睛，在斗争最激烈的时刻，勇敢地站在了正义一边，陈景宜和陈广西落入人民的法网，政权重新回到人民手中。

朱安平在《〈夺印〉命途一波三折》一文中指出：1963年八一厂摄制的

故事片《夺印》，系根据曾轰动全国的同名扬剧改编而成。原剧因对农村现实生活所做的深入反映，契合了当时政治形势的需要，鼎盛之际有40多个剧种、300多家剧团竞相移植演出，拍成影片后被誉为银幕上"迎风飘扬"的一面"红旗"，尔后又从"云端"坠入"谷底"，及至引发评价争端，经历了鲜为外界所知的曲折历程。1963年，梅阡撰写了《一曲阶级斗争的凯歌——试评评剧"夺印"的演出》。扬剧与电影《夺印》的编剧王鸿，在2007年写了一篇《闲话〈夺印〉》对扬剧和电影产生过程及遭遇做了详细的说明。

据编剧王鸿回忆：《夺印》中的党支部书记何文进，是参照《新华日报》记者李晓晖和《高邮报》记者谈宜写的一篇通讯《老贺到了小耿家》中的党支部书记贺文杰的先进事迹创作的。故事发生在三年困难时期。地处苏北里下河腹地的高邮甘垛公社小耿家大队灾情十分严重，多数村民挣扎在饿死与病死的边缘。邻近的龙王大队由于有贺文杰这个好当家人，不仅带领全队父老乡亲安度灾荒之年，而且主动向上级提出愿意帮助邻队小耿家摆脱贫困。经上级批准，小耿家大队并入龙王大队后，仅一年多时间，就奇迹般地将小耿家村民拉出了苦难的深渊。1960年1月，中共江苏省委以红头文件下发了《老贺到了小耿家》这篇通讯，号召全省党员干部向贺文杰学习，并要求各地将贺文杰的事迹编成各种形式文艺作品，以教育更多的干部群众。扬州地委决定根据通讯的内容组建创作班子，编一出大型扬剧，同时决定由地委宣传部任宣传部副科长的王鸿牵头编写。由于初稿登场表演失败，创作组认识到：仅仅靠《老贺到了小耿家》这篇通讯所提供的素材来编创一出大戏，是远远不够的。要想打开思路，必须跳出真人真事的圈子，到故事发生地做一番考察。那时，去高邮水乡的交通很不方便。我们乘坐的木船早晨从高邮县城出发，四五十里水路，整整荡了一天，天黑才到甘垛公社。在甘垛期间，我们听了王鹤皋以及大队党支书贺文杰还有几个生产队干部的介绍，访问了不少贫下中农，亲眼看到了新中国成立以来里下河农村处于最困难时期的景象，深刻感受到困难的形成虽与严重自然灾害有直接关系，但也有不少人为因素。有些地方，基层干部不仅不能以身作则，带领群众生产自救，相反利用手中的权力，多吃多占，为非作歹。有些坏家伙则投其所好，进行拉拢腐蚀，贪污盗窃，投机倒把，破坏生产，干尽坏事。个别地方基层的领导权实际上已落入坏人手中。经过考察，王鸿等人创作思路大开，对原剧本进行了大手术，重新构建框架，强调以稻种问题贯穿全剧，强化正反两方面的相互交锋，让人物逐渐活起来。经过重新编排的扬剧《红旗插到小陈庄》，获得了初步成功。对《红旗插到小陈庄》这个剧名，观众反映不够理想，我们几个作者也不满意。当时任地委宣传部副部长的钱承芳提议取名《夺印》，得到大家的一致赞同，从此改名《夺印》。

1961年春，《夺印》正式公演，在不到一年的时间里就上演了160多场，观众达15万人次。江苏省文化局副局长、著名剧作家吴白匋主持召开了座谈会。到会专家对这出戏给予了热情肯定。吴白匋说："我看这个戏，是扬州专区所编的现代戏里面最让我满意的一个。"《雨花》编辑部丁正华说："这个剧本是我看过的同一题材剧本里面最好的一个本子。"省电影制片厂编辑部主任白得易说："这出戏主题明确，结构干净利索，格调明朗，不落俗套，语言生动活泼。"1962年8月，《夺印》剧组赴上海演出，演出第二天，上海《文汇报》《解放日报》《新民晚报》，上海人民广播电台等新闻媒体都报道了扬州专区扬剧团成功演出《夺印》的消息。9月20日的《文汇报》以"《夺印》好"为题发表专文，同时发表了《现代剧〈夺印〉给人耳目一新》的新闻："上海文艺界人士认为，《夺印》不仅主题思想鲜明，人物刻画生动，而且在艺术构思上，情节变化发展引人入胜，高潮一个接着一个，紧紧地抓住了观众。"《解放日报》发表了《一出反映现实题材的新剧——评扬剧〈夺印〉》的长文。文中说《夺印》"热情地歌颂了广大社员要求迅速改变落后面貌，坚持走社会主义道路的强烈愿望，表现了党在农村的坚强领导作用，刻画了优秀的党的基层干部的鲜明形象"。王鸿特别指出：这里需要提及的是，《夺印》是一出反映阶级斗争的戏，夺印就是争夺印把子，争夺领导权，这场斗争自然十分严峻。有人以为《夺印》是为了配合党的八届十中全会提出"以阶级斗争为纲"而编创出来的，显然是个误会。《夺印》开始创作于1960年底，在上海首演是1962年9月19日，党的八届十中全会公报发表是9月28日。《夺印》在上海演出时，八届十中全会尚未召开。《夺印》在上海一炮打响，一时间可称得上好评如潮。党的八届十中全会公报发表以后，由于《夺印》的内容和全会的精神合拍，就更加备受青睐了。《人民日报》《光明日报》《戏剧报》《文艺报》等全国性报刊均发表评价文章。《剧本》月刊1963年第3期将其发表，同年9月，由上海文艺出版社出单行本，并出版了连环画、年画，上海唱片厂灌制了唱片选段。

1963年5月，全国文联召开全委扩大会议，王鸿作为特邀代表出席了会议。会议期间，周恩来总理在《报告》中特地谈到《夺印》，并关切地询问《夺印》的作者是否前来参会，他还先后两次观看了歌剧《夺印》。王鸿对周总理的问话既感到突然，又十分激动。周总理这样重视关心《夺印》，使王鸿异常感动，同时也惶惶不安。扬剧《夺印》改编为评剧后，引起了当时社会轰动，好评如潮。中国戏剧家协会上海分会特为该剧演出召开了座谈会。座谈会上，大家一致肯定：《夺印》是一出政治性和艺术性结合得比较好的富有鲜明特色的好戏。不仅剧本表现的题材重大，而且全剧以一种健康昂扬的情调，热情地歌颂了广大社员要求迅速改变落后面貌、坚持走社会主义道路的强烈愿望，表现了党在农村中坚强的领导作用，刻画了优秀的党的基层干部的鲜明形象。董润生在《〈夺印〉好》一文中认为这"是一出深受观众欢迎的、富于教育意义的好戏"。其所以好，首先因为它深刻而生动地反映了当前农村的尖锐复杂的阶级斗争。同时《夺印》通过紧张尖锐的戏剧冲突，在人物性格的矛盾发展中，刻画出了众多的人物形象，其中几个主要人物，都有比较鲜明的性格特征。1963 年，梅阡在《一曲阶级斗争的凯歌——试评评剧〈夺印〉的演出》一文中指出：扬剧《夺印》是目前反映现实生活的戏曲创作中一个可贵的收获。它深刻地反映了当前农村中阶级斗争的尖锐性和复杂性，热情地歌颂了生活中那些坚持贯彻党的政策、富有敏锐的阶级嗅觉、立场坚定、斗争坚决的先进人物，同时对今天农村中一小撮隐蔽的阶级敌人，以及受他们利用而蜕化变质的分子给予无情的揭露与抨击，对观众进行一次深刻的阶级教育，发挥了戏曲的战斗作用。今天，对每一个戏剧工作者来说，如何深入地反映现实，如何有效发挥戏剧这一武器的战斗作用，是我们有待加倍努力的首要任务。《夺印》对此提供了一个良好的范例。就在这一年，王鸿和丁毅合作将《夺印》改编为电影故事片剧本，由八一厂摄制，1963 年底该片在全国上映。影片上映后，产生了更大的影响。

"文革"期间，《夺印》变成了大毒草，受到批判。"文革"结束后，1981年 4 月《南国戏剧》杂志上，发表了署名桴海写的《阶级斗争扩大化的活标本——扬剧〈夺印〉再认识》的文章，这是一篇充满浓浓火药味的大批判文章。全文分三部分，第一部分的小标题是"《夺印》的要害是鼓吹夺权"。无独有偶，"文革"中登在扬州某造反派小报上的那篇大批判文章的标题是"《夺印》的要害是推翻无产阶级专政"。应该说，在"左倾"思潮翻滚的"文革"中，出现这样的文章并不奇怪，但桴海这篇文章刊登于广州一家公开发行的刊物上，时间又是党的十一届三中全会召开以后，这就令人惊讶了。针对此情王鸿和汪复昌写了一篇题为"一篇主观臆造的奇文——对扬剧《夺印》再认识一文的认识"的文章，对桴海一文进行了全面的批驳。1989 年 10 月 1

日，北京举行了庆祝中华人民共和国成立 40 周年的盛大游行。中国评剧院的《夺印》彩车经过天安门广场；不久，中央电视台播放了评剧《夺印》唱腔选段，评剧院在纪念建院活动时，介绍了周恩来总理关心评剧《夺印》的情况。

在当时农村社会中，出现了相当的黑社会性质的事件，一些村党支部书记或村主任居然成了村霸，这令 50—60 年代出生人唏嘘不已。造成这种状况其根本原因就在于一些农村基层党组织，在市场经济大潮中迷失了方向，导致管党治党"宽松软"。这种现象其实也是阶级斗争的一种表现形式。中共十九大党章指出："由于国内的因素和国际的影响，阶级斗争还在一定范围内长期存在，在某种条件下还有可能激化，但已经不是主要矛盾。"这里讲得清楚明白，不要一说阶级斗争就是"以阶级斗争为纲。"的确，改革开放前处理问题习惯于从"阶级斗争为纲"的思维方式，强调阶级搏斗与你死我活，而今天的处理方式则是用法治的手段与方式解决，真正体现了中国共产党依法执政和依法治国。

第二，唯美的影像风格与浪漫主义的结合。表现新农村特别是青年人情感生活的影片，在共和国献礼影片中，农村题材除了《老兵新传》之外，当属《我们村里的年轻人》。

视频：《我们村里的年轻人（上下集）》（3 分钟）

《我们村里的年轻人》是由马烽编剧，苏里导演，李亚林、梁音、金迪、刘增庆等主演，长春电影制片厂于 1959 和 1963 拍摄的电影。影片讲述了一群农村青年劈山引水、建造水电站，从而改变家乡面貌的壮举，歌颂了年轻人投身家乡建设、不怕吃苦、甘于奉献的高尚情操。影片塑造出一个个各具特色、令人喜爱的年轻人形象，如勤于思考、性格沉稳的复员军人高占武，朴实能干的曹茂林，热情聪慧的孔淑贞等，令人难以忘怀。同时，影片在轻松热烈的基调中，探讨了对农村存在的先进与落后、革新与保守之间的矛盾的认识，提升了影片内涵，使其成为新中国成立后反映农村生活影片的代表之作。

《当代中国电影》认为：虽然影片描述的是一个农村青年劈山引水、改变家乡的故事，但导演不落俗套，把这个题材处理成有情趣、别开生面的轻喜剧影片。影片中有两条冲突线：一是以高占武、曹茂林、孔淑贞等为代表的年轻人和因循保守的老社长为要不要劈山引水的冲突；另一条是以高占武等与另一青年李克明在对待生活、理想与爱情态度上的冲突。影片在处理这两对矛盾关系时，没有像过去那样首先去抓主要矛盾，用主要篇幅描述生产斗争过程，而是把第一条冲突放在侧面，把兴修水利的过程和技术问题尽可能推向后景，正面冲突年轻人之间的思想冲突和爱情纠葛。透过这群年轻人对待劳动和爱情的态度，勾画出他们的内心世界和精神境界，在表现农村新一代改天换地斗争的同时，展示他们崭新的精神面貌。在大胆描写爱情的纠葛中刻画生动的人物形象，这是影片的重要特色。影片的男女主人公高占武与孔淑贞是由 22 大影星中的李亚林和金迪扮演的。

　　视频：22 大影星之一李亚林（3 分钟）

　　李亚林是表演艺术家，新中国 22 大影星之一。2012 年《电影》杂志第 10 期介绍了李亚林。李亚林 1931 年出生在辽宁，1951 年中学毕业后，考入中央电影局表演艺术研究所（北京电影学院前身）学习，与后来长期活跃在影坛的庞学勤、张圆、张辉、叶琳琅、印质明、赵联等人是同学。他 1953 年毕业后进入北京电影演员剧团。1955 年，李亚林被调到长影。在这里，李亚林第一次参加了《虎穴追踪》的拍摄，扮演一个狡猾、毒辣但又很虚弱的特务，由此走上银幕。此后，李亚林便在《如此多情》《芦笙恋歌》《母女教师》《患难之交》《水库上的人们》等影片中担任角色，由于这期间他饰演的大都是反面角色，所以导演在选择演员时，总是把李亚林归在演反面人物一边。导演于彦夫却看准了李亚林扮演角色的潜力，让他担任影片《徐秋影案件》的男主角—— 侦察科长汪亮。当时，不少人为李亚林捏着一把汗，担心他演砸了锅，然而导演没有看错，李亚林确是个有潜力的演员，他一反过去演反面人物给人们的印象，成为银幕上可亲可敬的正面英雄人物。影片放映后，反响很大，受到评论界和观众的一致好评，李亚林从此也就成为银幕上很有影响的"性格小生"。在《徐秋影案件》这部影片中的成功表演，是李亚林艺术生活的转折点。之后，他又拍摄了《我们村里的年轻人》《冰上姐妹》《前哨》《烽火列车》《炉火正红》等影片。其中，《我们村里的年轻人》演得尤其出色，在李亚林的表演艺术中具有一定的代表性。这是一部反映在社会主义建设中一群农村青年的劳动、思想、爱情的轻喜剧，影片以轻松、明快、幽默的笔调，展现出一幅社会主义新农村的生活画面。李亚林饰演剧中的男主角——复员军人高占武，一个具有高度社会主义觉悟和积极性、敢想、敢干、关心同志、富于牺牲精神、努力建设新生活的社会主义新人形象。李亚林演得朴实、自然，既有浓厚的乡土气息，又有鲜明的时代感。这部影片受到城市、农村广大观众，尤其是青年观众的喜爱，李亚林也因此与影片的女主角金迪一起，1962 年被选入"22 大明星"之列。

视频：22 大影星之一金迪（3 分钟）

金迪原名金慧琴，曾用名金狄，1933 年生于上海，新中国 22 大影星之一。1950 年参加鞍山市文工团任舞蹈演员，1952 年入东北鲁迅文艺学院表演系学习，1953 年为东北人民艺术剧院演员，先后在话剧《尤里乌斯·伏契克》《美丽的姑娘》《日出》中饰演重要角色。1956 年参加第一届全国话剧会演，在《前进再前进》中饰女主角，获演员奖。2012 年《电影》杂志第 10 期介绍金迪说：1957 年，长影著名导演郭维筹拍《花好月圆》，金迪被选上扮演性格泼辣、思想落后的村姑袁小俊。金迪初上银幕，却"野心"不小，她非要争演田华扮演的第一女主角范灵芝不可。范灵芝是团支部书记，影片的女主角。当时田华听说后，主动找到金迪说："我在中央戏剧学院训练班学习时，就演过袁小俊。你一上银幕就能捞到这个角色，太幸运了。只要导演同意，我就让给你演，范灵芝是一个乖巧得近乎完美的角色，可是很容易演出很平面化的东西，而袁小俊却很有个性，演来很有挑战性。"金迪一听，觉得有理，于是又孩子般地找到导演，表示愿意出演袁小俊。可惜的是，这部电影生不逢时，影片在后期制作时，郭维被打成"右派"，影片也受了牵连，不能公开放映。直到"四人帮"垮台，大批老电影重新放映，金迪才在电影院看到自己的这部处女作。1958 年拍摄《我们村里的年轻人》时，对于女主角孔淑贞，当时长影厂里许多小有名气的青年演员都主动请缨，但是均受形象的限制未能如愿。导演苏里并不着急，他心里早已认定了金迪。但长影多次前往辽艺借人未果，最后只好以解决夫妻分居为借口，将金迪正式调到厂里，使她与做译制片配音工作的丈夫崔屹峰得以团聚。金迪进厂 5 天后，直接赶往早已先期到达山西汾阳县（现汾阳市）外景地、正在等待女主角到来的摄制组，开始了孔淑贞这个人物的塑造。但对于在上海出生、在城市生活的姑娘来说，难度非常大。最终，金迪凭着悟性，凭着功底，靠着长期在农村体验生活得来的经验，塑造出来一个敢作敢为、性格鲜明的农村姑娘鲜活的银幕形象，赢得观众的一片喝彩。1961 年 6 月，中央宣传部和文化部在京召开"全国故事片创作会议"。金迪因为《我们村里的年轻人》所取得的令人瞩目的成绩，也被特邀与会。6 月 22 日，周总理约请各地电影厂的一些编剧、导演和演员，到中南海西花厅家中座谈，金迪便和许多电影界的老前辈陈荒煤、于伶、崔嵬、田方等三十多人，一同乘坐一辆大轿车，开进了中南海。当时，金迪并不知道是要到周总理的家里。当大轿车徐徐停稳在西花厅的门前，透过玻璃窗户，金迪猛然看见周总理早已在门前等候着大家的光临。周总理健步迎上来，握住金迪的手说："小金迪，你也来了。"一晃 5 年时间，周总理有多少繁忙的国家大事需要处理，但是并没有忘记一个普通的演员，金迪心头一片热烘烘、暖洋洋的，站在那里一个劲儿呵呵地笑着。饭后，总理还再三对金迪叮嘱："一个演员，什么都演，正面的要演，反面的也要演，主角要演，配角也演，演员有大小之分，角色没有大小。"1961 年底，金迪当选为新中国"22 大电影明星"之一。这在当时众多资深的著名演员候选人中，不能不说是一个非常出人意料的结果。

《当代中国电影》对此评论道：《我们村里的年轻人》具有一种热烈而又轻松的独特基调，不仅把个性的刻画展现在爱情纠葛中，而且把严肃的思想斗争融合在善意的挪揄和嘲讽中，在轻松和活泼的氛围中揭示出先进与落后、革新与保守的矛盾。

50 年代后期，电影界还拍摄了通过表现三里湾几对青年婚恋纠葛和扩大农业合作社坎坷经历的《花好月圆》。

视频：《花好月圆》（2 分钟）

《花好月圆》是由郭维根据赵树理的小说《三里湾》改编，郭维导演，田华、金迪、王秋颖、秦汉、郭振清主演，长春电影制片厂于 1958 年拍摄的电影。影片讲述了 1950 年晋中某地农村三里湾，正在筹划开渠、扩社。而村长范登高不热心集体生产，不关心开渠、扩社，而是私自进城跑买卖，群众意见很大，民兵队长王玉生对此非常不满，两人发生激烈争执。村长的女儿灵芝和糊涂涂的儿子有翼都是共青团员，彼此有好感。他们痛恨自己家里人思想落后，灵芝生性泼辣，敢于斗争，有翼则性温胆怯，对落后势力采取妥协态度，灵芝渐渐看不起有翼，最终把爱投向离了婚的玉生。痛苦的有翼认识到软弱给自己带来的危害，他在玉梅的帮助下，同落后观念进行斗争，赢得了玉梅的好感并和她相爱了。

胡红瑞在《从〈三里湾〉到〈花好月圆〉：经济视域下的农业合作化小说改编》一文中认为：1955 年，《三里湾》作为最早描述农业合作化运动的长篇小说发表问世，继而引起广泛的关注和讨论。1958 年，导演郭维将《三里湾》改编成剧本《花好月圆》并拍摄上映，这部电影成为郭维"为国家拍的最赚钱的一部电影"。《三里湾》和其改编的电影《花好月圆》同为毛泽东思想指导下的文艺创作，充分展现了马克思主义思想与中国实践结合的过程，具有鲜明的政治经济学倾向。从小说创作到电影诞生的这段时间里，随着社会主义公有制不断发展和完善，农业合作化运动实现了由互助组到初级社再到高级社的转变，整个中国的生产关系和生产力发生了巨大变化。赵树理和郭维借助三里湾这个具体可感的村庄对这些变化进行了详尽的记录和展现，以一种纪实性的政治经济视角再现了社会主义革命逻辑演绎的全过程。《三里湾》同《花好月圆》的诞生及其传播的过程极具戏剧化，它们是"革命电影文化多元冲突的一个缩影"。赵树理在接受记者采访时称："这是一个好剧本，虽然我只是仓促地看一眼，但给我的印象是好的；是爱情一部分戏比较完整了，小说中的主要人物都写出来了，而且性格也很鲜明。"的确，影片以不失浪漫的表现手法和艺术风格，传达出东方民族文化和古典美学的意蕴。

第三，双重叙事的特点。农村电影通常将主人公置放在现实背景下，借助一系列的社会政治事件，来展现他（她）在处理现实和他人之间矛盾关系时对自身的调整。除了电影《老兵新传》之外，这一时期拍摄的影片还有《布谷鸟又叫了》《蚕花姑娘》《小白旗的风波》《女社长》《山村姐妹》等。

二、改革开放以来农村题材红色经典电影

"文革"时期也拍摄了一些农村题材的影片，如《青松岭》《艳阳天》《金光大道》《雁鸣湖畔》《战洪图》《春苗》《山花》《海上明珠》《山里红梅》《寄托》等。

视频：《青松岭》《艳阳天》《金光大道》《雁鸣湖畔》《战洪图》《春苗》《山花》《海上明珠》《山里红梅》《寄托》（2分钟）

"文革"时期拍摄的影片一方面强调了"阶级斗争为纲"，突出了影片的政治色彩，忽视了艺术性。另一方面则强调"三突出"的创作原则。这一原则就人为地神化了英雄人物，使英雄人物脱离群众，宣扬了历史唯心主义，也使当时的文艺作品中人物形象千人一面，人物关系千篇一律。

在新中国光影70年的发展历程中，改革开放新时期农村题材红色经典影片，无论在叙事还是影像层面，都获得了前所未有的突破和创新。就其特点而言，主要有以下几点：

第一，历史记忆与文化反思相结合。"文革"结束后，这一时期拍摄的电影《柳暗花明》《笨人王老大》《许茂和他的女儿们》《月亮湾的笑声》《被爱情遗忘的角落》《芙蓉镇》《我们的田野》《牧马人》等。

视频：《牧马人》（2分钟）

《牧马人》是由李准根据张贤亮的小说《灵与肉》改编，谢晋导演，朱时

茂、丛珊、雷仲谦、牛犇、陈肖依主演,上海电影制片厂于1982年拍摄的电影。影片讲述了1980年,华侨企业家许景由回国,见到了失散多年的儿子许灵均。许景由因为30年未尽父责深感内疚,他决心把儿子带回美国,继承遗产,但许灵均舍不得妻子秀芝和儿子清清。许灵均在1957年被打成"右派",来到西北牧场劳动改造,牧区人民的关心使他坚强地生活了下来,获得了勇气和力量。农村姑娘李秀芝逃荒至此相识许灵均,两个人建立起一个贫穷但却幸福的小家。"四人帮"被粉碎后,许灵均得到平反,走上讲台,将自己的知识传授给牧场的后代,从而确定自己不能离开祖国。许灵均送走了父亲,又重新回到那片洒下汗水的土地,回到亲友和妻子身边。

1988年谢贤导演的电影《牧马人》上映后引发了万人空巷,当年创下1.3亿人次的观影纪录。对此,王欣慧《关于电影〈牧马人〉的文化现象解读》中称:《牧马人》在当时爆红是有原因的,其中一个原因是它符合当时背景下的社会环境,也符合淳朴纯真的社会风气;另一个原因是男女主人公的爱情感动了观众,不仅仅是两人之间的相互扶持,更多的是让我们看到了那个浮躁的时代中存在着爱情的美好与质朴。李晓华、汤静在《论从张贤亮〈灵与肉〉到谢晋〈牧马人〉的电影改编》中认为:张贤亮是中国当代重要作家之一,早在20世纪50年代初读中学时即开始文学创作,1955年从北京移民来宁夏,先当农民后任教员。1957年在"反右运动"中因发表诗歌《大风歌》被划为"右派分子",押送农场"劳动改造"长达22年。1979年中共十一届三中全会后平反恢复名誉,重新执笔后创作大量小说、散文、评论、电影剧本。其中以短篇小说《灵与肉》最具代表性,张贤亮以自己为原型,于平反归来后反思这个社会带给人民的艰难岁月,以冷静理性的笔触诠释着社会底层的劳苦大众在物质匮乏与精神动荡的年代所保留的人性温情。这篇小说于1980年发表便受到广泛关注,相比于作者其他作品所表现的知识分子与底层农民之间的隔阂、内心的矛盾与精神的挣扎,《灵与肉》所展现出来的更多的是人物对于底层人民的回归,字里行间都流露着温情。谢晋是国家一级导演,中国第三代导演代表之一。根据小说《灵与肉》改编的电影《牧马人》于1982年上映,1983年获第六届大众电影百花奖最佳故事片奖、最佳男配角奖,第三届中国电影金鸡奖最佳男配角奖和最佳剪辑奖。影片既坚守了忠于原著的原则,又在此基础上融入了许多新的内容,体现了张贤亮和谢晋不同的创作风格与审美追求。小说和电影是两种完全不同的艺术形式,小说以文字作为媒介带给读者无穷的想象空间和理性思考,电影则通过声乐、画面给观众以直接感官的刺激，在电影《牧马人》对小说《灵与肉》的改编中，将一种形式转变到另一种形式，从抽象的文字符号到通俗直观的视觉呈现，我们不难发现，导演谢晋在塑造人物时做了很多创新改编。

第二，反映农村生产责任制与传统叙事语境中的伦理观照。这一类影片主要有《咱们的牛百岁》《喜盈门》《不该发生的故事》《布谷催春》《咱们的退伍兵》《老井》《海滩》《野山》《人生》《被告山杠爷》《金匾背后》《黄土坡的婆姨们》等。从上述影片中看到，新时期农村电影更多表现的还是广大农民的日常生活和普通情感，故事情节比较贴近现实，也通俗易懂，往往在轻松幽默的叙事情境中讲述一段喜闻乐见的家长里短。这种生活化的轻喜剧风格在影片《喜盈门》和《咱们的牛百岁》中表现得尤为突出。

视频：《喜盈门》（2分钟）

《喜盈门》是由辛显令编剧，赵焕章导演，王书勤、温玉娟、王玉梅、洪学敏主演，上海电影制片厂于1981年拍摄的电影。影片讲述了北方某山村，陈家为陈仁武与薛水莲结婚摆喜宴，大嫂王强英要丈夫陈仁文也给她买条新娘子穿的那种涤纶绸裤，碰巧仁文妹妹仁芳的男友送给她一条涤纶裤料，强英认为裤料是婆婆为小姑子买的，便去找婆婆要裤子。由此影片展开了家庭中正确处理婆媳、妯娌、姑嫂、夫妇之间各种复杂矛盾的故事情节。

说到《喜盈门》，先从编剧辛显令说起。辛显令在谈创作感受时说：我在县里做群众文化工作，工作之余，学写一点小戏曲、小小说之类的东西。1978年10月份，潍坊地区文化局组织我们部分业余作者到农村深入生活，在跟村里的干部群众较长时间的接触中，我经常看到有的老年人唉声叹气，中年人大发牢骚。他们说如今的村风变坏了，年轻人学歪了。家庭不和睦，老人受虐待，弟兄闹分家，两口子打离婚，成了不足为怪的平常事。人们议论得多了，引起我的重视，开始留心观察各家各户的详细情况，并对全村进行了一番调查，在调查基础上，我便产生了写《喜盈门》的念头。因为选的题材来自现实生活，素材丰富，感受深刻，许多人许多事在脑子里活灵活现，所以写得比较顺手。只花了20天的时间就写出初稿。后上影厂赵焕章导演又专程赶到山东，帮助我研究剧本，分析人物，提出不少宝贵的修改意见。

对于赵焕章，在《喜盈门》公映后，记者王永午、洪伟成采访了《喜盈门》赵焕章说：赵焕章跻身影坛已经整整30年了。1952年他由山东大学艺术系调到上海联合电影制片厂当演员，参加过影片《斩断魔爪》的拍摄，尔后改行任场记、助理导演、副导演，再到导演。他在向我们介绍自己从影经历时，风趣地说："我是多年的媳妇熬成婆了。"这样经历的好处是可以熟悉电影摄制过程中的各个环节，缺点是成长速度太慢了，可不，转眼他已52岁了。谈到《喜盈门》，赵焕章说："作者辛显令过去曾经同我有过一段时间的合作，不过，他写故事片剧本还是头一次。1977年辛显令给我写信，说想写一个反映农村青年该如何处理好家庭关系，抚养好老人的电影文学剧本。这可是个牵动千家万户的题材，我立即就给作者回信，鼓励他从社会伦理道德的角度继续挖掘。第二年，我收到初稿后特地赶到作者县里，就剧本的结构、情节与他谈了7天7夜。"赵焕章又告诉我们："初稿中有几场戏，如强英在猪圈里指桑骂槐，一家人撇下老爷爷吃水饺等，写得有生活气息，但铺垫不足。现在观众看到的买裤料等情节，是我们商量以后加进去的。仁芳这个人物原来较单薄，我建议作者将不必要的一个人物——弟弟删掉，花功夫让仁芳的形象丰满起来。生活中也只有小姑子可以顶撞一下嫂子，影片后半部分写到强英娘家的戏，基本上是完全改写了的。"在赵焕章一次次悉心指导下，作者在1978年的秋末冬初完成了比较成熟的第四稿，然而，赵焕章却答复作者说："你再作细改，我等待时机。"这又是怎么回事呢？原来，当时电影界有一股风，凡"恋片"大走红运，写农民的无人问津。赵焕章虽不满于这种状况，却无能为力。在这段时间里，作者沉不住气了，他试着将修改了四遍的剧本寄给几个厂，果然都没有反响。1980年，广播电台播出一条消息：山东泰安有两位老人双双自尽，因为他们的四个亲生子女都不肯承担抚养的义务。厂领导听完广播后正好讨论《喜盈门》剧本，一致认为《喜》片有强烈的现实意义，很快就决定开拍了。

胡馨月在《回望八十年代的农村电影——试论农村题材喜剧片〈喜盈门〉的艺术特色》一文中写道：《喜盈门》上映期间，上座率创当年全国最高纪录，在多年后的今天，仍保持着很高的复映率，为何影片会如此受观众欢迎？归根结底有两点：一是影片表现的家庭内部矛盾问题带有一定的普遍性，二是喜剧因素在影片中的成功运用。

作家王愿坚说：《喜盈门》描写的只不过是一个家庭的"家务事"，几个亲人的和美不知美，只是因为写透了，写出了社会伦理道德的风貌，写出了人和人关系的深度，于是，它就大大越出了家庭范围，有了普遍的认识和警醒意义。中国电影金鸡奖第二届评选委员会对《喜盈门》的评价是：《喜盈门》通过对家庭伦理道德主题的揭示，歌颂了我国人民的传统美德和社会主义风尚。形象鲜明，语言生动，具有群众所喜闻乐见的民族风格，受到广泛而热烈的欢迎，产生了积极的社会效果。该片的音乐清新活泼，富于乡土气息，音乐风格与影片风格较为统一。

视频:《咱们的牛百岁》(2 分钟)

《咱们的牛百岁》是由袁学强根据自己的中篇小说《庄稼人的脚步》改编，赵焕章导演，梁庆刚、王馥荔、钱勇夫、丁一等主演，上海电影制片厂于 1983 年拍摄的电影。创作剧本时，袁学强就生活在农村。袁学强所在的城厢公社(成山卫镇)，在烟台地区率先推行了联产承包责任制。影片讲述了农村实行生产承包责任制中，共产党员牛百岁带领懒汉组社员共同奋斗、脱贫致富的故事。

袁学强在谈创作体会时说:1981 年初春，县里召开文化站工作会议，我们这些记工分的站长，凑在一起无话不谈。那年，更多的是谈落实生产责任制后各公社的新变化。有一个伙计讲了这么一件事:他们公社有两个社员谁也惹不起，不打架呀身上就痒痒，村里分组时谁也不要。一个生产队长把他们揽到自己的作业组，头天干活，两个人就在庄稼地里打得鼻青眼肿，队长一声不吭，见有人拉架，吼道"谁也别拉让他俩打"，说着走过去，蹲下来看着他们两个滚西瓜，一边笑着说:"使劲打，你俩打一天，我保证给你们记满工分。"谁知这两人竟意外地住下手，爬起来。队长简直用命令的口吻吼道"别停下，你俩今天的活就是打架"。后来在队长的帮助下，这两人打架的毛病好多了。很简单的一件事，队长的性格就出来了。这一夜，我失眠了，它勾起了我思考日久的一些问题。公社文化站的工作，除了抓群众文化，主要是帮助公社抓生产，到各村落实生产责任制，全公社 54 个大队，一百多个生产队，我都转得烂熟。我了解干部与社员的喜怒哀乐。三中全会以后，农民的腰杆直了，衣兜里开始装票子了，但也产生了不少新的矛盾、新的问题。最突出的是一些党员干部在急剧的变化中，一时被蒙住了。实行生产责任制以后，党员干部该起什么作用呢? 心中没数。也有人讲"搞了责任制，不要党支部"。还有些党员干部干脆认为过去那一套统统不吃香了，现在是讲究奖、罚，把生产责任当成万灵药。同时，还有一个不容忽视的问题，各人顾各人的现象比较严重。过去大家吃大锅饭，现在吃小灶，谁也不愿自家碗里的肉再让别人掏，这是可以理解的。农民穷了这么多年，现在有了好政策，都想一撅挖个金窝子，就怕过了这村，再没这个店。结果，一些孤儿寡母、懒汉以及有些毛病的社员，都被甩到一边去，谁也不要。这些问题，常常引起我的思索。把小说改编成电影，情节做了一些改动，人物也删掉一些，这是为了适应电影化的要求，也是为了更好地塑造主要人物牛百岁这个共产党员的艺术形象。我对电影这个形式很不熟悉，多亏碰到了上影厂的好编辑刘福年，更碰到了好导演赵焕章，他们热情而具体地教我掌握电影这门艺术。首先是深化主题在小说中，共产党员在新形势下如何继续起模范带头作用，这个立意有没有很好地体现出来？怎样深化主题，重要的还是塑造典型人物，写出人物的不同命运与心灵的深刻变化，赵导演提出要突出一个"难"字。要写出牛百岁带领这个组难，菊花的做人难。这就不得不使我再次乞求于生活。我是一个农民作者，"触电"而不"死"，是由于上影厂领导、前辈艺术家对我的热情支持，他们给剧本提出了很多宝贵意见，特别是碰到了赵焕章这样的好导演，他以丰富的创作经验，帮我七易其稿，这是一次难忘的合作，也是我一次难得的学习机会，我不仅学习了一些电影艺术的表现技巧，更亲身感受到共产党员艺术家赵焕章对艺术严肃认真的创作态度和不为名利的崇高品质。

导演赵焕章在谈创作体会时说：继《喜盈门》之后，我又选择了一部所谓农村题材的影片《咱们的牛百岁》进行拍摄，这不仅因为我非常喜爱农民，他们身上的那种淳朴、善良、勤劳的品质犹如泥土一样深厚，而且因为党的各项农村政策得以实施，使田野阡陌上的生活呈现出实实在在的巨大变化，新人涌现，新鲜事物层出不穷，作为一个导演，不能不牵动我的情怀，激发起我的创作欲望，并最终通过摄制组全体合作者的共同努力，一个镜头一个镜头地完成一部影片，以反映我们伟大的时代和变革的生活。如果说《咱们的牛百岁》在剧作方面具有自己魅力的话，我以为就在于它有着浓厚的泥土气息，提供了栩栩如生的人物形象，以及那些人物的欢乐和痛苦，这些又都浸透着作品的乡土风格。在拍摄过程中，能否做到场景和人物的"生活化"，就成为必须解决好的问题。为此，我们就要为每一场戏精心而合理地寻找到恰当的生活动作，尽可能地把戏糅在田间劳动和家务活动中进行，竭力避免"干做戏"的弊病。

信芳在《赵焕章："三部曲"书写农村电影辉煌》一文中做如下描述：20世纪80年代，一部反映农村题材的影片《喜盈门》，可以说是红遍全国，据统计，观众达5亿多人次，这是当今导演不敢想的数字。而这样一部被称作"又纯又正"的农村影片却诞生在上海这个大都市，更是一个奇迹。执导这部电影的就是上影厂的著名导演赵焕章。在而后的4年里，他又先后导演了脍炙人口的农村片《咱们的牛百岁》和《咱们的退伍兵》，这两部影片与先前的

《喜盈门》合称为赵焕章的"农村三部曲"。赵焕章的"三部曲",为他的电影艺术生涯带来了辉煌。1980年拍摄的《喜盈门》摘走了文化部颁发的农村体裁优秀创作奖、优秀故事片奖,第五届百花奖最佳故事片奖,第二届金鸡奖荣誉奖等4个奖项;1983年,拍摄的《咱们的牛百岁》荣获文化部优秀故事片奖、第7届百花奖最佳故事片奖;1985年拍摄的《咱们的退伍兵》更是将第六届金鸡奖特别奖、第9届百花奖最佳故事片奖、广电部优秀影片奖和解放军文艺奖一一收于囊中。1988年,他又荣膺"新时期全国影视十佳导演"的称号。谈到为何在短短的五六年中能取得如此傲人的成绩,他总结说,"生活是创作的源泉"让我尝足了甜头,只有贴近生活,贴近群众,贴近现实的电影才能引起观众的共鸣,赢得观众的欢迎。他深情地对记者说:"我最喜欢和那些生活底子深厚的作者合作,最反对那些脱离生活的胡编乱造。"为此,他甘当不挂名的剧本编辑,一次又一次地帮助作者修改剧本。"十年磨一戏",戏演了还可以不断修改,影视是遗憾的艺术,拍好了"磨"也难。为此,每个剧本的"通关"斟之又酌:《喜盈门》五易其稿,《咱们的牛百岁》七易其稿……当然这一切都源自对中国电影满怀创作激情和高度的责任感。

1982年八一厂拍摄的《布谷催春》获文化部1982年优秀影片奖。《咱们的退伍兵》题材与《布谷催春》类似。

视频:《布谷催春》(2 分钟)

《布谷催春》是由尤凤伟编剧,贾士纮导演,金鑫、刘维忠、王芳、张英主演,八一电影制片厂于1982年拍摄的电影。影片讲述了复员军人赵东升回到家乡岭西村,为了改变家乡的贫困面貌,不顾恋人与自己分手,放弃到公社吃商品粮的机会,担当起生产队长的重任。通过同公社马社长的老伴来福婶"打赌赢媳妇"和瞒着上级推行生产责任制,充分调动起大家的生产积极性,使岭西出现了五业兴旺的喜人景象。尽管遭到批评,赵东升坚信自己没有做错,写信向县委反映情况。三中全会后,县委书记亲自来到岭西宣传党的农村政策,肯定了东升推行生产责任制的做法,马社长改变了错误的想法。岭西秋天获得大丰收,结算后,社员每日的工分值都超过了一元,乡村终于甩掉了贫困的帽子,东升和明月也在劳动中建立起真诚的感情。

彭成梁在《在畅笑中和过去告别——影片〈布谷催春〉观后》一文中对影片给以高度评价:传统的戏剧性情节结构,是这部影片的特色之一。它有一个引人入胜的开头,一个能够激起观众感情波涛的中心和一个较为令人满意的结尾。在戏剧冲突中塑造人物形象,是《布谷催春》的特色之二。影片塑造了复员军人赵东升、知识青年马明月、社长马来福、来福婶、光棍虎子和懒汉队长王德顺等这些生动的银幕形象，其中以赵东升的形象塑造得最为成功。富有浓郁的生活气息和喜剧色彩，是这部影片的又一特色。影片以轻喜剧的形式表现严肃的主题，使观众在轻松愉快中得到娱乐，受到教益，这是值得肯定的。也有评论称：影片乡土气息浓厚，故事清洁通俗风趣、语言契合农村实际，着力表现出 80 年代农村青年的新思想、新习俗，塑造了以赵东升为典型的新农民形象，富有时代感。

第三，主流价值和情、理、法的交织。在新时期农村题材的影片中，叙事的价值往往是以社会道德伦理化的方式实现的。这类电影主要有:《背起爸爸上学》《喜莲》《九香》《一个也不能少》《凤凰琴》《秋菊打官司》《被告山杠爷》《甘泉村的风波》《吴二哥请神》《彩月和她的情人》《男妇女主任》《二媳》《杏花三月天》《留村查看》《女皇陵下的风流娘们》《山野绝唱》《香魂女》《第一书记》《十八洞村》等。表现主流价值即主旋律最为突出的影片则是《第一书记》和《十八洞村》。

视频:《第一书记》（2 分钟）

《第一书记》是由杨倩玲根据安徽省凤阳县小岗村优秀村党支部书记沈浩的真实事迹改编，陈国星导演，杨立新、徐帆、王丽媛、何冰等主演，北京紫禁城影业有限责任公司于 2020 年拍摄的电影。影片讲述了沈浩 2004 年 2 月从省财政厅下派至小岗村，克服种种困难，带领小岗村村民脱贫致富奔小康的故事。

沈浩同志原是安徽省财政厅机关干部，2004 年 2 月由安徽省委组织部选派担任安徽省滁州市凤阳县小岗村党委第一书记。他爱岗敬业、勤奋工作、任劳任怨，为小岗村经济社会发展殚精竭虑，赢得了人民群众的拥护和爱戴。第一个 3 年任期期满，当年冒着很大风险庄严地按下红手印要求实行包产到户、从而揭开中国农村改革序幕的小岗村群众，以再次按红手印的方式要求沈浩留任；第二个 3 年即将期满，老百姓又一次用红手印挽留沈浩。2008 年 9 月 30 日，时任中共中央总书记的胡锦涛考察小岗村时曾当面鼓励沈浩同志:"人民群众对你的拥护，是最大的褒奖。"2009 年 11 月 6 日，由于劳累过度，沈浩倒在了岗位上。得知沈浩同志不幸去世，胡锦涛总书记亲笔批示表示哀悼，对沈浩同志家属和小岗村群众表示慰问。李长春、习近平、李克强、贺国强等中央领导同志对沈浩事迹给予了高度评价和充分肯定。中央宣传部《党建》杂志总编辑、原中央学习实践科学发展观活动办公室宣传组组长刘汉俊在《体验崇高 塑造丰碑——电影〈第一书记〉暨图书〈沈浩日记〉策划过程》一文中介绍说：2010 年 1 月 7 日，中宣部新闻局和中央学习实践科学发展观活动办公室宣传组启动了电影《第一书记》创作拍摄工作，将任务分解到各有关单位，要求力争"七一"之前完成。随后，主创人员六赴小岗村采访撰写出脚本，在短短两个月内对剧本进行了 10 多次修改。剧本报经中央领导同志和有关部门同意后，2010 年 3 月 29 日正式开机，演职人员们深入小岗村体验生活，克服季节、天气等不利因素，历时 41 天封镜。杨立新、徐帆等 15 位知名人士友情出演。电影工作者们以沈浩精神刻画沈浩，表现出较好的职业精神和职业素质。演员黄素影已 92 岁高龄，但仍然一遍又一遍地在寒冷的田间、雨中拍摄，每一场戏下来都冻得手脚冰凉。沈浩的一些同事和小岗村的群众踊跃充当群众演员，他们通过这种方式表达对沈浩的敬意。电影工作者们到沈浩生前最关心的贫困户殷广勇家实地拍摄，自发捐款相助，殷广勇全家都成了剧中人物。影片在正面展示沈浩共产党人形象的同时，敢于正视问题、直面矛盾，不回避小岗村的历史背景、经济社会发展的现实状况、干群家族之间的复杂关系，甚至真实再现了沈浩在小岗村被村霸殴打的情景，彰显出沈浩在解决复杂矛盾、纠纷冲突中一身正气、一心为民、一往无前的精神力量，突出了新时期共产党人既要牢记全心全意为人民服务的宗旨，又要有善于应对复杂形势、驾驭复杂局面、处理复杂问题的能力这一主题，使一个真实、丰满、立体的共产党人形象跃然银幕。影片还运用生动、感人、富于个性的细节充分揭示了沈浩丰富的内心世界和情感波澜，比如，他敬民、爱民的炽热情怀，他对老母亲、对妻子女儿的深厚亲情，都表现出一位共产党人的人性光辉；而他遭遇挫折、痛苦、困难、惶惑，仍然坚持不懈、敢于面对、勇于担当的胆识胸怀，又表现了一位共产党人的高贵品质。习近平在会见出席电影《第一书记》首映式暨图书《沈浩日记》首发式有关人员时强调：电影《第一书记》和图书《沈浩日记》，为广大基层党组织和党员创先进、争优秀提供了生动而具体的教材，要组织广大党员干部观看和阅读，充分发挥沈浩同志的典型示范作用，使广大党员干部见贤思齐、学有目标。

《人民网》刊文认为：《第一书记》取材于真实的小岗村第一书记沈浩的故事，主创者并没有将此作为新闻的人工复制，而同样自觉实现了社会历史学意义上的宏大叙事模式所蕴含的历史的艺术价值。讴歌崇高，赞美理想，来自真实的个人奉献于群体的精神，是现实主义深化的魅力所在。这较之于一些仅仅停留在咀嚼个人的独特经验的作品，其感染力吸引力更具有普泛性，影片是一曲理想信念的颂歌，主创者的创作理念无疑是对躲避崇高、远离理想、惧怕高雅深刻创作倾向的匡正。

如何评价中国农村电影历经 70 年的发展？《中国当代电影发展史》认为：它既彰显了强烈的时代特征与社会风貌，也全面记载了人们当时的精神状态和情感变化，无论是政治主题与浪漫主义相互映照的 17 年电影中，还是在新时代电影的开拓期，甚至包括在事事追求极致的"文革"时期，农村电影都以或隐或显的方式延续着两条主线。与此同时，在历史情景的不断推移中，农村电影的叙事规则和语言表述方式也有了非常明显的变革；新中国成立初期以充满激情的戏剧化叙述为主，兼顾诗化镜头抒发人物内心情感；"文革"时期以"模式化"、脸谱化的性格和形象塑造为主，影像语言只为表现正邪对立面之间的尖锐矛盾服务；进入新时期之后，电影的叙事方式呈多样化发展，既有来源于现实的诗意风格追求，也有对影像美学和象征意味的不懈探索。在主题方面，也从紧扣时代脉搏的纯粹讴歌式书写逐渐分化成主旋律模式、精英文化反思和大众文化娱乐三种叙事方式共生共存的农村电影叙事格局。

第九讲　工业题材红色经典电影

相对农村题材，这一讲的标题应为"城市题材"。《中国当代电影发展史》认为：1949—1966年间，由于强调电影为工农兵服务、为无产阶级政治服务，中国电影失去了面向都市文化为观照对象的创作激情，当然观众也很难在电影作品中感受到都市的特异风貌和精神气质。因此，这里讲的是发生在城市里的工业题材的红色经典故事。中国电影家协会研究员孟犁野，将工业题材电影界定为："'工业题材影片'（有时简称'工业片'）是指电影中以当代中国工人（以产业工人为主，也包括某些企业家、工程技术人员）的生活作为背景的工业建设为主要描写对象的故事影片。由于社会生活的复杂性和不可分割性，有些城市改革的作品，有时也在论述之列。"应当承认，随着改革开放的深入和市场经济的发展，由于原有经济结构的变动，90年代末至21世纪以来关于中国工业化题材的电影不仅少之又少，而且很难再现1949—1966年时期工业题材影片的辉煌。

一、1949—1966年工业题材红色经典电影

新中国成立后在恢复国民经济基础上，开始了大规模的经济建设，并提出党在过渡时期"一化三改"的总路线，其中"一化"就是工业化。中国共产党之所以确定以工业化作为整个经济建设的主要任务、集中力量优先发展重工业的战略。主要基于：

第一，学习苏联建设经验的结果。从16世纪英国进行产业革命以来，世界各国的工业化道路各不相同，大体上有三种模式：一是英美模式：从优先发展轻工业起步，待累积大量资金后再发展投资大、建设周期长的重工业，其工业化过程较为缓慢。二是德日模式：则采取轻、重工业并行，在19世纪末20世纪初成功实现了工业化。三是苏联模式：采取优先、快速发展重工业的战略。俄国曾经是欧洲落后的国家，十月革命后，依托社会主义公有制经

济，集中全国的力量，仅仅用了两个五年计划即 10 年的时间，就走完了西方资本主义一百年的路程，使苏联成为欧洲第一、世界第二的工业强国。苏联社会主义建设的经验和取得的举世瞩目成就，对新中国无疑具有很大的吸引力。

视频：苏联工业化建设情况（1 分钟）

第二，我国的工业基础特别是重工业基础非常薄弱。在人类文明史上，中华民族曾引领了第一次文明高峰的农耕文明，使古老的中国长期走在世界的前沿。可是到 18 世纪中叶，世界出现了第二次文明高峰的工业文明，引领这一文明的是英国，继之法国、德国、美国等加入其间。这些国家的生产力和社会面貌发生了巨大的变化，被称为工业先进文明民族。而中国却沉睡在农业社会中，被突飞猛进的生产力浪潮远远地抛到了后面，由于缺乏重工业基础，从鸦片战争起的整整 110 年里中华民族尝尽了"落后就要挨打"的苦头。中国人民对这段历史有着切肤之痛，对发展重工业自然抱有强烈的渴望。毛泽东有一段给人印象极为深刻的描述："现在我们能造什么？能造桌子椅子，能造茶碗茶壶，能种粮食，还能磨成面粉，还能造纸，但是，一辆汽车、一架飞机、一辆坦克、一辆拖拉机都不能造。"

视频：新中国成立初期的工业落后状况（1 分钟）

第三，中国面临严峻的国际环境。朝鲜战争爆发后，西方资本主义国家对中国实行禁运与封锁，中美两国实际处于军事对峙状态，帝国主义对我国的武力威胁依然存在。这些客观的现实，迫使中国不得不加强国防现代化所必需的重工业建设。

以上三点表明，中国要进行经济建设，首先要把中国从一个落后的农业国变为一个先进的工业国，实现国家的工业化。与此相适应，电影界拍摄了若干部描写中国工业化的电影。

1. 工人阶级成为 1949—1966 年电影的主要角色

适应中国工业化建设要求，中国电影人在新中国成立初期就开始了对工业题材电影的拍摄。1949—1966 年工业题材电影中，工人阶级成为绝对的主要角色。第一部反映工业题材的电影是《桥》。《桥》放映后社会反映不错。陈荒煤称：《桥》的成功在于正确地表现了党的领导和毛泽东思想的指导，相信群众的力量和智慧，发动群众，团结起来，开动脑筋想办法，可以克服一切困难。当然影片不可避免存在不足。有研究分析：主要是电影编导者王滨、王家乙、成荫、冼群、吴天、赵明、张客、许珂，对农村和对敌斗争了如指掌，但不了解工业流程、不体会工人阶层的心态，不正视都市文化的特征，所以不可能对工业题材电影的内涵做深入的挖掘。由于有《桥》的模式借鉴，很快就拍摄了：

视频：《高歌猛进》《在前进的道路上》《红旗歌》《女司机》《走向新中国》《劳动花开》《三年》《伟大的起点》《无穷的潜力》《英雄司机》《六号门》（3分钟）

《高歌猛进》是由于敏编剧、王家乙导演，浦克、鲁非、张锡奇、曲伟等主演，东北电影制片厂于 1950 年拍摄的电影。影片讲述了松江机器厂的老工人李广才在青年工人孟奎元的带动和其他老工人的影响下，响应上级的号召，克服落后保守思想，改革工具，一再缩短车丝杠的时间，创造了新纪录。有评论认为：影片中有两对冲突，一是老魏、李有才等跟组织之间的矛盾，老魏是一个代表，本来刷新纪录是为了提高人民的生活，但在他的解读里，这是变相裁员；二是李有才封建招婿思想和进步的婚姻自由观之间的矛盾。为什么会存在这对矛盾？正如李有才对老魏说的，不是你脾气急躁的问题，这是思想问题。而这种不听指挥的原因则正如影片中李有才所说："我们是受骗受怕了，以前国民党叫我们往东，我们就要想想往西。"影片通过这两组矛盾的解决告诉我们：只有坚持党的领导，才能有幸福生活。从而达到影片最后歌颂党和新社会的主旨。

《红旗歌》是由吴祖光根据刘沧浪、刘煤、陈怀恺原著改编、导演，由吕恩、岳慎、章薇、王利夫等主演，东北电影制片厂于 1950 年拍摄的电影。影片讲述了新中国成立前某城市的一个纱厂，资本家残酷剥削工人。地下党组织领导工人采取各种方式，与资本家进行斗争。在一次斗争中，地下党组织领导人不幸被捕，为首进行反抗的细纱车间的女工马芬姐遭开除。新中国成立后，马芬姐回到了纱厂上班，工厂开展了光荣的红旗竞赛，马芬因万国英的官僚主义作风、张大梅的过激言辞而情绪消沉，对红旗竞赛表现十分冷淡。工会了解情况后，派人安慰马芬姐，同时批评了万国英的做法。工会的关怀使马芬姐很受感动，她终于转变态度，积极投入红旗竞赛，最后他们小组夺得了竞赛红旗。

《女司机》是由葛琴编剧，先群导演，舒秀文、赵抒音、柯刚等主演，上海电影制片厂于 1951 年拍摄的电影。影片讲述了东北解放后，中长铁路大连机务段正在训练第一批女司机。领导他们的陆师傅轻视妇女，认为女人学不了开火车。孙桂兰没上过多少学，学习很困难，组织上派小张帮助她，她取得了很大进步。成绩好的冯小梅看不起孙桂兰，提出要在检查机车的考试中与她一试高低。孙桂兰为了集体，提出分组竞赛。比赛结果是孙桂兰获胜，只顾个人利益的冯小梅使全组成绩落后。在最后一次单独掌握机车的考试中，冯小梅遇到意外情况：一匹骡车倒在路轨上，她慌了神，一时不知所措，孙桂兰冷静沉着地处理了危险，避免了一次事故。经历这次事件后，冯小梅认识到了自己"个人主义"的错误，而陆师傅也改变了对妇女的成见。在苏联专家谢道夫和周技师帮助下，女学员们努力钻研，终于掌握了技术，成为新中国第一批女司机。

《走向新中国》是由吴天编剧，吴天导演，蓝马、桑夫、张勤葳、陈方千主演，北京电影制片厂于1951拍摄的电影。影片讲述了1945年，冶金工程师常为梁从美国学成归来，在国民党黑暗统治下，他的"工业救国"理想破灭了。东北解放后，看到技术人员不被尊重，他很不愉快，不积极，看不到工人阶级的力量。军代表帮助他提高了觉悟，常为梁与工人们结合起来，修复了马丁炉。正当马丁炉出第一炉钢时，国民党派飞机来轰炸，马丁炉只好停火，钢水凝固了，常工程师想办法将钢水化开，新中国成立后，常工程师的改革计划被批准，他成了新中国的积极建设者。

《劳动花开》是由陈鲤庭编剧，陈鲤庭导演，魏鹤龄、蓝马、中叔皇、上官云珠等主演，长江、昆仑联合制片厂于1952年拍摄的电影。影片讲述了新中国成立初期，由于帝国主义的经济封锁，上海市公共交通公司的大量汽车因为缺少汽油有停驶的危险。张工程师在党组织和群众的支持下，经过多次试验和修正后，创造了用"白煤车"代替汽车，不但解决了燃料供应问题，还迅速扭转了公司的亏损。

《三年》是由葛琴编剧，赵明导演，张瑞芳、项堃、舒适等主演，上海电影制片厂于1954年拍摄的电影。影片讲述了新中国成立之初，少数不法资本家投机倒把，捣乱市场。上海私营大明纱厂不法资本家罗西城暗地抽逃资金去香港。大明纱厂工会主席赵秀妹领导工人进行斗争，并克服重重困难，发展生产。一年后，罗西城在香港市场上吃了大亏，眼看上海大明厂的生产蒸蒸日上，便回到上海来，表面上假装觉悟，暗地里仍然搞投机倒把等非法活动。在1952年的"五反"运动中，工人们对罗西城的"五毒"行为进行了清算和斗争，使工厂走出了困境。

《伟大的起点》是由艾明之编剧，张客导演，张伐、汤化达、陈天国、金焰等主演，上海电影制片厂于 1954 年拍摄的电影。影片讲述了华东钢铁八厂青年炼钢工人陆忠奎被提升为炼钢部主任后，为了响应党的"增产节约"号召，挖掘生产潜力，提出了改进炼钢炉的建议。总工程师田承谟观点陈旧、厂长李通华也安于现状，认为这个建议是冒险行动，均反对这一改革建议。厂党委书记陈向群和工业部聂部长赞赏陆忠奎的大胆革新精神，积极支持他改建炼钢炉。改建后试炼第一炉钢时，不幸出了事故。李厂长立即限令三天内如不能改善炼钢炉的情况，就必须把炉子恢复原状。陆忠奎与炼钢工人们毫不气馁，终于找出原因并解决了问题。李厂长和田总工程师也深受教育，积极支持工人们的技术革新建议。

《无穷的潜力》是由于敏编剧，许珂导演，谢添、陈戈、卫禹平、尹一青主演，东北电影制片厂于 1954 年拍摄的电影。影片讲述了新中国成立初期，东北某小型轧钢厂，因厂房设备简陋不堪，完不成生产任务，工人生命安全也没有保证。老工人孟长有在厂党委刘书记的支持和青年工人的协助下，突破官僚主义和轻视工人创造的厂长的阻挠，创造了"反围盘"，使轧钢过程机械化、自动化，改善了劳动条件，提高了生产率，给工人们树立了先进的榜样，有力地支援了国家的工业建设。

《英雄司机》是由岳野编剧，吕班导演，郭振清、王秋颖、颜美怡、桑夫、徐连凯、赵子岳等主演，东北电影制片厂于 1954 年拍摄的电影。影片讲述了1950 年初夏，东北的安平车站到处都堆积着运不出去的货物，"999"号机车司机长郭大鹏为解决车站堵塞问题，提出了"满载超轴法"，但思想保守的机务段长孟范举反对。在党支部书记刘子强、局长唐力凯和苏联专家的支持和帮助下，这个方法获得成功。郭大鹏的先进经验引起铁道部的重视。在全国机务会议上，铁道部鲁副部长给了郭大鹏很大的鼓励和启发。郭大鹏要求把"999"号调到爬坡困难很大的群驼岭线路上去，但孟范举认为风险太大，不同意。鲁副部长来视察，他批评了孟范举，号召全分局多拉快跑。在庆功大会上，"999"号机车全体工作人员赢得了"英雄司机"的称号。

上述电影一方面表现了工人阶级在成为国家主人之后具有冲天的干劲，同时也存在用政治运动取代工业生产的时代性迷误的痕迹。

1958 年，在"大跃进"和"大炼钢铁"国家政策的指导下，仅一年就拍摄了《爱厂如家》《白手起家》《钢铁虎将》《钢化遍地开》等 20 多部艺术片和以下 3 部故事片：

视频：《工地青年》《新的一课》《返老还童》（1 分）

《工地青年》是由于敏编剧，武兆堤导演，印质明、任颐、李孟尧、贺小书、刘增庆等主演，长春电影制片厂于1958年拍摄的电影。影片讲述了第五工区的工地上一片混乱，工人窝工。刚毕业的见习技术员尚越与工人一起刻苦钻研，实现工程机械化，提高工效，并提前完成了任务。

《新的一课》是由长影第六创作组集体创作，可人执笔编剧，王逸导演，温伶伟、徐雁、包学广、孙敖、王大力、马陋夫主演，长春电影制片厂于1958年拍摄的电影。影片讲述了1957年的整风运动中，某大学化学系三年级的学生，为贯彻党提出的教育为政治服务，教育和生产劳动相结合的方针，在系党支部领导下，女同学纪桂芳提出搞特种炭黑的建议，得到了同学们的热烈拥护，但受到了观潮派、怀疑派周守方、孙教授等的冷淡对待。在校党委支持下，在系党总支书记王亮老师的具体指导下，同学们开始了建设特种炭黑工厂的工作，在老工人张师傅帮助下，终于建成了生产特种炭黑的工厂。

《返老还童》是由于照寒编剧，王冰导演，柳毅、关淑珍、今欣、邢吉田、王晓棠主演，八一电影制片厂于1958年拍摄的电影。影片讲述了某军医学院青年医生李岩芳，在试用新疗法治疗神经衰弱症的过程中，遭到迷信权威的门诊部齐和崔教授的阻挠，在党组织和孙政委的支持下，在病人范副局长的密切合作下，几经失败，终于获得成功。李岩芳等通过调查，弄清了事故的原因，新疗法终于被实践所肯定。齐主任、崔教授的错误思想也受到批评。

从1959年到1966年，工业片不断，陆续拍摄了：

视频：《船厂追踪》《笑逐颜开》《试航》《黄浦江的故事》《钢铁世家》《春满人间》《不老松》《天山歌声》《敢想敢做的人》《我们是一代人》《六十年代第一春》《春雷》《激流》《风流人物数今朝》《向阳花开》《慧眼丹心》《嘉陵江边》《亲人》《巴山红浪》《炉火正红》《这是我应该做的》《他们在成长》《青年鲁班》《千万不要忘记》等（4分钟）

这些影片受50年代末60年代初政治气候的影响，艺术水准不高，政策宣传过多，内容与人物设计严重雷同，没有太多的社会反响。只有《青年鲁班》社会反响比较热烈。

《青年鲁班》是由史大千编剧、导演，毕鉴昌、李长乐、王斑、张璋、张莹等主演，北京电影制片厂于1964年拍摄的电影。影片讲述了青年建筑工人李三辈出身贫苦，新中国成立前家中三辈人都讨过饭。新中国成立后，三辈参加了工作，希望为社会主义建设做贡献，但由于没有文化，学习工作时感到很吃力。在夜校学习期间，大学毕业的工地技术员秦淑贞兼任夜校教员，开始她看不惯三辈这个笨拙的学生。不久她被三辈刻苦学习的态度感动,尤其是在知道三辈过去的苦难经历后,秦淑贞深受教育,耐心帮助三辈学文化,两人逐步建立了友谊和爱情。3年后,李三辈的文化程度显著提高,在改革木工技术中的一项比较落后的工作方法"放大样"时,由于忽视向老工人学习技术经验,遭遇失败。由于意外摔伤,受到工地领导批评和不怀好意的韩技术员的攻击,秦淑贞则热情地鼓励和帮助他,三辈鼓起勇气终于改革成功,提前完成了任务。

导演史大千是著名导演史东山之子,他在《向工人阶级学习——漫谈创作〈青年鲁班〉的一些体会》中谈道:创作《青年鲁班》这部影片,从体验生活到摄制完成,经历了大约两年半的时光。在党和群众的教导、哺育下,我们青年电影工作者能有机会尝试创作新的影片,这是很大的幸福。他说他是在1960年春参与北影拍摄一部名叫《红旗飘扬》大型纪录片时,获悉李瑞环以科学计算方法代替千年老常规"放大样"事迹的。朱安平在《〈青年鲁班〉琢璞成玉》一文中说:影片《青年鲁班》取材于曾在建筑行业产生很大影响的打破"木工技术必须'放大样'"千载常规的事迹。创造这一技术革新先进业绩的,就是当年北京建筑工人队伍中名闻遐迩的"青年突击队长"、后来成为党和国家领导人的李瑞环。影片于1964年"五一"国际劳动节正式上映,受到各方面重视和好评。广大建筑工人兴奋而自豪地称其为"这是我们自己的影片"。资深文艺专家亦以"一芽知春""旗开得胜"等生动赞语,称道该片"一方面反映了我国一代青年工人正在发挥革命干劲,攀登科学文化的高峰;一方面又反映了我国电影界的新生力量正在成长"。史大千则发自肺腑地表示:"如果有一点成绩的话,要归功于党,归功于帮助我们的工人同志,归功于集体。"耿西在《一部值得注意的创作——漫谈影片〈青年鲁班〉》中称:"《青年鲁班》浅显豁达,意近旨远,情感朴实,动人心弦。这是一部长工人阶级志气的影片,是一部形式小巧而思想意义重大的影片,它涉及我们当前社会主义革命和建设生活中一个具有重大意义的主题,可以引起我们许多深思。"

与此同时,中国电影人还拍摄了相当一批描写都市的伦理片。

视频:《新局长到来之前》《不拘小节的人》《如此多情》《寻爱记》《未完成的喜剧》《满意不满意》《幸福》《魔术师的奇遇》《女理发师》《大李、小李和老李》《球迷》《球场风波》《万紫千红总是春》《如此爹娘》《探亲记》等(4分钟)

　　以上影片都是以现实生活为题材，从思想观念、生活作风和道德评判的层面将社会上的各种"无价值"的东西"撕破"了给观众看。

　　为了表现在中国最大都市发生的这一历史事件，1956年中国社会主义改造进入高潮时，作家柯灵根据文化部要创作反映工商业社会主义改造电影剧本的建议，写成了《不夜城》。为了更好地理解角色，摄制组还阅读了荣氏家族发财致富以及爱国举动的资料。《不夜城》影片还没有最后完成，就已经受令入库；后来，因为有上映的消息流传，电影得以修改成片；但《不夜城》两度入库，并开始接受严厉的批判。

　　视频：《不夜城》（2分钟）

　　《不夜城》是由柯灵编剧，汤晓丹导演，孙道临、师伟、李玲君主演，江南电影制片厂于1957年拍摄的电影。影片讲述了抗日战争时期，从英国留学归国的张伯韩回到上海，此时其父民营企业家张耀堂的大光明纺织印染厂正遭受日本纱厂的夹击，濒临破产。张伯韩临危受命，继承了父亲的印染厂，以"工业救国"为理念，大力发展民族产品。终于挺过了最难熬的一段时期。抗日战争结束后，宋贻春摇身一变成为官僚买办，此时他与张伯韩沆瀣一气，为了赚钱不惜伤害普通百姓的利益。新中国成立后，在人民政府的帮助下，企业获得发展，张伯韩又利欲熏心，成为不法资本家，经过"五反"运动，得到政府从宽处理，走上了公私合营道路。

　　有评论称：创作者对主人公没有采用简单化的处理，而是深刻细致地揭示了他内心的犹豫、动摇、痛苦和矛盾。既展示了他新中国成立前思想性格上的两重性：有反对帝国主义与发展工业的要求，又有唯利是图、剥削工人的阶级本性，同时也表现了他在新中国成立后思想转变的艰难和不断反复。影片还从更广阔的角度再现了上海解放之后复杂的社会矛盾和生活面貌，为社会主义银幕提供了新的艺术形象，有着较为重要的认识价值。影片的一些隐喻性镜头和环境气氛的对比性营造，具有一定的艺术特色。

　　1949—1966年拍摄的工业题材的影片总计有75部（一说80部，主要是认识问题的角度不同），占当时拍摄故事片总量的五分之一。总体而言：这些影片与当时所处环境相连，一方面反映了国家重点发展工业的宏伟设想和刻画了工人阶级建设新中国的主人翁形象；另一方面则过多地强调了政治需要，忽视了艺术特点，加之"文革"期间把工人阶级推上了"神"的地位，其结果与农村题材影片相比，没有太多有影响力与震撼的影片出现。

2. "文革"时期的工业题材影片

"文革"时期，工业题材影片仍然占有相当的比重。1974年拍摄了《钢铁巨人》《创业》《火红的年代》《无影灯下颂银针》，1975年拍摄了《第二个春天》《战船台》，1976年拍摄了《青春似火》《反击》等。

视频：《钢铁巨人》《火红的年代》《创业》《无影灯下颂银针》《第二个春天》《战船台》《青春似火》《反击》（2分钟）

尽管上述影片一般是按照"三突出"的原则设计，在内容上突出所谓路线斗争和阶级斗争。但在"文革"期间，可看的文艺作品不多，作为歌颂自力更生精神的《第二个春天》，自然受到众多人的推崇。

《第二个春天》是由刘川、贺宝贤根据同名话剧改编，桑弧、王秀文导演，于洋、杨雅琴、井立民、张宪、高博、康泰、茂路、张瑜、郭凯敏主演，上海电影制片厂于1975年拍摄的电影。影片讲述了20世纪60年代的第一个春天，海军某支队政委冯涛被派往东港的一个造船厂任工委书记，当他到达时，正遇上一艘由我国工人和技术人员自行设计制造的新舰艇"海鹰"号第一次试航起火爆炸。试航失败后，厂长齐大同对继续建造"海鹰"产生了怀疑、动摇，他不顾设计员刘之茵和广大工人的强烈反对，决定将"海鹰"号封进仓，把希望寄托在从国外引进的"飞鱼"上，幻想依靠外援为我海军造新舰艇。故事围绕着"海鹰"继续试验还是引进"飞鱼"展开。

成钟岳在《〈海鹰〉传奇——老电影〈第二个春天〉》一文中指出：1962年，当时的中国正经历着自50年代末开始的苏中关系恶化，苏联专家撤走，技术外援告绝带来的阵痛。受这场突如其来的风暴侵袭，国防工业战线上很多苏联援助项目也都曾面临过陷入茫然无助的窘境。但是危机并没有使中国人民屈服，凭着自力更生的志气和严谨科学的工作作风，科研技术人员以充分挖掘的智慧和顽强拼搏的斗志，坚定地顶风冒雪前进。南京军区前线话剧团著名编剧刘川敏锐地捕捉到这一现实题材，通过走访，一部歌颂舰船工业领域自力更生精神的话剧《第二个春天》就在这一年问世了。鲜为人知的是，1962年话剧公演时，船舶工业系统正真实上演着一部活生生的"第二个春天"。充满时代精神的话剧《第二个春天》，一经公演，在社会上引起强烈共鸣，取得巨大成功。1975年拍摄的电影《第二个春天》与话剧情节基本相同，因时代关系，多增加了一些政治色彩浓郁的口号式台词。有些评论称"文革"时期电影没什么艺术特色，我认为不能一概而论，《第二个春天》的于洋、杨雅琴、井立民、张宪、高博、康泰个个都是大名鼎鼎，就是小演员张瑜、郭凯敏，经过历练也成了80年代家喻户晓的演员。1975年，随着彩色故事片《第二个春天》上映，这艘名叫"海鹰"的导弹快艇以无比惊艳的亮相出现在了世人面前。中国人民解放军海军历史中，惊鸿一瞥的"海鹰"可以称得上是军人们最熟悉，但又最陌生的军舰。它的身影，早早地就通过电影展露雄姿，广为传播，它的真面容却始终云遮雾绕，由此产生的疑惑、争论伴随笼罩着这艘军舰的谜团持续了30多年之久。关于真实的"海鹰"，这里不多谈。

二、改革开放以来工业题材红色经典电影

改革开放初期，描写工业题材的电影还占有相当的比例，可以说80年代这类电影形成高峰期，计划经济转变为市场经济后，电影业也呈现多样化发展，描写工业题材的电影日渐减少。

1.80年代工业题材的红色经典电影

通观80年代工业题材的红色经典电影，就其特点而言，逐渐呈现出：

第一，注重以工人为主体向工人、干部和技术人员相结合转变。改革开放初期，这类题材影片主要有：

视频：《瞧这一家子》《逆光》《当代人》《你在想什么》《二十年后来相会》《明天回答你》《在被告后面》《代理市长》《最后的选择》《花园街五号》《锅碗瓢盆交响曲》（4分钟）

有研究者认为：这些作品既是包含了对于生活的关注，也有轻松活泼的喜剧，开始深入工人群体的内心世界中进行挖掘，刻画工人的性格，力求使人物有血有肉，工人的形象也获得了前所未有的丰满与深化。除此之外，本时期工业题材的影视还将目光投向了工人阶级领导干部、工人阶级知识分子等，从而塑造出了生动的工人阶级群像。寄希望于工人阶级领导干部和知识分子，不再凸显出埋头苦干的工人形象，开始着力凸显出一批具有改革精神和专业技术的工人是该阶段对于工人阶级人物塑造的特质。如《当代人》中蔡明、《血，总是热的》中罗新刚、《你在想什么》的马长青等。还有对高级技术工人的描写和刻画的，对一些技术人员的讴歌和赞美的，如《二十年后来相会》中的诸晖、陈启明，《明天回答你》中的卢曦等。

视频：《血，总是热的》（2分钟）

《血，总是热的》是由贺国甫、宗福先编剧，文彦导演，杨在葆、方海青等主演，北京电影制片厂于1984年拍摄的电影。影片讲述了1979年春，罗

心刚出任凤凰丝绸印染厂厂长。为了将产品打入国际市场，他开始变革生产现状，与华侨巨商签订了供应手工印花丝巾的合同，但在生产上遇到重重阻力，连急需的设计师也因劳动局不给指标迟迟不能调入。罗心刚采取改革措施，触动种种不合理规章制度招来各种责难，连支持他改革的党委书记也认为他捅了娄子，还有人迫使他下台。但罗心刚没有退缩，他向全厂职工呼吁：要用我们的鲜血作润滑剂，使锈死的机器能转动起来！无论如何，血，总是热的！

《大众电影》编辑部副主任、中国电影出版社社长许南明认为：与同类题材的其他影片相比，该片有独特的抒写和深刻的开掘。编剧和导演具有革命艺术家的胆略和勇气，没有回避生活中的冲突矛盾，没有回避改革与反改革的斗争、较量，不为阻碍改革者讳，这就使得影片具有鲜明的现实感与历史感。影片没有简单地把人物归结为先进或落后的类型，分成改革与反改革的壁垒，而是如实地描绘改革中矛盾的严峻性和复杂性，作者独特的观察与开掘，使影片的主题达到了新的高度。影片结尾处罗心刚的长篇演讲，不是作者强加给人物的豪言壮语，而是人物处于此时此地、此情此景非吐不可的心声，它传达了人民对改革的渴望，喊出了时代强烈的呼声。在这场戏中，杨在葆严格地掌握火候和分寸，充分发挥了语言的表现力，他的语调是平静的，有时是缓慢的，但语调的缓慢使情感变得更加强烈。中国作家协会名誉会员雷达认为：该片是一部基本上获得成功的艺术品。编导们坚持从生活出发，坚持了努力塑造典型环境中的典型人物的现实主义原则。他们注意到了不但要满足特定时期政治斗争的需要和观众的心理需要，而且要力求满足艺术地反映现实的美学的和历史的需要。在表现冲突矛盾时，该片虽不能说完全避免了"观念化"，但至少注意到了矛盾的复杂性，在提炼矛盾上忠实于生活。

《代理市长》是由姚桂林、欧伟雄、杨苗青、钱石昌编剧，杨在葆导演，杨在葆、智一桐、于伟夫、辛静、许还山主演，北京电影制片厂于1985年拍摄的电影。影片讲述20世纪80年代初，中国南方城市瀛洲正在酝酿着一场经济改革。代理市长肖子云在群众的支持下，怀着强烈的使命感，勇于开拓、大胆革新，为民做十件好事的故事。

原广州市委书记欧初在《胡耀邦与电影〈代理市长〉》一文中说：《代理市长》的剧本，源自一出反映广东改革开放的话剧《南方的风》。中共十一届三中全会决定将全党全国的工作重点转移到经济建设上来。当时广东省的主要领导习仲勋、杨尚昆等，坚定执行中央关于试办经济特区的决策，同时大胆提出全省财政包干等特殊措施，使广东在改革开放的大潮中先走了一大步。任仲夷1981年主持广东工作后，又开创出新的局面。著名书画家李苦禅从北京来到广州，看到广州的情形十分振奋，对我说："过去大革命时你们广东是策源地，现在改革开放广东又是策源地。"欧初的次子伟雄当时是广州市文艺创作室的专业作家。受到改革热潮感染，他与合作者杨苗青、姚柱林一道，到白云山制药厂深入体验生活，根据该厂靠三口大锅起家、运用市场经济手段、大胆起用人才、发展成现代化大企业的真实故事，写成《南方的风》。广州话剧团把《南方的风》搬上舞台，受到热烈欢迎。1984年国庆期间，剧组应邀到北京演出，产生轰动效应。剧中人物大胆改革的形象，引起观众强烈共鸣。演出不时被台下热烈的掌声所打断。

剧作在中央戏剧学院实验剧场和中南海演出，很多领导都高度肯定。伟雄和他的合作者根据专家和观众提出的意见，将话剧剧本加以扩展，故事的背景从企业上升到一个大市，写成《代理市长》电影剧本大纲，由北京电影制片厂拍摄。北影厂派剧作家马林任制片人，陈怀皑导演。陈怀皑因病退出摄制组，杨在葆又接过导演职位，并担纲一号主演代理市长肖子云。《代理市长》的故事发生在20世纪80年代初，归侨工程师萧子云出任瀛洲市代理市长。他怀着强烈的使命感，一上任就当众宣布要为全市人民做10件好事。萧子云代理了三个月市长，做了5件好事，却遭到了许多责难。一直支持萧子云的市委书记罗挺，也认为萧的一些做法欠妥。萧的妻子薇红、女儿肖肖为此感到不平。萧子云对改革坚定不移，坚信"万事利于国，万事利于民"就是和中央保持一致。他向罗挺直率阐述改革主张，还在记者招待会上表示："宁犯天条，不触众怒。"为了实现上任时所许"做10件好事"的诺言，萧子云要求再代理3个月市长的职务。影片上映后，受到好评。电影先在北京放映，受到高度评价。中央党校、《人民日报》等先后请杨在葆等座谈，《人民日报》《文汇报》于当年9月16日、9月17日分别刊登《代理市长》影评文章，全国掀起了一股《代理市长》热。该片获1986年第九届《大众电影》百花奖最佳男主角（杨在葆）奖。

第二，工业题材影视剧中一部分工人形象开始成为"文革"反思意识的载体，即从"高大上"向生活化转变。这类影片主要有：

视频：《街上流行红裙子》《笑比哭好》《赤橙黄绿青蓝紫》《真是烦死人》《你在想什么》《少年巴比伦》（2分钟）

《赤橙黄绿青蓝紫》是由李玲修根据蒋子龙的同名小说改编,姜树森导演,方舒、张甲田等主演,长春电影制片厂于1982年拍摄的电影。影片讲述了某市第五钢铁厂运输队的司机刘思佳和何顺在厂门口摆起小摊,厂党委书记祝同康很是恼火,车队副队长解净则建议党委改革经营管理方面的措施。祝书记对解净感到失望,解净却决心成为一个内行领导。解净对刘思佳为考验她而故意扔给她的图表认真进行加工修改,公布了一张运输队经营管理的措施规划图,使刘思佳对解净另眼相看。解净与刘思佳进行了一次推心置腹的谈话,令刘思佳内心发生震荡。故事也由此展开。

黄丽敏在《历史内涵的展示 时代色彩的折射——〈赤橙黄绿青蓝紫〉人物形象分析》一文指出:"《赤橙黄绿青蓝紫》从特定的时代背景出发,用富于激情的文笔描绘了上世纪80年代青年工人的劳动、生活和精神面貌的变化,探索了他们的心路历程。小说塑造的人物形象既有独特的个性,又蕴藏着丰富的历史内涵,折射出强烈的时代色彩。"

符鹏在《再造社会主义新人的尝试及其内在危机——蒋子龙小说〈赤橙黄绿青蓝紫〉中的青年问题》中认为:"蒋子龙小说《赤橙黄绿青蓝紫》中的青年问题,内在于当代中国精神史的脉络,尤其是改革时代再造社会主义新人的诉求。在新时期开始之时,乔厂长式的现代管理学无法应对青年工人的身心危机,这对思想政治工作提出新的要求。"小说荣获1981至1982年全国优秀中篇小说奖。电影获1983年第6届《大众电影》百花奖最佳女配角(姜黎黎)奖。

姚欢欢在其硕士论文《新时期工业题材影视剧工人形象研究》中认为:"随着我国经济体制改革的持续推进,一部分国有企业开始转向改革、重组,工人在改革热情逐渐退去之后,面临的是相当严峻的生计问题。除此之外,这一时期的工业题材影视还出现了市民文化和新媒体文化,这些消费主义文化符号无形中与传统的工人精神相互矛盾,成为这时期社会转型与各阶层分化重组背景下的一种奇观。这一类工业题材的影视剧中塑造了一大批普通、平凡无奇的工人。他们既没有什么坏的心眼,也没什么大的理想,只是勤勤恳恳地做好自己的本职工作,但也在琐碎的工作和随波逐流的生活中无法找寻回自我,如《笑比哭好》中的程亮、《街上流行红裙子》中的阿香等。在刻画描写这些人物上,创作者总是从他们琐碎的生活日常入手,透视他们生活中的真实困境。这些人物的创作突破'十七年'和'文革'时期避免写中间人物的主张和'高大全'式塑造人物的方法,成为平凡大众的代表。"

吴迎君认为："80 年代关于工业题材电影的创作其实是一个高峰期，特别是以我国广西壮族自治区为背景的工业题材类影片如《真是烦死人》《太阳的女儿》等作品，开始逐渐将电影创作的重点从原来解决技术上的问题，逐渐过渡到对于人性的研究和人类生活问题的探讨，以工人阶级作为视角进行叙述故事的展开，开始展现工人阶级实实在在的生活状态，或困难，或孤寂，或贫穷，并将'文革'这一敏感话题给参与其中，从整个社会的困境过渡到个人生活的磨难。"

2. 90 年后期至新世纪以来工业题材的红色经典电影

20 世纪 90 年代，随着改革开放的深入与市场经济体制的推展，中国社会经济结构已经发生了重大变化，特别是 2001 年中国加入世界贸易组织，使中国社会处在世界范围的市场化潮流中，已经被深深地卷入全球化的旋涡。社会学家沈原认为：改革开放以来，在中国人的历史上，还从来没有像今天这样，整个经济、社会和政治生活都如此深刻地与世界资本主义的主流文明缠绕在一起，密不可分并受到这种主流文明的制约和影响。另一方面，中国社会本身也正在经历剧烈的体制转型，在国家权力的导引和推动下涌动的市场化大潮，空前猛烈地冲击着经济、社会和政治制度的各个领域，彻底改变了整个社会的面貌，重新塑造着全部社会生活。他认为当年在欧洲花费了数百年时间、历经几代人的艰辛历程才告完结的建设市场经济的事业，在中国仅仅用了近 30 年时间，就在一代人的努力下大体完成了。

由于经济结构的变化，有学者就认为中国工人阶级已经解体，由此就产生了"新工人"与"老工人"之说。车志远在《新世纪文学中的"新工人"叙事研究（2000—2016）》博士论文中考证说："工人"是一个有着历史烙印的词，使用"新工人"称谓首先就是要区别于传统单位所有制"老工人"的概念。单位共同体不仅为"老工人"提供了生存保障，还提供了政治尊严。在建设社会主义民族国家的现代化实践中，工人通过劳动建立起与"单位共同体"之间的认同关系，"劳动"赋予了单位成员社会主体地位，同时也在更为宽泛的意义上赋予了单位成员建设社会主义现代化国家的崇高的政治使命感。工人称谓在历史上曾经代表了一种主人翁般的社会地位，但"新工人"却并不享受"老工人"曾拥有过的一切荣耀。在这种语境之下，如何从历史中寻找克服危机的经验和方法，重拾社会主义工业化"传统"，唤回失落的阶级视野，重建新老工人命运攸关的伦理共同体，并从整体上把握中国社会结构性重组的脉动，是本论文使用"新工人"这一命名的出发点。强调"新工人"不仅是要在新的历史条件下获得与城市居民平等的待遇，同时也是在文化上想象一个更加平等与公平的可能。长久以来，我们称呼"新工人"中进城务工的人员为"农民工"，在有些学者看来，"农民工"这一称谓本身就是对这一群体的污名化。无论是 20 世纪 70 年代和 80 年代季节性进城打工的"农民＋工"，还是进入 20 世纪 90 年代后期摆脱了农业生活，开始在城市定居生活但户籍依然在农村的"农＋民工"，二者共同使用的"农民工"的称谓显然是一个"过渡性"词语，"已经到了需要退出历史舞台的时候了"。"新生代"农民工实际上已经基本丧失了农民的身份，他们中的大多数都没有务农的经历。随着新一轮土地确权与流转，在很多地方，许多新生代农民工并不拥有土地。黄典林在《从"盲流"到"新工人阶级"——近三十年〈人民日报〉新闻话语对农民工群体的意识形态重构》一文分析了近 30 年《人民日报》编发的新闻中"盲流""农民工""新工人"等词语的变化，以此来揭示"农民工"群体在官方话语中由消极被动的负面框架逐渐转变为相对正面的"新工人阶级"的过程。《国务院关于解决农民工问题的若干意见》（国发〔2006〕5 号）表述为："农民工是我国改革开放和工业化、城镇化进程中涌现的一支新型劳动大军。他们户籍仍在农村，主要从事非农产业，有的在农闲季节外出务工、亦工亦农，流动性强，有的长期在城市就业，已成为产业工人的重要组成部分。"《国务院关于进一步做好为农民工服务工作的意见》（国发〔2014〕40 号）表述为："农民工已成为我国产业工人的主体，是推动国家现代化建设的重要力量，为经济社会发展作出了巨大贡献。"

车志远认为：世界政治经济格局发生深刻变化，中国被纳入世界政治经济体系是必然结果。同时，我国实行市场经济也是为克服社会主义工业化进程中结构性矛盾与危机所做的努力，这背后隐含着"革命中国"向"现代中国"范式的转换。20 世纪 90 年代几千万的国企"老工人"下岗和数以亿计的"新工人"进城几乎是同时发生的，无论是"老工人"退场，还是"新工人"出场，他们始终都内在于这种范式的转换之中，中国工人阶级的分化与重构是伴随中国社会转型这一重大社会现实而展开的。

探索 90 年后期至新世纪以来的工业题材的红色经典电影，其特点主要表现为：

第一，用新的视角探索中国工人阶级的突出代表人物。这一类影片提出的有：

视频：《铁人》《开着火车上北京》《时传祥》《郭明义》《金牌工人》（2

分钟）

视频：《铁人》（2 分钟）

《铁人》是由尹力导演，吴刚、黄渤、白静主演，北京紫禁城影业有限责任公司、上海电影集团公司于 2009 年拍摄的电影。影片讲述了铁人王进喜是我国的民族英雄，他在大庆油田发生井喷的危险时刻，用身体搅拌泥浆堵住了井喷的瞬间成为历史的定格，并在 2000 年世纪之交的历史时刻，与孙中山、毛泽东、邓小平等伟人一道被评为百年中国十大人物之一。谈及这样一位英雄对于当下的现实意义，原国家广播电影电视总局电影局张宏森副局长在致辞时动情说道："铁人王进喜是以他的民族脊梁支撑起了当时的石油大会战，撑起了我们这部影片，今天我们重新把铁人王进喜搬上荧屏，不仅是重温历史，而且具有强烈的现实意义，它的现实意义在于在当前我们面临金融危机大背景下，教我们怎样挺起民族的脊梁，众志成城。"

安玉娟在《历史与现实：红色影片的德育功能——以〈铁人〉为例》一文中认为：导演尹力拍摄的《铁人》是一部既充满时代气息又感人至深的当代红色影片。在叙事形式上，导演采取了历史与现实两个时空相交错、呼应的形式。一方面，影片向观众展现了新中国成立初期，以铁人王进喜为代表的石油工人们在新中国建设中克服万难，将青春甚至生命无私奉献给了国家和人民的光辉历史。另一方面，影片又添加了一条线索，那就是发生在新一代石油工人身上的当代故事，这也是这部影片最有价值的一个选择。从当代人的视角出发，把今天的价值观体现出来。两个时代，两种青年，特别是二者在精神领域中的隔阂与碰撞在历史与现实的交错之中被清晰展现于观众面前。当青年一代在面临生命价值与理想追求的种种困惑与彷徨时，不妨转向历史，转向父辈。从那里他们能够汲取到一直以来所渴望的精神力量，寻找到解决这些问题的终极答案。李镇在《尹力电影：叙事维度、影音策略及文化立场》一文中认为：尹力近来以三部主旋律电影《张思德》《云水谣》和《铁人》为人们所熟知。一般来说，"命题作业"往往吃力不讨好。对待这类选题，人们多多少少会对导演的创作动机、独立性和艺术质量投以怀疑的目光。张思德和王进喜的形象已经在教科书中基本定型，对多数导演来说，跃出原有模式的局限很难。然而尹力却在很多方面实现了突围，他没有把"主旋律"当作异类，就像对待其他题材一样，尹力一如既往地去呈现人物的内心生活，表现时代和个体命运的关系。尹力的电影里出现了一些"过了时的精神"，他固执地捧出那些曾经为我们信奉，如今又几乎被我们丢弃的美德——"朴素""勤劳""奋斗""忠贞""奉献""牺牲"等等，努力用新的方式去呈现它们，重申它们的价值。他的影片与以往的主旋律有很大不同，不但充满了真挚的感情、丰富的内涵，也在电影语言、叙事方式、影音表现等方面有大胆的探索。尹力承认"有意扭转公众对主旋律电影的概念"，他试图建立一种更为健康的、积极的、悦目的、内在的，以及具有再生能力的主流电影模式。

《开着火车上北京》是由张锐、周进编剧，于晓阳导演，彭丹、王伯昭主演，北京电影制片厂于 1999 年拍摄的电影。影片讲述了以新中国第一代内燃机车女司机李秀凤和她的姐妹们的工作和生活，歌颂了普通人的正直和善良，反映了"人是要有一点精神"的主题。

第二，描写"打工文学"和"新工人文学"的作品，这类电影主要有：

视频：《特区打工妹》《二十四城记》《我的诗篇》《钢的琴》《开着火车上北京》《我的诗篇》等（2 分钟）

《特区打工妹》是由张良、王静珠编剧，张良导演，俞飞鸿、王颖等主演，珠江电影制片厂于 1990 年拍摄的电影。影片讲述了一群农家女离开贫困的家乡来到深圳特区打工。由于种种原因，有的愤然辞工，有的情侣分手，有的误入歧途，有的奋发向上。影片真实再现了农家女到特区打工的真实生活。影片告诉人们：只有通过不断学习不断提升，靠双手才能改变命运。对于编剧和导演，《南方日报》记者毕嘉琪、见习记者王昕桐的《用镜头讲述"春天的故事"》写道：1935 年出生在苏州的王静珠是新中国培养的第一代电影工作者。1952 年从苏州美校卡通专业毕业的她，被分配到八一电影制片厂工作，与红极一时的"董存瑞"扮演者张良相知相爱，结成艺术伴侣。1972 年，珠江电影制片厂向张良、王静珠伉俪抛出绣球，夫妻双双调入珠影工作，移居广州。在这片南国热土上，夫妻俩接连创作出《梅花巾》《雅马哈鱼档》《少年犯》等多部反映时代巨变的影视佳作，还捧回了开罗国际电影节金像荣誉奖。"那时我和张良都有一个心愿，一定要做好'深圳特区建设'这一重大题材。"夫妻俩一致认为："作为南国影人必然首先关本地区在改革大潮中的新人新事，而反映经济特区的建设新貌，更是珠影人义不容辞的责任。"

1988 年 12 月，报纸上刊发的一则消息引发各界关注：全国影视行业首家剧本公司——广州市王氏影视业剧本有限公司宣告成立。这不仅是影视行业的改革探索，也是影响王静珠一生的大事——因为这家私企的老板，正是王静珠本人。甫一上任，她就推出了一连串大动作：公司用新型的经营方式管理剧本，让剧本作为商品流通于市场，按质论价；与此同时，接受导演的点题或"来料"（故事、题材等），再由该公司聘请剧作家撰写，以寻求编、导、制三方合作的新形式……这些紧贴市场的创新举措犹如源头活水，不仅滋养了影视人的创作灵感，更盘活了影视制作的产业链，孵化出《龙出海》《岭南春秋》等多部佳作。正当同行们纷至沓来，向王静珠取经之时，她却酝酿着一件"亏钱也要干的大事"。"国家号召文艺工作者关注改革开放题材，可是很多优秀的编剧都没有来过深圳。"她随即自掏腰包，由公司牵头组织"90作家采访团"，邀来全国各地20多位优秀编剧深入广州、深圳实地采风。"12天马不停蹄地采访，大家的记录本和相机都是满满的。"回想起那时的满足，王静珠笑得像个孩子。王静珠也谈起了她创作《特区打工妹》的经历：20世纪80年代末的广州火车站人流如注，每天挤满了来来往往的外来工。一天，一对拉着大包小包准备前往深圳打工的花季少女引起了王静珠的注意。"他们年纪轻轻就离乡背井，为了摆脱贫穷到特区打工，把自己的美好青春都献给了深圳。"感慨万千的王静珠决定拍一部《特区打工妹》，以这一新生群体的独特视角，展现特区新人新事。为拍好这部电影，王静珠一家子全力以赴，在深圳拍摄创作，一住就是几个月。《特区打工妹》上映后，迅速火遍全国。这部"叫好又叫座"的作品随后荣获广电部"1989—1990年优秀影片奖"、广东省"第四届鲁迅文艺奖"等重磅大奖，成为载入中国电影史册的经典"南国都市片"。"写《特区打工妹》的时候，我特别表达了一种'盗火者'精神。"王静珠说，这种精神，不仅推动了深圳特区40年蓬勃发展，也鞭策着自己在艺术创作的道路上好学进取、自强不息。

第三，宏大叙事与底层叙事相结合。这类影片主要有：

视频：《奠基者》《漂亮的事》《耳朵大有福》《六人晚餐》《太阳的女儿》《大海风》（2分钟）

有研究者认为：要将工业题材的宏大叙事同日常生活叙事结合起来，要塑造有血有肉的工人形象，增强观众对工业题材的亲近感和认同感。此外，工业题材的影视作品要在立意上有新的观点。如陈翔发表的《关于倡导社会主义工业题材影视艺术创作的思考提纲》中，对于现阶段工业题材电影发展的现状以及存在的问题进行了深入的研究分析。此外学者孟犁野、杨国曾经在相关电影的讨论研究会中也认为总结我国发展的进程，对于工业题材类影视剧在描述方式以及叙事方法上给予了一些建设性的意见和建议，并认为在创作手法和视角上要所有创新。

当今，中国已经走过了70多年的辉煌历程，中国制造中的200多个品种已经是世界第一，工业现代化将在2035年前全面实现，讴歌工人阶级群体的创造和工业题材仍然是影视界的重要任务之一。改革开放以来，我国工业题材影视剧逐步突破了17年和"文革"时期的创作模式，形成了其特有的发展脉络和发展态势。今后需要影视界对我国新时期工业题材电影中的工人形象做深度的挖掘，使新时代工人形象更加立体化和多元化，尽显大国工匠精神。

第十讲　红色经典电影中的少数民族和儿童电影

中国是一个多民族的国家，随着新中国的建立与少数民族的翻身解放，反映他们生活变迁的电影也随之诞生。因此，在红色经典电影中，少数民族电影和儿童电影也占有一席之地。

一、红色经典电影中的少数民族电影

1. 新中国成立 17 年少数民族电影特点

20 世纪 50—60 年代中期，反映少数民族的影片至少有几十部。其中包括关于维吾尔族、藏族、蒙古族、壮族、傣族、彝族、苗族、侗族、朝鲜族、回族、羌族、塔吉克族等民族的历史与现实生活的影片。这一时期少数民族的电影特点是：

第一，反映少数民族历史及边疆斗争生活。这一类题材的影片主要有：

视频：《鄂尔多斯风暴》《内蒙人民的胜利》《勐垅沙》《羌笛颂》《草原上的人们》《猛河的黎明》《暴风雨中的雄鹰》《金玉姬》《远方星火》《边寨烽火》《芦笙恋歌》等（3 分钟）

在 50 年代的影片中，《边寨烽火》和《芦笙恋歌》最有特色。

《边寨烽火》是由林予、姚冷、彭荆风编剧，林农导演，达奇、王晓棠、田烈、李壬林、庞学勤主演，长春电影制片厂于 1957 年拍摄的电影。影片讲述了在我国西南边境居住着景颇族人，由于长期受国民党政府的统治和压迫，对汉族人抱有很深的偏见。新中国成立后，驻西南边境地区的解放军某连，为帮助景颇族人民改变刀耕火种的落后生产方式，提出了兴建高山湖水闸、引水开田的计划。头人梅普山官的儿子多隆受到潜伏特务戈当唆使，阻挠这一计划的实施。当军医李医生为多隆的儿子治病时，戈当暗中下毒，又嫁祸于李医生。不明真相的多隆纠集群众，冲进营房企图杀害李医生，阴谋未遂后竟过河投敌。李医生尽全力救活多隆之子，梅普山官十分感激，表示愿意共修水闸。当多隆潜回家乡搞破坏时，才得知儿子已得救，家乡的面貌发生了很大变化。解放军并不捉他，只劝他痛改前非。多隆深受感动，发誓戴罪立功。戈当得知多隆回寨后的活动，企图炸水闸，其诡计被梅普山官识破。多隆重新过河，将数百名国民党残兵带进解放军的包围圈，将其一举歼灭。

《中国电影》编辑部在《边寨烽火》上映后，曾邀请中央民族学院（现中央民族大学）的部分师生观看影片。记者走访了几位教师和学生，他们一致认为：这部影片拍摄得很好，影片通过多隆的遭遇，体现了党的民族政策的伟大；表现了少数民族的建设生活，并且提醒人民要时刻警惕敌人的破坏。影片给他们很大的鼓舞，在人物的刻画上，他们觉得多隆和马诺两个人物刻画得很成功。

封植在《一部富有边疆色彩的影片——评〈边寨烽火〉》，一文中认为：《边寨烽火》并不是一部没有缺点的影片，但它受到了广大观众的喜爱，在电影界也获得了一定的好评，这在某种程度上，是由于它在彩色片拍摄技术上获得的可喜的成功。影片运用了瑰丽而又和谐的色调，采用了集中而突出的艺术技巧，片中一系列简单而又富有诗情画意的画面，相当真实地再现了云南边疆地区的绮丽风光。影片的色彩是艳丽的，但是并不过分强烈，没有给人以炫奇耀艳之感。显示边疆自然环境和少数民族多彩的生活风貌的结合和转换，也处理得比较自然，即使在表现急遽发展着的激烈而紧张的斗争场面的时候，镜头和画面也使人觉得协调而流畅。《边寨烽火》的成就，比较真实地而不是公式化地反映了我国西南边疆民族区域的斗争生活的一些重要方面和一个历史阶段。它比较生动具体而不是浮光掠影地、比较朴实而不是猎奇地，刻画出了几个轮廓分明的景颇族人民的男女人物形象，它比较丰富深入而不是简单肤浅地描绘了边疆地区军民之间和民族之间从隔阂到团结、从猜疑到亲密的民族友谊。通过上述这一切，它比较突出地集中表现了党的英明的民族政策在边疆的光辉的胜利。孟犁野认为：《边寨烽火》是一部将经济建设、清匪反特、民族团结、忠贞爱情等多重主题融为一体的艺术容量较大、戏剧性很强的影片，是一部思想性、艺术性与观赏性结合较好的少数民族题材影片。编导敢于大胆地揭示并展开富有社会意义的以人物性格冲突为核心的戏剧冲突，并由此引发扣人心弦、紧张曲折的情节。影片还以绚丽而比较和谐的色彩，描绘了西南边境少数民族人民特有的生存状态——从人物的心理、语言、服饰、用具等风俗，到旖旎的自然风光，无不使人感到新鲜有趣，富有独特的民俗风情。《边寨烽火》于 1958 年参加了第 11 届卡罗维·发利国际电影节，男女主角扮演者达奇和王晓棠同时获得"青年演员奖"。

《芦笙恋歌》是由彭荆风、陈希平编剧，于彦夫导演，汪杰、宋雪娟、孙羽、夏佩杰主演，长春电影制片厂于 1957 年拍摄的电影。影片讲述了中国云南省澜沧江流域，居住着一个少数民族——拉祜族，新中国成立前他们受尽了国民党军队的欺凌与压迫。1947 年 8 月 15 日，拉祜族人民根据传统的习俗，穿着美丽的衣服，载歌载舞地欢度节日。年轻的猎手扎妥在这天晚上向他爱慕着的姑娘娜娃表示了爱情，他们沉醉在甜蜜的初恋中。国民党军队来偷袭时，除了扎妥侥幸逃脱外，其他男青年被全部杀死。扎妥逃进了原始老林，过着原始人的生活。新中国成立后，一支勘探矿藏的队伍，发现了扎妥，不明真相的扎妥进行抵抗，是娜娃的芦笙吹奏喊醒了扎妥，这一对饱经艰难的情侣，终于幸福地团聚了。

孟犁野评价这部影片的特点：一是这部影片的主要意趣正如它的片名所标示的那样，是一首深沉的恋歌——尽管抗暴反蒋的阶级斗争内容仍十分强烈，但爱情的分量较重，情感投入更多，抒情气氛更浓，是一部抗暴与柔情相结合的影片；二是它的故事富有一种传奇甚至某些神秘的色彩，情节比较明细单纯，不像电影《边寨烽火》那样错综复杂。影片中的故事虽然曲折有致，但线索单纯，头绪清晰；然而又避免了单调乏味。影片故事的框架有点像《白毛女》，只是主人公由女变成男，并赋予它以浓郁的云南少数民族风情。杨云燕在《电影〈芦笙恋歌〉的叙事模式》一文中认为：影片《芦笙恋歌》是"十七年"少数民族题材影视中的一部集政治性、经济性、文化艺术性为一体的经典作品。该影片以叙事模式为切入点，探讨了《芦笙恋歌》的政治叙事——民族政策的有效渗透；民族叙事——民族认同的成功构筑；歌舞叙事——民族艺术的充分展示；情感叙事——人性审美的巧妙升华。通过阐释叙事模式将拉祜族的民俗风情、阶级情感及唯美爱情诠释得淋漓尽致。影片在政策渗透、民族认同、歌舞艺术、情感体验及民族风俗等领域的叙事模式的展现对提升影片的政治性、艺术性和审美性具有重要作用。

第二，反映新旧社会交替时期民族矛盾与阶级矛盾交织。这类影片主要有：

视频：《农奴》《摩雅傣》《阿娜尔罕》《草原晨曲》《柯山红日》《回民支

队》(2 分钟)

《农奴》是由黄宗江编剧,李俊导演,旺堆等主演,八一电影制片厂于1963 年拍摄的电影。影片讲述了主人公强巴一家祖祖辈辈被剥削、被奴役的悲惨历史,是中国共产党领导的人民解放军使他的一家获得新生。影片所展示的是一部令人震惊的奴隶血泪史,是一幅封建农奴制野蛮、黑暗、残酷压迫与农奴们强烈反抗的阶级斗争缩影。

朱安平在《〈农奴〉苦尽甘来》一文中考证:影片《农奴》正是西藏平定武装叛乱和实行民主改革的产物。因创作《柳堡的故事》《海魂》而蜚声影坛的著名编剧黄宗江,从 1959 年平息西藏上层反动分子武装叛乱起,就着手这方面创作准备,先后四次去西藏体验生活,最长时间达半年之久,对西藏的过去和现在有真切了解,深感平定叛乱和民主改革后西藏农奴的翻身变化。《农奴》剧本创作之所以历时数载,因这一题材涉及极其复杂而又敏感的民族、宗教、特殊的军民关系等方面,政策性强,难度比较大。黄宗江就曾遇到"感触很多,不知从哪里写起""怎样写法,总是确定不下来"等困惑。经大量采访调研,反复学习领会毛泽东主席"种族问题实质上是阶级问题"的指示以及相关文件精神,逐渐明确剧作需要概括这三方面的内容:它应从阶级本质揭露旧西藏那个最反动、最黑暗、最残酷、最野蛮的农奴制度;应运用阶级斗争的观点和阶级分析的方法,说明是谁在为结束和消灭这种制度而斗争,又是谁在疯狂挣扎,妄想延续它,大嚷大叫地在保卫它;应显示出我党我军在西藏人民革命中的伟大作用和西藏人民在民主改革后和全国人民一起走上社会主义道路的伟大前途,由此形成剧本的主题。《农奴》于 1964 年国庆 15 周年前夕隆重上映,作为第一部揭露西藏农奴制度和反映西藏人民解放的艺术影片,在各方面引起强烈而巨大反响。《农奴》摄制组获邀登上天安门参加国庆观礼,游行行列中专门有一辆矗立强巴塑像的《农奴》彩车。周总理亲自接见旺堆,握手称赞"你演得不错",并将影片带至万隆亚非会议上放映。旺堆和黄宗江随中国电影代表团,参加了在印尼雅加达举办的亚非电影节。继 1981 年捧得马尼拉国际电影节金鹰大奖,1994 年又获国家民委颁发的少数民族"腾龙奖"纪念奖,成为少数民族题材经典影片,迄今仍是专家学者解读分析的重要电影样本,其拍摄手法亦被新的导演推崇学习。朱安平认为:封建农奴制度的残酷统治和深重压迫,曾是西藏历史最黑暗、最野蛮的一页。直至 20 世纪中叶,随着西藏和平解放、平息武装叛乱、实行民主改革,终于实现向人民民主的社会主义制度跨越,迎来西藏人民当家作主的崭新时代。八一电影制片厂1963年底摄制完成的《农奴》，就是这一翻天覆地巨大变迁的艺术缩影。它通过描述农奴强巴一家人的悲惨遭遇，用真实感人的艺术形象，深刻揭露旧西藏封建农奴制度的罪恶本质，生动表现了广大农奴顽强不屈的反抗精神，有力阐明了"共产党来了苦变甜"的真理。影片融纪录与故事、诗与戏剧于一体，风格凝重而简练、深沉而含蓄，具有强烈的视觉冲击力和巨大心灵震撼力，不仅彪炳于新中国电影史，而且在国际上也产生了重要影响。

《摩雅傣》是由赵季康、王公浦编剧，徐涛导演，魏鹤龄、秦怡、夏天主演，上海海燕电影制片厂于1960年拍摄的电影。影片讲述了新旧社会更迭时期，交织着民族矛盾的阶级斗争，描写新中国成立后傣族第一代女医生的成长历程。在某种意义上讲，是少数民族版的《白毛女》。

《阿娜尔罕》是由林艺编剧，李恩杰导演，乌力克、热合曼等主演，北京电影制片厂与天山电影制片厂（原新疆电影制片厂）于1962年拍摄的电影。影片讲述了20世纪40年代末50年代初，新疆南疆喀什县（现喀什市）贫农斯地克的女儿阿娜尔罕反抗大地主乌斯满的威逼利诱，在解放军的帮助下与旧恶势力进行斗争最终获得幸福的故事。影片真实生动地展现了新疆和平解放前后，维吾尔族人民社会生活发生的巨大变迁。

第三，反映社会主义时期民族团结与边疆斗争生活。这类影片主要有：《两代人》《苗家儿女》《牧人之子》《边寨烽火》《山间铃响马帮来》《冰山上的来客》《天山的红花》等。

视频：《两代人》《苗家儿女》《牧人之子》《山间铃响马帮来》《天山的红花》（1分半钟）

这类影片中《五朵金花》和《达吉和他的父亲》最具特色。

视频：《五朵金花》（2分钟）

《五朵金花》是由赵季康、王公浦编剧，王家乙导演，杨丽坤、王苏娅、莫梓江等主演，长春电影制片厂于1959年拍摄的电影。影片讲述了白族青年阿鹏在云南大理的"三月三"盛会上结识了金花，两人定情于蝴蝶泉边，约定第二年山茶花开季节再相见。次年阿鹏如期赴约，未见到金花。他走遍苍山洱海，接连找到4个金花，在一次次笑话和误解后，决定离开此地。就在阿鹏准备离开时，炼钢厂金花和她爱人找到他，帮他解除了误会。最后在他们定情的蝴蝶泉边，阿鹏找到了副社长金花，有情人终成眷属。

《当代中国电影史》认为：影片最大的特点是歌颂社会主义新生活和展示

人们美好心灵的过程中，构成轻松愉快、赏心悦目的戏剧情节，是中国电影史上不可多得的一部具有抒情色彩和民族特色的生活喜剧。据袁成亮教授在《电影〈五朵金花〉诞生记》一文中介绍：1959 年初，文艺界掀起向新中国成立 10 周年献礼的热潮。周恩来总理十分注重这些为国庆赶出来的作品，当他看了《钢铁世家》《万紫千红总是春》等影片后，对当时电影界存在的政治口号太多、缺少美感和轻松愉快的状况很不满意。他对当时的文化部部长夏衍说"你不久前不是去过云南大理吗？是否写一部以大理为背景、反映边疆少数民族载歌载舞的喜剧影片？"夏衍说："我不熟悉少数民族的生活习俗，但可以推荐一个人来写。"夏衍要推荐的那个人就是赵季康。赵季康是浙江嘉善人，16 岁考入南京金陵女子大学中文系，曾任昆明军区《国防战士报》记者。1960 年转业到作协昆明分会为专业作家。她的作品很多是反映西南少数民族生活的。云南省委宣传部部长根据夏衍的指示将赵季康、王公浦夫妇叫到昆明，对他俩说"给你们一个礼拜的时间，赶快编个故事，要是编不出来，国庆就赶不上了。"剧本交到夏衍那里，夏衍给予了充分肯定，但也就某些故事情节及艺术表达提出了意见。他对赵季康说"这个剧本可以拍 3 部电影了。"赵季康于是又对剧本进行了大幅修改，把原来的"七朵金花"改为"五朵金花"，减去了"水库上的金花"和"采茶金花"。夏衍看了修改后的剧本很是满意。不久，《五朵金花》的剧本在刊物上公开发表并获得了好评。

中宣部和文化部对全国知名导演进行了一番筛选后，将执导《五朵金花》的任务交给了刚从法国学成归来的长春电影制片厂导演王家乙。王家乙 1961 年谈创作体会时说：1959 年 5 月我到北京接受了拍摄一部轻松愉快影片的任务，当时文化部夏衍副部长对我讲："要反映当代中国人民的幸福生活，轻松愉快，表现祖国的山河美、人情美，主题意义就是社会主义好。争取在资本主义国家发行，影片中不要搞政治口号。"由于要在 1959 年 9 月完成影片送审，任务紧急，我安排好摄录美音各个部门的人员后就开拍了。这样仓促上马，导演的日子可不好过。那时候成立摄制组，主创人员接到电影剧本之后都要进行讨论、发扬民主。在讨论剧本的时候，摄制组人员问我："你要拍什么片子？""你拍这部片子干什么？""你这个本子到香港也可以拍！"摄制组成员提出了尖锐的意见，认为我们拍摄一部影片，即使一句政治语言也没有，我们也要明确通过这部影片传达给观众一些有益的思想内涵，要在观众中产生影响、产生教育作用。我们的影片和香港片不同，他们不接触政治，即使我们在影片中不谈政治，也应该在思想意义上与他们有所不同。显然，摄制组成员的意见是正确的，我也考虑过怎么解决这个问题，由于时间季节的限制，我们摄制组已经抢拍了云南大理和白族地区的民俗风情、特色风光，但是，拍了一个半月，我还没抓到中心，还没抓到矛盾冲突的核心问题。长夜难眠，我又反复翻阅领导的指示，深入领会领导的意图：影片要走出国门，对资本主义国家输出，表现新中国成立 10 年来的山川河流、美好风光和新人新事新面貌。是进还是退？是迁就还是迎合他们的欣赏口味？退则是完全不谈政治卿卿我我的爱情故事，进则既有健康的思想意义又不能过于生硬。我们如何抉择呢？应该寓政治于教育之中，歌颂大好中华，好山好水好人，我明确了我要告诉观众什么，明确了怎样安排情节、总体把握这部戏。我明确要把爱情作为全剧的贯穿动作，主题则蕴含其中。我把影片的最高任务定在："爱他们、爱他们生活的社会"。影片所有的情节都表现新社会中的人与人之间的关系，在寻找金花的过程中，表现好山好水好风光，表现人民公社农林牧副渔的发展，展现边疆农村建设的各个方面，实质上就是歌颂社会主义好，寓意全都通过画面展示出来。男主人公寻找心爱的人，先后找到了采矿金花、渔业金花、牧业金花和农业金花社长，这些金花的具体行为，让观众看到我国边疆少数民族在美丽如画的山川土地上，满怀热情地建设社会主义新农村的场景，这也正是编导演职员要展现给广大观众的。艺术上的一个重要考虑是，影片要拍成什么样式呢？主题定在"爱他们，爱他们生活的社会"，《五朵金花》应该是新的喜剧样式。我把影片《五朵金花》的风格样式定在有喜剧色彩、民族风情、载歌载舞的音乐歌唱表达形式。据袁成亮考证：剧本定稿后，王家乙带着一班人马在云南挑演员。不久，"四朵金花"便都名花有主了，男主角人选也选定了莫梓江。只是戏中重要人物女社长金花这个角色却一直没个着落。一天，王家乙来到云南省歌舞团，看了一圈没有一个中意的。正当他往外走时，一个正站在排练厅的窗台上擦玻璃的姑娘引起了他的注意。就在他们经过时，有人跟这位姑娘打了个招呼"杨丽坤"，"哎"姑娘应声抬头，一张纯真、质朴的微笑着的面孔映入王家乙的眼帘。"就她了，就是她了！"王家乙高兴得大叫起来。《五朵金花》女主角就这样定了下来，那一年杨丽坤 16 岁。杨丽坤不仅天生丽质，富有表演才能，还十分刻苦努力。她的表演朴实、自然，分寸感把握得很到位。1959 年，周恩来总理在庆祝新片展览月的招待会上为《五朵金花》的公映拉开了序幕。总理说："我们的电影已经开始创作一种能反映伟大时代的新风格……一种革命的现实主义与革命浪漫主义相结合的新风格。"《五朵金花》自 1959 年起先后输往 46 个国家公映，创下当时中国电影在国外发行的最高纪录。1960 年，在埃及开罗举行的第二届亚非电影节上，《五朵金花》获得巨大殊荣：导演王家乙获最佳导演银鹰奖，杨丽坤获最佳女主角银鹰奖。埃及总统纳塞尔点名请杨丽坤必须亲自前往埃及领奖。1964 年，杨丽坤主演了由上海电影制厂摄制、刘琼导演的电影《阿诗玛》。这是中国电影史上第一部彩色宽银幕立体声音乐歌舞片。之后，这部影片给杨丽坤带来了难以预料的灾难。"文革"中，这部片子被康生宣布为"宣扬爱情至上"的"毒草"遭批判。杨丽坤被说成是"修正主义"文艺的"黑苗子"，"反对毛主席文艺路线"的"黑线人物"，受到残酷的迫害。她开始失眠，晚上一直做噩梦，患上了轻度神经官能症。云南省歌舞团帮派人物又给她带上了"攻击红色政权"的帽子，她被强行送到宜良羊街劳动改造，最终导致精神分裂。经过家人不断努力，此事引起了周总理的关注，指示要好好给杨丽坤治病。这样她被送到云南省精神病院留院治疗。1972 年 8 月 24 日，又被转到湖南郴州精神病院治疗。"文革"结束以后，杨丽坤似乎已经彻底被人遗忘。1978 年，刚刚从牛棚中解放出来的陈荒煤，到昆明参加一个现代文学史和外国文学教材的协作会议。当他到石林游玩的时候，再一次看到那尊阿诗玛的石塑，想起来 14 年前关于电影《阿诗玛》的那起冤案。老人一时心潮起伏，回到宾馆埋头写下了一篇题为《阿诗玛，你在哪里》的文章，呼吁尽快将被整整尘封了 14 年的《阿诗玛》拿出来公映。这篇文章在全国上下引起了很大的共鸣，不但开启了"文革"后旧片复映的热潮，也让人们再次想起了《阿诗玛》和她的扮演者杨丽坤。70 年代末，杨丽坤被平反并被调入上影厂，同家人一起生活。1997 年杨丽坤患脑出血，2000 年 7 月病逝，享年 58 岁。

罗小玲在《电影〈五朵金花〉的新喜剧艺术风格》一文中认为：五朵金花电影是"十七年"的云南少数民族电影当中的优秀影片，作为向新中国成立 10 周年献礼的影片，是歌颂式新喜剧的开创性作品，也是主旋律喜剧电影的开创作品。好事连连的歌颂式喜剧故事，主线和副线并行，明暗结合，同时发生的众多误会，又使情节跌宕起伏。谢波在《经典影片〈五朵金花〉的重读与叙事研究》一文中认为：对于云南少数民族题材电影而言，《五朵金花》是一部经典之作。在对云南少数民族题材电影多年的研究中，由《五朵金花》开创的模式，深远地影响着该题材电影的创作与研究。孟犁野认为：《五朵金花》是一部集抒情喜剧，风光旅游，民族、民间音乐于一炉的娱乐性较强的影片。它具有一种综合性的审美效应。从艺术成就来看，主要有以下两方面：一是创作者成功地营造了一个喜剧性的"情景"；二是创作者在营造喜剧情景与氛围的同时，还利用边疆少数民族题材的特点，充分展示了大理一带迷人的民族与地域风情。

　　视频：《达吉和他的父亲》（2分钟）

　　《达吉和她的父亲》是由高缨根据自己的同名小说改编，王家乙导演，陈学洁、朱丹南、刘莲池主演，长春电影制片厂、峨眉电影制片厂于1961年联合拍摄的电影。影片讲述了汉族姑娘达吉，自幼被奴隶主掠去为奴，由彝族奴隶马赫抚养成人。新中国成立后，汉族工人任秉清支援彝族区尼古拉达人民公社水利建设时，发现达吉是他的亲生女儿，却不忍心将她认领走，因为他不愿意给马赫带来痛苦。马赫得知实情后，尽管在感情上引起很大波动，但处于崇高的阶级感情，她还是让达吉去认自己的亲生父亲，达吉心情很矛盾，最后三人幸福地生活在一起。

　　杨泽平在《周总理与〈达吉和她的父亲〉》一文中介绍：作家高缨在新中国成立后长期坚持深入生活，不断有佳作问世。他深入凉山彝族地区，根据真人真事，创作出小说《达吉和她的父亲》。小说最初发表在1958年《红岩》杂志第3期上。峨眉电影制片厂导演张波从《红岩》看到这篇小说，为之拍案叫绝，推荐给艺术副厂长栗茂章、厂长朱丹南，建议作为1960年峨影准备拍摄自1958年建厂后的第二部故事片的剧本用（第一部故事片是老作家沙汀的《嘉陵江边》，与八一厂合拍）。厂领导研究认为这是一个题材新颖、故事感人、民族色彩和地方特色都很浓郁、适宜拍彩色故事片的剧本蓝本，急派张波诚邀作家高缨改编为电影文学剧本，同时筹划拍摄的准备工作。高缨约请张波到凉山州普雄县深入生活，回蓉后完成了电影文学剧本初稿。当时厂领导看了长春电影制片厂出品的彩色故事片《五朵金花》，认为《达吉》也应拍成彩色片，又担心本厂艺术、技术力量不够，就准备联系长影合拍，得到中共四川省委同意。与此同时，长影第六创作组从《新观察》上看到《达吉》小说后，也准备拍成电影，一经联系，才知峨影早就准备拍摄了。1960年初，第三次全国文艺工作者代表会议在京召开，厂长朱丹南在会上见到长影厂厂长亚马，就合拍一事达成协议。朱丹南点名《五朵金花》导演王家乙来执导这部影片。朱丹南于会议间隙回成都就合拍事宜向省委做了汇报，得到批准。高缨后来说，《达吉》电影文学剧本初稿是"大胆依样画葫芦"写成的。中共凉山州委领导看了初稿后不够满意。在中共四川省委宣传部李亚群副部长的鼓励和指点下，第二稿将重点放在表现彝汉民族大团结上。高缨、张波携带第二稿来到长影，导演王家乙看了以后，建议应在充分表现新的历史条件下塑造人物，基调应是欢乐的。于是在此基础上进行了再修改。高缨后来感叹自己对改编电影顾虑太多。原来在发表小说和改编中，高缨以及王家乙等受到不少外界压力。有人指责小说充满了"小资产阶级温情主义"，是宣扬"资产阶级人性论"。这使得高缨等在改编时尽力回避一些矛盾冲突，尽量削弱所谓"人性""人情"的成分。王家乙也有思想负担。影片于1960年年底拍完，于1961年1月7日送文化部电影局审查并完成样片，电影局提了修改意见；之后影片做了修改，又于1961年6月初送文化部审查通过。这时正好文化部在北京新侨饭店召开全国电影创作会议，全国文艺工作座谈会也在这里召开。影片便拿到两个会议上试映，还发了高缨的小说原作。

由于小说和电影都存在争论，这引起了周恩来总理的注意和重视。他在百忙中看了小说，也看了电影，并在1961年6月19日发表了《论艺术民主》的长篇重要讲话（后正式文件则改为《在全国文艺工作座谈会和故事片创作会议上的讲话》）。总理讲话在全面论述"艺术民主"中还联系与会者对《达吉》电影和原作的议论谈了看法。周总理说：3年来，我们本来要求解放思想，敢想敢说敢做，结果反而束缚思想。其实人家也还在想，只是不敢说不敢做。人又不是石头，哪有不思想的道理。现在我们要使人把所想的都说出来做出来。几年来有一种做法：别人的话说出来，就给套框子、抓辫子、挖根子、戴帽子、打棍子。首先是有一个框子，非要人家这样说这样做不可，不合的就不行。有了一个主观的框子就据以去抓辫子，一切从他的主观主义、片面性、形而上学出发，也不经过调查，他主观上以为"右倾"，就断定是"右倾"。对《达吉和她的父亲》，认为是"温情主义"，先立下这个框子，问题就来了，就要反对作者的小资产阶级温情主义。感谢上海的同志，你们建议我看《达吉和她的父亲》，我看了，小说和电影我都看了，这是一个好作品。可是有一个框子定在那里，小说上写到汉族老人找到女儿要回女儿，有人便说这是"人性论"。赵丹同志和黄宗英同志看电影时流了泪，我昨天看电影也几乎流泪，但没有流下来。为什么没有流下来呢？因为导演的手法使你想哭而哭不出来，把你的感情限制住了。例如女儿要离开彝族老汉时，我们激动得要哭，而银幕上的人却别转身子，用手蒙住脸，不让观众看到他在流泪，思想上的束缚到了这种程度，我们要哭了，他却不让我们哭出来，无产阶级感情也不是这样嘛！听说导演提心吊胆，直到有的同志说了好，他才放下心来。导演在那个地方不敢放开手。这不是批评王家乙同志，而是说这里有框子，"父女相会哭出来就是人性论"，于是导演的处理就不敢让他们哭。一切都套上"人性论"不好。周总理还说:《达吉和她的父亲》，小说和电影我都看了，各有所长。小说比较粗犷，表现了彝族人民的性格，但粗糙些。电影加工较小说好，但到后来该哭时不敢哭，受了束缚，大概是怕"温情主义"。我们无产阶级有无产阶级的人性，为什么有顾虑? 是有一种压力。把"人性论""人类之爱""人道主义""功利主义"，都弄乱了。这些问题，毛主席早在延安文艺座谈会时就回答了。我们不一般地反对功利主义，我们讲无产阶级的功利主义、人性、友爱和人道主义。现在的搞法，不是从无产阶级的立场和阶级分析来看问题，而是从唯心主义看问题。以政治代替文艺，就没有文艺了，还有什么看头呢?

　　峨影厂厂长朱丹南参加了这次会议，并聆听了周总理的重要讲话。会后，周总理邀请了到会的艺术家30余人到他家做客。在亲切的会见中，无拘束的谈笑中，夏衍向总理介绍了朱丹南。总理风趣地说:"我认识，他是马赫社长嘛!"夏衍接过话茬说:"他还是峨影的厂长哩!"总理爽朗地笑起来，并握着朱的手说:"好哇! 领导生产，又参加生产。我们就是需要这样的领导干部。"周总理的这篇重要讲话，不仅端正了人们讨论《达吉》电影和小说时应有的态度，还为发扬艺术民主和繁荣文艺创作与纠正思想作风和文艺批评的关系，做了深刻而详尽的阐述。在周总理讲话不久，《达吉》电影便在各地陆续公开上映。总理的讲话犹如一石激起千层浪，引发全国有关报刊、文学杂志在浓郁的民主氛围内就作品的思想性、人物典型性、作品中人性表现、小说与电影的特点、文艺批评应有的正确观念和方法等展开热烈大讨论。李厚基、冯牧、谢晋、黄宗英、李希凡、苏恒、陈朝红、履冰等众多文艺界知名人士都踊跃加入，畅所欲言。大讨论前后历时一年，各大型报刊刊发相关文章百余篇。中国作家协会四川分会选编了1962年以前参加讨论的34篇文章，由四川人民出版社于1962年10月出版发行《〈达吉和她的父亲〉讨论文集》。这是新中国成立以后尤其在1958年文艺评论界有人从"左"的角度批判巴人的"人性论"和徐怀中的影片《无情的情人》背景下，文艺界在经历了好一阵沉寂之后重新出现的一派令人振奋的新气象。

　　2.改革开放以来的红色经典少数民族电影

　　改革开放以来，作为中国电影事业必不可少的组成部分，红色经典少数民族电影也是异彩纷呈。华东师大的邹玉芬博士将改革开放以来的30年少数民族电影凝练为三个阶段：第一阶段：（1979—1989 年）想象的乌托邦多元变革思潮下的少数民族题材电影；第二阶段：（1990—1999 年）走向自觉的本土化、全球化背景下的少数民族题材电影；第三阶段：（2000—2008 年）以原生态的名义新世纪少数民族题材电影的多元呈现。华中科技大学的李一君在《光影历程与时代激流——改革开放 40 年中国少数民族题材电影述论》中也将其分为三阶段：第一阶段——艺术传承、话语复兴与主题拓展 (1978—1992 年)；第二阶段——市场困境、体制变革与类型分化 (1993—2005 年)；第三阶段——语言探索、跨国实践与媒介革新 (2006—2018 年)。探究改革开放以来拍摄的少数民族红色经典电影，其主要特点是：

第一，传承与创新相结合。中共十一届三中全会之后，内蒙古、新疆、广西、云南等省区的电影制片厂恢复生产。在 1978 年至 1992 年间，共有130 部少数民族题材电影作品诞生。其中有相当一部分影片沿袭了十七年时期的影片特点，但有所创新。这一时期生产的影片主要有：

视频：《从奴隶到将军》《舞恋》《叶赫娜》《初春》《甜女》《不当演员的姑娘》（2 分钟）

这类影片多凸显民族团结、同舟共济的影像话语。以昂扬激越的叙事风格，在回忆式的苦难叙事中重塑多民族国家作为一种命运共同体的形态，与伤痕文学相似。创新型电影表现在冯小宁执导的《红河谷》和《嘎达梅林》中。

视频：《红河谷》《嘎达梅林》（1 分钟）

冯小宁将恢宏的战争叙事与曲折的爱情故事融合，以跌宕起伏的情节、传奇性人物和具有视觉冲击力的银幕景观增强作品的感染力。

第二，聚焦主旋律与反映少数民族改革。这一时期拍摄的主旋律影片主要有：

视频：《我的格桑梅朵》《彝海结盟》《白骆驼》《库尔班大叔上北京》《第三女神》《喜鹊岭茶歌》《一个女教练的自述》《魔鬼城之魂》《相约在凤尾竹下》《现代角斗士》（3 分钟）

这些影片继承了新中国成立以来主旋律电影的叙事模式，通过呈现爱国英雄、铺陈革命历史等，传达服务人民、维护统一、保卫祖国的话语。其中，《库尔班大叔上北京》独具特色。

《库尔班大叔上北京》是由过华、董玲、张冀平编剧，李晨声、董玲导演，吐依贡·阿合买提、洪涛、古月主演，天山电影制片厂、电影频道节目中心联合拍摄的电影。影片讲述了新疆和田维吾尔族大叔库尔班·吐鲁木到北京见毛主席的故事。20世纪五六十年代出生的人几乎没有人不知道这个故事，今天的年轻人却知之甚少。

张莉在《民族与国家关系中的话语实践及变迁研究——〈库尔班大叔上北京〉的文本分析》的博士论文中对这个故事做了全面介绍：新中国成立前，和田等南疆地区还处于半封建半农奴制社会，在这种落后的社会生产关系中以及残酷的生存环境下，库尔班·吐鲁木给地主依斯木当了23年农奴，给富农塔拉阿洪、塔斯吐木干了16年的长工，此后租种瓦甫地，被地主压榨了15年。租种土地比当农奴稍好一些，但是一年的收成，除了交地租，还要交纳国民党的田租捐。尽管库尔班不分昼夜地辛勤劳动，但库尔班夫妇俩带着四个小孩，生活依然难以为继，家里入不敷出，一直都背着很重的债务。但是，新中国成立后，库尔班的境遇发生了巨大变化，他翻身当了主人，1952年"土改"时他第一次分到了属于自己的房子和14亩土地，家里有两头奶牛和两头毛驴，有21只绵羊，还养了鸡。14亩土地对库尔班的意义，可以借电影《库里班大叔上北京》里库尔班自己说的一句话来理解："土地就是我们农民的命根子。"对库尔班而言，土地意味着他和他的家人能生存下去了，这就不单单解决了贫穷的问题，而是从根本上释放了库尔班的自由。获得新生的库尔班并不止于简单地享受新生活，饮水思源，他的心中充满了感恩。他说："旧社会盼我早点死，新社会我再也不愿死，好日子才开头，我要多活几十年，报答共产党的大恩情。"后来，库尔班接触到一个个基层干部，干部们总是说，他们是毛主席派来的，最后，他把共产党的概念具体化为人，把对共产党的所有感激指向了伟大领袖毛主席，而表达感激之情则是普通老百姓最淳朴的方式，能亲眼看一看毛主席成了库尔班一生中最大的愿望。为了见到毛主席，他努力劳动，成为当地的劳动模范，因为听人说当了劳动模范就能见毛主席；他请人代笔给毛主席写了好几封信，并且给毛主席寄了葡萄干等礼物，中央办公厅确实收到了他的信和礼物，并且还给他回了信，请他不要再给毛主席寄礼物了；他逢人就说想见毛主席，不管见到什么干部都拜托他们向上级反映，希望安排他去见毛主席。甚至他自己骑着毛驴也要出发去北京，被拦了回来之后，他又在路边搭车恳求司机带他去北京。

1957年4月26日，在新疆自治区党委扩大会议上，王恩茂对与会干部讲起了库尔班的故事。他说："我最近同曾漆同志（时任自治区党委书记）还有其他同志，曾经花了一个半月时间，在南疆各地跑了一趟。我们接触到的人民群众都是拥护党和人民政府的。我在这里可以举出这样一个动人的例子：当我们从于田回和田路过于田县五区时，有一个十二三岁的女孩子，名叫艾尼亚孜汗，远远地跑来用双手挡住我们的车。我们停车问她有什么事情？她说她父亲叫库尔班·吐鲁木，听说我们来了，叫她一定要把我们接到她家里去。我们问他父亲是什么人？她说是个劳动模范，给毛主席写过信，毛主席给他回了信，还寄来了照片，这次要我们替他带信给毛主席。我们听了她的话半信半疑，向她解释我们要赶路去和田，来不及去她家。但她无论如何不让我们走，我们只好让她上了车，叫她带我们到她家去。到她家以后，她父亲和家里人对我们非常热情，马上要给我们做饭，经我们再三解释才没有做，但是拿出许多鸡蛋来给我们吃。他给我们讲他的历史，引我们看他家里的财物，他把中共中央办公厅给他的回信、毛主席照片，县委书记、县长送给他的画报及其他东西都拿给我们看。他说他过去是雇农，家里只有一个破'巧贡'，其他什么也没有，生活艰难。解放以后，经过减租反霸、土地改革，分了土地和房子，现在入了农业社收入增加了，生活改善了，还当了劳动模范。他说他现在没有别的什么要求了，只要求见一下毛主席，能见到毛主席他死也甘心。这种生活情况和思想情绪，不仅这样一个库尔班·吐鲁木，而且有千千万万个库尔班·吐鲁木。库尔班·吐鲁木只是一个突出代表而已。"

王恩茂知道库尔班的事情之后，就告诉和田地委的领导，以后有到北京的机会可以让库尔班去。1958年北京举办农机具展览，根据自治区的指示，和田地委各县农业、水利、手工业、劳动模范、基层干部参观团去北京参观，库尔班作为劳动模范代表也参加了参观团，库尔班顺利地到了北京。据当年与库尔班一同去北京的参观团成员回忆当时的情形：在等待的时间里，库尔班吃不下饭，睡不着觉，别人以为他生病了，要请医生来看。他说我的病医生看不了，只有见到毛主席，我的病才能好。他的心越来越不安，也不去参观，不时独自一人在新疆驻北京办事处院内转来转去。于是，参观团领导将库尔班长期想念毛主席、要骑着毛驴到北京看望毛主席、这次到北京参观想见毛主席的迫切心情向正在北京开会的新疆领导做了汇报，经领导和国家民委商量后向毛主席汇报。毛主席当即答复可以接见。库尔班得到消息后，万分高兴，取出带来的礼品，自己洗衣服，等待接见。1958年6月28日，库尔班受到毛主席的接见。同年8月21日，《人民日报》刊登了长篇通讯《库尔班·吐鲁木见到了毛主席》。文章介绍：当脸带笑容的毛主席和中央首长出现在眼前时，他高兴得忘掉了一切，全神贯注地望着毛主席。就在毛主席和其他中央首长坐下来和全体人员合影时，他也只顾扭过头去看，这张照片上只有老人的头扭向毛主库坐的那边。合影完了，毛主席亲切地走到他的面前和他握手，并向他问好。老人用双手紧握着毛主席的手，很久也舍不得放开。他当场给毛主席献了礼物，又一次幸福地和毛主席握了手，摄影记者就在这时候拍了一张照片。他在向我们说这件事时，不断拿起这张照片来，仔细地端详着。库尔班激动地说："接见后的第二天，毛主席还专门派人来看我，送给了我十公尺条绒。"这篇文章发表之后，随即被各省党报以及各种刊物转载，迅速传遍大江南北。之后，以《人民日报》这篇文章里的故事为原型，库尔班见到毛主席的故事又以连环画、音乐剧、歌曲、国画、文学作品等艺术形式再创作出来，进入以不同受众为对象的流通领域里。

吴玉霞在《新疆本土电影创作概述》一文中认为："故事取材于生活，经过作家数十次的提炼、修改和专家论证，上级领导部门的审阅，使剧本较为成熟完善。"2002年4月24日，天山电影制片厂在库尔班·土鲁木的家乡新疆于田县吐尔尕孜村开机拍摄《库尔班大叔上北京》。这部影片在艺术上力争做到真实还原现实生活，通过那样一段历史，讲述一个红色传奇故事。

由于这部影片选材富有现实意义，时代感强，唤起了五六十年代新疆许多人对当年美好的回忆，带观众进入了那个难忘的火红年代，给观众留下了深刻的印象。影片在艺术风格上具有西部粗犷、大气、豪放的特色，是一部集观赏性、思想性、艺术性、教育性于一体的影片。该片在2003年获第九届中国电影"华表奖"优秀故事片三等奖；2003年获中宣部精神文明建设"五个一工程"第九届"入选作品奖"；2003年获第九届"华表奖"优秀男演员提名；2005年获"天山文艺奖"首届荣誉奖；2003年获自治区广电局向十六大献礼广播影视优秀作品奖"特别奖"。《库尔班大叔上北京》的成功为新疆天山电影制片厂走出困境开启了一条发展思路。天山电影制片厂厂长张毅刚说："这部电影立足地域特色，通过现实生活中的典型人物折射一个民族的性格、特点和优良品质。以小见大，以点带面，艺术性地还原了生活的真实。这使我们深刻地认识到，民族的才是世界的，有特色才会有出路。"

上述作品虽着眼于中国社会的不同侧面，但在主题与话语建构上却存在统一性，即聚焦社会改革议题、肯定个体追求、尊崇科学精神、表现对生产力发展和国家现代化的愿景。

第三，少数民族儿童电影独具特色。这一时期的主要影片有：

视频：《红象》《应声阿哥》《火娃》《熊猫历险记》《神奇的剑塔》《小客

人》《走进象群》《火焰山来的鼓手》(2 分钟)

李一君对此评论道:"与建国 17 年时期同类影片相比,这一时期的少数民族题材儿童片数量增长、主题多样。同时,它们普遍走出了革命叙事和宣传话语主导的文化模式,不再以塑造'革命小将'或'励志少年'为主流,而是更加侧重对儿童主体性的肯定。"

第四,少数民族母语电影走向世界。新时期少数民族电影最大特点就是形成了少数民族母语电影。90 年代初期,由青年电影制片厂、中国电影合作制片公司和香港寰亚电影有限公司联合摄制的蒙古族题材影片《黑骏马》,在拍摄时以蒙古语作为人物的对白语言,在国内公映时,基于审查规范、受大众观影习惯等原因而附加了汉语配音;但在美公映时,影片恢复了蒙古语对白以求更加鲜明地呈现民族文化的风貌,这一举措对其后中国少数民族语言电影创作具有示范意义。2006 年,由藏族电影人万玛才旦执导的影片《静静的嘛呢石》登陆院线。这部由藏族电影团队创作、以藏语发行展映、并以内向化的视角呈现当代藏族文化生态的影片被称为"真正意义上的少数民族母语电影"。其后,少数民族语言电影相继问世。

视频:《黑骏马》《静静的嘛呢石》《长调》《太阳总在左边》《河》《德吉德》《塔洛》《旺扎的雨靴》(2 分钟)

《黑骏马》讲述了孤儿白音宝力格与其寄养家庭的女儿索米娅的爱情故事,其显现出的质朴凝重,深沉悠远的艺术特征与蒙古族民族品格交融契合。《静静的嘛呢石》讲述了一个身处偏远的小寺院、对新兴事物充满好奇心的小喇嘛和他身边的人从大年三十到初三下午的故事。《长调》讲述长调歌唱家其其格,因丈夫去世她突然失声后,又能唱长调的故事。《太阳总在左边》讲述了一名藏族青年自我救赎和忏悔的心路历程。《河》讲述了藏族一家三代人之间的感情纠葛,内心互相深爱,但因缺乏沟通与表达,导致小央金内心的创伤不被察觉的故事。《塔洛》的主角是一个单纯善良的牧羊人塔洛,他一心想为人民服务,但随着他来到城市并遇见心爱的姑娘,残酷的现实将他单纯的理想一一打破。《旺扎的雨靴》讲述了生活在藏地农区的小男孩旺扎一直想拥有一双漂亮雨靴的故事。《德吉德》以女主人公命名片名,也可见德吉德在整部影片中的核心力量。面对雪灾,她照顾着羊群,甚至与狼和平相处;作为两个孩子的母亲,她精心哺育着下一代,守护着家园;作为驯马师伽斯麦的妻子,她最后选择离开草原,举家迁往城市给丈夫治病。她默默承受着生活所带来的一切不幸,从来没有抱怨和气馁。

上述电影的出现，形成了中国电影体系中所谓"母语电影"。以少数民族语言电影的兴盛为表征，中国少数民族题材电影进入了新的发展阶段。

第五，配合全面建成小康社会，脱贫攻坚也成了少数民族电影题材的主要内容。

视频：《十八洞村》（1分钟）

《十八洞村》是由苗月编剧、导演，王学圻、陈瑾等主演，华夏电影发行有限责任公司于2017年拍摄的电影。影片讲述了少数民族地区十八洞村退伍军人杨英俊在扶贫工作队的帮扶下，带领杨家兄弟立志、立身、立行，打赢一场扶贫攻坚战的故事。

李崇寒在《〈十八洞村〉在"精准扶贫"首倡地演绎脱贫奇迹》一文中写道：习近平总书记2013年11月3日到湘西花垣县十八洞村调研时，去的村口第一家——石拔专家里连电视都没有，唯一的电器是一盏节能灯。对远道而来的稀客，苗族大姐石拔专问他贵姓，从哪里来？习近平总书记只说是人民的勤务员，随后同石拔专聊起家常来。当时十八洞村人均纯收入仅1668元，全村225户939人，一半以上的人处于贫困线以下。村里地少，资源有限，年轻人外出打工，老弱病残者留在家里，村里40岁以上的单身汉40多个，因为十八洞村的穷远近闻名，没有姑娘愿意嫁过来。如何改变深山苗寨的面貌，让村民们过上舒心日子？习近平总书记提出十六字方针："实事求是、因地制宜、分类指导、精准扶贫。"他要求当地干部"不栽盆景，不搭风景"，"不能搞特殊化，但不能没有变化"，不仅要自身实现脱贫，还要探索"可复制、可推广"的脱贫经验。3年多时间里，穷乡僻壤因精准扶贫换了新颜。村里人干劲十足，2017年全村人均纯收入增至8313元，十八洞村顺利实现脱贫摘帽，一跃成为全国精准扶贫典型。2017年10月13日，同名电影《十八洞村》热映，收获票房过亿元，叫好又卖座。故事以十八洞村贫困户杨英俊一家脱贫为主线，用视听语言回答了人们一直疑惑的问题：是什么原因导致了他们的贫困，他们又是如何打赢这场脱贫攻坚战，从而改变自己命运的？如导演兼编剧苗月所言："我们的电影塑造了一群人，我们希望用人物的情感和人物的命运来形象地告诉观众，精准扶贫是如何展开的，是如何改变贫困人群的生活的。我们想通过这部电影，通过十八洞村这个'窗口'，让更多人看到大历史背景下中国乡村现在的面貌，看到这片土地上正在发生的一次重大的变革，让大家透过艺术的表达更感性地了解精准扶贫。"孙韵岚在《主旋律电影的范式转变及其话语表达——〈十八洞村〉的创作启示》一文中认为：

"由苗月导演的十九大献礼影片《十八洞村》以湖南省花垣县十八洞村坚持贯彻'精准扶贫'的政策方针，从深度贫困村逐步实现脱贫致富的真实故事为创作背景，讲述了以杨英俊为代表的苗族农民在政府驻村工作队的帮扶下实现了自立与自强，镌刻出我国农民群体的时代风貌。"孙强在《电影〈十八洞村〉的叙事与脱贫风貌探析》认为："在精准扶贫的战略背景下，扶贫电影《十八洞村》以其独有魅力在助力脱贫攻坚的历程中承担起了自身的角色。影片通过独有的镜头语言，不仅展现出秀美乡村的图景，还传递出扶贫行动内在的核心价值。尤其是在反映乡村世俗观念的变迁，贫困户主体意识的觉醒和脱贫心态的转变，以及扶贫理念方面发挥了重要的作用。影片传递出要敢于同贫困做斗争的精神内核。同时，影片激励着那些依然奋战在扶贫第一线的工作者，并唤醒了贫困户参与脱贫抗争的主动性和积极性。"

《又是一年三月三》是由存文学、李华荣编剧，马会雷导演，刘之冰、颜丹晨、孙亮、厉家兵、仁青娜姆主演，广西电影集团有限公司2018年拍摄的电影。王赟姝在《电影〈又是一年三月三〉：民族题材与主旋律叙事的浪漫结合》中写道："为庆祝改革开放40周年、广西壮族自治区成立60周年，自治区党委宣传部策划拍摄了民族题材电影《又是一年三月三》。该片围绕精准扶贫这一主题，再现了20世纪70年代作为知青下乡的主人公在几十年后怀着感恩之情重回广西边境南山村，帮助村民脱贫致富的感人故事，是中国少数民族题材电影与主旋律相结合的又一次较为成功的实践探索。在新时代语境下，2018年推出的影片《又是一年三月三》聚焦'精准扶贫'政策，展现了广西壮族自治区进行脱贫攻坚战和追求中国梦的现实生活，影片通过较为复杂的情节结构、精巧的视听语言、丰富的人物形象塑造，表达了边境稳定、民族团结、人民幸福的美好主题。在电影的文化表达上，影片浪漫化地融合了少数民族题材与主旋律叙事。故事拥有两条交叉叙事的时空线索：一条是主人公黄书记进行'精准扶贫'的现实时空；另一条是他在20世纪70年代作为知青下乡的历史经历。主人公在知青时期单纯而美好的情感，以一朵美丽的杜鹃花为意象，在心底留下淡淡的情愫，既克制又动人，同时，知青的热血激情与朋友之间的肝胆相照，则充满了对历史时代的浪漫想象。如今，主人公重返故地帮助乡亲们脱贫致富，完成年轻时的未竟事业。《又是一年三月三》将整个故事对准个体，书写了历史造就知青、知青改变历史的宏大叙事。"

梁晗昱在《〈又是一年三月三〉：主旋律叙事与民族发声》一文中认为：

《又是一年三月三》以广西边境村庄精准扶贫的故事为背景，宣扬了人民干部不忘初心为民办实事的主旋律，同时以细腻的镜头呈现了壮乡秀美山川和淳朴民风，电影以小见大的风格，突破了献礼电影的宏大叙事，转向娓娓道来的温情讲述。作为广西壮族自治区成立60周年的献礼电影，该片通过驻村干部和壮乡民众的双向互动，将民族性格和民族故事融入时代，构筑了主旋律叙事的民族发声，完成了民族题材的时代共响。"

以上是笔者对中国少数民族电影做的一个简单的勾画。

二、红色经典电影中的儿童电影

从严格意义上讲，红色经典电影中的儿童电影应该是从新中国成立之后才开始的。中国儿童电影的诞生，应该追溯到1923年由明星影片公司出品的、郑政秋编剧、张石川导演的《孤儿救祖记》。蔡楚生也拍过2部儿童电影：《迷途羔羊》《小五义》。1949年拍摄了《表》和《三毛流浪记》。

视频：《孤儿救祖记》《迷途羔羊》《小五义》《表》《三毛流浪记》（1分半）

新中国成立后拍摄的故事片应该从1953年赵丹拍摄的《为孩子们祝福》开始至1965年，可以说是中国儿童片的初创时期。

1. 1949—1966年红色经典儿童电影

纵观新中国成立17年，由于党和国家的文艺政策的特殊关怀与大力扶持，儿童电影蓬勃发展，题材和类型丰富多样，形成这一时期鲜明的特点。

第一，革命战争历史题材影片最多，为新中国儿童树立了全新的"英雄偶像"。1954年由张俊祥改编、石辉导演的《鸡毛信》，揭开了中国儿童电影中革命历史题材的序幕。这一时期拍摄的革命战争历史题材儿童影片主要有：

视频：《鸡毛信》《牧童投军》《皮包》《红孩子》《民兵的儿子》《黎明的河边》《地下少先队》《渔岛之子》（2分钟）

《鸡毛信》是由张俊祥根据华山同名小说改编，石挥导演，蔡元元、蔡安安、舒适主演，上海电影制片厂于1954年拍摄的电影。影片讲述了抗战时期华北抗日根据地龙门村的儿童团长海娃，奉民兵队长海娃父亲之命，给八路军送一封紧急的鸡毛信。海娃装扮成放羊娃赶着一群羊携信上路。路途遭遇日本鬼子，海娃急中生智把信藏在绵羊的尾巴之下，逃过一劫。晚上却趁敌人熟睡取信逃跑，被抓了回来。在给敌人带路的过程中，把敌人带进了八路军的包围圈，海娃也出色完成了送信消灭敌人的任务。

电影《鸡毛信》上映 56 年后，因一篇博文引发争论。事情发生在 2010 年 11 月 3 日，张锡磊在实名博客《最早版本〈鸡毛信〉与咱们课本中学到的有啥不一样》中，他认为：虽然儿时美好的时光已经远去，但小学的那篇《鸡毛信》课文，却给我们留下了深刻的印象，我们为他的机智、勇敢而感动。我们课文中学到的《鸡毛信》，是华山老先生写的一篇短篇小说，后著名连环画家刘继卣先生作画，把其改编成了连环画。再后来，张骏祥把小说改编成了剧本，拍出了新中国第一部在国际上获奖的儿童影片。同时，《鸡毛信》还被选入小学课本。可以说，《鸡毛信》这篇短篇小说影响了几代人。但《鸡毛信》毕竟是小说，那么海娃到底有没有其人，他的原型是谁，到底是个什么样子。张锡磊通过考证和阅读大量的新中国成立前的新闻通讯，发现最初的《鸡毛信》版本《鸡毛信》是一篇人物小通讯，作者是新华社的一名记者，名叫汤洛。汤洛通讯中的人物和我们熟知的《鸡毛信》不同，最早版本中的主人公也不叫海娃，而是叫双虎，年龄也不是 12 岁，而是 16 岁，但个头较矮，按照汤洛的话说，看上去只有 14 岁的样子。故事情节最大的不同点，是背景不同。我们熟知的海娃送鸡毛信发生于抗日战争，而最早版本的《鸡毛信》中讲述的事情是在解放战争时期。《鸡毛信》这篇通讯最早被收录在 1949 年 1 月出版的"人民解放军故事丛书"《旗》中。

2015 年 6 月 12 日，李惊涛在《中国国防报》发表《〈鸡毛信〉：寄达抗战胜利纪念日》一文考证：连环画《鸡毛信》穿越 65 年时空，被持续阅读；印数超过 400 万册，被广泛传看。与真实的抗日小英雄王二小（阎富华）的英勇事迹，有重合的地方，比如都是河北人，都是儿童团，都是放羊娃，都是把日本鬼子引入八路军包围圈……但是，由于鸡毛信因素的介入，故事发生了很大变化，海娃没有牺牲，他也不能牺牲，因为给敌人带路是被迫的和次要的任务，而伺机送出情报才是主要任务。海娃最终完成了任务，并且活了下来，因而成为文艺作品中虚构的形象。可信、可爱的小英雄海娃，遂成为新中国几代人激励自己克服困难、完成任务的榜样。李文认为：作为虚构的文艺作品人物，海娃的原型如果不是王二小，又会是谁？文献表明，作家做新四军小情报员时，曾像海娃那样把信埋进土里；张申元老人在抗战时期曾经竖起和放倒旗子作为"消息树"；王专老人担任儿童团长时曾经折叠过鸡毛信；雁秀峰老人不仅亲自送过鸡毛信，而且准确记得鸡毛信"没有信封"的具体形状；蔡展鹏老人当年甚至收过鸡毛信，对鸡毛与信的关系记忆犹新：

"信上如果没有鸡毛，就表示是平信；插一根鸡毛，表示'急'；插两根鸡毛，表示'特急'；插三根鸡毛，就表示'十万火急'。"但是，他们都不是海娃，也不是张连长的原型。据张锡磊考证，《鸡毛信》的最早版本是一篇人物小通讯，收录在1949年1月出版的"人民解放军故事丛书"《旗》中，作者是新华社记者汤洛。细察通讯原文，故事框架确实与华山（杨华宁）的小说《鸡毛信》相似。但是主人公姓名、年龄，特别是故事背景不同，所以很难指认通讯中的"双虎"就是"海娃"原型。因此是否可以这么说，《鸡毛信》中的海娃，是华山虚构出的文艺作品形象，并没有直接对应的人物原型；如果说有，那便是晋察冀边区抗日民主根据地的众多儿童团员和小通讯员们的英勇事迹，经作家提炼、升华、创造而成的。

在这类影片中，除了《海娃》之外，最为经典的儿童影片应属《小兵张嘎》。

视频：《小兵张嘎》（2分钟）

《小兵张嘎》是由徐光耀编剧，崔嵬、欧阳红樱导演，安吉斯、张莹、葛存壮、张平、于少康、吴克勤主演，北京电影制片厂于1963年拍摄的电影。影片讲述了抗战时期，冀中白洋淀的张嘎子，亲眼看到奶奶英勇地牺牲在日军的刺刀下，而老钟叔也被敌人抓走，为替奶奶报仇和救出老钟叔，他找到了八路军，当上了一名小侦察员，成为一名名副其实的八路军战士。

这部电影的确是儿童片经典中的经典，这部电影是怎样拍摄的？熊坤静在《中篇小说〈小兵张嘎〉创作的前前后后》一文中告诉我们：电影编剧徐光耀就像张嘎子一样，13岁参加八路军并入党，在冀中的抗日烽火中成长为一名优秀的革命文艺战士。1950年，25岁的徐光耀出版了他第一部长篇小说《平原烈火》。作品一炮打响，嘎子的原型也源于这部小说。

徐光耀在《〈小兵张嘎〉是如何写成的？》一文中回忆：总有人问："《小兵张嘎》是怎么写出来的？""嘎子的原型是谁？"这些问题已有30多年了，应该说一说。《小兵张嘎》电影最近被定为小学生必看片，这说明，它的思想性和艺术性，还是被肯定的。影片自发行以来，几乎每年都放映，尤其"六一"前后，这里那里，总能见到"张嘎"的面孔。有人说这部片子教育和熏陶了两代人，有点言过其实，但说它较为长久地为人们所喜欢，倒是个实在情况，由此而产生的好奇心，也很自然。

在1957年整风运动中，丁玲、陈企霞二人打成"右派"，作为丁玲、陈企霞二人的学生，徐光耀在劫难逃，不仅被打成"反党反人民反社会主义右派分子",还受到开除党籍和军籍、剥夺军衔、降职降薪以及下放劳动改造的处分。为了摆脱郁闷,振作自己,他决定以创作来进行精神转移。但是写什么呢?他忽然想起了小说《平原烈火》中所写的那个绰号"瞪眼虎"的小八路,创作思路由此洞开。徐光耀说:"'瞪眼虎'实有其人,原是赵县县大队的小侦察员,他还有个伙伴外号叫'希特勒'。他们是一双声动四方、小有威名的人物,曾创造过很多非凡的故事。可惜我只见过'瞪眼虎'一面,又不曾交谈。但他那倒挎马枪、斜翘帽檐的逼人野气和泼辣风姿,留给我很深的印象。至于'希特勒',则连面也没见过。《平原烈火》中虽取了'瞪眼虎'的名号,事迹都是另外一些人的。但由于他出场过晚,无机会展示其才智本领,直到小说结尾,未能发射什么光彩。有个老朋友看过该书之后,对我说:'咳,你那个瞪眼虎,开头表现还好,像是挺有戏的,怎么不凉不酸就拉倒了呢?'他的批评,正打中我心上的遗憾,确实的,他本来还有奇异生辉的作为的,可惜不能与主角'争戏',只好随大流结束,这实在是委屈了他,但却为以后的'嘎子',埋下了一株嫩芽。"据熊坤静考证:徐光耀开始搜集和誊写平时积累下来的关于"瞪眼虎"的材料,并结合部队里那些质朴、可爱、机智、勇敢而又顽皮、倔强的小八路的故事,于1958年1月23日这天开始悄然动笔,写作电影剧本《小兵张嘎》。但当剧本写到嘎子被关禁闭、受教育的时候,作家不知道该怎么继续下去了。他思来想去,觉得写电影剧本毕竟不是自己的长项,于是掉过头来又写小说。这下创作顺利多了,仅用了不到一个月的时间,7万字的中篇小说《小兵张嘎》便完稿了。紧接着,他又写完了同名电影剧本。在当时的政治气候下,"右派"分子写作和发表作品的权利均被剥夺,他只能将《小兵张嘎》书稿藏起来,以待时机。转眼到了1961年秋,徐光耀的"右派"分子帽子已被摘掉。这一天,他偶遇前来保定组稿的《河北文艺》月刊小说编辑张庆田,便拿出了《小兵张嘎》小说稿。张编辑将小说稿带回杂志社后,很快就安排发表在《河北文艺》11、12月的合刊号上。次年年初,《小兵张嘎》单行本由中国少年儿童出版社隆重推出;同时,该小说又被《北京晚报》连载。《小兵张嘎》面世后深受欢迎,相继被再版或重印20多次,发行逾百万册,并在第二届全国少年儿童文艺创作评奖中荣获小说一等奖。同时还被翻译成英、印、蒙、德、泰、阿拉伯、朝、塞尔维亚等多种文字,在世界上广泛流传。1963年末,《小兵张嘎》由上海人民美术出版社改编为同名连环画出版发行,后又多次再版或被其他出版社改编发行。徐光耀深受鼓舞,又将电影剧本《小兵张嘎》寄给北京电影制片厂导演崔嵬。1963 年，该电影摄制完成并公映后，轰动了全国，成为陪伴着几代人成长的红色经典影片之一。

《中国当代电影发展史》对《小兵张嘎》给予高度评价，认为影片具备以下几个特点：一是小英雄根红苗正，并和敌人有着刻骨的仇恨；二是小英雄尽管勇敢机智，但在没有经过革命的暴风骤雨洗礼前，还有许多自身的缺点；三是在战斗中，小英雄终于成长为一个自觉的、有组织纪律性、有革命理想的共产主义战士。影片在艺术上的成就，避免了同类题材电影的弊病——概念化、模式化、儿童性格大人化，让小主人公保持童心童趣。影片创造了新中国儿童革命历史题材电影的高峰，为新中国的少年儿童树立了崭新的精神偶像，并在他们心中留下了难以磨灭的印记。

新中国成立 17 年之所以拍革命战争历史题材的儿童影片多，《中国当代电影发展史》认为：一是革命战争历史题材一直是新中国的主旋律；二是人民迫切需要通过电影了解共产党领导的革命历史；三是新中国成立后党就确立了"文艺为政治服务、为工农兵服务"的方针。

第二，多姿多彩的校园生活。1955 年拍摄了《祖国的花朵》，后来相继拍摄了：

视频：《罗小林的决心》《哥哥和妹妹》《青春的园地》《好孩子》《朝霞》《红领巾的故事》《文化先锋》《两个小足球队》（2 分钟）

这类影片的代表作应属《祖国的花朵》。

视频：《祖国的花朵》（2 分钟）

《祖国的花朵》是由林蓝编剧，严恭导演，赵维勤、李锡祥、张筠英、张圆主演，长春电影制片厂于 1955 年拍摄的电影。这是新中国第一部校园题材儿童故事片。影片讲述了小学五年级学生帮助班级两个落后同学共同进步的故事，荣获第二届全国少年儿童文艺创作评奖故事片一等奖。

《祖国的花朵》中杨永丽的扮演者张筠英谈及在北海公园拍摄影片的花絮时感慨万分："这个电影剧本是创作者在小学体验了半年多的生活后写出来的，非常切合实际，所以我们演起来也很自然，开始导演还说要给我们排排戏，后来决定不用提前特别编排，就是开拍前给我们说说戏，让我们这些学生可以自然地表现。"

影片的成功之处还在于《让我们荡起双桨》电影插曲。这首歌曲是由乔羽作词，刘炽作曲，词句流畅生动、富有意境，旋律优美动听，电影播放后，立即风靡全国，流传至今，经久不衰，影响了几代人。梦菲在《〈让我们荡起双桨〉：幸福童年的写照》一文中考证：电影的主题曲，是提振与升华整个电影故事必不可少的一根红线，为此，导演严恭特请刘炽和乔羽分别为影片作曲、作词。时年 27 岁的乔羽在中国剧本创作室工作。导演严恭认为这部电影的主题曲由乔羽来完成最为合适，一是在年龄上他与少年儿童比较接近，二是他创作发表的《龙潭的故事》《果园姐妹》《森林宴会》《阳光列车》等七八部儿童题材的剧作已经受到了小朋友的广泛喜爱。于是，严恭找到乔羽说："花朵在春天里开放，我们的祖国已经迈出春天的步伐，要把这种美妙的开始写出来。"风华正茂、才情四溢的乔羽，以一种近乎陶醉的心情接受了这一光荣的任务，酝酿了几天后却什么都写不出来，他决定干脆放一放再说。一天，乔羽和女友佟琦在北海公园租了条小船，同过少先队队日的少先队员一起泛舟湖上。一会儿，忽见有一船孩子正在向他们划来，那一船孩子悠悠然惬意划桨的神态，小船儿推浪而行的情景……一下子拨动了他的灵感，触景生情的几句描绘词语冲口而出："让我们荡起双桨，小船儿推开波浪……对，对，对，就是这样，就是这样！"佟琦疑惑地问："你这是怎么啦？"乔羽来不及细说，急忙催促："快上岸，歌词来了！"乔羽激动地拉着佟琦的手，连蹦带跳地来到了一片绿草地上，掏出一个随身携带的小本子奋笔疾书起来：让我们荡起双桨，小船儿推开波浪，海面倒映着美丽的白塔，四周环绕着绿树红墙。小船儿轻轻，飘荡在水中，迎面吹来了凉爽的风。红领巾迎着太阳，阳光洒在海面上，水中鱼儿望着我们，悄悄地听我们愉快歌唱。小船儿轻轻，飘荡在水中，迎面吹来了凉爽的风。做完了一天的功课，我们来尽情欢乐，我问你亲爱的伙伴，谁给我们安排下幸福的生活？小船儿轻轻，飘荡在水中，迎面吹来凉爽的风。《让我们荡起双桨》的歌词就这样诞生了。晚年的乔羽曾回忆说："拍《祖国的花朵》的时候，导演是严恭和苏里，找到我说给我们写首歌吧，我那时也年轻，才 20 多岁，就跟他们去了电影的外景地北海公园。在电影中和歌曲中提到的荡起双桨其实就是在北海。水面倒映着美丽的白塔，四周环绕着绿树红墙，其实就是北海的写真。在影片中的一群划船的人里面还有我呢。我们当群众演员，当得非常自然，也很随意。这首歌是为这个电影专门写的，因为场景是这个场景，我想那干脆就划船吧，实际上这是船歌。导演说我们在这个场景中需要写一首歌，应该怎么写？我说在北海公园里拍，又是小孩都在划船，当然就写'小船儿推开波浪'。这首歌在这个环境里，在北海公园拍，我是很实际写的，北海中间最漂亮的还是白塔，海面倒映着美丽的白塔，它是有着倒影，四周环绕着绿树红墙。根据我的理解，这个歌需要写得很欢快，很自然，不要磕磕绊绊地那样写。"作曲者刘炽也是在和孩子们划船过程中产生了灵感，《让我们荡起双桨》的独唱部分和童声二部合唱部分曲谱一气呵成了。接下来，敬业严谨的刘炽一边悠然地望着万寿山、玉带桥和小船上的小天使们，一边在心中细细品味。他发现有几处不太合适，便立即进行了修改。之后，他又在心中默唱、揣摩了一会儿，直到满意为止。待歌曲写完改好后，刘炽把孩子们召集起来，掏出写好的歌片唱给大家听。"让我们荡起双桨，小船儿推开波浪……"一曲唱完，孩子们乐了，拍着手说："真好！跟我们刚才在船上玩时的心情一样。"刘炽回忆说："几十年来我写过很多儿童歌曲，最难忘的要数写《让我们荡起双桨》这首歌曲了。"梦菲认为："歌曲《让我们荡起双桨》以其优美舒展的旋律、诗情画意的歌词，出神入化地描绘了北海公园秀丽的景色和少先队员泛舟碧波之上尽兴欣赏美丽的自然风光、享受欢乐童年的情景。"赵征溶在《〈让我们荡起双桨〉的创作往事》中也讲到了上述情景，还讲到了随着电影《祖国的花朵》的放映，《让我们荡起双桨》这首歌很快在全国传唱开来，成了儿童歌曲的经典之作，并被选入了中小学的音乐教材，滋润着几代人的心田。孩子们乐呵呵地唱着，感受着幸福；大人们轻轻地哼着，回味着童年。"文化大革命"后恢复的稿费很低，每年人民教育出版社寄去 5 元人民币的稿酬，当时刘炽住北京的北郊大羊坊，这与进城去邮局领款的路费相当。刘炽笑了，就算是给孩子们的奉献吧，也不去领了。康克清在人民大会堂给刘炽颁了奖，是在代表全国的孩子们对作曲家表示感谢，刘炽得到了社会的褒奖和回报。

2. 改革开放以来的红色经典儿童电影

"文革"时期也拍了一些儿童片，诸如《闪闪的红星》《黄河少年》《烽火少年》《向阳院的故事》《小螺号》《小将》《两个小八路》等。

视频：《黄河少年》《烽火少年》《向阳院的故事》《小螺号》《小将》《两个小八路》（1 分半钟）

这些影片尽管是拍孩子们的事，不容易上纲上线，但仍然存在概念化、政治公式化的问题，个别影片诸如《小将》突出了配合政治形势的阶级斗争。

"文革"期间的儿童片最有影响力而且引起轰动的当属《闪闪的红星》。

视频：《闪闪的红星》（2 分钟）

《闪闪的红星》是由王愿坚、陆柱国根据李心田的同名小说改编，李昂、李俊导演，祝新运、赵汝平、刘继忠、刘江主演，八一电影制片厂于 1974 年拍摄的电影。影片讲述了1931年红军解放柳溪乡时，从土豪胡汉三的皮鞭下解救了刚满7岁的潘冬子。冬子的父亲为保卫胜利果实，杀敌负伤，在做手术时主动将麻药送给战友，这些都深深教育了小冬子。1934年秋，父亲随红军主力长征，给冬子留下一颗红五星，母亲与东子相依为命。此时的冬子虽然只有11岁，也立下了决心长大参加红军对抗日军。一天，反动地主胡汉三前来捉拿东子的母亲，眼看形势危急，冬子妈决定留下来掩护其他群众撤退。在连扔两枚手榴弹炸死多名敌人后，冬子妈英勇就义。目睹了妈妈被敌人杀害的惨状，冬子决心用自己的力量为母亲报仇。冬子开始用自己的机智与勇敢与敌人周旋，暗中帮当地的游击队送盐送信，还砍死了胡汉三。1938年，江南的红军游击队奉党中央命令，准备开赴抗日前线。冬子父亲前来迎接游击队，冬子见到了父亲，他戴上那颗保存了多年的红星，加入了人民军队。

影片虽然是按"三突出"原则设计，但导演尽力去营造一份浪漫和抒情，加之扮演潘冬子的演员特点，影片起到了轰动作用。2018年，军旅作家李心田老师在接受《中国广播报》记者电话专访时，给读者讲述了《闪闪的红星》创作与出版的台前幕后不为人知的往事："《闪闪的红星》电影在1974年公映，但我的小说要早电影10来年。"李心田说："当时初稿跟后来大家看到的书有很多内容不同，因为初稿里他是从人性写起的，写了一个孩子跟亲人的生离死别，是一种自然感情的描写。"记者说："您创作的《闪闪的红星》对我们这代人的影响太大了，可以说我们是看着'潘冬子'，唱着'红星闪闪'长大的。您能给我们谈谈《闪闪的红星》创作过程吗？"李心田："《闪闪的红星》这部小说被翻译成了11种语言，再版了几十次，它是我个人创作的一个高峰时期。我开始创作《闪闪的红星》，是在1961年。那时，我在中国少年儿童出版社出版了《两个小八路》，责任编辑约我再给孩子们写一本书，我答应了。那时，教学工作很紧张，这本书稿写了两年多，到1964年才完成。誊清之后，题名《战斗的童年》，寄给了中国少年儿童出版社。"

1964年小说创作完成后，"文革"也开始了。"我担心小说中对人性人情的描写会遭到批判，便连写两封信，从少儿社把书稿要了回来。"一切如李心田老师所料，"文革"中上交的小说手稿被焚毁，幸亏他当时多留了一个心眼，手稿交上去了，但誊清稿被他藏了起来。直到1970年人民文学出版社的编辑谢永旺向李心田约稿，这部作品才重见天日。李心田说："当时我把劫后余生的《战斗的童年》交给他。他认为可用，要带回去研究。要不是我'留一手'，也就没有这本书了。"1971年11月，李心田被请到人民文学出版社修改稿子，编辑谢永旺认为书名《战斗的童年》有点俗，应该更改书名。李心田说："我苦想了两天，提出了《闪闪的红星》，谢永旺马上拍手叫好，但考虑到当时'红星'一词是苏联的惯用，他建议改名《闪闪的红五星》。"虽然李心田感觉多了一个"五"字便减了神，但还是同意了。"清样印出来后，封面上还是《闪闪的红五星》。然而，出版社主持工作的王致远编审时把那个'五'字去掉了，这才有了书名《闪闪的红星》。"

《闪闪的红星》出版后，全国有18家出版社翻印这本书，累计印数高达数百万册。"《闪闪的红星》可以说代表了我在儿童文学方面比较高的成就，那时肯定一本书多么不容易啊，是我对社会、对政治的看法以及对我们生活的那个年代的反映。"说到这，李心田非常自豪的话语里有点哽咽。"这毕竟是我披星戴月写了三年的作品，里面有我对生活的积累，有感情的凝结，有艺术的追求。"李心田的小说《闪闪的红星》在中央人民广播电台播出后，引起了电影界的关注。八一厂最先向李心田提出把小说改编成电影的想法。李心田老师对笔者说："八一电影制片厂导演找上门来了，要改编成电影，并让我参加编剧。我在北京与王愿坚、陆柱国等人研究编写，最后以陆柱国的初稿为底本，由王愿坚统筹定稿。电影放映时打出字幕'根据李心田同名小说改编'，我很乐意，虽然那时没有稿费。"李心田老师在接受《中国广播报》记者采访时曾说："我小说里潘冬子的原型是鲍声苏，鲍声苏系湖北麻城籍开国中将鲍先志将军的儿子。"鲍先志是电视剧《亮剑》赵政委的原型。新中国成立后，鲍声苏找到了父亲鲍先志。鉴于鲍声苏文化水平太低，1961年，鲍先志便让鲍声苏到南京军区举办的部队文化速成中学学习。当时李心田是部队文化速成中学的教员。由于鲍声苏在学生当中年纪较大，课余便经常与李心田老师聊天。当时鲍声苏向李心田讲述了自己童年的成长经历，讲到了地主和还乡团的狠毒，讲到了麻城满山红杜鹃（映山红）的美丽，讲到了盼望红军回乡的故事。鲍声苏悲惨的童年深深打动了李心田，"潘冬子"的形象终于跳到了他的面前，为他后来创作《闪闪的红星》提供了有利的素材。

影片之中有两段传唱至今的插曲《小小竹排江中游》和《映山红》，为影片加分不少。总之，影片不失为一部有相当影响力的儿童电影。

2. 改革开放以来的红色经典儿童电影

新时期革命战争历史题材的儿童影片，仍然占有一定的比重。1979年主要拍摄了《报童》和《啊，摇篮》；1981年拍摄了《鹿鸣翠谷》；1982年拍摄了《赛虎》；1983 年拍摄了《扶我上战马的人》；1984 年拍摄了《童年的朋友》；1985 年拍摄了《少年彭德怀》；1986 年拍摄了《魔窟中的幻想》；1987 年拍摄了《战争插曲》；1989 年拍摄了《少年战俘》；1990 年拍摄了《战争子午线》；1991 年拍摄了《风雨故园》等。

这一时期拍摄的校园生活电影不断向深度和广度拓展，主要影片由：

视频：《金色的教鞭》《琴童》《我们的小花猫》《春晖》《苗苗》《四个小伙伴》《公民从这里诞生》《红衣少女》《我和我的同学们》《多梦时节》《夏日的期待》《豆蔻年华》《眼镜里的海》《普莱维梯彻公司》《我的九月》《男孩女孩》《伴你高飞》《无声的河》等（2 分钟）

进入 21 世纪后，1981 年 6 月 1 日成立的中国儿童电影制片厂和北影厂等 8 家单位合并，于 1999 年成立了中国电影集团公司。在没有儿童电影制片厂的市场环境下，如何拍摄儿童电影，拍摄什么样的儿童电影，成为影视界和社会各界关注的焦点。对此，2004 年 6 月 9 日，《国家广电总局 文化部 教育部 财政部 共青团中央 全国妇联关于进一步做好少年儿童电影工作的通知》指出："要充分认识少年儿童电影工作的作用和地位，运用优秀影片加强对少年儿童进行思想道德教育、素质教育和美育教育，对于帮助广大中小学生形成正确的人生观、世界观、价值观，促进他们身心健康成长和树立立志成才、报效祖国的远大理想，都具有十分重要的意义。"《通知》要求更新观念，创新机制，探索少年儿童电影发展新思路。《通知》强调："大力发展少年儿童电影，既要符合社会主义精神文明建设的要求，又要兼顾社会主义市场经济的规律。因此，要坚持政府政策扶持与企业市场运作相结合的发展思路，中央和地方有关部门要对少年儿童电影放映场所和流动放映设备所需资金，酌情给予一定的补助。支持少年儿童电影放映院线的组建，推动'优秀影视片进校园工程'的实施。"进入中国特色社会主义新时代后，习近平更是非常关心少年儿童的健康成长，多次发表讲话，激励少年儿童成才。正是在中央关怀和扶持下，中国儿童题材故事片的数量明显增多，由 21 世纪前的每年十几部增长到每年 30 部以上。在质量上也有了重要提升。新世纪以来，我国有多部儿童题材故事片在国际上斩获大奖，而新世纪前，在国际 A 类电影节崭露头角的中国电影虽然有很多，但是受到关注的中国儿童题材故事片却少之又少。探究 21 世纪以来的红色儿童电影，其特点表现为：

第一，革命历史题材仍然是儿童电影的主旋律。有描写抗日英雄王二小的《少年英雄》；有以 20 世纪 20 年代江西安源煤矿为历史背景，表现了一批拖煤的孩子不甘于被压榨，在中国共产党的领导下，建立安源儿童团的故事的《安源儿童团》；有克服种种困难救出被鬼子抓住的老师故事的《小英雄雨来》；有帮助鲁南八路军传递情报的《小小飞虎队》；有用儿童眼睛观察战争残酷的《儿子同志》。

第二，讲述革命领袖儿童时期的电影。这一类影片包括：《元帅的童年》《少年邓恩铭》《星海》，微电影《少年毛泽东》等。

第三，成长和励志是21世纪以来儿童电影的核心主题。这一类电影主要有：《远山姐弟》《背起爸爸上学》《暖春》《走路上学》《留守孩子》《我们手拉手》。

第四，校园类儿童题材影片。这类题材的影片主要有：《念书的孩子》《我要做好孩子》《男生贾里新传》《网络少年》《花儿怒放》《女生日记》《孩子那些事儿》等。

张宇辰在《新世纪以来的儿童题材电影故事片叙事研究》论文中认为：这一时期儿童题材电影在类别选取方面，更为丰富多元，在继承传统类别的基础上，在价值观念和叙事策略上有所创新和发展，同时有年轻导演借助儿童题材故事片的低成本优势和创作上的自由度，将一般意义中单纯明快、简单直接的儿童题材故事片上升到纯艺术电影的创作境界。新世纪中国儿童题材故事片通过建构新的类别领域，不仅与当下的社会现实紧密结合，关注当代儿童的热点话题和现实问题，具有强烈的现实关照意义，同时也借鉴好莱坞儿童题材故事片的叙事策略，进行娱乐化的探索，呈现出明显的现实性与娱乐性并行并重的创作倾向。魏南江在《新世纪以来中国儿童电影研究》中认为："纵观新世纪以来中国儿童电影的文本，我们发现，以儿童为导向，市场为诉求，成为新世纪以来中国儿童电影创作的新方向，中国儿童电影开始在继承传统的基础上不断地寻求创新，积极探索寻求一条适合中国儿童电影的发展道路。从选材取向上，新世纪以来中国儿童电影题材开始变得多元化；从人物形象塑造上，多样化的儿童形象以及两极化的成人形象成为新世纪以来儿童电影中的主要人物形象；从视听呈现上来看，不可否认的是，充满趣味的娱乐化外衣才能使儿童电影进入越来越多观众的视野。"

后　记

　　电影是历史的见证、时代的缩影。爱看电影，应该是人的天性之一。作为我这个 20 世纪 50 年代出生的人，由于五六十年代文化艺术匮乏，看电影就成为绝对的文化大餐。当时张村或李村放电影，不管多远都跑去看，有时候放电影的信息是传闻，不仅白跑一趟，而且空欢喜一场，戏称"白跑的战士磨鞋底"。年轻时代看电影，还有一个特点就是特别喜欢模仿电影中的一些画面，其中给我感受最深的老电影中就有两段演讲和一段朗诵：一是《列宁在十月》中列宁在工厂的演讲（张伐配音），二是《南征北战》中师长（扮演者陈戈）在坦克上的演讲，三是大型音乐舞蹈史诗《东方红》中林中华的朗诵。直到后来，在课堂上我有时还即兴给同学们朗诵一段。当然对《血，总是热的》中的厂长（杨在葆饰）演讲，也还是另有一番感受。大概是因为年纪大了，至今还经常看电视台的"怀旧频道"，对老电影和红色经典电影，有一种独特的情怀。正是基于这一理念，萌生了为当代大学生开设一门红色经典电影的构想。真正将此事付诸实践的，还是 2013 年后超星·尔雅网站约我给当代大学生讲授本科"思政课"必修课程"中国近现代史纲要"。该课程在线播出后，我和我的学生、中国社会科学院大学马克思主义学院副院长秦国伟出版了《"中国近现代史纲要"立体教案十讲》。2017 年，首批"国家精品在线开放课程"评审，"中国近现代史纲要"列入获评名单，2020 年又获评"国家一流本科课程"。对此，《人民日报》《光明日报》《中国教育报》《思想理论教育导刊》对我讲授的"中国近现代史纲要"课进行了多方报道，2018年 4 月 20 日的《人民日报》报道的标题就是《首都师范大学教授李松林——慕课讲历史　圈粉三十万》。此间，我还在超星·尔雅网站主讲了"毛泽东思想和中国特色社会主义理论体系概论"和"习近平新时代中国特色社会主义思想十三讲"。2019 年我又录制了"红色经典电影与近现代中国"课程，作为大学生思想政治理论课的辅修课程，2020 年正式上网，共有 17.1070 万学生选了我这门课。真没想到，两年之内会有这么多年轻学子选这门课，基于完善"红色经典电影与近现代中国"课程，我和北京邮电大学副教授、文学博士李楠重新订正、补充、充实、编辑了这本《"红色经典电影与近现代中国"十讲》一书，我的学生福建医科大学刘倩倩副教授，又帮助我对全文进行了校订。在书稿即将出版之际，需要说明的是：

第一，本书稿坚持以习近平新时代中国特色社会主义思想为指导，运用大历史观和正确党史观，深入分析反映近现代中国和中国共产党百年来所取得的辉煌历程与伟大成就的红色经典电影，通过传承红色基因和红色经典电影的艺术感染力，帮助当代大学生不断校正自己的人生坐标，从而真正树立正确的世界观、人生观、价值观和历史观。

第二，《"红色经典电影与近现代中国"十讲》就是作者在超星·尔雅网站上讲授"红色经典电影与近现代中国"课程讲稿基础上形成的，它本身就是一部讲稿，并非学术研究著作。我在课程讲授中大量引证一些专家学者关于相关影视研究的学术成果，其目的就在于借助专家学者的独特视角，让我们的大学生对党的百年光辉历程与伟大成就和独特的艺术魅力有更深切的了解，不断提升思想水平与对电影艺术的欣赏力。

第三，对于引证专家学者的研究成果，在第一讲时已经明确：以陈荒煤主编的《当代中国电影》、程季华主编的《中国电影发展史》、章柏青主编的《中国当代电影发展史》和中国电影资料馆、中国艺术研究院电影研究所编写的《中国艺术影片编目》为参考教材，结合相关电影介绍和专家学者的研究成果进行讲授。其中引证孟犁野、朱安平、翟建农、袁成亮等几位专家学者的成果最多。对此，我们在书稿出版之际一并表示深深的谢意。

李松林

2022 年 1 月 1 日